Ellen Bertram

Menschen ohne Grabstein

Die aus Leipzig deportierten und ermordeten Juden

Herausgegeben von Rolf und Brigitte Kralovitz
in Verbindung mit der Ephraim Carlebach Stiftung
und der Israelitischen Religionsgemeinde zu Leipzig

Passage-Verlag Leipzig 2001

Die Deutsche Bibliothek – CIP-Einheitsaufnahme

Bertram, Ellen:
Menschen ohne Grabstein : die aus Leipzig deportierten und ermordeten Juden / Ellen Bertram. Hrsg.: Rolf und Brigitte Kralovitz. In Verbindung mit der Ephraim-Carlebach-Stiftung und der Israelitischen Religionsgemeinde zu Leipzig. - Leipzig : Passage-Verl., 2001
ISBN 3-932900-51-0

Gestaltung: Thomas Liebscher, Leipzig
Umschlagfoto: Jürgen M. Pietsch, Spröda
Fotos: Axel Bertram, Jena
Herstellung: Passage-Verlag
Druck: Klingenberg Buchkunst Leipzig GmbH
Bindung: Kunst- und Verlagsbuchbinderei Leipzig
Printed in Germany

ISBN 3-932900-51-0

Inhalt

Zum Geleit

Sie sind verschwunden. Spurlos. In einem der zahlreichen KZ-Krematorien verbrannt oder in Massengräbern verscharrt. Die Nationalsozialisten hatten sie zum Tode verurteilt, nur weil sie Juden waren. Kaum jemand denkt noch an sie.

Um sie nicht ganz in Vergessenheit geraten zu lassen, haben wir uns entschlossen, dieses Buch herauszugeben. Ellen Bertram hat die mühevolle und in jeder Hinsicht schwere Aufgabe übernommen, an die ermordeten Menschen zu erinnern, indem sie für jede einzelne Person die biographischen Daten gesammelt und in wenigen Zeilen zusammengefasst hat.

Meine Eltern, meine Schwester und andere Familienangehörige gehören auch zu denen, die ermordet wurden. Ich selbst habe überlebt. In meiner Publikation „ZehnNullNeunzig in Buchenwald. Ein jüdischer Häftling erzählt" beschreibe ich, wie ich kurz nach der Befreiung an einen Dorffriedhof kam:

An einem sonnigen Vormittag (im April 1945) saß ich vor unserem Block, als neben mir einer sagte: „Man kann hier raus, da ist ein Loch im Zaun." Ich hab ihm das nicht geglaubt, hab's aber dann doch versucht. Das war früher ein elektrisch geladener Zaun mit Wachtürmen. Ich bin durch dieses Loch raus und einen Wiesenweg entlang gegangen, weiter und immer weiter. Nach zwei, drei Kilometern kam ich in ein Dorf, ein richtiges, echtes Dorf. Ich kam an einen Friedhof, an die Kirche und sah, dass da Grabsteine waren. Für jeden Menschen ein Grabstein und da stand sein Name drauf. Ich habe mir das einfach nicht mehr vorstellen können, dass ein einzelner Mensch ein eigenes Grab hat, denn ich hatte in Buchenwald ja nur Leichenberge gesehen. Die waren alle wie Holz aufgeschichtet, einmal mit dem Kopf auf diese Seite und einmal mit dem Kopf auf diese Seite – und hier plötzlich hatte jeder sein eigenes Grab.

Auf den beiden jüdischen Friedhöfen in Leipzig fehlen viele tausend Gräber. Es sind dies die Gräber der Ermordeten und die ihrer ungeborenen Nachkommen. Das nun vorliegende Buch „Menschen ohne Grabstein" soll wenigstens die Namen der so grausam Getöteten bewahren. Denn: „Ein Mensch ist erst dann endgültig tot, wenn niemand mehr an ihn denkt."

Rolf Kralovitz

Vorwort

In Leipzig gibt es nach mehr als einem halben Jahrhundert kaum noch eine Erinnerung an jüdische Menschen, die bis zu ihrer Vertreibung und Vernichtung in der Stadt gelebt haben. Dieses Buch soll einen Beitrag dazu leisten, dass das grausame Schicksal ehemaliger Leipziger im Gedächtnis der später Geborenen bewahrt wird. Es soll darstellen, wie die Familien auseinander gerissen worden sind, wie Leben zerstört wurde und welche Verluste die Stadt erlitten hat. Direkt aus Leipzig wurden mehr als 2000 Männer, Frauen und Kinder in die Ghettos und Lager im Osten deportiert oder verhaftet und in Konzentrationslager eingeliefert. Die meisten wurden ermordet, nur wenige haben überlebt. Andere wurden Opfer der Euthanasie-Verbrechen oder konnten dem ständig wachsenden Druck nicht standhalten und wählten den Freitod.

Dieses Buch erinnert an die, die ihr Leben verloren haben. Es ist gelungen, die Namen von 1998 ehemaligen Leipzigern zusammenzutragen. Die Schicksale vieler anderer lassen sich jedoch nicht mehr aufklären. Von den mehr als 1600 Männern, Frauen und Kindern, die im Oktober 1938 nach Polen abgeschoben wurden, sind die meisten in den Vernichtungslagern umgekommen. Unbekannt ist die Zahl derer, denen zunächst die Emigration gelungen war, die aber später in den besetzten westeuropäischen Ländern den Deutschen in die Hände fielen und aus Frankreich, Belgien und den Niederlanden ebenfalls in die Todeslager im Osten deportiert worden sind.

Bei allen, die mir mit Rat und Tat zur Seite gestanden haben, möchte ich mich herzlich bedanken.

Ellen Bertram

Juden in Leipzig

Leipzig als weltoffene Handelsstadt übte von jeher eine große Anziehungskraft auf jüdische Kaufleute in Ost und West aus. Jedes Jahr kamen sie mehrmals zu den Messen, um ihre Geschäfte zu tätigen, ein Niederlassungsrecht wurde ihnen jedoch lange Zeit verweigert. Erst in der zweiten Hälfte des 19. Jahrhunderts, vor allem als schließlich auch in Sachsen 1868 die Diskriminierung von Juden durch Aufenthaltsbeschränkungen ein Ende hatte, siedelten sich immer mehr Familien in Leipzig an. 1870 bildeten die 1739 Mitglieder der Israelitischen Religionsgemeinde einen Anteil von 1,63% an der Gesamtbevölkerung.[1] Ihre Zahl wuchs nach und nach bis 1925 auf 12 594 Einwohner. Der Anteil an der Stadtbevölkerung hatte im Laufe dieser 55 Jahre nie mehr als 2,15% (1885) betragen.[2] Als im Juni 1933 die aktuellen Daten im Rahmen der Volkszählung erhoben wurden, war die Zahl der registrierten jüdischen Einwohner gegenüber 1925 bereits um mehr als tausend auf 11 564 (1,62% der Bevölkerung) zurückgegangen.[3] Über Juden, die nicht oder nicht mehr Mitglied der Israelitischen Religionsgemeinde waren, gab es zu diesem Zeitpunkt keine statistischen Erhebungen. Bis 1939 hatte sich ihre Zahl, überwiegend bedingt durch Flucht und Emigration, bereits auf 4284 verringert.[4] Weitere Aussagen über den Umfang der jüdischen Bevölkerung gehen aus Unterlagen der Reichsvereinigung der Juden in Deutschland hervor.[5] Danach lebten am 31. August 1941 noch 1912 Juden in Leipzig. Dazu kommen die in sogenannten Mischehen lebenden Männer und Frauen sowie deren Kinder, nach vorsichtigen Schätzungen um die 220 Personen. Die letzten Informationen vor den Deportationen vom 31. Dezember 1941 besagen, dass zu diesem Zeitpunkt noch 2022 Juden in Leipzig waren.[6]

Die Struktur der jüdischen Stadtbewohner war sehr differenziert. Die Israelitische Religionsgemeinde, die vom liberalen deutschen Judentum dominiert war, gab es seit 1847.

In Leipzig lebten verhältnismäßig viele Ausländer, die vor allem aus Osteuropa gekommen waren.

Das Spektrum reichte von wohlhabenden Unternehmern, die sich weitreichende Verdienste um die Stadt erworben hatten, bis zu armseligen Trödlern und Hausierern, die ihre Familien nur notdürftig ernähren konnten; von Assimilierten, die gleichberechtigte deutsche Staatsbürger sein wollten, den Glauben ihrer Vorfahren nicht mehr praktizierten oder gar sich hatten taufen lassen, bis zu Orthodoxen, die ihr Leben streng an den Vorschriften ihrer Religion orientierten. Zahlreiche jüdische Intellektuelle und Künstler belebten das geistige und kulturelle Klima der Stadt.

Auch wenn es in der Weimarer Republik einen latenten Antisemitismus gab, hatten alle ihren Platz in der städtischen Gesellschaft, Christen und Juden tolerierten einander weitgehend.

Mit dem 30. Januar 1933 nahm alles ein jähes Ende. Viele glaubten, es sei nur ein Spuk, der vorübergeht. Das war ein Irrtum, den viele von ihnen mit dem Leben bezahlen mussten.

Diskriminierung und Ausgrenzung

Was ein Jude sei, definierten die Nationalsozialisten, fern von jüdischem Selbstverständnis, aus ihrem Rassenwahn, wobei die Religionszugehörigkeit der Großeltern eine entscheidende Rolle spielte. Die zuständigen Behörden unterschieden mehrere Gruppen von Juden und „Mischlingen", die als „Nichtarier" galten. Der Status Letzterer und damit auch das Maß ihrer Verfolgung hing davon ab, ob sie der jüdischen oder christlichen Religionsgemeinschaft angehörten.[7] Offiziellen Ausdruck fand die zunächst noch nicht im Einzelnen definierte Kategorie „Nichtarier" bereits im April 1933 im „Gesetz zur Wiederherstellung des Berufsbeamtentums".[8] Am 15. September 1935 wurden das „Reichsbürgergesetz" und das „Gesetz zum Schutze des deutschen Blutes und der deutschen Ehre" („Nürnberger Gesetze") veröffentlicht.[9] In der ersten Verordnung zum Reichsbürgergesetz vom 14. November 1935[10] heißt es: „Jude ist, wer von mindestens drei der Rasse nach volljüdischen Großeltern abstammt." Die Verordnung nennt außerdem die Voraussetzungen, unter denen ein von zwei jüdischen Großeltern Abstammender als Jude zu gelten hat. „Jüdischer Mischling ist, wer von einem oder zwei der Rasse nach volljüdischen Großelternteilen abstammt... Als volljüdisch gilt ein Großelternteil ohne weiteres, wenn er der jüdischen Religionsgemeinschaft angehört hat."

Schon wenige Monate nachdem die Nationalsozialisten an die Macht gelangt waren, gaben sie ihrem Judenhass unmissverständlich Ausdruck. Am 1. April 1933 wurde ein Boykott jüdischer Geschäfte sowie Arzt- und Anwaltspraxen organisiert. Das einige Tage später veröffentlichte „Gesetz zur Wiederherstellung des Berufsbeamtentums"[11] raubte den davon betroffenen Juden ihre Existenzgrundlage. Die Universitäten und Hochschulen verloren dabei zahlreiche ihrer besten Lehrkräfte. Viele von ihnen versuchten daraufhin, Deutschland so schnell wie möglich zu verlassen. Wenn zunächst noch Einzelne verschont waren, vor allem Frontkämpfer des ersten Weltkrieges, wurden Ende 1935 schließlich alle verbliebenen jüdischen Beamten entlassen.

Seit 1938 verschlechterten sich für die noch in Leipzig lebenden Juden die Lebensumstände rapide. Im April mussten alle Vermögen über 5000 RM offengelegt werden.[12] Unmittelbar nach der Pogromnacht vom 9./10. November begann die endgültige Vernichtung ihrer Existenzgrundlagen. Mit der „Verordnung zur Ausschaltung der Juden aus dem deutschen Wirtschaftsleben" vom 12. November 1938[13] wurde die massenhafte Zwangsenteignung legalisiert. Wie bei allen antijüdischen Maßnahmen galt als oberster Grundsatz, dass nur der Staat davon profitieren sollte. „Arisierungen" durch Verkäufe an Privatpersonen bildeten die Ausnahme. Falls die jüdischen Eigentümer ihren Besitz noch, meist weit unter Wert, hatten veräußern können, mussten sie die Erlöse ebenso wie die in ihrem Besitz befindlichen Wertpapiere auf einem gesperrten Konto hinterlegen. Sie durften in festgelegten Abständen nur über geringe Summen für ihren Lebensunterhalt verfügen, bis schließlich alle Guthaben, unabhängig davon, ob die Eigentümer emigriert oder deportiert worden waren, zu Gunsten des Reiches beschlagnahmt wurden. Gleichzeitig hatten die noch in Deutschland lebenden Juden nach den Ereignissen in der Pogromnacht eine Milliarde Reichsmark als „Sühneleistung" aufzubringen. Seit Februar 1939 waren alle Gegenstände aus Edelmetallen sowie Perlen und Edelsteinen bei staatlichen Ankaufstellen abzuliefern. Reisepässe wurden mit einem roten „J" gekennzeichnet.

Im Juli 1938 wurde den Ärzten, im Februar 1939 den Zahnärzten die Approbation aberkannt. Sie durften nicht mehr praktizieren, einige von ihnen waren noch als „Krankenbehandler“ bzw. „Zahnbehandler“ zur Versorgung jüdischer Patienten zugelassen. Jüdischen Rechtsanwälten wurde die Ausübung ihres Berufes seit Dezember 1938 verboten. Es war ihnen lediglich erlaubt, als „Konsulenten“ anderen Juden in Rechtsangelegenheiten zur Seite zu stehen.

Mit Wirkung vom 1. Januar 1939 trat die Verordnung in Kraft, die alle jüdischen Frauen und Männer zwang, den Vornamen Sara oder Israel zu tragen.[14]

Die Diskriminierung und Ausgrenzung der Juden im ganzen Reich veranlasste viele, Deutschland legal oder illegal zu verlassen und vor allem in Westeuropa, Palästina, Nord- oder Südamerika neue Lebensmöglichkeiten zu suchen. Man muss davon ausgehen, dass mindestens 7500 Juden aus Leipzig ins Exil gegangen sind.[15]

Gleichzeitig setzte nach und nach auch eine umfangreiche Binnenwanderung ein. Vor allem verließen die Menschen kleinere Städte und Ortschaften mit nur geringem jüdischen Bevölkerungsanteil, wo sie den Anfeindungen ihrer Umwelt ohne Schutz ausgesetzt waren. Sie versuchten, sich in großen Städten niederzulassen, wo sie wenigstens mit dem Rückhalt durch noch funktionierende Religionsgemeinden, die allerdings immer mehr von der Gestapo beherrscht wurden, rechnen konnten.[16] Nach Leipzig waren Familien und einzelne Personen überwiegend aus Mitteldeutschland gekommen. Obwohl sofort nach Kriegsbeginn die Mobilität der Bevölkerung reglementiert wurde, kamen seit Anfang September 1939 größere Gruppen, vor allem Frauen und Kinder, aus Karlsruhe und Kiel nach Leipzig.

Unmittelbar nach dem Überfall auf Polen und noch vor der kurz darauf folgenden Kriegserklärung Frankreichs wurden aus den Gebieten entlang der Westgrenze vor allem Alte, Kranke und Kinder evakuiert, ohne dass die Behörden den Juden dabei Beachtung schenkten. Die jüdische Gemeinde in Karlsruhe wandte sich daher mit der Bitte um Aufnahme ihrer Mitglieder an andere jüdische Gemeinden in Deutschland.[17] Besonders schwierig war die Situation für die Familien, die aus Polen stammten und nach 1938 ihre Staatsangehörigkeit verloren hatten. Gemäß einer Anordnung Reinhard Heydrichs, des Chefs der Sicherheitspolizei und des Sicherheitsdienstes, vom 7. September 1939[18] wurden alle Männer polnischer Nationalität bzw. staatenlose ehemalige Polen verhaftet und in Konzentrationslager überführt. Die Frauen und Kinder blieben zurück. Unter diesen Umständen kamen auch „Rückwanderer“, wie die aus den westlichen Grenzgebieten Stammenden genannt wurden, aus Karlsruhe nach Leipzig. Es handelte sich dabei überwiegend um Frauen mit größeren Kindern und nur wenige Männer, die den Verhaftungen offensichtlich entkommen waren. Alle waren staatenlos. Sie scheinen auch nicht zusammen gereist zu sein. Manche von ihnen gelangten zunächst nach Halle und erst später nach Leipzig. Andere sind wiederum mit einem größeren Transport Ende Februar 1940 aus Leipzig nach Halle gekommen.[19] Einige versuchten auch, nach Hause zurückzukehren, da sie ihre Wohnungen meist überstürzt verlassen hatten. Staatenlose hatten jedoch im Grenzgebiet kein Aufenthaltsrecht mehr und wurden zurückgeschickt.[20]

Von den etwa 40 aus Kiel stammenden Flüchtlingen weiß man, dass sie sich seit dem 13. September 1939 in Leipzig aufgehalten haben. Unter den Frauen und Kindern waren auch zwei Männer, die in Kiel vermutlich rechtzeitig vor den Verhaftungen gewarnt worden waren.[21]

Die Neuankömmlinge aus Karlsruhe und Kiel mussten sich von der Leipziger Gestapo registrieren lassen, wobei einer der Männer sofort verhaftet wurde, während der andere, Israel Oling, fliehen konnte. Er war mit seiner Frau und seinen drei Kindern aus Karlsruhe gekommen. Es gelang ihm, zunächst nach Belgien und von dort aus nach Frankreich zu flüchten. Hier wurde er jedoch gefasst und am 19. August 1942 nach Auschwitz deportiert. Die Familie war im Sommer 1939 nach Polen ausgewiesen worden,[22] ihre polnischen Pässe hatten jedoch keine Gültigkeit mehr. Möglicherweise hat es sie in den Wirren des Kriegsbeginns nach Leipzig verschlagen. Frau Oling und ihre drei Kinder, 11, 14 und 18 Jahre alt, wurden im Mai 1942 mit dem zweiten Transport aus Leipzig nach Bełżyce deportiert. Seitdem sind sie verschollen.

Für die Unterbringung und Versorgung der von außerhalb Gekommenen, die keine Verwandten in Leipzig hatten, war die Israelitische Religionsgemeinde zuständig. Die Menschen mussten zunächst in der zum „Flüchtlingslager" umfunktionierten Turnhalle der Höheren Israelitischen Schule in der Gustav-Adolf-Straße 7 zurechtkommen. Nachdem die Schule im Juni 1942 zwangsweise geschlossen worden war, lebten sie auf engstem Raum in den ehemaligen Klassenzimmern zusammen mit Leipziger Familien, die aus ihren Wohnungen vertrieben worden waren. Einige Kinder waren auch im Kinderheim Jacobstraße 7 untergebracht.

Die Karlsruher Juden, die sich nach 1940 noch in Leipzig aufgehalten haben, sind alle deportiert worden. Es sind keine Überlebenden bekannt.

Warum Juden aus Kiel gerade nach Leipzig gekommen sind, ließ sich bisher nicht ermitteln. Einigen von ihnen gelang es noch zu fliehen,[23] die meisten wurden jedoch 1942 deportiert.

Nach Beginn des Krieges waren die Lebensumstände für alle schwieriger, besonders mussten jedoch die Juden unter den Einschränkungen leiden. Hatten die Machthaber bis dahin vor allem noch auf Auswanderung gesetzt, war diese letzte Möglichkeit, dem Terror zu entrinnen, bald nicht mehr gegeben. Immer weniger Länder erteilten eine Einreiseerlaubnis. Seit dem 19. Oktober 1941 gab es ein endgültiges Ausreiseverbot. Das Regime hatte sich bereits auf die systematische Vernichtung der Juden orientiert.

Mit der Polizeiverordnung zur Kennzeichnung der Juden vom 1. September 1941,[24] die innerhalb von zwei Wochen in Kraft trat, erreichte die Diskriminierung einen weiteren traurigen Höhepunkt. Alle Juden mussten in der Öffentlichkeit gut sichtbar an ihrer Kleidung einen gelben Stern tragen, auf dem das Wort „Jude" deutlich zu lesen war. Gleichzeitig durften sie ihren Aufenthaltsort nur mit ausdrücklicher Genehmigung der Gestapo verlassen.

Seit Mitte 1939 wurden sie in sogenannten Judenhäusern auf immer weniger Raum zusammengepfercht. In Leipzig war dafür das Amt zur Förderung des Wohnungsbaues zuständig. Legitimiert wurde das Vorgehen der Behörde durch das im April veröffentlichte „Gesetz über Mietverhältnisse mit Juden".[25] Mit diesem Gesetz waren die Voraussetzungen geschaffen, jüdischen Mietern die Wohnungen kündigen zu können, ohne dass sie die Möglichkeit hatten, sich auf den bis dahin geltenden Mieterschutz zu berufen.[26] Gleichzeitig konnten jüdische Hauseigentümer von der Stadtverwaltung gezwungen werden, jüdische Mieter aufzunehmen. Am 31. Oktober 1939 erfuhren die Leser der „Leipziger Neuesten Nachrichten", dass seit Inkrafttreten dieses Gesetzes am 30. April bereits etwa 300 Wohnungen von Juden hatten geräumt werden müssen. Sie konnten sich auch darüber informieren, welche Häuser von der Behörde als „Judenhäuser" bestimmt worden waren. In diesem Zeitungsartikel werden 47 Adressen genannt.[27] Die Grundstücke befanden sich überwiegend in der inneren Nordvorstadt und im Waldstraßenviertel. Ihre Zahl wurde nach und nach immer weiter reduziert. In den meisten Häusern wohnten auch nichtjüdische Mieter, so dass die Juden zusätzlich gezwungen wurden, ihre Wohnungstüren mit einem Judenstern zu kennzeichnen.[28]

Als in Leipzig im Januar 1942 die Deportationen begannen, wohnten die Juden in 39 vom Amt zur Förderung des Wohnungsbaues bestimmten Häusern. Sie waren meist Eigentum jüdischer Geschäftsleute, denen die Emigration gelungen war. Einige der Grundstücke waren 1940 und 1941 in nichtjüdischen Besitz übergegangen. Die meisten befanden sich in der Humboldtstraße. Die Turnhalle der Carlebach-Schule (Höhere Israelitische Schule) in der Gustav-Adolf-Straße 7 diente seit 1939 als Flüchtlingslager. Nach der ersten Deportation wurden neun der bis dahin überwiegend von Juden bewohnten Häuser geräumt und für nichtjüdische Mieter bereitgestellt. Die noch nicht betroffenen Juden mussten in andere „Judenhäuser" umziehen. Im Laufe der Zeit waren immer mehr Personen gezwungen, sich eine Wohnung zu teilen. Manche Familien mussten innerhalb von wenigen Monaten mehrfach ihre Unterkunft wechseln. Zunehmend hatten sich die aus den zu räumenden Häusern Ausgewiesenen seit dem Sommer 1942 mit mehreren anderen Familien jeweils in einem ehemaligen Klassenzimmer der Carlebach-Schule einzurichten, nachdem der Unterricht 1942 zunächst eingeschränkt und ab Juli ganz eingestellt worden war.[29]

Als am 13. Juli 1942 der erste Transport aus Leipzig nach Auschwitz ging, war die Zahl der „Judenhäuser" auf 19 reduziert worden.

Inzwischen war in Leipzig eine relativ große Zahl alter, alleinstehender und meist mittelloser Menschen, überwiegend Frauen, zurückgeblieben, die keine Möglichkeit hatten, in ein anderes Land zu gelangen. Sie wurden nach und nach in den von der Israelitischen Religionsgemeinde unterhaltenen Alters- und Pflegeheimen in der Auenstraße 14, der Färberstraße 11, der Nordstraße 15 und der Humboldtstraße 13 untergebracht.[30] Die meisten von ihnen, sofern sie nicht vorher gestorben waren, wurden im September 1942 nach Theresienstadt deportiert. Die vermutlich letzten Bewohner des Pflegeheims Färberstraße 11 und des Altersheims in der Nordstraße 15 wurden am 17. Februar 1943 nach Berlin und von dort aus bald darauf nach Theresienstadt transportiert. Die Heime wurden nach und nach aufgelöst, in der Auenstraße 14 befand sich seit 1942 eine Dienststelle der Gestapo.

1943 wohnten die wenigen noch verbliebenen Juden überwiegend in der Gustav-Adolf-Straße 7, der Packhofstraße 1, der Humboldtstraße 10, der Nordstraße 11 und in dem der Israelitischen Religionsgemeinde gehörenden Haus Walter-Blümel-Straße 10 (heute Löhrstraße). Die Reichsvereinigung der Juden in Deutschland war gezwungen, die ehemalige Schule 1943 zu verkaufen. Sie wurde bei dem großen Luftangriff vom 4. Dezember 1943 erheblich beschädigt. Das Haus Packhofstraße 1 musste bis zum Herbst von jüdischen Mietern geräumt werden und fiel dann, ebenso wie die Nordstraße 11, dem Luftangriff vom Dezember zum Opfer. Einige Familien wohnten auch im Israelitischen Krankenhaus, das zwischen 1939 und 1943 ein Gebäude der Heil- und Pflegeanstalt Dösen zugewiesen bekommen hatte sowie im Verwaltungsgebäude des Israelitischen Friedhofs in der Berliner Straße 123. Nachdem das Haus

durch Fliegerbomben zerstört worden war, sah sich die dort lebende Familie gezwungen, sich in der ehemaligen Aufbahrungshalle aufzuhalten.[31] Zuletzt lebten die noch in Leipzig verbliebenen Juden in der Walter-Blümel-Straße 10, der Humboldtstraße 10 sowie in der Keilstraße 4. In diesem Haus befand sich die Synagoge des Talmud-Thora-Vereins, die nach den Zerstörungen und Plünderungen in der Pogromnacht vom 9./10. November 1938 wieder hergerichtet werden konnte und zwischen April 1939 und Juli 1942 zu Gottesdiensten zur Verfügung stand. Einen Rabbiner gab es nicht mehr. Die beiden Kantoren Max Jaffé und Samuel Lampel, die sich um religiösen Beistand für die Bedrängten bemüht hatten, wurden am 13. Juli 1942 nach Auschwitz deportiert. Danach dienten die Räumlichkeiten einer Farbenfabrik als Lager.[32]
Einige der mit nichtjüdischen Ehepartnern Zusammenlebenden waren von den die Wohnungen betreffenden Zwangsmaßnahmen verschont, andere lebten in „Judenhäusern".
Das tägliche Leben war von Diskriminierung geprägt. Der Einkauf des Notwendigsten war nur zu eingeschränkten Zeiten in vorgeschriebenen Geschäften erlaubt. Seit der Rationierung von Lebens- und Genussmitteln sowie Textilien ab August 1939 waren die Juden auch hier besonders benachteiligt. Bald hatten sie ihre Radios, die Fahrräder und Fotoapparate sowie Pelze und Wollsachen abzuliefern, Telefonanschlüsse wurden gekündigt. Diese Maßnahmen kontrollierte die Gestapo unter Androhung strenger Strafen bei Nichteinhaltung.

Zwangsarbeit

Mit der „Verordnung zur Ausschaltung der Juden aus dem deutschen Wirtschaftsleben",[33] die mit Wirkung vom 1. Januar 1939 in Kraft treten sollte, verloren alle Selbstständigen die Voraussetzung, ihren Lebensunterhalt zu verdienen. Die zwangsweise Schließung der Betriebe und Geschäfte begann unmittelbar nach der Pogromnacht. Sie wurden „abgewickelt", der daraus erlangten Gewinne bemächtigte sich der Staat, „Arisierungen", um einzelne Unternehmen weiterzuführen, bedurften der Genehmigung des Reichswirtschaftsministeriums.
Gleichzeitig verloren auch zahlreiche jüdische Angestellte ihre Arbeitsplätze. In einem geheimen Schreiben des Reichsarbeitsministeriums[34] wurden die Arbeitsämter aufgefordert, arbeitslose Juden an öffentliche und private Unternehmen zu vermitteln, damit sie nicht dem Staat zur Last fielen. Solange sie dazu in der Lage war, musste die Jüdische Freie Wohlfahrtspflege, die der Reichsvereinigung der Juden in Deutschland unterstand, für den Lebensunterhalt der Einkommenslosen sorgen. Die noch im Deutschen Reich lebende jüdische Bevölkerung verarmte zusehends. Jungen, erwerbsfähigen Leuten gelang eher die Emigration, zurück blieben die Alten und überwiegend Frauen, die ohne Einkommen waren. Sie konnten die finanziellen Mittel für eine Auswanderung nicht aufbringen.
Ein Geheimerlass des Reichsmarschalls Hermann Göring vom März 1941[35] weist an, dass die arbeitsfähigen Juden zum geschlossenen Arbeitseinsatz herangezogen und Kontakte zu anderen Beschäftigten vermieden werden sollen. Dabei war auch an die Einrichtung von besonderen Lagern gedacht. Die Zwangsarbeit wurde schließlich

durch die „Verordnung über die Beschäftigung von Juden"[36] festgeschrieben, der zufolge sie die von den Arbeitsämtern zugewiesenen Arbeiten annehmen mussten. Dabei wurden sie gruppenweise eingesetzt und von den anderen Betriebsangehörigen isoliert. Sie erhielten den geringstmöglichen Lohn für die tatsächlich geleistete Arbeit, von allen sozialen Leistungen wurden sie ausgegrenzt, bekamen weder Kinder- noch Urlaubsgeld. Auch auf ihrer Arbeitskleidung hatten sie den Judenstern zu tragen. Die Benutzung von öffentlichen Verkehrsmitteln war ihnen nur noch erlaubt, um zu ihrer Arbeitsstelle zu gelangen, sofern sie mindestens sieben Kilometer von der Wohnung entfernt war. Bei Zuwiderhandlungen hatten sie mit Bestrafung zu rechnen.
Der Einsatz in kriegswichtigen Betrieben befreite die Beschäftigten zunächst von den 1941 einsetzenden Deportationen nach Osten. Mit der sogenannten Fabrik-Aktion am 27. Februar 1943 wurden die Zwangsarbeitsverhältnisse beendet. Alle wurden meist direkt an ihren Arbeitsplätzen verhaftet und innerhalb weniger Tage überwiegend nach Auschwitz deportiert. Nur die noch durch „Mischehen" geschützten Juden konnten nach Hause zurückkehren.
Es war ausdrücklich vorgesehen, dass städtische Einrichtungen Juden beschäftigten. Die Leipziger Stadtverwaltung setzte sie seit 1940 vor allem zu schweren und niedrigen Arbeiten bei geringstem Lohn ein: im Tiefbau, bei der Müllbeseitigung, der Kohleversorgung und auf den Friedhöfen. Selbst alte Frauen und Männer um die Siebzig mussten mindestens zehn Stunden wöchentlich arbeiten.[37] Wie aus einem Schreiben der Städtischen Arbeitsanstalt an die Devisenstelle vom 19. Mai 1942[38] hervorgeht, betrug der Stundenlohn 10 Pfennige, der Verdienst pro Woche etwa 3,50 RM.
Im Bereich der Privatwirtschaft waren die Leipziger Juden vor allem in Betrieben der Rauchwarenbranche eingesetzt. Schwerste und niedrigste Arbeiten verrichteten die Männer in den Zurichtereien und Färbereien, Frauen waren meist als Näherinnen und Staffiererinnen in den Kürschnereien tätig. Bisher sind 17 dieser Unternehmen bekannt. Außerdem mussten sie schwere Arbeit in mindestens neun weiteren Privatunternehmen leisten,[39] u. a. der Firma Textilrohstoffe Max Gläser & Co., der Drogengroßhandlung Theuerkauf & Scheibner und der Gartenbaufirma Fritz Ehrling.

Verfolgung und Selbstbehauptung

Nachdem die Nationalsozialisten die Macht in Deutschland erlangt hatten, gingen sie unverzüglich mit allen Mitteln gegen ihre politischen Gegner vor. Nach kurzer Zeit waren die meisten der vorwiegend jungen Juden, die sich Widerstandsgruppen im Untergrund angeschlossen hatten, denunziert und verhaftet. Sie wurden in politischen Prozessen verurteilt und verbüßten ihre Strafen in Gefängnissen und Zuchthäusern. Einige kamen wieder frei und gelangten noch rechtzeitig ins Ausland. Andere wurden in ein KZ in sogenannte Schutzhaft überstellt, wo sie, wie Alfred Gerst und Hermann Gottschalk, umgekommen sind.[40]
Seit 1936 war die politische Polizei eine reichsweite Behörde unter der Befehlsgewalt von Reinhard Heydrich. Nicht nur politische Gegner waren in ihrem Visier, sondern auch die Juden. Die Gestapo ging mit großer Willkür vor. Viele mussten jederzeit damit rechnen, vorgeladen zu werden, aus welchen Gründen auch immer. Als Vorwand konnte das seit 1934 geltende „Heimtückegesetz"[41] dienen, das alle Äußerungen,

die gegen den Staat und seine Institutionen ausgelegt werden konnten, unter Strafe stellte, oder nach 1935 das Verbrechen der „Rassenschande".[42] Seit 1938 erfolgten Verhaftungen vor allem wegen „Wirtschaftsvergehens" infolge der „Verordnung über die Anmeldung des Vermögens von Juden",[43] der „Verordnung zur Ausschaltung der Juden aus dem deutschen Wirtschaftsleben"[44] und des „Gesetzes über die Devisenbewirtschaftung".[45] Seit Kriegsbeginn gab es so viele Verbote für die Juden, dass die Gestapo jederzeit einen Vorwand für Verfolgungen finden konnte.[46] Die Betroffenen erhielten entweder eine Vorladung in die Hindenburgstraße (heute Friedrich-Ebert-Straße), wo die Stapostelle ihren Sitz hatte, oder wurden von zu Hause abgeholt. Meist brachte man sie nach einem ersten Verhör in das Polizeigefängnis Wächterstraße. Manche kamen am gleichen Tag wieder frei, wenn die Anschuldigungen zu haltlos waren, einige nach mehreren Tagen oder Wochen. Andere wurden in das Untersuchungsgefängnis in der Moltkestraße (heute Alfred-Kästner-Straße) überführt oder sofort in „Schutzhaft" in einem Konzentrationslager genommen, wo sie auf ihren Prozess zu warten hatten.
Die Prozesse fanden vor einem Sondergericht statt. Schon kurz nach der Übernahme der politischen Macht hatten die Nationalsozialisten Sondergerichte eingeführt, die Menschen wegen geringerer Vergehen und später vor allem Juden nach einem Prozess verurteilen konnten, ohne dass den Angeklagten die Möglichkeiten eines ordentlichen Strafverfahrens zur Verfügung standen. Sie wurden ohne Einspruchsrecht verurteilt.[47] Nachdem eine Gefängnis- oder Zuchthausstrafe vollstreckt worden war, wurden die Betroffenen nicht freigelassen, sondern der Gestapo übergeben, die den Weitertransport in ein Konzentrationslager veranlasste. Nach Kriegsbeginn wurden die Verhafteten immer häufiger sofort in ein KZ überstellt, die Männer meist nach Sachsenhausen, die Frauen nach Ravensbrück.[48] Jüdische Gefangene standen auf der niedrigsten Stufe der Lagerhierarchie und waren in besonderem Maße Misshandlungen ausgesetzt. Sie wurden von den anderen Häftlingen isoliert und zusätzlich gekennzeichnet durch einen gelben Winkel auf ihrer Kleidung, der zusammen mit einem zweiten (meist rot oder auch schwarz) einen Davidstern ergab. Sie mussten die schwersten Arbeiten leisten und erhielten die geringste Verpflegung. So war unter ihnen die Sterberate besonders hoch.
Am 14. Januar 1941 verhaftete die Gestapo drei alte Leute, die sich in der Grassistraße 20 eine Wohnung teilen mussten, unter dem Vorwand, sich des Vergehens gegen die Kriegswirtschaftsverordnung[49] schuldig gemacht zu haben. Zwei kamen wieder frei. Die 61-jährige Klavierlehrerin Lucie Steindorff wurde, nachdem sie mehr als sechs Wochen im Polizeigefängnis Wächterstraße festgehalten worden war, in das Frauenkonzentrationslager Ravensbrück in „Schutzhaft" gebracht. Bei der Durchsuchung der Wohnung hatte die Gestapo eine größere Summe Bargeld gefunden, deren Besitz nicht erlaubt war. Am 14. Juni 1941 erfolgte die Anklage durch den Oberstaatsanwalt Leipzig. Die Hauptverhandlung sollte am 15. August 1941 vor dem Sondergericht 2 in Leipzig stattfinden. Als der Angeklagten Anfang August die Vorladung zugestellt werden sollte, war sie bereits verstorben. Ihre Urne hatte man Anfang Juni aus Ravensbrück nach Leipzig geschickt, wo sie auf dem Neuen Israelitischen Friedhof bestattet worden war.[50]
Vor allem seit 1938 kam es immer wieder zu größeren Aktionen der Gestapo gegen die Juden. Im Frühjahr 1938 wurden Tausende als „asozial" abgewertete Menschen

im Rahmen einer Aktion „Arbeitsscheue Reich" verhaftet und in Konzentrationslager eingeliefert.[51] In Leipzig fand diese Aktion Mitte Juni statt, davon betroffen waren auch 45 jüdische Männer, die wegen geringster Delikte als vorbestraft galten. Die meisten von ihnen kamen wieder frei.[52]
Einen Höhepunkt erreichte die Verfolgung am 28. Oktober 1938, als auf Anweisung Heinrich Himmlers in einer großen Aktion die in Deutschland lebenden polnischen Juden an die östliche Grenze abgeschoben wurden.[53] Ausgangspunkt und zugleich Vorwand war ein Beschluss der polnischen Regierung, allen Polen die Staatsangehörigkeit abzuerkennen, die mehr als fünf Jahre im Ausland gelebt hatten und die ihre Pässe nicht bis zum 31. Oktober erneuern lassen würden. Gerade in Leipzig gab es eine große Zahl von polnischen Juden, die seit Jahrzehnten hier lebten und keine Bindung zu ihrer alten Heimat mehr hatten. Zu diesem Zeitpunkt müssen es noch etwa 3000 gewesen sein.[54] Die Gestapo begann völlig unerwartet in den frühen Morgenstunden alle zu verhaften, derer sie habhaft werden konnten. Die Menschen wurden in Sammellagern zusammengetrieben und danach zum Hauptbahnhof gebracht. Eine Frau kam dabei ums Leben. Noch am gleichen Tag mussten mehr als 1600 Männer, Frauen und Kinder mit vier Sonderzügen Leipzig in Richtung Beuthen in Oberschlesien verlassen.
Ein Teil der Leipziger war jedoch gewarnt, da diese Aktion schon am Tag vorher in Halle begonnen hatte. 1296 Personen fanden Schutz im Polnischen Konsulat in der Wächterstraße. Sie konnten es am nächsten Tag unbehelligt verlassen.
Die Abgeschobenen mussten außerhalb des Bahnhofs von Beuthen aus dem Zug steigen und mit ihrem Gepäck zunächst etwa eine Stunde durch ein hell erleuchtetes SS-Spalier, danach auf von einzelnen deutschen Polizisten bewachten Feldwegen laufen. Schließlich gelangten sie in völliger Dunkelheit zu einem Ort, wo sie in einem Gasthof unterkamen. Am nächsten Morgen erfuhren sie, dass sie sich in Radzionków, etwa 10 km nördlich von Beuthen, auf polnischem Gebiet befanden.[55] Alle diejenigen, die irgendwo in Polen Verwandte oder Bekannte hatten, versuchten dort unterzukommen.[56] Die meisten sind 1942 oder 1943 in den Vernichtungslagern des Generalgouvernements ermordet worden. Einige wenige von ihnen durften 1939 für kurze Zeit nach Leipzig zurückkehren, um ihre geschäftlichen Angelegenheiten zu ordnen. Die zuständigen polnischen und deutschen Behörden hatten sich nach massiven Beschwerden wegen nicht bezahlter Rechnungen und anderer Außenstände darüber verständigen müssen. Die Aufenthaltsdauer war in der Regel sehr eng begrenzt. Einige waren auch noch Ende August/Anfang September 1939 in Leipzig, eine Rückkehr nach Polen war nach Kriegsbeginn nicht mehr möglich. Die Männer wurden interniert, die Frauen in „Judenhäuser" eingewiesen und später deportiert.
Nachdem das Attentat des polnischen Juden Herschel Grynszpan auf den deutschen Diplomaten Ernst vom Rath am 7. November 1938 in Paris eine unbeschreibliche Terrorwelle gegen die Juden und ihre Synagogen in Deutschland ausgelöst hatte, die als „Reichskristallnacht" (9./10. November) in die Geschichte eingegangen ist,[57] wurden zwischen dem 10. und 15. November 1938 in Leipzig 558 jüdische Männer verhaftet. Fast alle wurden nach Buchenwald, einige nach Sachsenhausen gebracht. Durch die reichsweite Verhaftungswelle nach der Pogromnacht hatte sich die Anzahl der Gefangenen im KZ Buchenwald in kürzester Zeit nahezu verdoppelt. Die Männer wurden auf engstem Raum in Notbaracken zusammengepfercht, die über keinerlei

sanitäre Einrichtungen verfügten.[58] Mindestens acht Leipziger Juden sind im Pogromsonderlager in Buchenwald umgekommen.[59] Die meisten kamen bis Anfang 1939 unter der Bedingung frei, dass sie Deutschland so schnell wie möglich verlassen. Einem Teil ist es gelungen, 108 sind zwischen Januar 1942 und Februar 1945 aus Leipzig deportiert worden, 21 von ihnen haben die Lager überlebt.

Die Synagogen, die während des Pogroms nicht vollkommen zerstört worden waren, wurden zwangsweise geschlossen. Mit dem Mut der Verzweiflung wandten sich gläubige Juden an das Polizeipräsidium und baten darum, ihnen die täglichen Gottesdienste in der Talmud-Thora-Synagoge in der Keilstraße 4 und in der Tiktiner Synagoge in der Richard-Wagner-Straße 3[60] wieder zu gestatten. Erst zu Pessach Anfang April 1939 konnte der erste Gottesdienst in der Talmud-Thora-Synagoge stattfinden. Bis zum Sommer 1939 standen noch zwei weitere Betstuben zur Verfügung.[61] Den Mitgliedern der Tiktiner Gemeinde war die Wiedereröffnung ihres Betsaals verweigert worden.

Wenige Tage nach dem Überfall auf Polen am 1. September 1939 ließ der Chef der Sicherheitspolizei und des Sicherheitsdienstes Reinhard Heydrich einen Erlass verbreiten,[62] der die einzelnen Stapostellen beauftragte, die noch in Deutschland lebenden jüdischen Männer polnischer oder ehemals polnischer Staatsangehörigkeit in Schutzhaft zu nehmen. Die aus Leipzig wurden zunächst in der Städtischen Arbeitsanstalt Riebeckstraße, die zeitweise auch als Ersatzgefängnis diente, zusammengetrieben und von dort aus in kleineren Gruppen zwischen September und Dezember 1939 überwiegend nach Sachsenhausen oder auch nach Buchenwald gebracht. Einige kamen später in andere Lager. Die Namen der Betroffenen sind nicht im Gefangenentagebuch des Leipziger Polizeigefängnisses erfasst. Man muss davon ausgehen, dass fast alle umgekommen sind, die meisten in Sachsenhausen bereits in den ersten Monaten des Jahres 1940, andere später in Buchenwald, Dachau, Auschwitz, Ravensbrück und Groß-Rosen. Nur einige wenige Überlebende sind bekannt. Bisher konnten 135 Namen ermittelt werden. Die Umgekommenen sind im Sterbebuch der Israelitischen Religionsgemeinde registriert, weil die Urnen mit der Asche der Verstorbenen aus verschiedenen Konzentrationslagern nach Leipzig zurückgeschickt worden sind, sofern noch Verwandte in der Stadt lebten.

Nach Kriegsbeginn kam es zu mehreren Verhaftungswellen, die als „Sonderaktion" deklariert wurden. Am 5. Oktober 1939 wurden 48 jüdische Frauen und Männer deutscher Staatsangehörigkeit verhaftet.[63] Nach zehn Tagen kamen sie wieder frei. 28 von ihnen wurden später deportiert, neun überlebten.

Nach dem Attentat auf Hitler am 8. November 1939 im Bürgerbräukeller in München kam es zu einer weiteren „Sonderaktion", bei der in Leipzig überwiegend am 9., aber auch noch in den folgenden Tagen fast hundert Personen verhaftet wurden,[64] darunter auch Erich Zeigner, der nach dem Ende der Nazidiktatur Bürgermeister in Leipzig war, und die katholischen Geistlichen Theodor Gunkel und Heinrich Kahlefeld, die vielen Bedrängten geholfen haben.[65] Etwa die Hälfte der Verhafteten waren Juden, unter ihnen die „Konsulenten" Fedor Zernik, Richard Cohn und Hermann Gottschalk, der „Krankenbehandler" Manfred Haas und der „Zahnbehandler" Paul Freudenthal. Bis zum 19. Dezember 1939 kamen alle frei. Fast die Hälfte von ihnen wurde später deportiert.

Der Bischof von Münster, Clemens August Graf von Galen, hatte am 17. Juli 1941 einen Brief an den Reichsminister und Chef der Reichskanzlei Hans Heinrich Lammers gerichtet. Er wandte sich darin mit mutigen Worten gegen die Willkür der Gestapo gegenüber schuldlosen Menschen.[66] Am 5. November 1941 wurden in Leipzig sechs Juden und drei Christen wegen Verbreitung dieser „Hetzschrift" verhaftet. Sie kamen bis auf die 71-jährige Franziska Hirschfeld alle in ein KZ. Die alte Frau wurde nach fast viermonatiger Polizeihaft freigelassen und starb am 1. September 1942 im Altersheim Auenstraße, nachdem sie bereits auf der Transportliste für Theresienstadt erfasst war.

Während des Krieges lebten nur noch einige wenige Juden ungarischer und rumänischer Staatsangehörigkeit in Leipzig. Alle wurden am 11. Oktober 1943 verhaftet: vier Männer, acht Frauen, ein Kind. Die Gestapo-Beamten brachten sie zunächst in die Walter-Blümel-Straße 10 (heute Löhrstraße), wo sich im Hinterhaus das letzte Büro der Gemeindeverwaltung befand. Die Frauen und das Kind kamen in das Polizeigefängnis in der Wächterstraße. Die Männer wurden noch am gleichen Tag zum Hauptbahnhof geführt und von dort aus nach Weimar und weiter in das KZ Buchenwald gebracht. Nur Rolf Kralovitz und Moses Fisch haben überlebt.[67] Am darauf folgenden Tag wurden die Frauen und das Mädchen nach Ravensbrück überführt. Die vierjährige Eveline Schwartz gelangte nach Bergen-Belsen und überlebte. Klara Steigmann wurde als Einzige der Frauen befreit und lebte 1949 in Tschernowzy (früher Czernowitz) in der Ukrainischen SSR.

Es gibt auch Beispiele dafür, dass sich betroffene Juden gegen die Zwangsmaßnahmen zur Wehr setzten. Sie weigerten sich, die Beziehungen zu ihren nichtjüdischen Partnern aufzugeben, den Zwangsnamen Sara oder Israel zu tragen oder den Judenstern an ihrer Kleidung anzubringen. Sie leisteten Widerstand, wenn sie ihre Wohnungen verlassen mussten. Dafür wurden sie verhaftet, vor Sondergerichte gestellt, verurteilt, inhaftiert und in Konzentrationslager deportiert.[68]

Wenn sie manche Verbote übertraten und dabei gesehen und bei der Gestapo denunziert wurden, sich z. B. in „arischen" Gaststätten aufhielten, ins Kino gingen oder nachts auf der Straße waren, wurden sie verhaftet, verwarnt und wenigstens bis 1941 auch wieder freigelassen. Seit 1942 folgte dann meist die Deportation.

Die Schwestern Helga und Irmgard Eisen sowie Gerda und Helga Gottschalk waren 1941 verhaftet worden, weil sie sich geweigert hatten, den Judenstern zu tragen. Unter der Bedingung, dass sie sich dem ersten Transport nach Riga am 21. Januar 1942 anschließen, wurden sie wenige Tage vorher freigelassen. Der „Krankenbehandler" Baruch Cires und seine Frau wurden am 9. Juli 1942 wegen Vergehens gegen die Kriegswirtschaftsverordnung verhaftet. Einen Tag später kamen sie frei, um am 13. Juli nach Auschwitz deportiert zu werden. Ihre Namen sind nachträglich auf der Transportliste ergänzt.

Je weiter die Juden aus dem allgemeinen und besonders aus dem kulturellen Leben ausgeschlossen wurden, um so mehr mussten sie sich auf ihre eigenen Werte besinnen, um daraus Kraft für die Bewältigung ihres immer schwieriger werdenden Alltags zu schöpfen. Eine wichtige Rolle spielten dabei die jüdischen Vereine, die, religiös, kulturell oder sportlich orientiert, teilweise schon seit dem Ende des 19. Jahrhunderts bestanden und den verschiedenen Interessengruppen eine Heimstatt boten.[69] Ihre Tätigkeit war streng von der Gestapo überwacht. Sie wurden jedoch nach 1938 für Ausländer und schließlich überhaupt verboten. Eine besondere Bedeutung hatte der in Berlin gegründete Jüdische Kulturbund. Im Dezember 1934 entstand auch eine

Ortsgruppe in Leipzig, die eine rege Tätigkeit entfaltete. Neben Konzerten, Theater- und Filmaufführungen, auch Gastspielen von Künstlern aus anderen Städten, die die Kulturbundmitglieder besuchen konnten, hatten sie auch Möglichkeiten zur kulturellen Selbstbetätigung. Es bestand ein Orchester unter Leitung von Alfred Simon, Barnet Licht leitete Chöre für Erwachsene und Kinder, der Ballettmeister Willy Markise gab Tanzunterricht für Kinder.[70] Nachdem die Arbeit immer weiter eingeschränkt worden war – eine selbstständige Ortsgruppe existierte schon seit Ende 1938 nicht mehr – gab es schließlich nur noch gelegentlich Filmaufführungen.[71]
Eine nicht zu unterschätzende Rolle spielten auch das Ende 1935 gegründete jüdische Lehrhaus und die 1936 gebildete jüdische Haushaltsschule, die durch die Vermittlung von Sprachkenntnissen und die Vorbereitung auf praktische Berufe wichtige Voraussetzungen für die schufen, die noch ins Ausland entkommen konnten und sich dort eine neue Existenz aufbauen mussten.
Für viele Menschen wurde die Situation immer unerträglicher. Eine Reihe von ihnen wollte die Erniedrigungen nicht mehr hinnehmen und wählte den Freitod.[72] Es konnten die Namen von 43 Männern und Frauen ermittelt werden, die sich auf diese Weise gegen das ihnen aufgezwungene Schicksal wehrten, unter ihnen vier Ehepaare und drei Jugendliche, 13, 15 und 16 Jahre alt. Die meisten vergifteten sich mit Schlaftabletten oder Leuchtgas.
Vorladungen zur Gestapo lösten bei vielen unerträgliche Angst aus. Die Verlegerin Cläre Kirstein, die im Sinne ihres 1934 verstorbenen Ehemannes Gustav Kirstein einen Teil des Seemann Verlages bis 1938 weitergeführt hatte, öffnete sich die Pulsadern, nachdem sie zum Verhör aufgefordert worden war.[73] Die 60-jährige Tylle Mielke sprang aus dem Fenster der Stapostelle in der Hindenburgstraße heute Friedrich-Ebert-Straße).
Vor allem die Vorstellung, nach dem Osten deportiert zu werden, veranlasste jedes Mal Männer und Frauen, freiwillig aus dem Leben zu scheiden, sobald ein neuer Transport vorbereitet wurde.
Besonders tragisch ist das Schicksal der Familie Gutter. Joseph Gutter hatte eine nichtjüdische Frau geheiratet. Er trennte sich von seiner Familie und ging 1933 nach Palästina. Erna Gutter blieb mit den Kindern in Leipzig. Bis 1938 war sie noch Mitglied der Israelitischen Religionsgemeinde. Der 13-jährige Sohn Salomon beging im Oktober 1942 aus Angst vor Bestrafung Selbstmord, indem er sich vom Dach stürzte. Seine Schwester Ruth war einige Wochen vorher verhaftet worden. Im Dezember wurde sie nach Auschwitz deportiert und starb dort bald darauf im Alter von 20 Jahren. Die andere Schwester, Rosa, stürzte sich im Mai 1943 aus dem Fenster. Sie war 15 Jahre alt.

Flucht und Solidarität

Obwohl sich seit der zweiten Jahreshälfte 1942 die Gerüchte immer mehr ausbreiteten, dass die „nach Osten" abtransportierten Juden umgebracht würden,[74] wagte kaum jemand genauer nachzufragen oder gar zu protestieren. Zu groß war die Angst vor den angedrohten drastischen Strafen, zu sehr hatte sich die antijüdische Propaganda in den Köpfen der Menschen festgesetzt. Dennoch gab es einige wenige, die mit sehr hohem persönlichen Risiko den Verfolgten Hilfe gewährten.
An erster Stelle sei hier Pater Aurelius Arkenau aus dem Dominikanerkloster in Wahren genannt, der vielen Bedrängten, nicht nur Juden, geholfen hat. Die Geschichte der Flucht der jungen Mutter Käthe Leibel, die in einem Abschiedsbrief Selbstmord vortäuschte, und ihres zweijährigen Sohnes Joachim kurz vor dem Transport am 17. Februar 1943 nach Auschwitz, der ihren sicheren Tod bedeutet hätte, wurde bereits dokumentiert.[75]
Auch die Krankenschwester Eva Heidenheim täuschte Selbstmord vor, nachdem sie Anfang Mai 1942 erfahren hatte, dass sie auf der Transportliste nach Bełżyce stand. Sie ging in die Illegalität und überlebte.[76]
Kaplan Dr. Josef Gülden und Pfarrer Theodor Gunkel vom Oratorium des Heiligen Philipp Neri in Lindenau retteten mehreren Juden das Leben, indem sie sie versteckten oder falsche Papiere beschafften.[77] Gerda Gottschalk die mehrere Jahre bei Dr. Gülden als Sekretärin tätig gewesen war und auf einem Bauernhof in Ostpreußen Zwangsarbeit leistete, wandte sich 1944 in letzter Verzweiflung an ihn, weil die bevorstehende Rückführung in das KZ Stutthof ihren sicheren Tod bedeutet hätte. Er half, die Flucht zu organisieren, die ihr das Leben gerettet hat.[78]
Eine Flucht innerhalb dieses von strengsten Auflagen und Beschränkungen diktierten Gesellschaftssystems unter den Bedingungen des Kriegszustandes scheint von vorn herein ein nahezu aussichtsloses Unterfangen gewesen zu sein. Es mussten sich genügend Menschen finden, die den Mut hatten, die Geflohenen zu verstecken und mit dem Nötigsten zu versorgen. Das Risiko für jeden Beteiligten war unermesslich groß. Sich innerhalb des Landes zu bewegen, erforderte gültige Ausweispapiere und Legitimationen. Um etwas zu essen zu bekommen war der Besitz von Lebensmittelkarten, welche die Behörden nach strengen Maßstäben verteilten, die Voraussetzung. Für Juden waren die Hürden besonders hoch. Nur mit gefälschten Papieren gab es eine geringe Chance. Sie zu erwerben bedurfte einer organisierten Gruppierung im Untergrund, die Zugang zu den notwendigen Blankoformularen hatte und die erforderlichen Personalangaben, Fotos und Stempel fälschen konnte, um den bedrohten Menschen eine neue Identität zu verschaffen. Überall gab es Spitzel im Dienst der Gestapo. Alle Beteiligten mussten sich bewusst sein, dass ihre Enttarnung, unter welchen Beschuldigungen auch immer, ihren sicheren Tod bedeutete. Dabei kam der Krieg, der sich immer mehr auf das Gebiet Deutschlands konzentrierte, den Mutigen sogar zu Hilfe. Unter dem Vorwand, in irgendeiner anderen Stadt ausgebombt zu sein, gelang es manchen Untergetauchten, sich auf legale Weise falsche Papiere zu beschaffen.
Unter diesen Voraussetzungen hat in Leipzig eine Familie die Flucht gewagt.[79]
Dr. Walter Leopold war seit Jahren Angestellter der Steuerabteilung der Israelitischen Religionsgemeinde.

Prägende Erfahrungen mit dem Gestapoterror hatte er bereits 1938 machen müssen, als er am 11. November verhaftet und zusammen mit Hunderten anderer jüdischer Männer in das Pogromsonderlager nach Buchenwald gebracht worden war. Auf Grund einer hohen Auszeichnung im ersten Weltkrieg kam er im Januar 1939 frei. Gleichzeitig erteilte die Gestapo ihm wie auch anderen Entlassenen die Auflage, so schnell wie möglich auszuwandern. Er beantragte unverzüglich beim US-amerikanischen Konsulat in Berlin die Einwanderung. Seine beiden Brüder, die Deutschland noch 1938 hatten verlassen können, stellten die Affidavits. Aber die hohe Registriernummer 59119 machte angesichts der deutschen Ausreisequote alle Hoffnungen zunichte.[80]
Die Misshandlungen, denen Dr. Leopold in Buchenwald ausgesetzt gewesen war, hatten zwar seine Gesundheit zerstört, aber nicht seinen Willen, gegen das menschenfeindliche System aktiv zu handeln, soweit es ihm möglich war. Schon früher hatte er Kontakte zu ähnlich eingestellten Menschen gesucht, die ihm dann auch später geholfen haben.

Er lebte 1942 mit seiner Frau und seiner fünfjährigen Tochter als einer der letzten im „Judenhaus" Walter-Blümel-Straße 21 (heute Löhrstraße), das im Laufe des Sommers geräumt werden musste, um Wohnraum für nichtjüdische Familien zu gewinnen. Als er sich wenige Tage vor dem Transport zur Flucht entschloss, musste er davon ausgehen, dass andere für ihn und seine Familie die Reise in den Tod anzutreten hatten. Kaum jemand kann heute noch nachvollziehen, welche Qualen solche Entscheidungen, bei denen es nur noch um Leben oder Tod ging, den Menschen damals bereitet haben müssen. Als Mitarbeiter der Gemeindeverwaltung verfügte Dr. Leopold vermutlich über mehr Informationen als einfache Mitglieder. Einmal war es ihm schon gelungen, eine Rückstellung zu erreichen. Die Namen seiner Familienmitglieder wurden auf der Transportliste vom 13. Juli 1942 „nach Osten" wieder gestrichen. Dem nahezu sicheren Tod in Auschwitz waren sie zunächst entgangen.

Ende August/Anfang September, als der nächste Transport vorbereitet werden musste, gab es nur noch wenige jüdische Menschen in Leipzig, die noch nicht das Rentenalter erreicht hatten. Einige waren durch ihre nichtjüdischen Ehepartner und ihre Kinder vorläufig vor den Deportationen geschützt. Andere waren als Zwangsarbeiter in kriegswichtigen Betrieben von ihren Arbeitgebern als unabkömmlich reklamiert worden, auch die Angestellten der Gemeinde und ihrer Einrichtungen waren bis dahin weitgehend verschont geblieben. Nun sollten die über 65-Jährigen „ihren Wohnsitz nach Theresienstadt verlagern".

Dr. Leopold ging am 17. September zusammen mit Frau und Tochter in die Illegalität und wurde von nichtjüdischen Bekannten aufgenommen. Er teilte mit ihnen die Überzeugung, dass Deutschland den Krieg verlieren musste und die Alliierten dem nazistischen Spuk ein Ende bereiten würden. Seinen Mut bewies er auch damit, dass er sich im September 1939 dem Befehl, alle Radioapparate abzuliefern, verweigert hatte und den Freundeskreis aktiver Nazigegner über die Meldungen der ausländischen Sender auf dem Laufenden hielt. Das Abhören von feindlichen Sendern war zudem unter Androhung der Todesstrafe verboten.[81] Da es für alle Beteiligten sehr gefährlich war, wechselte er mehrfach seine Unterkunft. Unter dem Namen Kurt Freiherr bewegte er sich auch in der Öffentlichkeit, was ebenfalls mit höchstem Risiko verbunden war, da er zunächst keine Papiere hatte. Mit Hilfe von Herbert Fornfeist,[82] bei dem er auch eine Zeit lang wohnte, erlangte er einen Blanko-Wehrpass, den er in

mühsamer Arbeit mit den Daten seiner neuen Identität fälschte. Seit ihrer Flucht hatten die Leopolds mehrfach das Quartier wechseln müssen. Im Juni 1943 waren sie schließlich von der ihnen bis dahin unbekannten Familie Erich und Ilse Lauche aufgenommen worden, die eine achtjährige Tochter hatten. Sie lebten zusammen in der Bayrischen Straße 59 (heute Arthur-Hoffmann-Straße) und teilten ihre Lebensmittelrationen und die Angst, entdeckt zu werden, bis zum Tag des größten Bombenangriffs auf Leipzig, dem 4. Dezember 1943, bei dem das Haus zerstört wurde. Erst danach konnte Dr. Leopold legal Papiere auf den Namen Freiherr für sich und seine Frau und auch Lebensmittelkarten beschaffen, indem er sich als Verwandter der Familie ausgab, der aus Mannheim stammte und dort ausgebombt war.
Im September 1944 – zwei Jahre hatte er unerkannt in Leipzig leben können – erlangte er eine Anstellung in Bludenz in Vorarlberg, wo er dank seiner neuen Identität den Nationalsozialismus überlebte.
Der schon an der Rettung der Familie Leopold beteiligte Herbert Fornfeist verhalf 1945 auch dem damals 65-jährigen Hermann Goldmann zu gefälschten Papieren, mit deren Hilfe dieser vor der Deportation nach Theresienstadt im Februar zusammen mit seiner nichtjüdischen Frau nach Berchtesgaden fliehen konnte.
Die Zweigstelle des jüdischen Reisebüros Astoria am Blücherplatz (heute Willy-Brandt-Platz), das seinen Hauptsitz in Hamburg hatte, war auch in Leipzig maßgeblich an den Vorbereitungen zur Emigration beteiligt. Möglicherweise haben fingierte Auswanderungspapiere einem Teil der Ende 1938 im Pogromsonderlager in Buchenwald festgehaltenen Männer das Leben gerettet. Sie kamen erst einmal frei, bis sie dann nach und nach tatsächlich noch ins Ausland gelangten. Dabei ging die nichtjüdische Angestellte, Lisbeth Schulze, die dafür zuständig war, ein erhebliches persönliches Risiko ein. Sie versteckte auch bedrängte Juden vorübergehend in ihrer Wohnung und half ihnen, ihr Eigentum vor dem Zugriff der Gestapo zu retten.[83]

Vernichtung

Randgruppen der Gesellschaft waren von Anfang an im Visier der nationalsozialistischen Machthaber. Schon seit 1933 verschlechterten sich die Lebensbedingungen der in Heimen und Anstalten lebenden geistig und körperlich Behinderten zusehends.[84] Seit 1934 legitimierte ein Gesetz ihre Zwangssterilisierung. Die Vorbereitungen zu ihrer systematischen Ermordung begannen im Oktober 1939. Die Aktion zur „Vernichtung lebensunwerten Lebens" (Aktion T 4, so die Tarnbezeichnung) wurde von Hitler persönlich ausgelöst. Die Kranken, die in Heil- und Pflegeanstalten lebten, wurden auf Meldebögen erfasst und von Ärzten begutachtet. Anschließend kamen die meisten von ihnen in sogenannte Zwischenanstalten und von dort aus in eine der Tötungsanstalten: Grafeneck (Württemberg), Brandenburg bei Berlin, Sonnenstein/Pirna (Sachsen),[85] Bernburg (Anhalt), Hadamar (Hessen) oder Hartheim (Ostmark). Dort wurden sie mittels Kohlenmonoxid vergiftet. Die ganze Aktion war von Täuschungen vielfältiger Art bestimmt. Die Kranken, soweit möglich, wurden im Ungewissen über ihr Schicksal gelassen, die Familienangehörigen nicht oder falsch informiert, Todesursache, Todesdatum und Todesort gefälscht, die Fürsorgebehörden betrogen. Opfer dieser Aktion waren bis zu 100 000 körperlich und geistig Behinderte.

Jüdische Kranke lebten überwiegend in staatlichen oder privaten Anstalten. Nur die in der Nähe von Koblenz gelegene Heil- und Pflegeanstalt Bendorf-Sayn war eine jüdische Einrichtung. Vermutlich sind 4000 bis 5000 ermordet worden. Sie mussten in erster Linie sterben, weil sie Juden waren. Auf medizinische Gutachten wurde von vornherein verzichtet. Zunächst hatten die Anstaltsverwaltungen Patientenlisten zu erstellen.[86] Ein Teil der 1939 in der Heil- und Pflegeanstalt Dösen lebenden jüdischen Kranken wurde nach Hubertusburg, Chemnitz-Altendorf, Waldheim, Arnsdorf oder Großschweidnitz und von dort aus in eine der Tötungsanstalten gebracht. Bekannt ist, dass fünf von ihnen in Sonnenstein, zwei in Hartheim, eine Patientin in Hadamar, ein Mann in Grafeneck getötet worden sind. Dabei gilt immer der Vorbehalt, dass die zuständigen Behörden die Angaben gefälscht haben können. Mindestens 22 jüdische Patienten aus Dösen sind auf diese Weise ums Leben gekommen.
Mit dem Beginn der Aktion T 4 war auch das Töten von Kranken mittels Giftspritzen oder Überdosierung von Medikamenten legitimiert. Vermutlich kamen auf diese Weise zwischen Februar und Mai 1940 fünf Männer in Dösen um. Seit Mitte August 1939 gab es eine Meldepflicht für behinderte Neugeborene mit dem Ziel, sie zu töten. Ab August 1941 wurde dieser Erlass auf alle Kinder bis zu 16 Jahren angewandt. Am 16. August 1941 musste die zehnjährige Elfriede Thieberg in Dösen sterben.
Auf Grund von Protesten der Kirchen kam es Ende August 1941 zur Einstellung der systematischen Tötungen durch Giftgas. Das Personal von T 4 wurde in das Generalgouvernement abkommandiert und verantwortete seit 1942 die Vernichtung von 1,75 Millionen dort lebender Juden in Bełżec, Sobibór und Treblinka.
Soweit noch Juden in Heil- und Pflegeanstalten lebten, war ihre Existenz nach wie vor bedroht. Die Morde durch Giftspritzen und Medikamente gingen weiter. Nachdem 1941 die Massendeportationen nach Osten begonnen hatten, wurden Kranke auch in diese Transporte eingegliedert. Am 13. Juli 1942 holten Gestapobeamte die beiden Frauen Eva Ober und Cäcilie Rosenblum aus Dösen ab. Sie standen auf der Liste des dritten Transports nach Osten und starben in Auschwitz. Einige Leipziger lebten auch in der jüdischen Heil- und Pflegeanstalt Bendorf-Sayn. Von dort wurden die Patienten zwischen März und Juli 1942 nach Osten deportiert, unter ihnen Sara Dessen und Paula Gotthelf.
Nicht nur die in Anstalten lebenden Kranken, sondern auch kranke Gefangene in den Konzentrationslagern, u. a. Sachsenhausen, Buchenwald, Auschwitz und Dachau, die teilweise in den Aktionen gegen Asoziale verhaftet worden waren, sowie politisch und rassisch unerwünschte Häftlinge sollten beseitigt werden. Dazu wurde seit April 1941 eine „Sonderbehandlungsaktion" (Aktion 14f13) durchgeführt, der mehr als 15 000 Menschen zum Opfer fielen. Aus Auschwitz wurden im Juli 1941 weit über 500 Polen und Juden nach Sonnenstein gebracht und dort durch Kohlenmonoxid getötet, nachdem ihnen vorgespiegelt worden war, sie kämen in ein Sanatorium in der Nähe von Dresden.[87] Aus dem KZ Dachau wurden zahlreiche Häftlinge nach Hartheim gebracht und mittels Giftgas ermordet, unter ihnen die Leipziger Herz Grünseid, Vater und Sohn Majer und Izak Lerer. Im Frühjahr 1942 kamen die Urnen mit der Asche von Abraham Berger und Jakob Freifeld nach Leipzig zurück. Die Familien erhielten die Mitteilung, dass die beiden Gefangenen am 16. bzw. 19. März in Buchenwald verstorben seien. Tatsächlich hatte man sie am 2. März in die Tötungsanstalt Bernburg gebracht und dort ermordet.[88]

Im Rahmen der „Endlösung der Judenfrage" sollten seit Oktober 1942 alle in den Konzentrationslagern und Haftanstalten des „Reichsgebietes" festgehaltenen Juden ebenfalls nach dem Osten in die Vernichtungslager deportiert werden. Sofern sie bis dahin am Leben geblieben waren, wurden sie jedoch seit 1944 wegen des großen Arbeitskräftebedarfs und danach auch wegen des unaufhaltsamen Vormarschs der Roten Armee wieder in die Konzentrationslager im „Altreich" zurückgeführt.
Die Zahl der in Leipzig lebenden Juden war, als die Massendeportationen aus dem so genannten Altreich mit dem Ziel der „Endlösung der Judenfrage" im Oktober 1941 begannen, vergleichsweise gering, so dass sich die Aufmerksamkeit der von Hitler beauftragten Institutionen zunächst auf andere Städte mit einer weitaus größeren jüdischen Bevölkerung richtete (Berlin, Köln, Frankfurt am Main, Hamburg und Düsseldorf).[89] Die Verantwortung für Planung und Organisation lag beim Reichssicherheitshauptamt (RSHA) unter Führung von Reinhard Heydrich, einem engen Vertrauten des Reichsführers SS und Chefs der deutschen Polizei Heinrich Himmler. Für die unmittelbare Durchführung war das von Adolf Eichmann geleitete „Judenreferat" des RSHA zuständig. Von dort gingen die Befehle an die einzelnen Dienststellen der Gestapo. Leiter des Judenreferats der Stapostelle Leipzig war der Kriminaloberassistent Paul Zenner. Bei der bis ins Detail genau geplanten praktischen Vorbereitung und Durchführung der Deportationen wurde die Stapostelle von der Kriminal- und Schutzpolizei unterstützt. Sie war außerdem für die Verwertung des in den versiegelten Wohnungen befindlichen Eigentums der Deportierten zuständig.[90]
Als schließlich am 20. Januar 1942 auf der so genannten Wannseekonferenz die Verantwortlichkeiten für die „Endlösung" zwischen den einzelnen Beteiligten festgeschrieben wurden, waren schon mehr als 20 000 Menschen nach dem Osten, überwiegend nach Łódź (Litzmannstadt), deportiert worden. In Leipzig hatten längst die Vorbereitungen für den ersten Transport begonnen. Die Betroffenen hielten sich bereits im „Sammellager" 32. Volksschule in der Yorkstraße (heute Erich-Weinert-Straße) auf, von wo sie am nächsten Morgen in Richtung Riga aufbrechen mussten.
Insgesamt hat es aus Leipzig zwischen Januar 1942 und Februar 1945 neun Deportationen gegeben:

		Personen	Männer	Frauen	Kinder	Überlebende
21. 1.1942	nach Riga	559	127	346	86	19
10. 5.1942	nach Bełżyce	287	69	172	46	1
13. 7.1942	nach Auschwitz	170	44	76	50	–
19. 9.1942	nach Theresienstadt	440	154	280	6	53
17. 2.1943	nach Theresienstadt	22	8	14	–	4
	nach Auschwitz	115	29	77	9	2
27. 2.1943	„Fabrik-Aktion"			(keine Liste)		
	nach Theresienstadt	6	4	2	–	2
	nach Auschwitz	15	7	8	–	1
18. 6.1943	nach Theresienstadt	12	5	7	–	4
	nach Auschwitz	18	7	11	–	–
(20.6.1943	nach Theresienstadt	2	1	1	–	–)
13. 1.1944	nach Theresienstadt	36	11	25	–	20
(8.11.1944	nach Theresienstadt	1	1	–	–	–)
14. 2.1945	nach Theresienstadt	148	71	72	5	147
		1831	538 (29%)	1091 (60%)	202 (11%)	253

Von den Deportierten haben 14% überlebt. Wenn man allerdings vom letzten Transport absieht, beträgt die Quote nur 6%.

Am 31. Januar 1942 wurde der Stapostelle Leipzig, ebenso wie allen anderen im Reich, ein als geheim deklarierter Runderlass des Judenreferats im RSHA zugestellt, der den Befehl enthielt, innerhalb von zwei Wochen genaue Zahlen über den zu deportierenden Personenkreis zu liefern.[91] Man muss davon ausgehen, dass es keinem Juden gelungen ist, der Aufmerksamkeit der Gestapo zu entgehen, da diese sich nicht nur auf die Angaben der jüdischen Gemeinden verließ, sondern alle bürokratischen Hilfsmittel, die in den verschiedenen Ämtern zur Verfügung standen, für ihre Zwecke nutzte. Die dabei ermittelten Daten wurden im Judenreferat des RSHA koordiniert und entsprechende Vorgaben hinsichtlich des Transports in die Vernichtungslager an das Verkehrsministerium weitergeleitet.

Die Dienststellen der Gestapo vernichteten 1945 auf Befehl Heinrich Himmlers alle Unterlagen. Nur wenige Dokumente sind erhalten, jedoch kann man davon ausgehen, dass alle Maßnahmen zentral gesteuert waren und in den verschiedenen Städten ähnlich abliefen.

Da aus wirtschaftlichen Gründen die Entscheidung getroffen worden war, dem Transport auf der Schiene den Vorrang zu geben, kam der Reichsbahn, die dem Verkehrsministerium unterstand, eine entscheidende Rolle bei der „Endlösung der Judenfrage" zu.[92] Auch diese Akten, welche die Beziehungen zwischen dem RSHA und dem Verkehrsministerium widerspiegeln könnten, sind im Frühjahr 1945 vernichtet worden.[93]

Die Transporte wurden in der Regel von der Ordnungspolizei begleitet.[94] Die einzelnen Züge waren meist mehrere Tage unterwegs. Anfangs stellte die Reichsbahn Personenzüge zur Verfügung, die in einem schlechten Zustand und im Winter ungeheizt waren, später wurden die Menschen nur noch in Güterwagen transportiert. Die Wagen waren verplombt, so dass unterwegs ohne ausdrückliche Erlaubnis der Wachmannschaften niemand aussteigen konnte. Es gab keinerlei hygienische Vorkehrungen, kein Wasser und keine Nahrungsmittel. Für den ersten Transport nach Riga hatte das Ernährungsamt noch Verpflegung bereitgestellt, die aber offensichtlich die Gefangenen nicht erreichte.[95]

Eine nicht geringe Rolle spielten auch die Auseinandersetzungen zwischen dem RSHA und der Reichsbahn über die Finanzierung der Transporte. Ursprünglich wurde der Tarif für die Personenbeförderung in der dritten Klasse zu Grunde gelegt: pro Person und Kilometer vier Reichspfennige, Kinder die Hälfte. In langwierigen Verhandlungen gelang es dem RSHA, Sondertarife zu erreichen, so dass nur noch die Hälfte des ursprünglichen Preises in Rechnung gestellt wurde.[96] Dafür aufkommen mussten die Betroffenen selbst.[97] Das „eingesparte" Geld kam über das Sonderkonto „W" der SS zugute.

Es gibt nur wenige Hinweise darauf, wo die Leipziger in die Deportationszüge steigen mussten. Der erste Transport nach Riga erfolgte von einem Vorortbahnhof aus, zu dem die seit mehreren Tagen im Sammellager 32. Volksschule in der Yorkstraße (heute Erich-Weinert-Straße) Ausharrenden mit Polizeiautos gebracht worden waren. Die alten Menschen, die am 19. September 1942 nach Theresienstadt transportiert werden sollten, wurden zum Güterbahnhof nach Engelsdorf gebracht. Hier in den Zug zu steigen war für die Alten und Kranken besonders beschwerlich. Aus einem im Nachlass des ehemaligen Leipziger Oberbürgermeisters Carl Goerdeler gefundenen Dokument[98] lässt sich schließen, dass die im Februar 1943 Deportierten in offenen Lastwagen nach Delitzsch gefahren und von dort zunächst nach Berlin gebracht worden sind.

Zur Durchführung der Deportationen hatte das RSHA Richtlinien für die einzelnen Stapostellen vorgegeben.[99] Darin wurden der Personenkreis definiert und die Organisation der Transporte reglementiert. In einem Zug sollten jeweils 1000 Menschen untergebracht werden. Für den ordnungsgemäßen Ablauf hatte eine jüdische Transportleitung zu sorgen. In den Melderegistern hatte der Eintrag „unbekannt verzogen" oder „abgewandert" zu erfolgen. In dieser Richtlinie war auch festgelegt, was mitgenommen werden durfte.
Die Bezirksstelle Mitteldeutschland der Reichsvereinigung der Juden in Deutschland, die sich in Leipzig befand, hatte bereits am 1. November 1941 von der Zentrale in Berlin ein als vertraulich gekennzeichnetes Rundschreiben[100] erhalten, das auf Einzelheiten im Zusammenhang mit den „Evakuierung" genannten Deportationen einging. Diesem folgte zwei Wochen später eine weitere Mitteilung,[101] die Richtlinien zur Aufbringung von Barmitteln durch die Betroffenen enthielt.
Der Hintergrund war, dass sich das RSHA auch finanzielle Vorteile bei der endgültigen Vernichtung der Juden verschaffen wollte. Nach langwierigem Tauziehen zwischen den Behörden wurde am 25. November 1941 die 11. Verordnung zum Reichsbürgergesetz veröffentlicht,[102] die eine Festlegung enthielt, dass ein Jude die deutsche Staatsbürgerschaft verliert, wenn er seinen „gewöhnlichen Aufenthalt im Ausland hat", und dass damit sein gesamtes Vermögen dem Reich verfällt. Das Generalgouvernement, das als vorrangiges Ziel für die Deportationen vorgesehen war, galt als Ausland.[103] Über den konfiszierten Besitz der Betroffenen verfügte das Reichsfinanzministerium. Das RSHA richtete für seine Zwecke ein Sonderkonto „W" ein, über das scheinbar die jüdischen Kultusgemeinden verfügten[104] und auf das die Transportkosten – es handelte sich um 50 RM pro Person – einzuzahlen waren. Vermögendere Juden hatten für die Zahlungsunfähigen aufzukommen.
Den Deportierten blieben nur wenige persönliche Dinge und eine geringe Summe Bargeld, die sie unmittelbar vor dem Transport auch noch abzugeben hatten.
Zumindest vor den ersten beiden Transporten im Januar und Mai 1942 wurde den Betroffenen der mögliche Beginn eines neuen Lebens im Osten vorgegaukelt. Genaue Anweisungen, Hand- und Reisegepäck betreffend, nährten die Illusionen. So sollten u.a. Sommer- und Wintergarderobe, Arbeitskleidung, Werkzeuge, Gartengeräte, Öfen, Matratzen sowie Nähmaschinen bereitgestellt werden. Das persönliche Reisegepäck, in der Regel auf maximal 50 kg beschränkt, musste an Sammelstellen abgeliefert werden und wurde zusammen mit den anderen Gegenständen in Güterwaggons verladen. Dabei handelte es sich von vornherein um ein Betrugsmanöver, da angewiesen worden war, spätestens bei der Ankunft alles zu beschlagnahmen. Ein Handgepäckstück, das persönliche Dinge und Verpflegung für mehrere Tage enthalten durfte, war für jeden erlaubt. Das Gepäck wurde, meist in Gegenwart des Eigentümers, eingehend kontrolliert. Bei Verstößen gegen die vorgegebenen Auflagen waren strenge Strafen angedroht.
Vor der „Evakuierung" hatten die Betroffenen auf vorgedruckten Formularen ihr gesamtes Eigentum aufzulisten.[105] Sie mussten Belege vorweisen, dass alle Verbindlichkeiten gegenüber den Vermietern geregelt, die Strom-, Gas- und Wasserrechnungen bezahlt waren. Die Wohnungen wurden nach ihrem Abtransport versiegelt und später unter der Aufsicht der Gestapo geräumt. Bei der Aneignung von Wertsachen machten sich die beauftragten Dienststellen des Finanzministeriums und

die Gestapo gegenseitig Konkurrenz, wobei letztere immer mehr von ihrem Vorteil, Beschlagnahmungen über die Reichsvereinigung der Juden schon im Vorfeld der Deportationen vorzunehmen, Gebrauch machte. Beamte, die sich persönlich bereicherten, mußten mit Bestrafung rechnen.
In Leipzig war vor allem das Versteigerungshaus Klemm, Matthäikirchhof 29, mit der Veräußerung des in den Wohnungen verbliebenen Eigentums beauftragt. Nach der erhaltenen Abrechnung einer Versteigerung vom 17. August 1942[106] wurden nach Abzug von mehr als 20% des Erlöses für verschiedene Gebühren fast 3800 RM zu Gunsten des Sonderkontos „W" an die Israelitische Religionsgemeinde überwiesen. Es muss sich dabei um Möbel und Hausrat der einen Monat vorher nach Auschwitz Deportierten gehandelt haben. Bei den meisten Transporten wurde das Gepäck bereits in Leipzig beschlagnahmt und ebenfalls durch diese Firma versteigert.
Die Brüder Hans und Karl Klemm wurden im Februar 1949 wegen persönlicher Bereicherung zu zweieinhalb bzw. zwei Jahren Gefängnis verurteilt, ihr Vermögen zog das Land Sachsen zu Gunsten der Israelitischen Religionsgemeinde Leipzig ein.[107]

Deportation nach Riga am 21. Januar 1942

Als am 21. Januar 1942 die 559 jüdischen Männer, Frauen und Kinder aus dem Sammellager in der 32. Volksschule in der Yorkstraße (heute Erich-Weinert-Straße) zu einem Zug nach Riga gebracht wurden, konnte niemand von ihnen ahnen, was sie dort tatsächlich erwartete.
Auf der ersten Transportliste waren die Namen von 787 Personen genannt, die einige Tage vorher die Aufforderung erhalten hatten, sich für einen Arbeitseinsatz im Osten vorzubereiten. Einem Teil von ihnen gelang es, eine Zurückstellung zu erreichen, so dass sie zunächst in Leipzig bleiben konnten. Wahrscheinlich unmittelbar vor dem Transport wurde eine zweite Liste erstellt, die zunächst 588 Namen aufführte; 27 wurden wieder gestrichen und zwei hinzugefügt. Unter den Deportierten waren auch eine Frau aus Frankenberg und ein Mann aus Halle.[108]
In den Zug nach Riga mussten vermutlich 346 Frauen, 127 Männer und 86 Kinder aus Leipzig steigen. Die hohe Zahl der Frauen ergibt sich daraus, dass fast ein Drittel von ihnen verwitwet war, ein Teil der Männer war nach 1938 in Konzentrationslagern umgekommen. Nicht wenige waren unverheiratet, geschieden oder lebten getrennt von ihren Ehepartnern. Außerdem gab es Frauen und Familien, deren Männer und Väter Deutschland nach 1938 noch verlassen konnten, ohne dass es ihnen gelungen war, ihre Angehörigen nachzuholen.
So musste sich z. B. Golda Palaszinski zusammen mit ihren vier Kindern zwischen vier und vierzehn Jahren dem Transport stellen, ohne dass sie um das Schicksal ihres Ehemannes David wusste. Er war 1939 nach Frankreich geflohen. Dort wurde er nach der Kriegserklärung Frankreichs an Deutschland interniert, später an die SS ausgeliefert und wie Tausende anderer Juden nach Osten deportiert. Er starb am 21. April 1942 in Auschwitz.
Von dem Transport nach Riga waren die über 65-Jährigen noch nicht betroffen, da er ja unter dem Vorwand des Arbeitseinsatzes im Osten erfolgte. Die Familien durften zusammen bleiben, wobei nicht etwa humanitäre Gründe, sondern die Verhinderung möglicher Probleme mit einzelnen Zurückgebliebenen ausschlaggebend waren. Das jüngste Kind, Gittel Freier, war neun Wochen alt, als es mit seinen Eltern deportiert

wurde. Die Älteste, Else Wachsmann, war 69 Jahre alt. Sie stammte aus Frankfurt/Oder und lebte, seit langer Zeit verwitwet, bei ihrer Tochter Charlotte Bleistein und wollte nicht allein in Leipzig zurückbleiben. Sie war auch die Mutter des Architekten Konrad Wachsmann, der frühzeitig emigrierte und überlebte. Seine Bemühungen, sie zur Ausreise zu bewegen, scheiterten an ihrem Willen, ihre Heimat nicht zu verlassen.[109]
Vor allem nach Kriegsbeginn gab es einen großen Bedarf an Arbeitskräften, so dass viele Juden Zwangsarbeit leisten mussten. Da sie von ihren Arbeitgebern dringend benötigt wurden, gelang es, für einen Teil der auf der ersten und zweiten Transportliste Stehenden einen Aufschub zu erreichen. Wahrscheinlich gingen den Entscheidungen heftige Auseinandersetzungen mit der Gestapo voraus.[110] Betroffen davon waren, einschließlich der dazugehörigen Familien, 207 Personen. Bis auf einige, die in der Zwischenzeit verstorben waren, wurden alle später deportiert, die meisten nach Auschwitz. Zu diesem Zeitpunkt lebten sie bereits in sehr beengten Verhältnissen in „Judenhäusern", wo sich meist mehrere Familien eine Wohnung teilen mussten. 45 der für diesen Transport Vorgesehenen waren unter besonders ungünstigen Bedingungen in den Klassenräumen der ehemaligen Carlebach-Schule in der Gustav-Adolf-Straße 7 untergebracht. Allein aus neun „Judenhäusern" in der Humboldtstraße wurden 136 Personen deportiert.
Im ersten Transport waren mehr als die Hälfte deutsche Staatsbürger. Die meisten anderen hatten durch die Entscheidung der polnischen Regierung nach dem Oktober 1938 ihre ehemalige Staatsbürgerschaft verloren[111] und genossen als Staatenlose keinerlei Schutz. Manche von ihnen hatten sich seitdem um die Anerkennung der polnischen Staatsbürgerschaft ohne Erfolg bemüht, so dass zum Zeitpunkt der Deportation ihre Staatsangehörigkeit immer noch nicht geklärt war und sie wie Staatenlose behandelt wurden.
Das Schicksal der nach Riga Deportierten lässt sich nur aus den Erinnerungen Überlebender andeutungsweise rekonstruieren.[112] Von den Leipzigern haben, soweit bekannt, vierzehn Frauen und fünf Männer überlebt. Die Überlebenschancen für Frauen waren im Hinblick auf die physische Belastung durch Zwangsarbeit größer als für Männer. Vor allem ältere Menschen starben an Hunger, durch Kälte und Krankheiten. Alle Kinder wurden ermordet. Die Möglichkeit, den ständig stattfindenden Selektionen zu entgehen, hatten eventuell junge Menschen zwischen 20 und 30 Jahren oder diejenigen, die bei der Wehrmacht oder in zivilen Bereichen außerhalb des Ghettos oder der Lager eingesetzt waren. Aus Letzterem ergaben sich seit 1944 auch Fluchtmöglichkeiten. Von den vierzehn Frauen, die überlebt haben, waren elf im Alter zwischen 16 und 30 Jahren deportiert worden. Eine von ihnen war Gerda Gottschalk, der im November 1944 die Flucht gelang. Sie hat zwei Jahre später ihre Erinnerungen niedergeschrieben.[113]
Der 21. Januar 1942 war ein sehr kalter Tag. Alle hatten, so wie sie es vermochten, vorgesorgt und vor allem warme Kleidung und Schuhe eingepackt. Für jeden war ein Gepäckstück erlaubt. Von ihrem in gesonderten Waggons transportierten Eigentum haben sie nichts wiedergesehen.[114] Der Zug, der in Dresden noch eine größere Anzahl Juden aus anderen Städten Sachsens aufgenommen hatte, bestand aus ungeheizten Waggons. In Leipzig wurde der ehemalige Spediteur Curt Fleischer von der Gestapo zum Transportleiter bestimmt. Er war in seinem Bemühen, unterwegs Erleichterungen für die Menschen zu erreichen, den Schikanen der Wachmannschaften ganz besonders ausgeliefert.[115]

Nach einer endlos erscheinenden dreitägigen Fahrt wurden die müden, hungrigen und verängstigten Menschen auf dem Rangierbahnhof Šķirotava, etwa 15 km vom Rigaer Ghetto entfernt, regelrecht aus dem Zug geprügelt. Bereits in Šķirotava haben die Handlanger der SS ältere und kranke Menschen, die den beschwerlichen Marsch ins Ghetto kaum hätten bewältigen können, unmittelbar nach der Ankunft erschossen und in Massengräber geworfen.[116] Alle anderen mussten sich zu Fuß, bei mehr als 30 Grad Kälte, auf den Weg in das Rigaer Ghetto machen. Was sie dort erwartete, ist nahezu unvorstellbar.
Nachdem die deutsche Wehrmacht Lettland erobert hatte, ordneten die neuen Herren am 23. August 1941 an, dass alle Rigaer Juden in einem Ghetto zu leben hätten.[117] Auf engstem Raum wurden fast 30 000 Menschen zusammengepfercht. Wenige Monate später, an zwei Tagen im November und Dezember 1941 sind fast alle Ghettobewohner gewaltsam aus ihren Häusern getrieben und in der Nähe erschossen worden.
Die nationalsozialistischen Machthaber begannen Ende November 1941 nahezu gleichzeitig Juden aus den großen Städten Deutschlands nach Riga zu deportieren. Überlebende berichten, dass zeitweise alle zwei Tage ein Zug angekommen sein soll. Da das Ghetto sehr schnell unerträglich überfüllt war, wurden viele Menschen umgebracht, um Platz zu schaffen. Außerdem war die Todesrate durch Hunger und Krankheiten sehr hoch.
Als die Leipziger die ihnen zugewiesenen Häuser in der Moskauer Vorstadt, einem heruntergekommenen Viertel Rigas, das zum Ghetto bestimmt worden war, betraten, fanden sie die Wohnungen noch so vor, wie die vorherigen Bewohner sie hatten verlassen müssen, gezeichnet von den willkürlichen Zerstörungen durch die von der SS beaufsichtigten Wachmannschaften. Viele Menschen hatten sich auf engstem Raum einzurichten. Die schon vorher aus Berlin, Düsseldorf, Köln, Hamburg und anderen deutschen Städten Deportierten versuchten, so gut sie konnten, zu helfen. Es gab kaum etwas zu essen und kein Heizmaterial. Ein Teil der Männer kam in das KZ Salaspils, wo besonders harte Lebensbedingungen herrschten und das Überleben nahezu unmöglich war. Unter ihnen waren auch Curt Fleischer und sein Sohn Hans sowie Ernst Ilberg aus Leipzig. Letzterer kehrte nach einem halben Jahr völlig entkräftet ins Ghetto zurück. Sein Weg führte über das Außenlager Strasdenhof des KZ Kaiserwald bis in das Lager Burggraben bei Danzig, wo er schließlich am 22. März 1945 befreit wurde.[118]
Die SS erlaubte den Juden eine Selbstverwaltung, um die elementaren Formen des Zusammenlebens zu gewährleisten. Die aus Sachsen Gekommenen wählten den 58-jährigen Siegfried Samuel als Ältestenrat. Auch das Ehepaar Körner aus Leipzig engagierte sich, Herr Körner war Mitglied der Ghettopolizei, Frau Körner in der Arbeitsvermittlung tätig.[119] Arbeit zu haben wurde für viele die größte Chance zu überleben. Durch lange Arbeitswege waren die Menschen vom frühen Morgen bis zum späten Abend auf den Beinen, wenn sie Glück hatten, konnten sie zusätzlich etwas zu essen organisieren.
Die Wachmannschaften der SS gingen mit großer Willkür und Brutalität gegen die Ghettobewohner vor. Es war u. a. bei Todesstrafe verboten, das Ghetto allein zu verlassen, Tauschhandel zu treiben, Post zu empfangen oder abzusenden. Um ein Exempel zu statuieren, wurden Männer und Frauen, die bei Kontrollen etwa ein Stück Brot bei sich gehabt hatten, öffentlich gehenkt.

Am meisten bedroht waren die Kinder und die Älteren, die nicht den Arbeitskommandos zugeteilt werden konnten. Am 5. Februar 1942, wenige Tage nach der Ankunft der Leipziger in Riga, wurden etwa 1100 deutsche und österreichische Juden, die noch keine Arbeit gefunden hatten, unter einem Vorwand in einen nahe gelegenen Wald transportiert und getötet. Um sich der älteren Menschen zu entledigen, erfand die SS eine Konservenfabrik, wo ihnen leichte Arbeit versprochen wurde, die in Wirklichkeit gar nicht existierte. Am 26. März 1942 wurden mehrere tausend Menschen[120] unter diesem Vorwand ermordet. Wahrscheinlich sind dabei auch die meisten der 61 über sechzig Jahre alten Leipziger umgekommen.
Mitte 1943 begann auf Befehl des Reichsführers SS Heinrich Himmler vom 21. Juni 1943[121] die Auflösung der Ghettos im Osten. Der Befehl besagte auch, dass alle arbeitsfähigen Juden in Konzentrationslager zu überführen seien, womit das Schicksal der anderen besiegelt war.
In Riga kamen die Ghettobewohner nach und nach in das KZ Kaiserwald, das sich in einem ehemaligen Park der Stadt befand und wo die Lebensbedingungen noch weit schlimmer waren als vorher. Dabei wurden ihnen die letzten Habseligkeiten weggenommen. Die endgültige Liquidierung des Ghettos war am 2. November 1943, etwa 30 Frauen und Kinder, die sich bis zuletzt versteckt hatten, sind dabei erschossen worden. Während der „Umsiedlung" führte die SS immer wieder Selektionen durch, bei denen Alte, Kranke und Kinder bestimmt wurden, nach Auschwitz transportiert zu werden. Es gibt keine eindeutigen Erkenntnisse, ob sie tatsächlich dorthin gelangt oder schon unterwegs zu Tode gekommen sind.[122] Vermutlich befanden sich unter den Opfern auch viele der 86 aus Leipzig deportierten Kinder.
Das KZ Kaiserwald war im März 1943 errichtet worden und hatte elf Außenlager, in denen die Gefangenen die unterschiedlichsten Arbeiten verrichten mussten. Die SS hatte inzwischen erreicht, dass sie fast vollkommen ihrer menschlichen Würde beraubt waren; sie hatten nur noch stinkende Lumpen, um ihre Körper zu bedecken, die zudem noch mit breiten Streifen roter und weißer Ölfarbe beschmiert waren. Den Frauen waren alle Haare geschoren worden, den Männern ein Streifen von der Mitte der Stirn bis in den Nacken. Immer wieder wurde die Zahl der Häftlinge durch willkürliche Aktionen der SS dezimiert, viele starben an Krankheiten oder Entkräftung. Gerda Gottschalk, eine der wenigen Überlebenden aus Leipzig, berichtete später, dass im Lager Strasdenhof im Sommer 1944 alle Männer und Frauen über 30 Jahre ausgesondert und auf LKW weggebracht worden sind. Zu ihnen gehörte auch Dora Hansen. Sie war die Ehefrau eines christlichen Rechtsanwalts und nach seinem Tod 1938 den Willkürmaßnahmen der Gestapo ausgesetzt. Es grenzt an ein Wunder, dass es Gerda Gottschalk gelungen ist, das Ghetto-Tagebuch von Dora Hansen zu retten, einziges Zeugnis der vielen in Riga ermordeten Leipziger.[123]
Von den ursprünglich 2000 Gefangenen, die in diesem Teillager inhaftiert waren, blieben 600 übrig. In zwei Aktionen am 28. Juli und am 3. August 1944 in allen Außenlagern des KZ Kaiserwald wurden die Kinder und Jugendlichen unter achtzehn Jahren entweder im ehemaligen Ghetto vergast oder in der Nähe des Lagers erschossen.[124] Da sie ihren jüngsten Sohn, den elfjährigen Max, nicht allein lassen wollte, ging Sara Kern gemeinsam mit ihm in den Tod. Auch die drei anderen Kinder und ihr Mann Josef sind in Riga verschollen.

Die Rote Armee war zu diesem Zeitpunkt schon unaufhaltsam auf dem Vormarsch nach Westen. Im August und September 1944 wurden die Häftlinge des KZ Kaiserwald und seiner Außenlager, die den Selektionen entgangen waren, in das KZ Stutthof in der Nähe von Danzig evakuiert. Der Transport erfolgte mit Lastkähnen und Frachtschiffen über die Ostsee und dauerte mehrere Tage, welche die Menschen eng zusammengedrängt unter Deck zubringen mussten, in völliger Ungewissheit über ihr weiteres Schicksal. Gleichzeitig kamen auch aus anderen Lagern im Osten jüdische Gefangene nach Stutthof, so dass sich Ende 1944 dort (einschließlich der 23 Außenlager) über 57 000 Menschen befanden.[125]

Bei der Ankunft waren die Häftlinge entwürdigenden Prozeduren unterworfen. Ihre Namen, und damit auch ihre Individualität, wurden ausgelöscht und durch eine Nummer ersetzt.[126] Auch in diesem KZ herrschten Hunger und Krankheiten, die viele Menschen das Leben kosteten. Die Bedingungen in dem Teil des Lagers, der den Juden vorbehalten war, waren besonders grausam, da die große Zahl der neu Angekommenen eigentlich keinen Platz mehr fand. So mussten sich in zwei Baracken, die für 250 Personen vorgesehen waren, jeweils 900 jüdische Frauen drängen.[127] Die Familien, sofern es sie überhaupt noch gab, wurden rigoros auseinandergerissen, ein Teil der Gefangenen wurde in Außenlagern untergebracht. Die Arbeitsfähigen hat man zu Arbeiten gezwungen, die meist ihre nur noch geringen Kräfte überstiegen. Die Schwachen und Kranken wurden ausgesondert und ermordet. Die Sterblichkeitsrate war sehr hoch. Ende 1944/Anfang 1945 starben innerhalb von drei Monaten mehr als 8000 Menschen, nachdem eine Typhusepidemie ausgebrochen war.

Unter dem Druck der nahenden Roten Armee, die Ende Januar 1945 nur noch 50 km von Stutthof entfernt war, begann die Liquidierung des KZ mit der Auflösung der Außenkommandos und der in der Nähe gelegenen Außenlager. Den Befehl, zu Fuß in großen Marschkolonnen in Richtung Westen aufzubrechen, erhielten etwa 10 000 Häftlinge am 25. Januar 1945. Einigen gelang die Flucht, viele verloren ihr Leben. Unterwegs wurden sie dann von der Roten Armee befreit.[128] In den weiter entfernten Außenlagern befanden sich noch über 22 000 Gefangene, auch sie wurden kurz darauf evakuiert, die Kranken und Schwachen unterwegs erschossen. Insgesamt sind in den letzten Wochen des Krieges mehr als 25 000 Menschen aus dem KZ Stutthof umgekommen. Am 30. Januar 1945 waren im Hauptlager noch etwa 34 000 Häftlinge, darunter fast 7 000 jüdische Frauen. Wegen der völlig unzulänglichen Lebensbedingungen starben jeden Tag über 50, manchmal bis zu 200 Menschen. Am 14. April 1945 ließ Heinrich Himmler den Befehl verbreiten, dass kein KZ-Häftling lebend in die Hände der Feinde fallen dürfe. Daraufhin erfolgten weitere Evakuierungen, dabei ermordete die SS 200 jüdische Frauen, andere sind auf einem Transport über die Ostsee Richtung Lübeck umgekommen. Noch am 27. April wurden 21 jüdische Frauen in der Nähe des Lagers erschossen.[129] Heinrich Freier gelangte im August 1944 und Elias Freier im Januar 1945 in das KZ Buchenwald. Die Befreiung erlebten sie nicht mehr.

Gerda Gottschalk, die im August 1944 nach Stutthof gebracht worden war, gelang es, als Erntehelferin bei Bauern eingeteilt zu werden. Das hat ihr, dank dem Mut der an ihrer Rettung Beteiligten, die Flucht und das Überleben ermöglicht.[130] Anni Gewürtz konnte kurz vor Ende des Krieges in Danzig einem Evakuierungstransport entkommen und sich verstecken.[131] Auch Elisabeth Frankenstein floh im März 1945

aus einem der Außenlager und versteckte sich zusammen mit Marianne Weinhold, bis sie von Soldaten der Roten Armee befreit wurden.[132]
Nur ein unbändiger Wille, alle Leiden und Erniedrigungen zu überstehen, verbunden mit einer langen Kette von Zufällen, ermöglichte den Wenigen das Überleben.

Deportation nach Bełżyce am 10. Mai 1942

Nicht lange nachdem der erste Zug im Januar 1942 mit 559 jüdischen Männern, Frauen und Kindern Leipzig in Richtung Osten verlassen hatte, ist eine neue Liste für den nächsten Transport, ohne dass zunächst Ziel und Zeitpunkt bekannt waren, vorbereitet worden.
Eine erste Aufstellung umfasste die Namen von 196 Leipzigern, später ergänzt um weitere 52. Diesmal wurden auch diejenigen einbezogen, die noch in kleineren Städten im Umkreis lebten: zehn Personen aus Grimma, drei aus Mittweida, zwei aus Leisnig, zwei aus Bad Lausick, zwei aus Roßwein, eine aus Borna und eine aus Groitzsch.
Es hat in dieser Liste viele Korrekturen gegeben, die ersten Streichungen sind bereits am 12. März erfolgt (23 Namen), auch Adressen änderten sich zwischenzeitlich. Insgesamt sind 87 Namen gestrichen, fast alle Betroffenen wurden später nach Auschwitz oder Theresienstadt deportiert.
Offensichtlich muss es auch Auseinandersetzungen darüber gegeben haben, was mit den Kindern, die im Kinderheim Jacobstraße 7 lebten, geschehen sollte. Zur ersten Liste wurde ein Nachtrag erstellt, auf dem u. a. 23 der Kinder aufgeführt sind, 16 von ihnen sind einen Tag vor der Deportation gestrichen worden. Auf einer zweiten Liste, der wohl tatsächlichen Transportliste, sind die Namen von 26 Kindern genannt, jedoch 17 von ihnen ebenfalls am 9. Mai gestrichen worden. So wurden schließlich neun Kinder zusammen mit fünf Betreuerinnen deportiert.
Die meisten der Betroffenen waren zwischen 30 und 60 Jahren alt. Zu dem Transport gehörten insgesamt 46 Kinder. Es waren überwiegend deutsche Staatsbürger, aber man wollte sich auch der Staatenlosen entledigen, die etwa 40% der Deportierten ausmachten.[133]
Es wurde jeweils die ganze Familie aufgefordert, der überwiegende Teil waren aber Frauen, ein Viertel von ihnen allein oder mit den Kindern. Die Männer waren gestorben, im KZ umgekommen, einigen wenigen war die Emigration gelungen, ohne dass sie ihre Familien vor der Vernichtung hatten retten können.
Unter den Deportierten war auch Sara Berger, die Witwe des Kaufmanns Moritz Berger, der Anfang 1941 im KZ Dachau umgekommen war. Die Familie hatte ursprünglich in Markranstädt gelebt. In Leipzig verdiente Herr Berger den Lebensunterhalt für seine achtköpfige Familie als Schlosser. Die sechs Kinder zwischen zwei und neun Jahren wurden zusammen mit ihrer Mutter deportiert.
Der Kinderarzt Dr. Michael Walltuch war als „Krankenbehandler" im Israelitischen Krankenhaus tätig. Als er im Januar 1942 die Aufforderung zum Abtransport erhalten hatte, konnte er noch einen Aufschub erreichen. Im Mai musste er dann zusammen mit seiner Frau und seinen beiden Söhnen, der jüngere war gerade neun Monate alt, Leipzig zwangsweise verlassen.
Wenn man davon ausgeht, dass die zweite Liste die Transportliste ist, so müssen insgesamt aus Leipzig und den umliegenden Kleinstädten 287 Männer, Frauen und Kinder am 10. Mai 1942 nach Bełżyce deportiert worden sein. Der Zug kam aus

Weimar mit Juden aus ganz Thüringen.[134] In unterschiedlichen Quellen werden 1000 bis 1200 Personen genannt, die am 12. Mai im Ghetto angekommen sein sollen.[135]
Bełżyce war eine Kleinstadt in der Kreishauptmannschaft Lublin-Land, gelegen im Generalgouvernement. Sie war das Zentrum einer Landgemeinde von 40 Dörfern, Gütern und Kolonien mit mehr als 16 000 Einwohnern, die meisten von ihnen Polen katholischen Glaubens. Vor dem Überfall Deutschlands auf Polen hatte der Anteil der jüdischen Bevölkerung im Kreis Lublin-Land etwas über 7% betragen.[136] Die in der Kleinstadt seit 1939 in einem Ghetto zusammengedrängten Juden waren vor allem in ärmlichen Verhältnissen lebende Handwerker und Gewerbetreibende, die schon seit Anfang 1940 Juden, die aus dem „Altreich" deportiert worden waren, in ihren Häusern hatten aufnehmen müssen.[137]
Nachdem seit Mitte 1941 die „Endlösung der Judenfrage" auf der Tagesordnung stand, wurde dem Generalgouvernement in den Plänen der Verantwortlichen eine zentrale Rolle zugewiesen. Hier entstanden die Vernichtungslager Bełżec, Treblinka und Sobibór, in denen Abertausende polnischer, aber auch aus Deutschland deportierter Juden umgekommen sind. Man muss davon ausgehen, dass auch viele der am 28. Oktober 1938 aus Leipzig und anderen Städten abgeschobenen polnischen Staatsbürger diesem Vernichtungswahn zum Opfer gefallen sind.
Aus einem erhalten gebliebenen Dokument geht hervor, dass so viele Juden „auszusiedeln" (das heißt in der Regel zu ermorden) sind, wie vom Westen her „eingesiedelt" werden sollten.[138] Einen Tag vor der Ankunft des Transports aus Mitteldeutschland, am 11. Mai, wurden die im Ghetto Bełżyce lebenden arbeitsfähigen jungen Männer in das KZ Majdanek überstellt,[139] um Platz für die Neuankömmlinge zu schaffen.
Als die Juden aus Sachsen und Thüringen in Bełżyce ankamen, sahen sie sich äußerst schwierigen Lebensbedingungen gegenüber. Auf engstem Raum lebten über 3600 Menschen.[140] Unter unzureichenden hygienischen Bedingungen, bedroht von Krankheiten, vor allem Typhus, und Mangel an Essen und Kleidung, in ständiger Angst vor der Willkür der SS, fristeten sie ihr Dasein bis zum Oktober 1942. Anfang Oktober wurden vor allem junge Menschen zur Zwangsarbeit in das KZ Majdanek gebracht. Am frühen Morgen (wahrscheinlich) des 28. Oktober umstellte die SS das Ghetto und trieb gleichzeitig Tausende Juden aus der Umgebung zusammen. Vor allem Alte und Kranke, Frauen und Kinder, die noch im Ghetto lebten, wurden in die Vernichtungslager getrieben. Es blieben zerstörte Häuser, Erschossene, Erschlagene. Einigen Hunderten gelang es, sich bei diesem Inferno zu verstecken, jedoch wurden sie bald darauf in einem eilig errichteten Lager gefangen gehalten, erschossen oder in eines der Vernichtungslager deportiert.[141] Aufgelöst wurde dieses Lager im Mai 1943 unter unbeschreiblich grausamem Vorgehen der SS gegenüber den verbliebenen Männern, Frauen und Kindern.[142]
Es gibt keine Überlieferung, das Schicksal der Leipziger betreffend. Die Überlebenschancen waren außergewöhnlich gering. Selbst wenn einige jüngere Menschen zunächst noch im KZ Majdanek Zwangsarbeit leisten mussten, so war dort bei der von der Lagerleitung befohlenen Methode „Vernichtung durch Arbeit" doch kaum ein Überleben möglich, denn hinzu kamen Unterernährung und im Lager grassierende Seuchen. Es ist bisher lediglich bekannt, dass mindestens 22 Männer, Frauen und Kinder in Majdanek umgekommen sind. Noch heute bewahrt das Staatliche Museum Majdanek in Lublin Aufnäher aus Stoff mit der Transportnummer aus Leipzig auf,

welche die Deportierten auf ihrer Kleidung anbringen mussten: Günter Bruckmann, Nr. 258, Hans Lax, Nr. 366, Hildegard Zimmermann, Nr. 227.[143] Günter Bruckmann war gerade vierzehn Jahre alt, als er mit seinen Eltern – sein Vater war zuletzt Lehrer an der Höheren Israelitischen Schule gewesen – und seinen Geschwistern gezwungen wurde, Leipzig zu verlassen.
Die im Oktober in die Vernichtungslager getriebenen Bewohner des Ghettos Bełżyce sind mit großer Wahrscheinlichkeit alle sofort umgebracht worden.
Nur ein einziger Mann aus diesem Transport hat überlebt. Emil Wittmann kehrte 1945 nach Leipzig zurück.[144] Ursprünglich sollte die ganze Familie schon im Januar nach Riga deportiert werden. Sie erreichte jedoch einen Aufschub. Emil Wittmann wurde mit seiner Frau und seiner ledigen Tochter nach Bełżyce, die verheiratete Tochter mit Ehemann und dreijährigem Sohn im Juli nach Auschwitz deportiert. Alle außer ihm sind umgekommen. Sein Sohn hatte sich noch rechtzeitig in Sicherheit bringen können und lebte später in Bolivien. Herr Wittmann hat in Leipzig noch einmal geheiratet und ist 1954 gestorben.

Deportationen nach Auschwitz

Seit dem Frühsommer 1942 wurde die „Endlösung der Judenfrage" durch das Reichssicherheitshauptamt mit ungeheurem Tempo vorangetrieben. In kurzer Zeit waren die Vernichtungslager im Generalgouvernement so weit ausgebaut, dass täglich Tausende von Menschen durch das Giftgas Zyklon B getötet werden konnten. Das größte von ihnen war Auschwitz. Es war außerdem ein Konzentrationslager mit zahlreichen Nebenlagern, in denen die Arbeitskraft der Häftlinge bis zur physischen Vernichtung ausgebeutet wurde. Menschen wurden hier zu medizinischen Versuchen missbraucht und auf grausamste Weise gefoltert. Auschwitz wurde zum Symbol für die gnadenlose Umsetzung von Hitlers Idee, das Volk der Juden auszurotten. In Birkenau (Auschwitz II), wo das seit 1941 bestehende Lager bis zum Sommer 1943 für die massenhafte Tötung von Menschen durch die Errichtung von vier Gaskammern und Krematorien ausgerüstet wurde, kamen ab Mitte des Jahres 1942 täglich Transporte mit Juden aus ganz Europa an. Ihnen allen war der Tod bestimmt. Gleichzeitig erforderte die Kriegswirtschaft, jede vorhandene Arbeitskraft auszubeuten. Heinrich Himmler, dessen alleiniges Ziel die möglichst schnelle Vernichtung aller Juden war, musste den Kompromiss eingehen, dass ein geringer Teil von ihnen, junge Frauen und Männer, zur Ausbeutung ihrer Arbeitskraft zunächst noch am Leben blieb. Das Prinzip „Vernichtung durch Arbeit" galt in Auschwitz ebenso wie in allen anderen Konzentrationslagern. In der Lagerhierarchie standen die Juden auf der untersten Stufe.
Spätestens seit dem Sommer 1944 war die Weltöffentlichkeit durch die aus dem Lager gelangten Informationen über die tatsächlichen Verhältnisse in Auschwitz informiert.[145]
Im Juli 1944 hatte die Rote Armee das KZ Majdanek in Lublin befreit, ohne dass die SS die Spuren ihrer Verbrechen hatte beseitigen können. Das sollte in Auschwitz nicht noch einmal passieren. Nach dem Befehl, das Lager vollständig zu liquidieren, begann Ende 1944 die Zerstörung der Krematorien. Im Januar 1945 befanden sich noch mehr als 67 000 Häftlinge in den verschiedenen Teillagern. Alle mehr oder weniger dazu Fähigen wurden in Richtung Westen auf die Todesmärsche getrieben. Ziel waren die Konzentrationslager Groß-Rosen, Bergen-Belsen, Buchenwald, Mauthausen

und Dachau. Infolge der Grausamkeiten ihrer Bewacher und ihres schlechten Gesundheitszustandes wegen kamen die meisten dabei ums Leben. Als am 27. Januar 1945 die Rote Armee das Lager besetzte, fand sie noch über 7000 zurückgelassene Menschen, welche die SS nicht mehr hatte ermorden können, in einem unbeschreiblichen Zustand vor.
Aus Leipzig müssen weit mehr als 400 Juden auf unterschiedlichen Wegen nach Auschwitz gelangt sein. Unbekannt ist die Zahl derjenigen, die zunächst nach Westeuropa entkommen waren und von dort deportiert wurden. Die Überlebenschancen waren für alle äußerst gering.
Die mit den vom RSHA befohlenen Transporten in Birkenau Ankommenden wurden an der berüchtigten Rampe selektiert. Nach Gutdünken, wenn auch unter Berücksichtigung des Arbeitskräftebedarfs der Industrieunternehmen, die in den zahlreichen Nebenlagern kriegswichtige Produktionsbetriebe errichtet hatten, wurden von SS-Offizieren und SS-Ärzten vor allem junge Frauen und Männer ausgewählt und als Gefangene registriert. Alle anderen, darunter Alte, Kranke und Frauen mit kleinen Kinder wurden sofort umgebracht.
Direkt aus Leipzig gab es zwei Transporte nach Auschwitz: am 13. Juli 1942 mit 170 und am 18. Juni 1943 mit vermutlich achtzehn Personen. Hatte man bei den ersten beiden Deportationen nach Riga und Bełżyce den Menschen noch ein Ziel genannt, so steht auf der dritten Liste nur „13.7.42 Osten".[146] Auffällig ist, dass zu diesem Transport verhältnismäßig viele Kinder gehörten (50), unter ihnen zwanzig aus dem jüdischen Kinderheim in der Jacobstraße 7. Das kleinste Mädchen, Dewora Krauthammer, wurde, noch nicht einmal vier Monate alt, mit seinen drei und vier Jahre alten Geschwistern und den Eltern deportiert. Unter den Erwachsenen waren mehr als zwanzig Personen, die sich bis dahin um die Belange der noch in Leipzig lebenden Juden gekümmert hatten: Ärzte, Schwestern und Personal aus dem Israelitischen Krankenhaus und den Altersheimen sowie die beiden verbliebenen Repräsentanten des religiösen Lebens, die Kantoren Max Jaffé und Samuel Lampel.
Zwanzig Personen hatten eine Rückstellung erreicht. Auf einer bereits im Juni erstellten Liste sind ihre Namen gestrichen. Sie wurden später, bis auf die Familie Leopold, die fliehen konnte, nach Auschwitz oder Theresienstadt deportiert.
Im Winter 1942/43 wurden die Deportationen für einige Zeit wegen der schwierigen Lage an der Ostfront ausgesetzt.
Da das RSHA eine maximale Auslastung der Transportkapazitäten befohlen hatte, wurden die Menschen in großen Städten zusammengetrieben und von dort aus in die Vernichtungslager gebracht.
Im Februar 1943 lebten noch die Juden mit ihren Familien in Leipzig, die bis dahin als Zwangsarbeiter unentbehrlich gewesen waren, unter ihnen auch solche in „Mischehen", Angestellte der jüdischen Gemeinde sowie einige alte Menschen, die aus verschiedenen Gründen im September 1942 nicht nach Theresienstadt deportiert worden waren. Auf einer Liste[147] der für den Transport nach Auschwitz Vorgesehenen, wieder nebulös „nach Osten" getarnt, standen schließlich 104 Namen, darunter auch der von Meta Höhne, die, von ihrem nichtjüdischen Ehemann geschieden, zwei Tage vor der Deportation Selbstmord beging. Auch Bertha Lachmann wählte, nachdem sie zum dritten Mal auf einer Transportliste stand, den Freitod. Zusammen mit 35 für den Weitertransport nach Theresienstadt Bestimmten gelangten diese

Menschen am 17. Februar 1943 zunächst nach Berlin. Nachdem sie sich mehrere Tage in einem Sammellager hatten aufhalten müssen, wurden 100 von ihnen mit dem 30. Transport am 26. Februar 1943 aus Berlin nach Auschwitz deportiert. Darunter waren auch der fünf Monate alte Sami Ritwo und seine Eltern. Obwohl für Theresienstadt vorgesehen, wurden 13 der ursprünglich auf dieser Liste Stehenden ebenfalls nach Auschwitz deportiert. Zwei Männer aus Leipzig haben überlebt.
Der jungen Mutter Käthe Leibel und ihrem zweijährigen Sohn war noch in Leipzig die Flucht gelungen. Zwölf Zwangsarbeiter erreichten mit Hilfe ihrer Arbeitgeber eine Zurückstellung. Doch der Aufschub war nur von kurzer Dauer.
Schon seit September 1942 hatten die nationalsozialistischen Machthaber verstärkt darauf orientiert, die noch in kriegswichtigen Betrieben tätigen Juden, die bis dahin immer wieder reklamiert werden konnten, zu deportieren. Es gab allein in Berlin ca. 17 000 von ihnen, einschließlich ihrer Familienangehörigen 40 000 Menschen. Im übrigen „Altreich" lebten nur noch verhältnismäßig wenige Juden, in Mitteldeutschland etwa 500. Ihre Arbeitskraft musste ersetzt werden, damit die Kriegswirtschaft nicht gefährdet wurde. Vorgesehen dafür waren ausländische Zwangsarbeiter. Im Angesicht der drohenden Niederlage vor Stalingrad drängte die Führung auf eine schnelle Beendigung der Deportationen. Damit waren die in „Mischehen" lebenden Juden und ihre Kinder vorläufig noch nicht gemeint. Sie sollten zunächst nur aus ihren Arbeitsverhältnissen entlassen werden. Als Termin für eine reichsweite Aktion, welche die jüdische Zwangsarbeit gewaltsam beenden sollte, wurde vom RSHA der 27. Februar 1943 festgesetzt.[148] Die meisten wurden direkt von ihren Arbeitsplätzen abgeholt, andere zu Hause verhaftet. Unterlagen über diese Aktion in Leipzig gibt es nicht. Es müssen etwa 50 Personen davon betroffen gewesen sein, wie sich Dr. Fritz Grunsfeld später erinnerte.[149] Die noch geschützten Juden kamen wieder frei. Deportiert wurden mindestens 21. Auf der Liste vom 17. Februar 1943 ist bei zwölf der gestrichenen Namen nachträglich handschriftlich „27.2." ergänzt. Diese Menschen sind zunächst nach Dresden gebracht worden. Dort hatte man das Ende November 1942 eingerichtete „Judenlager Hellerberg", in dem die Zwangsarbeiter der Zeiss Ikon AG untergebracht waren, kurzfristig zum Polizeihaftlager erklärt. Damit wurde es zur Sammelstelle für Juden aus Mitteldeutschland.[150] Mit dem Transport der sich dort noch Anfang März befindenden fast 300 Personen nach Auschwitz wurde es aufgelöst.[151] Unter ihnen waren sieben Männer, sieben Frauen und ein Kind aus Leipzig. Bis auf Salo Looser, der 1945 nach Leipzig zurückkehrte, sind alle umgekommen. In der Nacht vom 2. zum 3. März verfrachtete man die Menschen auf dem Güterbahnhof Dresden-Neustadt in einen Zug, der am Abend des 3. März in Auschwitz ankam. Im Hinblick auf die deportierten Zwangsarbeiter hatte das Wirtschaftsverwaltungshauptamt den Kommandanten des Konzentrationslagers angewiesen, sie arbeitsfähig zu erhalten und sofort in das Nebenlager Buna zu überstellen.[152] Trotzdem wurde von diesem Transport, der schließlich 1500 Menschen, auch aus Berlin und aus Norwegen, umfasste, mehr als die Hälfte sofort in den Gaskammern in Birkenau ermordet. Von den aus Dresden Deportierten kamen etwa 50 zunächst als Gefangene in das KZ.[153]
Mit dem Transport vom 18. Juni 1943, zu dem die letzten noch in Leipzig lebenden Juden gehörten, sofern sie nicht durch ihre nichtjüdischen Ehepartner oder die Kinder geschützt waren, gelangten vermutlich achtzehn direkt nach Auschwitz. Die Hälfte

der zwölf gleichzeitig nach Theresienstadt Deportierten wurde später ebenfalls nach Auschwitz gebracht. Sie lebten inzwischen fast alle im „Judenhaus" Walter-Blümel-Straße 10 (heute Löhrstraße). Die meisten von ihnen waren bis zuletzt für die Gemeinde tätig gewesen, darunter Ludwig Haim, der Hausmeister der Carlebach-Schule, die im Sommer 1942 ihren Unterricht einstellen musste. Sie hatte zunächst als Flüchtlingslager gedient und bot als „Judenhaus" nach jedem Transport immer wieder Unterkunft für andere Leipziger Familien bis zur Deportation im Februar 1943. Die wenigen Zurückgebliebenen mussten das Gebäude verlassen. Auch zwei Krankenschwestern des Israelitischen Krankenhauses, vermutlich die letzten, Frieda Silberberg und Ottilie Itzigsohn, wurden deportiert.
Nicht alle der ursprünglich in Leipzig lebenden Juden gelangten auf direktem Weg nach Auschwitz. Zwischen Januar 1943 und Oktober 1944 gab es insgesamt 27 Transporte aus Theresienstadt nach Auschwitz mit über 44 000 Menschen.[154] Unter ihnen auch 91 Leipziger. In den einzelnen Zügen mussten sich zwischen 1000 und 2500 Menschen zusammendrängen. Sie trafen nach ein bis zwei Tagen im Vernichtungslager Birkenau ein und wurden dort, nach Männern und Frauen getrennt, über den Bahnsteig getrieben, die meisten direkt in die Gaskammern. Kaum ein Viertel der Ankommenden, überwiegend junge Frauen und Männer, wurde als Gefangene registriert.
Eine Ausnahme bildeten sieben Transporte zwischen September und Dezember 1943 sowie im Mai 1944. Alle Männer, Frauen und Kinder wurden registriert und in Birkenau im „Theresienstädter Familienlager" untergebracht. Darunter waren auch 42 Leipziger. Hier lebten sie unter schwierigsten Bedingungen in ursprünglich als Pferdeställe vorgesehenen Baracken, bis das Teillager im Sommer 1944 aufgelöst wurde. Ein Teil der Gefangenen war in andere KZ überstellt worden, Tausende wurden in den Gaskammern getötet.[155] Das vorübergehend existierende Lager, in dem es einige wenige Vergünstigungen für die Inhaftierten gab, wurde dazu benutzt, Gerüchten zu begegnen, dass alle Juden in Auschwitz umgebracht würden.
Der letzte Transport aus Theresienstadt mit über 2000 Personen kam am 30. Oktober 1944, nachdem er zwei Tage unterwegs gewesen war, in Birkenau an, darunter noch einmal acht Leipziger. 83% der Angekommenen wurden sofort ermordet.
Kamen die in Leipzig verhafteten Frauen und Männer entweder nach einem vorübergehenden Aufenthalt im Polizeigefängnis oder nach Verbüßen von Haftstrafen in einem Gefängnis oder Zuchthaus in der Regel in Sachsenhausen oder Ravensbrück in „Schutzhaft", verblieben sie dort oft nur für eine gewisse Zeit. Sie wurden in andere KZ gebracht, mindestens vierzig von ihnen nach Auschwitz.
Die beiden älteren Frauen Marie Löbl und Rifka Goldberg, die zusammen im „Judenhaus" Packhofstraße 1 lebten, waren am 5. Januar 1942 wegen „Lebensmittelschiebung" verhaftet und, nachdem sie mehrere Wochen im Polizeigefängnis festgehalten worden waren, in das KZ Ravensbrück deportiert worden. Von da aus gelangten sie zu unterschiedlichen Zeitpunkten nach Auschwitz und starben dort beide am gleichen Tag, dem 7. Oktober 1942. Im Herbst und Winter 1942/43 grassierte im Lager eine Flecktyphusepidemie, der mutmaßlich noch mindestens weitere zwölf Frauen aus Leipzig zum Opfer gefallen sind. Unter ihnen war wahrscheinlich auch Herta Wüstneck, die, mit einem Nichtjuden verheiratet, wegen Verheimlichung ihrer jüdischen Abstammung im Februar 1942 verhaftet, zunächst ebenfalls nach Ravensbrück und von dort aus nach Auschwitz deportiert worden war.

Viele Häftlinge waren durch Schwerstarbeit, mangelhafte Ernährung und unzulängliche hygienische Bedingungen erheblich geschwächt. Sie mussten, am Ende ihrer Kräfte, in den Krankenbaracken, die sich in den Blöcken 20 und 28 befanden, um Hilfe bitten. Hier führte der SS-Lagerarzt regelmäßig Selektionen durch. Die Kranken, an manchen Tagen 30, an anderen 50 oder mehr, bei denen nach seinem Urteil in einem absehbaren Zeitraum eine Genesung und das Wiedererlangen der vollen Arbeitskraft nicht zu erwarten war, erhielten tödliche Phenolspritzen direkt ins Herz. Unter ihnen kann auch der 50-jährige Julius Redel gewesen sein. Als ehemaliger Pole, dann staatenlos, war er nach Beginn des Krieges verhaftet und zunächst nach Buchenwald gebracht worden. An seinem Todestag, dem 19. Dezember 1942, wurden 80 kranke Häftlinge durch eine Phenolspritze getötet.[156] Von den bisher bekannten 135 Männern, die als Polen bzw. als ehemalige Polen nach Kriegsbeginn 1939 in Leipzig festgenommen und nach Sachsenhausen oder Buchenwald deportiert worden waren, starben mindestens zehn in Auschwitz.
Allein im Dezember 1943 kamen im Frauenlager Auschwitz II fast 9000 weibliche Häftlinge ums Leben, beinahe die Hälfte von ihnen wurde nach Selektionen in die Gaskammern getrieben.[157] Möglicherweise war auch Rywa Ostrower unter den Opfern. Sie starb dort am 30. Dezember, nachdem sie kaum zwei Wochen vorher aus Theresienstadt weiterdeportiert worden war.

Deportationen nach Theresienstadt

Aus Leipzig gab es sechs Transporte nach Theresienstadt.[158] Insgesamt waren davon fast 700 Menschen betroffen. Nachdem bis Mitte Juli 1942 fast die Hälfte der in Leipzig lebenden Juden deportiert worden war, blieben in der Stadt vor allem noch alte Menschen über 65 Jahre und einige wenige jüngere, die als Betreuer in den Alters- und Pflegeheimen tätig waren oder in der Gemeindeverwaltung versuchten, die Interessen der verbliebenen Juden gegenüber der Staatsmacht zu vertreten, sowie solche, deren Arbeitgebern es gelungen war, den unbedingten Bedarf an Zwangsarbeitern im Interesse der Kriegswirtschaft nachzuweisen. Die mit nichtjüdischen Partnern Zusammenlebenden waren bis dahin von den Deportationen noch nicht betroffen.
Anfang September wurde zur Gewissheit, dass auch die Leipziger in das Altersghetto in Theresienstadt im Protektorat Böhmen und Mähren übersiedeln mussten. Außerdem hatten die jüdischen Kultusgemeinden im ganzen Deutschen Reich die Auflage erhalten, ihr Personal drastisch zu reduzieren, da die Zahl der Gemeindemitglieder durch die vorausgegangenen Deportationen erheblich zurückgegangen war.
Dieses Ghetto war Ende 1941 in der ehemaligen Garnisonsstadt zunächst für alle Juden aus dem Protektorat selbst errichtet worden. Seit Juni 1942 wurden auch Juden aus dem so genannten Altreich nach Theresienstadt deportiert. Hier sollten die über 65-Jährigen, Privilegierten und Frontkämpfer des ersten Weltkrieges mit hohen Auszeichnungen sowie deren Familien einschließlich minderjähriger Kinder untergebracht werden. Auch jüdische Partner aus „Mischehen" und deren Kinder waren unter bestimmten Voraussetzungen dafür vorgesehen.
Das Regime legte Wert darauf, nach außen hin darzustellen, dass es sich hier nur um eine „Wohnsitzverlagerung" handelte, und benutzte dieses Ghetto gleichzeitig dazu, die „Endlösung der Judenfrage" in den Vernichtungslagern im Osten zu verschleiern.

In Wirklichkeit waren die Lebensbedingungen dort so, dass über 30 000 Ghettobewohner gestorben sind. 63 % der über 140 000 zunächst nach Theresienstadt transportierten Menschen wurden zwischen 1942 und 1944 in die Vernichtungslager weiterdeportiert.[159] Als der erste Leipziger Transport am 20. September 1942 in Theresienstadt eintraf, lebten hier auf engstem Raum über 58 000 Menschen. Den Betroffenen spiegelte man bis dahin allerdings vor, sie wären bis an ihr Lebensende gut versorgt, wenn sie sich bereit erklärten, so genannte Heimeinkaufsverträge abzuschließen.[160] Tatsächlich wurden sie dazu gezwungen und dabei ihres gesamten materiellen Besitzes beraubt. Zu diesem Zweck hatte das Reichssicherheitshauptamt veranlasst, dass das Berliner Bankhaus Heinz Tecklenburg & Sohn ein Sonderkonto „H" einrichtete.

Der Vertrag wurde, eine weitere Täuschung, mit der Reichsvereinigung der Juden in Deutschland abgeschlossen. Zunächst mussten die Betroffenen eine Vermögenserklärung abgeben, in der sie noch vorhandene Rücklagen auf Sparkonten oder in Form von Wertpapieren offen zu legen hatten. Aus diesen Summen einschließlich des vorhandenen Bargeldes sowie möglicherweise noch anderer Einkünfte setzte sich der so genannte Einkaufsbetrag zusammen. Es gab keine festgelegte Höchstsumme, sondern alles war abzuliefern. Gelegentlich durften noch wenige Barmittel zurückbehalten werden, um etwa die Transportkosten nach Theresienstadt bezahlen zu können. Als Nächstes mussten die Auflösung der Konten und Wertpapierdepots bei den Geldinstituten beantragt (der Text war von der Reichsvereinigung vorgegeben) und die Erlöse auf das Sonderkonto „H" überwiesen werden. Es handelte sich dabei um einen äußerst bürokratischen Vorgang. Noch bis in das Jahr 1943 hinein stritten sich die Reichsvereinigung und die Banken und Sparkassen um lächerliche Differenzen, die durch Überweisungsgebühren entstanden waren.

Von den aus Leipzig nach Theresienstadt deportierten Juden sind 135 „Heimeinkaufsverträge" erhalten,[161] tatsächlich müssen es mindestens 160 gewesen sein. Sie wurden mit Einzelpersonen oder mit Ehepaaren abgeschlossen. Welche unermesslichen Summen letztlich das Reichssicherheitshauptamt aus den Juden gepresst hat,[162] ist andeutungsweise zu ermessen, wenn sich aus den 135 erhaltenen Verträgen aus Leipzig fast 1,25 Millionen RM errechnen lassen.

In Leipzig vollzog sich diese „Aktion" in der ersten Septemberhälfte 1942. Besonders eindrücklich ist das Beispiel der 81-jährigen Rosalie Fliess.[163] Am 5. September musste sie den Vertrag unterschreiben, wozu sie, wie ihre Unterschrift vermuten lässt, kaum mehr in der Lage war. Zwei Tage später ist sie gestorben. Da sie noch verschiedene Wertpapiere besaß, die bei mehreren Banken deponiert waren, wurde monatelang ein umfangreicher Schriftwechsel geführt, um das gesamte Vermögen der Verstorbenen, die nie nach Theresienstadt gelangt war, für das Sonderkonto „H" zu sichern. Selbst jüngeren Menschen wurden solche Verträge aufgezwungen. Sowohl das Ehepaar Rudolf und Martha Müller, 46 und 41 Jahre alt, als auch das Ehepaar Paul und Helene Heynemann, 52 und 53 Jahre alt, waren davon betroffen. Dass es sich dabei um ein Betrugsmanöver handelte, wurde spätestens deutlich, nachdem sie alle im Oktober 1944 nach Auschwitz deportiert worden waren. Auch Eugen und Paula Hammel hatten einen Vertrag abschließen müssen. Herr Hammel starb schon nach einem Monat Aufenthalt in Theresienstadt, seine Witwe musste ebenfalls im Oktober 1944 den Weg nach Auschwitz antreten.

Der erste Transport aus Leipzig nach Theresienstadt war auch der größte. Auf der ersten von der Gemeindeverwaltung erstellten Liste standen zunächst 476 Namen, von denen 35 wieder gestrichen wurden. Elf alte Menschen waren in der kurzen Zeit gestorben. Die 72-jährige Witwe Franziska Forberg, die 65-jährige Anna Gottlieb, das Ehepaar Fedor und Käthi Lewin sowie die verwitwete Schwester der Ehefrau, Ella Löwenberg, schieden, nachdem sie die Aufforderung zur „Wohnsitzverlagerung" erhalten hatten, freiwillig aus dem Leben. Andere erreichten eine Zurückstellung, wurden jedoch mit einem späteren Transport nach Theresienstadt deportiert. Der Familie Leopold gelang die Flucht.
434 Männer und Frauen sowie sechs Kinder hatten sich am Sabbat, dem 19. September 1942, in der 32. Volksschule in der Yorkstraße (heute Erich-Weinert-Straße) einzufinden, 83 % waren über 60 Jahre, darunter zwei Frauen und zwei Männer über 90 Jahre alt. Mehr als 200 von ihnen lebten in den Alters- und Pflegeheimen der jüdischen Gemeinde und waren oft gar nicht mehr in der Lage, allein der Aufforderung nachzukommen. Besonders dramatisch muss die Situation in der Färberstraße 11 gewesen sein. Im Hinterhaus, einer ehemaligen Synagoge, waren die Pflegebedürftigen untergebracht. Nachdem seit Anfang September die Vertreter der Gemeindeverwaltung angefangen hatten, die Heimeinkaufsverträge vorzubereiten, breitete sich große Angst unter den Alten und Kranken aus, fast jeden Tag musste der „Krankenbehandler" Manfred Haas neue Totenscheine ausstellen.[164] Betrug die Sterberate bis Mitte 1942 monatlich durchschnittlich sechs Personen, so sind in den vier Wochen vor der ersten Deportation nach Theresienstadt 26 Menschen gestorben, allein 19 Frauen und Männer im Pflegeheim Färberstraße. Die meisten von ihnen waren über 80 Jahre alt. Einige von ihnen setzten auch voller Verzweiflung ihrem Leben selbst ein Ende. Mindestens vierzehn Mitarbeiter der Leipziger Gemeindeverwaltung sind am 19. September 1942 nach Theresienstadt deportiert worden.
Nachdem die Betroffenen zum Güterbahnhof nach Engelsdorf gebracht worden waren, mussten sie dort noch einige Stunden ausharren, bevor der Zug abfuhr. Inzwischen waren auch Juden aus Halle eingetroffen.[165] Außerdem gehörten zu diesem Transport, der insgesamt 877 Menschen umfasste, noch Juden aus Thüringen.
Den nächsten Schock erlebten die alten Menschen am Tag darauf bei der Ankunft auf dem Bahnhof Bauschowitz, der zweieinhalb Kilometer vom Ghetto entfernt war. Den Weg dorthin mussten sie mit ihrem Gepäck zu Fuß zurücklegen, die Gehunfähigen wurden auf Lastwagen zusammengedrängt.[166] Einen eigenen Gleisanschluss bekam das Ghetto erst im Juni 1943. Die Menschen wurden auf engstem Raum und unter unzumutbaren hygienischen Bedingungen zusammengepfercht. Die Versorgung mit dem Lebensnotwendigsten war völlig unzureichend. Im strengen Winter 1942/43 grassierte eine Typhusepidemie. Die Sterberate war sehr hoch.
Als die Leipziger im Ghetto eintrafen, herrschten große Angst und Verunsicherung. Im September und Oktober wurden 18 000 alte Menschen in das Vernichtungslager Treblinka deportiert. Danach begannen die Deportationen nach Auschwitz.
Zu den aus Leipzig nach Theresienstadt Deportierten gehörte der Gemeindevorsteher Paul Michael. Er überlebte das Ghetto und starb 1972 in Bad Godesberg. Auch das Vorstandsmitglied der Gemeinde, Bernhard Weissmann, wurde zusammen mit seiner Ehefrau deportiert. Er ist in Theresienstadt umgekommen, Regina Weissmann überlebte.

Der letzte Direktor der Carlebach-Schule, Daniel Katzmann, und seine Familie wurden im Januar 1944 von Theresienstadt nach Auschwitz deportiert. Seitdem gibt es kein Lebenszeichen mehr von ihnen. Daniel Katzmann war bereits nach der Pogromnacht am 11. November 1938 verhaftet und nach Buchenwald gebracht worden. Nachdem er unter Auflagen freigekommen war, stellte er beim US-amerikanischen Konsulat in Berlin am 11. Januar 1939 für sich und seine Familie einen Einreiseantrag. Die Anträge von deutschen Juden waren so zahlreich, dass bei der vorgegebenen Quote mit einer sehr langen Wartezeit zu rechnen war. Deswegen versuchte er auch, die Erlaubnis für eine Auswanderung nach Bolivien, Australien oder Palästina zu erhalten.[167] Alle Bemühungen blieben erfolglos.
Die Schwestern Sophie Garfunkel und Elisabeth Harmelin sowie ihre Schwägerin Sophie Harmelin gehörten zu den ältesten in Leipzig ansässigen jüdischen Familien. Der Großvater Marcus Harmelin hatte 1830 eine Borsten- und Rauchwarenhandlung gegründet und hielt sich seit dieser Zeit, zunächst als Messmakler, regelmäßig in Leipzig auf.[168] Nur die fast blinde Sophie Harmelin überlebte schwer krank das Ghetto und starb 1949 in Leipzig. Abraham Heymann war 90 Jahre alt, als er deportiert wurde. Er besaß seit 1877 ein Herrenkonfektionsgeschäft in der Grimmaischen Straße, bis er 1938 seines Eigentums beraubt wurde. Er starb wenige Tage nach der Deportation. Auch einer der Eigentümer des Konfektionshauses Bamberger & Hertz, Ludwig Bamberger, gehörte zusammen mit seiner Frau zu diesem Transport. Ihm und seinem Bruder Gustav war nach der Pogromnacht vom 9./10. November 1938 unterstellt worden, das Kaufhaus selbst angezündet zu haben. Beide wurden wegen des Verdachts der Brandstiftung und des Versicherungsbetrugs verhaftet, mussten schließlich aber wieder freigelassen werden. Gustav Bamberger wurde Anfang September 1942 aus Berlin nach Riga deportiert und ist seitdem verschollen. Ludwig und Olla Bamberger sind in Theresienstadt umgekommen.
Die Ärzte Dr. Ludwig Friedheim, Dr. Manfred Haas, Dr. Julius Meyer und Dr. Berthold Seckelsohn, der Apotheker Sally Schüler und der Rechtsanwalt Leopold Waldheim mussten Leipzig zwangsweise verlassen. Nur der Facharzt für Haut- und Geschlechtskrankheiten Dr. Haas hatte 1938 die Erlaubnis erhalten, als „Krankenbehandler" tätig zu sein. Er wurde zusammen mit seiner Frau im Oktober 1944 aus Theresienstadt nach Auschwitz deportiert. Seinem Sohn Hans war noch 1939 die Emigration gelungen. Sally Schüler war langjähriger Mitinhaber einer der ältesten Apotheken in Leipzig, der 1523 gegründeten Engel-Apotheke am Markt. Er starb Anfang 1943 in Theresienstadt.
Aus dem Altersheim Auenstraße wurde die 84-jährige Clara Schachne zum Sammellager gebracht. Sie war als Schriftstellerin fast vergessen. Seit ihrer Jugend lebte sie in Leipzig und hatte unter dem Namen Clara Schott seit Mitte der 80er Jahre des 19. Jahrhunderts zahlreiche Beiträge in Mode- und Unterhaltungszeitschriften und später auch Bücher veröffentlicht, die in mehreren Auflagen erschienen waren, und hatte dadurch eine gewisse Popularität erreicht. Sie schrieb neben ihrer journalistischen Arbeit vor allem Märchen und Erzählungen für Kinder und Jugendliche.
Von den Leipzigern, die seit September 1942 in Theresienstadt waren, sind 293 im Ghetto umgekommen. Drei Frauen wurden im Oktober 1942 nach Treblinka, 91 Frauen und Männer zwischen Januar 1943 und Oktober 1944 nach Auschwitz deportiert. Niemand von ihnen hat überlebt. Am 5. Februar 1945 konnte das Leben

von 1200 Menschen, darunter elf Leipzigern, gerettet werden, die in die Schweiz in Sicherheit gebracht wurden.[169] Die Befreiung des Ghettos am 8. Mai 1945 erlebten 42 Männer und Frauen, die mit dem ersten Transport aus Leipzig gekommen waren, darunter der 13-jährige Rudi Goldstein, der zusammen mit seinen Eltern die schwere Zeit überstanden hatte, und die 17-jährige Frieda Kurzmantel. Ihr Vater war im Januar 1943 in Theresienstadt gestorben und ihre Mutter mit einem der letzten Transporte im Oktober 1944 nach Auschwitz deportiert worden.

Für den nächsten Transport nach Theresienstadt war der 17. Februar 1943 festgelegt. Die dafür vorgesehenen 35 Personen wurden zusammen mit 104 weiteren Männern, Frauen und Kindern, die „nach Osten" deportiert werden sollten, zunächst nach Berlin gebracht. Zwölf waren dabei, die am 19. September 1942 zunächst zurückgestellt worden waren. Eine Frau starb am Tag der vorgesehenen Deportation. Am 11. und 12. Februar mussten auch noch nachträglich sechs „Heimeinkaufsverträge" abgeschlossen werden.

Die Leipziger kamen zunächst in die großen Sammellager in Berlin. Die meisten von ihnen (18) gelangten zusammen mit mehr als 1200 Berliner Juden mit dem vierten großen Alterstransport am 18. März 1943, vier weitere im Mai und Juni nach Theresienstadt. Die anderen 13 wurden aus Berlin direkt nach Auschwitz transportiert. Von den 22 nach Theresienstadt gebrachten Männern und Frauen wurden neun später ebenfalls nach Auschwitz deportiert.

Mehr als zwei Drittel der auf der Liste Genannten waren älter als 60 Jahre. Die meisten von ihnen lebten bis dahin im Alters- und Pflegeheim Färberstraße 11. Sie wurden von der Krankenschwester Margot Prenzlau begleitet, die zu den Überlebenden des Ghettos gehört. Sie sollte ursprünglich, wie auch die anderen Betreuerinnen, nach Auschwitz deportiert werden.

Zu den Betroffenen zählte auch der Gynäkologe Prof. Felix Skutsch. Er war seit 1908 Direktor der Universitäts-Frauenklinik gewesen und auf Grund des Gesetzes über die Wiederherstellung des Berufsbeamtentums 1933 entlassen worden. Bis 1938 konnte er noch seine Privatklinik weiterführen. Dann wurde ihm, wie allen jüdischen Ärzten, die Approbation aberkannt, und er durfte nicht mehr praktizieren. Wenige Tage vor der Deportation musste das Ehepaar Skutsch noch einen „Heimeinkaufsvertrag" abschließen. Helene Skutsch starb im Januar 1944 in Theresienstadt. Felix Skutsch überlebte das Ghetto und kehrte nach Leipzig zurück. Bereits 84 Jahre alt, wurde er wieder zum Professor und Direktor der Universitäts-Frauenklinik berufen. Er ist 1951 gestorben.[170]

Max und Fanny Muscatblatt wurden mit ihren Kindern Heinz und Ruth, die damals 19 und 15 Jahre alt waren, ebenfalls nach Theresienstadt deportiert. Max Muscatblatt war Inhaber einer Kürschnerei gewesen. Seine Eltern stammten aus Polen und lebten seit Anfang der 80er Jahre des 19. Jahrhunderts in Leipzig. Seine Brüder Alfred und Arnold waren als die Inhaber von Elektrofirmen in Leipzig bekannt. Alle drei Brüder wurden nach der Pogromnacht vom 9./10. November 1938 verhaftet und nach Buchenwald deportiert. Arnold ist dort am 23. November im Pogromsonderlager umgekommen, die beiden anderen Brüder wurden freigelassen. Alfred überlebte die Verfolgung in Leipzig, da er durch seine nichtjüdische Ehefrau geschützt war. Er ist 1948 gestorben. Heinz Muscatblatt wurde, wie auch seine Eltern und seine Schwester, im Oktober 1944 nach Auschwitz deportiert. Er ist einer der wenigen Überlebenden.

Zu den drei bereits genannten Überlebenden kommt noch Adolf Bickart, der kurz nach seiner Rückkehr in Leipzig an den Folgen des Ghettoaufenthalts gestorben ist.
Eigentlich hätten nach dem Willen der Gestapo alle Juden, die nicht durch eine „Mischehe" oder die daraus hervorgegangenen Kinder geschützt waren, aus Leipzig vertrieben sein müssen. Aber immer noch gab es einige, die als Zwangsarbeiter bis dahin unentbehrlich waren, und diejenigen, die als letzte im Interesse der Gemeinde arbeiteten.
Völlig überraschend wurden am 27. Februar 1943 alle Zwangsarbeiter an ihren Arbeitsplätzen verhaftet. Deswegen gibt es auch keine schriftliche Überlieferung, wer davon betroffen war. Dieses Ereignis ging als „Fabrik-Aktion" in die Geschichte ein. Ein Teil der an diesem Tag Verhafteten ist zunächst nach Dresden in das Polizeihaftlager Hellerberg gebracht worden. Von ihnen sind, wie bisher ermittelt, sechs am 29. März 1943 zusammen mit anderen alten Menschen aus Halle, Chemnitz und Plauen wahrscheinlich auf Lastwagen nach Theresienstadt deportiert worden.[171] Vier von ihnen sind später in Auschwitz umgekommen. Das Ehepaar Hermann und Elsa Riess wurde am 5. Februar 1945 in die Schweiz gebracht.
Die letzten Juden sollten schließlich am 7. Juli 1943 Leipzig in Richtung Theresienstadt verlassen. Auf einer erhalten gebliebenen Transportliste[172] ist das Datum durchgestrichen, und sie ist mit handschriftlichen Ergänzungen versehen: „nach Osten, 18.6." und möglicherweise später „10 Theresienstadt, Rest Auschwitz". Es werden die Namen von 27 Personen genannt. Zwölf von ihnen sind zusammen mit sechs weiteren Männern und Frauen am 18. Juni nach Theresienstadt deportiert worden. Sie waren aus Halle, darunter der Vorsitzende der dortigen jüdischen Gemeinde Leo Hirsch. Die Hallenser haben bis auf eine Frau überlebt.
Unter den Leipzigern waren der Geschäftsführer der Bezirksstelle Mitteldeutschland der Reichsvereinigung der Juden, Dr. Fritz Grunsfeld, und seine Familie. Auch der letzte Chefarzt des Israelitischen Krankenhauses, das seit 1939 zwangsweise in Dösen untergebracht war, Prof. Otto Michael, wurde nach Theresienstadt deportiert, zwei Krankenschwestern nach Auschwitz, was praktisch das Ende dieser Einrichtung bedeutete.[173] Von den Deportierten aus Leipzig hat nur die Familie Grunsfeld überlebt.
Dass am 13. Januar 1944 nochmals 36 Juden aus Leipzig nach Theresienstadt deportiert worden sind, ergab sich daraus, dass ihr Status, der sie bis dahin geschützt hatte, nicht mehr galt. Ihre nichtjüdischen Ehepartner waren entweder gestorben oder hatten sich scheiden lassen. Auch Nachkommen aus „Mischehen" waren betroffen, sofern der nichtjüdische Elternteil inzwischen verstorben war. Die meisten von ihnen waren nicht Mitglieder der Israelitischen Religionsgemeinde gewesen.
Am 14. Januar 1944 trafen 46 Frauen und Männer in Theresienstadt ein, neben den Leipzigern noch sechs aus Halle und vier aus Kleinstädten in der Umgebung.
Der Philosoph, Schriftsteller und Übersetzer Paul Stern war ein bemerkenswerter Mensch. Hochgebildet, er sprach achtzehn Sprachen, hatte er Deutschland um keinen Preis verlassen wollen. Seitdem er sich hatte taufen lassen, lebte er im Schutz des Oratoriums des Heiligen Philipp Neri und konnte dort in der Bibliothek arbeiten, bis er die Aufforderung zur Deportation erhielt.[174] Mit dem letzten Transport aus Theresienstadt kam er Ende Oktober 1944 nach Auschwitz und ist seitdem verschollen.
Max Wiesengrund und sein Sohn Benno wurden deportiert, nachdem Martha Wiesengrund, die keine Jüdin war, bei dem großen Bombenangriff vom 4. Dezember 1943 ums Leben gekommen war. Beide haben überlebt. Die Überlebensrate bei diesem Transport war vergleichsweise hoch: 20 Männer und Frauen (53%).

Gelegentlich gelangten auch Einzelpersonen nach Theresienstadt. Dem Rechtsanwalt Dr. Max Zülzer war es nach 1938 noch erlaubt, als „Konsulent" für die Juden in Mitteldeutschland tätig zu sein. Er kam zusammen mit seiner Frau erst am 20. Juni 1943 nach Theresienstadt, ihre Namen hatten auf der Transportliste vom 18. Juni gestanden. Er starb im Mai 1944 im Ghetto, seine Frau wurde im Oktober 1944 nach Auschwitz deportiert. Der Kaufmann Otto Eisner meldete sich am 8. November 1944 im Ghetto. Er überlebte zwar, ist aber im Juni 1945 in Theresienstadt gestorben, ehe er nach Leipzig zurückkehren konnte.
Schon Ende 1943 hatte die Gestapo begonnen, diejenigen Juden und „Geltungsjuden"[175] zu erfassen, die noch nicht deportiert worden waren.[176] Anfang 1945 lebten in Leipzig schließlich noch etwa 275 mit nichtjüdischen Ehepartnern verheiratete Juden und deren Kinder. Nachdem bekannt geworden war, dass auch sie nach Theresienstadt deportiert werden sollten, nahm sich eine 65-jährige Frau das Leben, indem sie sich vom Balkon ihrer Wohnung in der König-Johann-Straße (heute Tschaikowskistraße) stürzte. Eine ganze Familie ging freiwillig in den Tod, aus Angst, dass die Mutter und die 16-jährige Tochter deportiert werden. Der Selbstmordversuch von Martha Jansen misslang; sie wurde wenige Tage darauf nach Theresienstadt gebracht, aber sie überlebte. Hermann Goldmann und seiner Frau gelang die Flucht. Einige Familien konnten sich dank der Unterstützung durch den Pfarrer Theodor Gunkel verstecken.[177]
Am 12. Februar hatte etwa die Hälfte der noch in Leipzig lebenden Juden von der Gestapo die Aufforderung erhalten, sich am 15. dem Transport zu stellen: 143 Männer und Frauen sowie fünf Kinder. Dazu kamen noch 21 Personen aus kleineren Städten und Ortschaften der Umgebung, außerdem etwa 150 Juden aus Halle.[178] Der Transportzug, der schließlich nach drei Tagen in Theresienstadt ankam – der Bombenangriff auf Dresden am 13. Februar hatte eine direkte Fahrt unmöglich gemacht – war mit 616 Menschen besetzt. Sie stammten auch aus dem Rheinland und aus Hessen. Die Leipziger haben bis auf Alexander Eisenberg überlebt und konnten im Sommer 1945 nach Hause zurückkehren.
Von Anfang Januar bis Mitte April 1945 kamen immer noch fast täglich Transporte aus dem „Altreich" und dem Protektorat mit insgesamt fast 8000 Menschen in Theresienstadt an.[179] Seit dem 20. April endete ein Teil der Todesmärsche aus den östlicher gelegenen Lagern im Ghetto, bis zu 15 000 halb verhungerte und vollkommen verwahrloste Gefangene mussten versorgt werden. Eine sich schnell ausbreitende Flecktyphusepidemie forderte viele Opfer.
Das KZ Auschwitz war seit Ende Januar von der Roten Armee befreit; in Theresienstadt machte sich Angst breit, dass man auch hier versuchen würde, möglichst viele Spuren zu beseitigen und die noch im Ghetto Lebenden umzubringen. Jedoch bemühte sich inzwischen das Internationale Komitee des Roten Kreuzes, Zugang zu den noch existierenden Lagern zu erlangen. Seine Vertreter besuchten seit Anfang April Theresienstadt, wo ihnen zwar eine heile Welt nur vorgespiegelt wurde, jedoch unmittelbare Todesgefahr für die noch mehr als 17 000 Ghettobewohner nicht mehr bestand. Am 5. Mai 1945 verließ die SS Theresienstadt, die Gefangenen standen unter dem Schutz des Roten Kreuzes. Die sowjetische Armee marschierte am 8. Mai in Theresienstadt ein und übernahm das Kommando. Im Laufe des Sommers wurden die Gefangenen in ihre Heimat gebracht, oder sie konnten entsprechend ihren Wünschen auch in andere Länder ausreisen. Die Typhusepidemie verzögerte die Auflösung des Ghettos.

Anmerkungen zum Text

1 In Leipzig existierte eine sogenannte Zwangsgemeinde, der alle jüdischen Einwohner angehören mussten. Vgl. Reinhold, S. 28.
2 Volkszählung, S. 5/10.
3 Ebenda.
4 Statistisches Jahrbuch der Messestadt Leipzig. Bd. 9.1929/45. Leipzig, 1949.
5 IRGL, Akte 2/60 u. 2/91.
6 Hier sind alle entsprechend den „Nürnberger Gesetzen" als Juden deklarierten Menschen eingeschlossen. Vgl. Fußnote 9.
7 Vgl. Hilberg, S. 53–63.
8 Reichsgesetzblatt. Teil 1. 1933, S. 175–177.
9 Ebenda, 1935, S. 1146–1147.
10 Ebenda, S. 1333–1336.
11 Vgl. Fußnote 8.
12 Verordnung über die Anmeldung des Vermögens von Juden vom 26.4.38. In: Reichsgesetzblatt. Teil 1.1938, S. 414–415; vgl. Hartstock, S. 37ff.
13 Reichsgesetzblatt. Teil 1. 1938, S. 1580.
14 2. Verordnung zur Durchführung des Gesetzes über die Änderung von Familiennamen und Vornamen. In: Reichsgesetzblatt. Teil 1. 1938, S. 1044; Runderlass des Reichsministeriums des Innern vom 18.8.38. In: Ministerialblatt des Reichs- und Preußischen Ministeriums des Innern. 3(99).1938, Nr. 35, Sp. 1346–1348.
15 Vgl. Held: Novemberpogrom, S. 204.
16 Vgl. Hilberg, S. 116.
17 Werner, S. 292.
18 Vgl. Sonderrecht, S. 304.
19 300 Jahre, S. 176.
20 Ebenda, S. 177, 182.
21 Vgl. Shekedy, S. 119–120.
22 Werner, S. 464.
23 Shekedy, S. 119–124.
24 Reichsgesetzblatt. Teil 1. 1941, S. 547.
25 Ebenda. 1939, S. 864–865.
26 Vgl. Führer, S. 53ff.
27 Zitiert in: Kowalzik: Nachbarn, S. 198–199.
28 Diese Verpflichtung ergab sich aus einem Rundschreiben der Reichsvereinigung der Juden in Deutschland vom 26.3.42 an die Bezirksstellen in Ergänzung der Polizeiverordnung zur Kennzeichnung der Juden vom 1.9.41. Zitiert in: Kennzeichen J, S. 181–182.
29 Vgl. Kowalzik, Barbara: Das Grundstück Gustav-Adolf-Straße 7. In: Leipzig, Mitteldeutschland und Europa. Beucha, 2000, S. 193–210.
30 Anfang Mai 1942 waren es 264 Frauen und Männer (IRGL, Akte 2/91).
31 Vgl. Diamant: Chronik, S. 696–697.
32 Held: Tradition, S. 55–59.
33 Vom 12.11.38. In: Reichsgesetzblatt. Teil 1, S. 1580.
34 Sonderrecht, S. 270.
35 Sonderrecht, S. 336.
36 Vom 3.10.41. In: Reichsgesetzblatt. Teil 1, S. 675; Durchführungsverordnung vom 31.10.41. In: Reichsgesetzblatt. Teil 1, S. 681–682.
37 Vgl. Klemperer, S. 21ff.
38 Zitiert in: Diamant: Gestapo, S. 151.
39 Vgl. Kowalzik: Erwerbsleben, S. 160–161.
40 Vgl. Höppner.
41 Reichsgesetzblatt. Teil 1. 1934, S. 1269–1271.
42 Reichsbürgergesetz und Gesetz zum Schutze des deutschen Blutes und der deutschen Ehre. In: Reichsgesetzblatt. Teil 1. 1935, S. 1146–1147; vgl. Unger: Antisemitismus, S. 304 bis 306.
43 Vom 26.4.38. In: Reichsgesetzblatt. Teil 1, S. 414–415.
44 Vom 12.11.38. In: Reichsgesetzblatt. Teil 1, S. 1580.
45 Vom 12.12.38. In: Reichsgesetzblatt. Teil 1, S. 1734–1748.
46 Vgl. Klemperer, S. 107–108, 132.
47 Schroeder, S. 66ff.
48 Vgl. Garbe.
49 Vom 4.9.39. In: Reichsgesetzblatt. Teil 1, S. 1609–1613.
50 IRGL, Akte 2/52.
51 Vgl. Stein, S. 85–89.
52 Vgl. Held: Novemberpogrom, S. 194–195.
53 Die Akten, die die Abschiebung der polnischen Juden aus Leipzig dokumentieren, befinden sich im Sächsischen Hauptstaatsarchiv Dresden (Akte 283, Bd. 2, Min. d. Innern, Va, 1938).
54 Das Statistische Jahrbuch der Reichsmessestadt Leipzig, Bd. 8,1929/37, nennt für 1933 3458 polnische „Glaubensjuden" (S. 17).
55 Nach einem Bericht von Josef Kohn, aufgenommen von der Jewish Historical Commission, Section Tirschenreuth, Opf.
56 Vgl. Milton, S. 184–203; Held: Novemberpogrom, S. 195 bis 197.
57 Zu den Ereignissen in Leipzig vgl. Held: Novemberpogrom, S. 198–200; Stapel, S. 12–19; Guttmann, S. 17–30.
58 Garbe, S. 184.
59 Vgl. Stein, S. 102–125.
60 Dokument in: Diamant: Chronik, S. 607.
61 Held: Tradition, S. 57–58.
62 Datiert am 7.9.39. In: Sonderrecht, S. 304.
63 SStAL, PP-S 8514.
64 Ebenda.
65 Gottschalk, S. 140–141; Lange, S. 90–91; Widerstand aus Glauben. Berlin, 1985, S. 209–211.
66 Zitiert in: Bischof Graf von Galen spricht. Freiburg i. Br., 1946. S. 62–65.
67 Vgl. Kralovitz: ZehnNullNeunzig, S. 21ff.
68 Vgl. Habicht, S. 211–222.
69 Vgl. Höppner/Jahn, S. 38–46.
70 Simon gelang vermutlich noch die Emigration, Licht überlebte Theresienstadt, Markise starb im KZ Groß-Rosen.
71 Vgl. Unger: Kulturbund; Kowalzik: Nachbarn, S. 147ff.
72 Vgl. Hahn: Suizidalität.
73 Vgl. Unger: Juden, S. 274.
74 Vgl. Klemperer, S. 335.
75 Pater Aurelius Arkenau, S. 36–37, 41–49; Nachtrag, S. V bis VIII.
76 Diamant: Chronik, S. 604–605.
77 Lange, S. 88–97.
78 Vgl. Gottschalk, S. 6–8, 114–126.
79 Eine Dokumentation über die Rettung der Familie Leopold hat mir freundlicherweise Herr Mario Martin, Machern, zur Verfügung gestellt.
80 IRGL, Akte 2/45.
81 Verordnung über außerordentliche Rundfunkmaßnahmen vom 1.9.39. In: Reichsgesetzblatt. Teil 1, S. 1683.
82 H. Fornfeist betrieb in Leipzig eine Handelsvertretung der bis 1938 jüdischen Firma Julius Fromm, Berlin. Er kannte sehr viele Leute und nutzte seine Beziehungen – er war von Anfang an ein Gegner der Nazis –, um Bedrängten zu helfen.

83 IRGL, Akte 346.
84 Zur Situation in Sachsen vgl. Thom, Achim: Kriegsopfer der Psychiatrie. In: Medizin und Gesundheitspolitik in der NS-Zeit. München, 1991, S. 201–216.
85 Pirna-Sonnenstein war für Kranke aus Sachsen, Thüringen, Franken, Schlesien und Ostpreußen zuständig. Vgl. Schilter, Thomas: Unmenschliches Ermessen: die nationalsozialistische „Euthanasie"-Tötungsanstalt Pirna-Sonnenstein 1940/41. Leipzig, 1999.
86 Eine Aufstellung aus der Heil- und Pflegeanstalt Dösen ist erhalten (SStAL , Heil- u. Pflegeanstalt Dösen, Nr. 503).
87 Vgl. Kłodzinski, Stanisław: Die Aktion „14f13": der Transport von 575 Häftlingen von Auschwitz in das „Sanatorium Dresden". In: Aktion T 4 1939–1945. Berlin, 1989, S. 136–146.
88 Lt. Information der Gedenkstätte Buchenwald.
89 Vgl. Yahil, S. 410.
90 Schmid, S. 49–55.
91 Wortlaut zitiert in: Adler: Mensch, S. 188–189.
92 Vgl. Hilberg, S. 289–293.
93 Lichtenstein, S. 7.
94 Hilberg, S. 327.
95 Wie aus dem Prüfungsbericht über die Tätigkeit der Bezirksstelle Leipzig der Reichsvereinigung hervorgeht, hatte die Gemeinde über 7500 RM für Lebensmittel zu zahlen (IRGL, Akte 2/91).
96 Lichtenstein, S. 94–95.
97 So hatte die Israelitische Religionsgemeinde Leipzig für den Transport nach Riga 32 500 RM und für den Transport nach Bełżyce 15 000 RM Reisegeld zu erstatten (IRGL, Akte 2/91).
98 Zitiert in: Vierteljahrshefte für Zeitgeschichte. Stuttgart. 13.1965, 3, S. 338–339.
99 Auszugsweise zitiert in: Adler: Mensch, S. 191.
100 IRGL, Akte 2/28.
101 Ebenda.
102 Reichsgesetzblatt. T. 1. 1941, S. 722–724.
103 Seit 1939 von den Deutschen besetzte ehemalige polnische Gebiete.
104 IRGL, Akte 2/91.
105 Vgl. Adler: Mensch, S. 553–561.
106 SStAL, OFP, Nr. 601/2, Blatt 364–368.
107 Leipziger Volkszeitung vom 22.2.49, S. 4.
108 IRGL, Akte 2/82.
109 Grüning, Michael: Der Wachsmann-Report. Berlin, 1989, S. 364–365.
110 Vgl. Klemperer, S. 12–13.
111 Vgl. Milton, S. 187.
112 Sherman-Zander, S. 29ff.; Wolff, S. 20ff.
113 Gottschalk.
114 Press, S. 116.
115 Gottschalk, S. 22.
116 Vestermanis, S. 67.
117 Ebenda, S. 62.
118 Sherman-Zander, S. 57–58; Wolff, S. 27; Gottschalk, S. 38–39; IRGL, Akte 346.
119 Sherman-Zander, S. 40–41.
120 Die Angaben sind sehr unterschiedlich. Vgl. Press, S. 121.
121 Vestermanis, S. 69.
122 Vgl. Press, S. 128–129.
123 Aus dem Tagebuch von Dora Hansen. In: Gottschalk, S. 128–139.
124 Press, S. 130.
125 Grabowska, S. 20.
126 Vgl. Grabowska, S. 30.
127 Wolff, S. 50.
128 Vgl. Wolff, S. 64–67.
129 Grabowska, S. 57–70.
130 Gottschalk, S. 105–127, 145–168.
131 Kehrseite, S. 86.
132 Lange, S. 194–197.
133 IRGL, Akte 2/83.
134 Müller/Stein, S. 164.
135 Lebenszeichen, S. 25–27, 103, 129.
136 Vgl. Statist. Gemeindeverz., Anhang.
137 Peiser, S. 138ff.; Lebenszeichen, S. 18.
138 Auszug aus einem Bericht des Leiters der Abt. für Bevölkerungswesen und Fürsorge im Amt des Gouverneurs des Distrikts Lublin. Zitiert in: Lebenszeichen, S. 73.
139 Lebenszeichen, S. 25.
140 Ebenda, S. 27, 129.
141 Vgl. ebenda, S. 25–26.
142 Peiser, S. 147.
143 APMM, V–1.
144 IRGL, Akte 348 (Brief von Dr. Grunsfeld an Henry Tebrich, London).
145 Vgl. Sterbebücher, S. 189–190.
146 IRGL, Akte 2/84.
147 IRGL, Akte 2/86.
148 Vgl. Gruner, S. 306–321.
149 In: Aufbau. New York, Ausg. vom 26.7.46.
150 Vgl. Klemperer, S. 337–339.
151 Erinnerung, S. 177–178.
152 Diese Anweisung bezog sich auf die Rüstungsarbeiter aus Berlin. Vgl. Czech, S. 428–429.
153 Erinnerung, S. 178.
154 Vgl. Adler: Theresienstadt, S. 282–292.
155 Vgl. Sterbebücher, S. 173–174.
156 Czech, S. 363.
157 Ebenda, S. 691.
158 IRGL, Akte 2/85–89.
159 Theresienstädter Gedenkbuch, S. 89.
160 Wortlaut bei: Adler: Wahrheit, S. 55–60.
161 IRGL, Akte H.
162 Adler schätzt 300–400 Millionen RM (Wahrheit, S. 51).
163 IRGL, Akte „H" V/28.
164 IRGL, Akte 2/81.
165 IRGL, Akte 346.
166 Vgl. Adler: Theresienstadt, S. 266ff.
167 IRGL, Akte 2/44.
168 Familie Harmelin. In: Judaica Lipsiensia, S. 271–273.
169 Vgl. Adler: Wahrheit, S. 105–109.
170 Hebenstreit, S. 150–152.
171 Erinnerung, S. 178.
172 IRGL, Akte 2/87.
173 Vgl. Hahn: Leistungen, S. 118–121.
174 Lange, S. 94–95.
175 „Geltungsjuden" waren Kinder aus „Mischehen", die der jüdischen Religionsgemeinschaft angehörten.
176 IRGL, Akte 3/2.
177 Diamant: Gestapo, S. 202.
178 Kennzeichen J, S. 238.
179 Theresienstädter Gedenkbuch, S. 88–89.

Quellen- und Literaturverzeichnis zum Text

Archivalische Quellen

Israelitische Religionsgemeinde Leipzig *(IRGL)*
Akte 2/28: Rundschreiben der Reichsvereinigung der Juden in Deutschland (Nov. 1941)
Akte 2/39–2/50 Fragebogen der Reichsvereinigung betr. Auswanderung (1940)
Akte 2/60: Bevölkerungsentwicklung in den Kultusvereinigungen und Bezirksstellen der Reichsvereinigung der Juden in Deutschland, Juni – August 1941
Akte 2/81: Todesfälle (1942)
Akte 2/82–2/89: Transportlisten (1942–1945)
Akte 2/91: Prüfungsbericht über die Tätigkeit der Verwaltungsstelle bzw. Bezirksstelle Leipzig der Reichsvereinigung (Mai 1942)
Akte 3/1: Rückkehrer (1945)
Akte H: Heimeinkaufsverträge (1942/43)
Państwowe Muzeum na Majdanku, Archiw, Lublin *(APMM)*, V-1: Private Dokumente der Häftlinge
Sächsisches Staatsarchiv Leipzig *(SStAL)*
PP-S 8514 – PP-S 8528: Gefangenentagebuch des Leipziger Polizeigefängnisses (1938–1943)
PP-S 8860 – S 8861: Leichenbuch der Kriminalpolizei (1939–1945)

Literaturverzeichnis

Adler, Hans G.: *Theresienstadt* 1941–1945: das Antlitz einer Zwangsgemeinschaft. Tübingen, 1960
Adler, Hans G.: Die verheimlichte *Wahrheit*: Theresienstädter Dokumente. Tübingen, 1958
Adler, Hans G.: Der verwaltete *Mensch*: Studien zur Deportation der Juden aus Deutschland. Tübingen, 1974
Aktion T 4 1939–1945: die „Euthanasie"-Zentrale in der Tiergartenstraße 4 / hrsg. von Götz Aly. Berlin, 1989
Czech, Danuta: Kalendarium der Ereignisse im Konzentrationslager Auschwitz-Birkenau: 1939–1945. Frankfurt a. M., 1990
Diamant, Adolf: *Chronik* der Juden in Leipzig. Chemnitz, 1993
Diamant, Adolf: *Gestapo* Leipzig: zur Geschichte einer verbrecherischen Organisation in den Jahren 1933 bis 1945. Frankfurt a. M., 1990
300 Jahre Juden in Halle. Halle, 1992
Enzyklopädie des Nationalsozialismus / hrsg. von Wolfgang Benz... München, 1998
Die *Erinnerung* hat ein Gesicht: Fotografien und Dokumente zur nationalsozialistischen Judenverfolgung in Dresden 1933–1945 / bearb. von Marcus Gryglewski. Leipzig, 1998
Friedlander, Henry: Der Mord an den behinderten Juden. In: Friedlander: Der Weg zum NS-Genozid: von der Euthanasie zur Endlösung. Berlin, 1997, S. 418 bis 448
Führer, Karl Christian: Mit Juden unter einem Dach?: zur Vorgeschichte des nationalsozialistischen Gesetzes über Mietverhältnisse mit Juden. In: 1999: Zeitschrift für Sozialgeschichte des 20. und 21. Jahrhunderts. Hamburg. 7.1992, 1, S. 51–61
Garbe, Detlef: Absonderung, Strafkommandos und spezifischer Terror: jüdische Gefangene in nationalsozialistischen Konzentrationslagern. In: Verdrängung und Vernichtung der Juden unter dem Nationalsozialismus. Hamburg, 1992, S. 173–204
Gottschalk, Gerda: Der letzte Weg. Konstanz, 1991
Grabowska, Janina: K. L. Stutthof: ein historischer Abriss. Bremen, 1993
Grode, Walter: Die „Sonderbehandlung 14f13" in den Konzentrationslagern des Dritten Reiches: ein Beitrag zur Dynamik faschistischer Vernichtungspolitik. Frankfurt a. M., 1987
Gruner, Wolf: Der geschlossene Arbeitseinsatz deutscher Juden: zur Zwangsarbeit als Element der Verfolgung 1938–1943. Berlin, 1997
Guttmann, Theodor: Dokumentenwerk über die jüdische Geschichte. Teil 1. Jerusalem, 1943
Habicht, Martin: Verfolgung und Widerstand nichtproletarischer Kräfte im Raum Leipzig – Westsachsen 1933–1945. 1990 (Leipzig, Univ., Diss. B)
Hahn, Susanne: *Leistungen* jüdischer Mediziner in Leipzig und ihr Schicksal nach 1933. In: Judaica Lipsiensia. Leipzig, 1994, S. 110–122
Hahn, Susanne: *Suizidalität* im „Dritten Reich": Theorien, Realitäten und Reaktionen, dargestellt am Beispiel der Stadt Leipzig. In: Ergebnisse und Perspektiven sozialhistorischer Forschung in der Medizingeschichte. Leipzig, 1991
Hartstock, Erhard: Zum Umgang mit dem jüdischen Vermögen in Sachsen 1933–1952 (Teil1). In: Historische Blätter. Dresden, 1994, 4, S. 30–46
Hebenstreit, Uta: Die Verfolgung jüdischer Ärzte in Leipzig in den Jahren der nationalsozialistischen Diktatur: Schicksale der Vertriebenen. 1997 (Leipzig, Univ., Diss.)
Held, Steffen: Der *Novemberpogrom* in Leipzig und die Massenverhaftung Leipziger Juden 1938/39. In: Judaica Lipsiensia. Leipzig, 1994, S. 194–206
Held, Steffen: Zwischen *Tradition* und Vermächtnis: Die Israelitische Religionsgemeinde zu Leipzig nach 1945. Hamburg, 1995
Hilberg, Raul: Die Vernichtung der europäischen Juden. Berlin, 1982
Höppner, Solvejg: Juden im Leipziger Widerstand. In: Judaica Lipsiensia. Leipzig, 1994, S. 155–166

Höppner, Solvejg, u. Manfred *Jahn*: Jüdische Vereine und Organisationen in Chemnitz, Dresden und Leipzig 1918–1933. Dresden, 1997

Judaica Lipsiensia: Zur Geschichte der Juden in Leipzig. Leipzig, 1994

Die Juden in Deutschland 1933–1945: Leben unter nationalsozialistischer Herrschaft / hrsg. von Wolfgang Benz. München, 1996

Juden in Leipzig: eine Dokumentation zur Ausstellung anlässlich des 50. Jahrestages der faschistischen Pogromnacht / Bearb.: Manfred Unger, Hubert Lang. Leipzig, 1989

Die *Kehrseite* der „Wiedergutmachung": das Leiden von NS-Verfolgten in den Entschädigungsverfahren/ hrsg. von Helga u. Hermann Fischer-Hübner. Gerlingen, 1990

Kennzeichen J: Bilder, Dokumente, Berichte zur Geschichte der Verbrechen des Hitlerfaschismus an den deutschen Juden 1933–1945 / hrsg. von Helmut Eschwege. Berlin, 1981

Klee, Ernst: „Euthanasie" im NS-Staat: die „Vernichtung lebensunwerten Lebens". Frankfurt a. M., 1994

Klemperer, Victor: Ich will Zeugnis ablegen bis zum letzten. Bd. 2. Tagebücher 1942–1945. Berlin, 1996

Kowalzik, Barbara: Jüdisches *Erwerbsleben* in der inneren Nordvorstadt Leipzigs 1900–1933. Leipzig, 1999

Kowalzik, Barbara: Wir waren eure *Nachbarn*: die Juden im Leipziger Waldstraßenviertel. Leipzig, 1996

Kralovitz, Rolf: Der gelbe Stern in Leipzig. Köln, 1992

Kralovitz, Rolf: ZehnNullNeunzig in Buchenwald: ein jüdischer Häftling erzählt. Köln, 1996

Lange, Bernd-Lutz: Davidstern und Weihnachtsbaum: Erinnerungen von Überlebenden. Leipzig, 1993

Lebenszeichen aus Piaski: Briefe Deportierter aus dem Distrikt Lublin 1940–1943 / hrsg. von Else Behrend-Rosenfeld u. Gertrud Luckner. München, 1970

Lichtenstein, Heiner: Mit der Reichsbahn in den Tod: Massentransporte in den Holocaust 1941–1945. Köln, 1985

Milton, Sybil: Menschen zwischen Grenzen: die Polenausweisung 1938. In: Menora: Jahrbuch für deutsch-jüdische Geschichte. München, 1990, S. 184–206

Müller, Erika, u. Harry *Stein*: Jüdische Familien in Weimar. Weimar, 1998

Pater Aurelius Arkenau OP: Zeugnisse und Berichte über einen unerschrockenen Nothelfer in Leipzig-Wahren / Red. u. Kommentare: Helmut Warmbier. Leipzig, 1996. Nachtrag zur Dokumentation. Leipzig, 1996

Peiser, Jacob: Die Geschichte der Synagogen-Gemeinde zu Stettin. Würzburg, 1965

Press, Bernhard: Judenmord in Lettland 1941–1945. Berlin, 1995

Reichsgesetzblatt. Teil 1. Berlin 1933–1941

Reinhold, Josef: Zwischen Aufbruch und Beharrung: Juden und jüdische Gemeinde in Leipzig während des 19. Jahrhunderts. Dresden, 1999

Schmid, Hans-Dieter: Gestapo Leipzig: politische Abteilung des Polizeipräsidiums und Staatspolizeistelle Leipzig 1933–1945. Beucha, 1997

Schroeder, Friedrich-Christian, u. Jens-Uwe Lahrtz: Die nationalsozialistischen Sondergerichte in Sachsen 1933–1945. In: Justiz, Juristen und politische Polizei in Sachsen 1933–1945. Dresden, 1996

Shekedy, Israel: Unsere Flucht von Kiel nach Jerusalem. In: Zwischen gestern und heute. Heide, 1991. S. 119–124

Sherman-Zander, Hilde: Zwischen Tag und Dunkel: Mädchenjahre im Ghetto. Frankfurt a. M., 1993

Das *Sonderrecht* für die Juden im NS-Staat / hrsg. von Joseph Walk. Heidelberg, 1981

Stapel, Liane: Die Verhaftetenliste vom November 1938: Auswertung einer historischen Quelle des Leipziger Pogroms. Leipzig, 1992 (Leipzig. Univ., Fachbereich Geschichte, Diplomarbeit)

Statistisches Gemeindeverzeichnis des bisherigen polnischen Staates. Berlin, 1939

Stein, Harry: Juden im Konzentrationslager Buchenwald 1938–1942. In: Pogromnacht und Holocaust. Weimar, 1994, S. 81–164

Sterbebücher von Auschwitz: Fragmente. Bd. 1. Berichte. München, 1995

Theresienstädter Gedenkbuch: die Opfer der Judentransporte aus Deutschland nach Theresienstadt 1942–1945. Prag, 2000

Unger, Manfred: Die *Juden* in Leipzig unter der Herrschaft des Nationalsozialismus. In: Verdrängung und Vernichtung der Juden unter dem Nationalsozialismus. Hamburg, 1992, S. 267–289

Unger, Manfred: Der jüdische *Kulturbund* in Leipzig 1934–1938. In: Judaica Lipsiensia. Leipzig, 1994, S. 179–193

Unger, Manfred: Zu *Antisemitismus* und Judenverfolgung in Leipzig: das Jahr 1935. In: Leipziger Kalender 1999. Leipzig, 1999, S. 291–312

Vestermanis, Margers: Juden in Riga: auf den Spuren des Lebens und Wirkens einer ermordeten Minderheit. Bremen, 1995

Volkszählung: die Bevölkerung des Deutschen Reichs... 1933. Berlin, 1936 (Statistik des Deutschen Reichs. Bd. 451. Heft 5: Die Glaubensjuden im Deutschen Reich)

Werner, Josef: Hakenkreuz und Judenstern. Karlsruhe, 1996

Wolff, Jeanette: Mit Bibel und Bebel: ein Gedenkbuch. Bonn, 1981

Yahil, Leni: Die Shoah: Überlebenskampf und Vernichtung der europäischen Juden. München, 1998

Die Wahrheit ist dem Menschen zumutbar

Ingeborg Bachmann

Struktur der Eintragungen

Aus der Menge der benutzten Quellen ergeben sich zwangsläufig Differenzen bei den biographischen Angaben zu den genannten Personen. Um die Daten überschaubar zu gestalten, habe ich die Quellen gewertet und mich für eine Namensform, ein Geburtsdatum und einen Geburtsort entschieden. Todesdaten für die in den Vernichtungslagern Ermordeten lassen sich in der Regel nicht mehr feststellen. Sie gelten als verschollen.

1. Familienname (andere Namensformen nur in Ausnahmefällen), maximal zwei Vornamen, bei Frauen frühere Namen, akademische Titel
2. Geburtsdatum, Geburtsort, Geburtsland, Sterbedatum, Sterbeort, Freitod
3. Staatsangehörigkeit zum Zeitpunkt der Verhaftung, der Deportation oder des Todes
4. Beruf, Tätigkeit
5. Zwangsarbeit
6. Tätigkeit für die Gemeinde
7. Aufenthalt in Leipzig: Wohnung vor 1933 und letzte Adresse (JH = Judenhaus). Bei Familien sind diese Angaben nur einmal gemacht.
8. Familie: Die im Gedenkbuch genannten und miteinander verwandten Personen sind verknüpft. Auf die anderen Mitglieder der Familien, die von der Verfolgung betroffen waren, wird allgemein verwiesen. Die Kinder sind jeweils bei der Mutter genannt.
9. Verfolgung: Verhaftungen und Deportation, Todesursachen

Das Zitat von Ingeborg Bachmann ist das Motto ihrer Dankesrede anlässlich der Verleihung des Hörspielpreises der Kriegsblinden 1959 (Werke, Bd. 4. München, 1978, S. 276)

Aber, Esther Ella, geb. Tannchen
8.1.1909, Posen – nach 1942, KZ Auschwitz verschollen
dt. Staatsangeh.
Stenotypistin, Buchhalterin
Fürsorgerin, Köchin im jüd. Pflegeheim
Teubnerstr. 16; JH Humboldtstr. 6
Tochter von Johanna Tannchen, geschieden, Mutter von Wolfgang A.
am 13.7.42 nach Auschwitz deportiert

Aber, Wolfgang Curt
11.9.1932, Leipzig – nach 1942, KZ Auschwitz verschollen
dt. Staatsangeh.
Schüler
Sohn von Esther A.
am 13.7.42 nach Auschwitz deportiert

Abraham, Alfred Abraham
25.10.1878, Schlawe, Pommern – nach 1944, KZ Auschwitz verschollen
dt. Staatsangeh.
Kaufmann, Inh. e. Kaufhauses, gegr. 1906
1942 Zwangsarbeiter u. Bote d. Israelit. Religionsgemeinde
Cöthner Str. 43; JH Gustav-Adolf-Str. 7
Ehemann von Hilde A.
Abschluss e. Heimeinkaufsvertrages für Theresienstadt
am 19.9.42 nach Theresienstadt, am 28.10.44 nach Auschwitz deportiert

Abraham, Hilde Bertha, geb. Adler
4.8.1880, Aufhausen, Württemberg – nach 1944, KZ Auschwitz verschollen
dt. Staatsangeh.
Ehefrau von Alfred A., Tochter emigr.
Abschluss e. Heimeinkaufsvertrages für Theresienstadt
am 19.9.42 nach Theresienstadt, am 28.10.44 nach Auschwitz deportiert

Adler, Annemarie Elisabeth, geb. Rzepkowicz
14.10.1916, Leipzig – 1943, KZ Auschwitz verschollen
dt. Staatsangeh.
Zwangsarbeit als Pelznäherin
Ehefrau von Bruno A., Mutter von Dina A.
Ritterstr. 17; JH Gustav-Adolf-Str. 7
auf d. Transportlisten v. 21.1.42 u. 17.2.43 gestrichen
am 27.2.43 in d. Polizeihaftlager Dresden-Hellerberg, am 1.3.43 nach Auschwitz deportiert

Adler, Bruno
23.8.1906, Hammelburg, Bayern – 11.10.1941, KZ Dachau
dt. Staatsangeh.
Fleischer u. Kellner
Ehemann von Annemarie A., Vater von Dina A.
Nordstr. 27; Große Fleischergasse 6

Adler, Dina
22.12.1937, Leipzig – 1943, KZ Auschwitz verschollen
dt. Staatsangeh.
Tochter von Bruno u. Annemarie A.
auf d. Transportlisten vom 21.1.42 u. 17.2.43 gestrichen
am 27.2.43 in d. Polizeihaftlager Dresden-Hellerberg, am 1.3.43 nach Auschwitz deportiert

Adler, Jenny, geb. Spiegl
19.12.1892, Schmölln, Sachsen-Altenburg – nach 1944, KZ Auschwitz verschollen
dt. Staatsangeh.
Prokuristin
Tochter von Clementine Spiegl, Schwester von Sidona Prager, Ehefrau von Siegmund A.
am 19.9.42 nach Theresienstadt, am 12.10.44 nach Auschwitz deportiert

Adler, Robert
7.2.1881, Kassel, Hessen-Nassau – nach 1942 verschollen
dt. Staatsangeh.
Kaufmann
Brühl 45; JH Humboldtstr. 6
am 21.1.42 nach Riga deportiert

Adler, Siegmund Simon
13.1.1891, Schmölln, Sachsen-Altenburg – nach 1944, KZ Auschwitz verschollen
dt. Staatsangeh.
Kaufmann, Inh. e. Wasch- und Plättmittel-Großvertriebs, gegr. 1919
Zwangsarbeiter
Oeserstr. 23; JH Humboldtstr. 21
Bruder emigr., Ehemann von Jenny A.
am 10.11.38 im Rahmen e. „Sonderaktion" verhaftet
nach Buchenwald deportiert, am 21.11.38 freigelassen
am 19.9.42 nach Theresienstadt, am 28.9.44 nach Auschwitz deportiert

Affenkraut, Dora Reisel, geb. Ungar
31.10.1884, Wisnicz, Österr.-Polen – nach 1942 verschollen
staatenlos (fr. Polen)
Humboldtstr. 8; JH Walter-Blümel-Str. 21
Ehemann u. Kinder emigr., Mutter von Rosa A.
am 21.1.42 nach Riga deportiert

Affenkraut, Rosa
19.11.1919, Leipzig – nach 1942 verschollen
staatenlos (fr. Polen)
Tochter von Dora A.
am 21.1.42 nach Riga deportiert

Ahrens, Hedwig, verw. Löwensohn geb. Tausig
14.11.1877, Offenburg, Baden – nach 1942 verschollen
dt. Staatsangeh.
Prokuristin
Humboldtstr. 3; JH Humboldtstr. 4
seit 1930 Witwe
am 21.1.42 nach Riga deportiert

Aizen (Eisen), Susanna
4.3.1924, Leipzig – 11.1.1943, KZ Auschwitz
staatenlos (fr. Polen)
Kontoristin
Kassiererin
lebte in Schkeuditz, Provinz Sachsen
Humboldtstr. 23
Vater 1939 nach Polen geflohen, nichtjüd. Mutter am 12.9.42 wegen „Rassenschande" verhaftet
am 12.12.42 nach Auschwitz deportiert

Ajzen (Eisen), Simon David
18.6.1884, Dubienka, Russ.-Polen – 1.7.1940, KZ Buchenwald
poln. Staatsangeh.
Fellhändler
Naundörfchen 11; JH Eberhardstr. 11
Ehemann von Esther Kauftheil-Eisen, Vater von Hanna u. Miryam Kauftheil-Eisen

Alexander, Dewara
4.4.1939, Leipzig – nach 1942 verschollen
dt. Staatsangeh.
Tochter von Judes A.
am 21.1.42 nach Riga deportiert

Alexander, Friedel, geb. Seidowsky
31.5.1912, Leipzig – nach 1942 verschollen
dt. Staatsangeh.
Modistin
Zwangsarbeit als Pelznäherin
Tauchaer Str. 48; JH Packhofstr. 1
Brüder u. Ehemann emigr., Schwester von Esther Lange u. Loni Seidowsky
auf d. Transportliste vom 21.1.42 gestrichen
am 10.5.42 nach Bełżyce deportiert

Alexander, Hedwig
30.11.1871, Stettin, Pommern – 16.12.1943, Ghetto Theresienstadt
dt. Staatsangeh.
Büroangestellte
Heimarbeiterin
Elsterstr. 10; JH Auenstr. 14 (Altersheim)
am 19.9.42 nach Theresienstadt deportiert

Alexander, Judes, geb. Wapnitzki
18.5.1921, Köthen, Anhalt – nach 1942 verschollen
dt. Staatsangeh.
Zwangsarbeit als Lumpensortiererin
Humboldtstr. 31; JH Humboldtstr. 10
Mutter von Dewara A.
am 21.1.42 nach Riga deportiert

Alexander, Walter
1.9.1899, Leipzig – 24.2.1940, Leipzig
dt. Staatsangeh.
Kaufmann, Kürschner
Diakonissenstr. 4; Heil- u. Pflegeanstalt Leipzig-Dösen
nichtjüd. Ehefrau
vermutl. Opfer der „Euthanasie"

Alkan, Johanna, geb. Wiener
5.7.1879, Kolín, Böhmen – 4.7.1943, Ghetto Theresienstadt
dt. Staatsangeh.
Inh. e. Großh. für Tabak-Fabrikate
Eberhardstr. 7; JH Humboldtstr. 13
Schwester von Camilla Bilski, seit 1942 Witwe, Sohn emigr.
zus. mit Ehemann auf d. Transportliste vom 21.1.42 gestrichen
Abschluss e. Heimeinkaufsvertrages für Theresienstadt
am 19.9.42 nach Theresienstadt deportiert

Altmann, Golda, geb. Schächter
20.7.1901, Kolomea, Österr.-Polen – nach 1942 verschollen
staatenlos
Verkäuferin (Herrenkonfektion)
Zwangsarbeit als Hefterin

Ranstädter Steinweg 33; JH Funkenburgstr. 23
Bruder, Ehemann u. Sohn emigr.
am 21.1.42 nach Riga deportiert

Altmann, Henriette Jutta
2.2.1930, Leipzig – nach 1942 verschollen
staatenlos
Schülerin
Tochter von Moritz u. Sophie A.
am 21.1.42 nach Riga deportiert

Altmann, Manfred
15.5.1929, Leipzig – nach 1943 , KZ Auschwitz verschollen
staatenlos (fr. Polen)
JH Gustav-Adolf-Str. 7
am 17.2.43 nach Berlin, am 26.2.43 nach Auschwitz deportiert

Altmann, Max
3.3.1896, Stamsried, Bayern – nach 1944, KZ Auschwitz verschollen
Kaufmann
Zwangsarbeit als Packer
Mockauer Str. 40
nichtjüd. Ehefrau
am 13.1.44 nach Theresienstadt, am 20.3.44 nach Auschwitz deportiert

Altmann, Moritz Moszek
15.8.1893, Nowe Miasto, Russ.-Polen – 11.3.1940, KZ Sachsenhausen
staatenlos
Händler, Handelsvertreter
Gneisenaustr. 2; Hindenburgstr. 64
Sohn von Ryfka A., Bruder von Gita Freudenreich, Ehemann von Sophie A., Vater von Henriette A.
seit 15.11.39 im KZ Sachsenhausen

Altmann, Ryfka, geb. Neumann
1.5.1854, Nowe Miasto, Russ.-Polen – 11.9.1942, Leipzig
staatenlos (fr. Polen)
Gneisenaustr. 2; JH Färberstr. 11 (Alters- und Pflegeheim)
Witwe, zwei Söhne emigr., Mutter von Gita Freudenreich u. Moritz A.
auf d. Transportliste vom 19.9.42

Altmann, Sophie, geb. Godin
16.8.1900, Schklow, Russland – nach 1942 verschollen
staatenlos (fr. Polen)
Kindergärtnerin, Vertreterin
Gneisenaustr. 2; JH Walter-Blümel-Str. 11
Mutter u. Schwester emigr., Ehefrau von Moritz A., Mutter von Henriette A.
am 21.1.42 nach Riga deportiert

Altmann, Zella
21.6.1902, Łódź, Russ.-Polen – nach 1942 verschollen
staatenlos
Hausmädchen
aus Colditz, Sachsen
JH Eberhardstr. 11
Schwester ebenfalls nach Riga deportiert, Überlebende, Schwester von Itka Urbach
am 21.1.42 nach Riga deportiert

Appel, Louise, geb. Wassermann
4.4.1878, Leipzig – nach 1942 verschollen
dt. Staatsangeh.
Verkäuferin
Ehefrau von Samuel A., Kinder emigr.
am 21.1.42 nach Riga deportiert

Appel, Samuel
20.12.1879, Tarnopol, Österr.-Polen – nach 1942 verschollen
dt. Staatsangeh.
Buchbinder, Inh. e. Buchbinderei u. Kartenschutztaschenfabrik
Petersstr. 28; JH Eberhardstr. 11
Ehemann von Louise A.
am 21.1.42 nach Riga deportiert

Ardel, Clara, geb. Grünbaum
7.2.1876, Berlin – 21.4.1943, Ghetto Theresienstadt
dt. Staatsangeh.
Prokuristin
Waldstr. 52; JH Keilstr. 5
Ehemann ebenfalls nach Theresienstadt deportiert, Überlebender, Töchter emigr., eine Tochter 1944 nach Auschwitz deportiert
am 19.9.42 nach Theresienstadt deportiert

Armhaus, Victor
12.10.1859, Dubiecko, Österr.-Polen – 7.11.1942, Ghetto Theresienstadt
staatenlos (fr. Polen)
Übersetzer, Inh. e. Übersetzungsbüros, gegr. 1889, amtl. verpflichteter Dolmetscher für 32 Sprachen
Emilienstr. 28; JH Auenstr. 14 (Altersheim)
am 19.9.42 nach Theresienstadt deportiert

Arndt, Hugo
24.12.1886, Alt Malchow (Kr. Schlawe), Pommern – nach 1943, KZ Auschwitz verschollen
dt. Staatsangeh.
Kaufmann, Geschäftsführer in d. Ury Gebrüder AG
Zwangsarbeit als Gärtner
Arndtstr. 67; JH Humboldtstr. 21
nichtjüd. Ehefrau, geschieden
Abschluss e. Heimeinkaufsvertrages für Theresienstadt
am 19.9.42 nach Theresienstadt, am 29.1.43 nach Auschwitz deportiert

Arnhold, Gertrud
2.6.1873, Leipzig – 17.6.1943, Ghetto Theresienstadt
dt. Staatsangeh.
Zwangsarbeit in d. Städt. Arbeitsanstalt
Funkenburgstr. 15; JH Gustav-Adolf-Str. 7
Abschluss e. Heimeinkaufsvertrages für Theresienstadt
am 19.9.42 nach Theresienstadt deportiert

Aron, Clara
19.4.1903, Leipzig – nach 1942 , KZ Auschwitz verschollen
staatenlos (fr. Rumänien)
Schneiderin
Zwangsarbeiterin
Tochter von Silka A., Schwester von David A.
am 13.7.42 nach Auschwitz deportiert

Aron (Aronowitz), David Schmil
2.3.1896, Botoşani, Rumänien – 11.9.1943, Ghetto Theresienstadt
staatenlos (fr. Rumänien)
Kaufmann, Inh. e. Rauchwarenhandlung
Sohn von Silka A., Bruder von Clara A.
auf d. Transportliste vom 10.5.42 gestrichen
am 19.9.42 nach Theresienstadt deportiert

Aron, Silka Sally, geb. Prais
15.1.1871, Botoşani, Rumänien – nach 1943, KZ Auschwitz verschollen
staatenlos (fr. Rumänien)
Inh. e. Rauchwarenhandlung
Hofmeisterstr. 5; JH Packhofstr. 1
zwei Schwestern emigr., eine davon in Auschwitz umgekommen, seit 1941 Witwe, Mutter von David u. Clara A.
am 19.9.42 nach Theresienstadt, am 18.12.43 nach Auschwitz deportiert

Artmann, Elise, geb. Jakoby
5.6.1894, Nienburg (Saale), Anhalt – nach 1942 verschollen
dt. Staatsangeh.
Inh. e. Möbelgeschäfts
Zwangsarbeit als Näherin
Menckestr. 26; JH Berliner Str. 123
Witwe, Mutter von Margot A.
auf d. Transportliste vom 21.1.42 gestrichen
am 10.5.42 nach Bełżyce deportiert

Artmann, Margot Lotte
9.1.1925, Leipzig – nach 1942 verschollen
dt. Staatsangeh.
Kontoristin
Zwangsarbeit als Pelznäherin
Tochter von Elise A.
auf d. Transportliste vom 21.1.42 gestrichen
am 10.5.42 nach Bełżyce deportiert

Auerbach, Fricke Salomea
1.8.1919, Leipzig – nach 1942 verschollen
dt. Staatsangeh.
Fürsorgerin
Tochter von Jeanette A.
am 10.5.42 nach Bełżyce deportiert

Auerbach, Jeanette, geb. Frank
1.7.1891, Leipzig – nach 1942 verschollen
dt. Staatsangeh.
Zwangsarbeiterin
Brühl 8; JH Funkenburgstr. 15
seit 1933 Witwe, Mutter von Fricke A.
am 10.5.42 nach Bełżyce deportiert

Aussenberg (Kober), Chaim Isaak
11.11.1908, Ruda (b. Brody), Österr.-Polen – 7.11.1940, im KZ umgekommen?
Expedient
Melchiorstr. 15
Bruder von Luise A.

Aussenberg, Chaja Ides, geb. Rosenblum
18.8.1871, Kałuszyn, Russ.-Polen – nach 1943, KZ Auschwitz verschollen
staatenlos (fr. Österreich)
Händlerin (Wollwaren)
Zwangsarbeit in d. Städt. Arbeitsanstalt
Uferstr. 19; JH Färberstr. 11 (Alters- und Pflegeheim)
seit 1917 Witwe, Sohn emigr., Mutter von Frieda Rosenblum
auf d. Transportliste vom 10.5.42 gestrichen
am 19.9.42 nach Theresienstadt, am 18.12.43 nach Auschwitz deportiert

Aussenberg, Hermann
18.8.1899, Leipzig – nach 1939 verschollen
dt. Staatsangeh.
Heil- u. Pflegeanstalt Leipzig-Dösen
Heil- u. Pflegeanstalt Hubertusburg
vermutl. Opfer d. „Euthanasie"

Aussenberg, Luise
25.1.1911, Leipzig – nach 1942 verschollen
staatenlos (fr. Polen)
Kontoristin, Kinderpflegerin
Melchiorstr. 15; JH Gustav-Adolf-Str. 7
Schwester von Chaim A.
am 10.5.42 nach Bełżyce deportiert

Babad, Dina
26.12.1891, Berezno, Russ.-Polen – 22.5.1941, Tötungsanstalt Sonnenstein/Pirna, Sachsen
staatenlos (fr. Österreich)
Landes-Heil- u. Pflegeanstalt Dösen
Landesanstalt Chemnitz-Altendorf
Tochter von Samuel B., Schwester von Schajka B.
nach Sonnenstein deportiert

Babad, Samuel
1.8.1865, Kamionka, Österr.-Polen – 3.1.1943, Ghetto Theresienstadt
staatenlos (fr. Österreich)
Kaufmann, Rauchwarenhändler
Färberstr. 11; JH Nordstr. 15
seit 1932 Witwer, zwei Söhne emigr., Vater von Dina u. Schajka B.
Abschluss e. Heimeinkaufsvertrages für Theresienstadt
am 19.9.42 nach Theresienstadt deportiert

Babad, Schajka
8.6.1894, Berezno, Russ.-Polen – nach 1942 verschollen
staatenlos (fr. Österreich)
Schneiderin
Haustochter
Färberstr. 11; JH Gustav-Adolf-Str. 7
Tochter von Samuel B., Schwester von Dina B.
am 10.5.42 nach Bełżyce deportiert

Baden, Elise, geb. Perls
14.9.1886, Glauchau, Sachsen – nach 1942 verschollen
dt. Staatsangeh.
Wirtschafterin
Ehefrau von Nathan B., Tochter emigr.
am 10.5.42 nach Bełżyce deportiert

Baden, Isbert
18.2.1913, Berlin – nach 1943 verschollen
dt. Staatsangeh.
Händler
Zwangsarbeiter
aus Berlin, seit 1935 in Leipzig
JH Große Fleischergasse 28
am 21.1.42 nach Riga deportiert

Baden, Nathan
23.3.1887, Danzig, Westpreußen – 9.2.1942, KZ Sachsenhausen
dt. Staatsangeh.
Kaufmann, Inh. e. Firma für Herrenkonfektion
Zwangsarbeiter
Kronprinzstr. 81; JH Walter-Blümel-Str. 21
Ehemann von Elise B.
am 8.3.40 aus polit. Gründen verhaftet, am 15.4.41 wegen Arbeitsverweigerung verhaftet
am 25.6.41 nach Sachsenhausen deportiert

Bändel, Julius
16.10.1876, Beuthen, Schlesien – 21.2.1943, Ghetto Theresienstadt
dt. Staatsangeh.
Tapezierer, Inh. e. Werkstatt
Zwangsarbeiter
Wittenberger Str. 32
Witwer
am 13.11.38 im Rahmen e. „Sonderaktion" verhaftet
am 19.9.42 nach Theresienstadt deportiert

Baer, Arthur
21.5.1872, Mohrungen, Ostpreußen – 5.1.1943, Ghetto Theresienstadt
dt. Staatsangeh.
Kaufmann, Inh. e. Warenhauses
Eisenbahnstr. 41; JH Auenstr. 14 (Altersheim)
Abschluss e. Heimeinkaufsvertrages für Theresienstadt
am 19.9.42 nach Theresienstadt deportiert

Bäuml, Chaje Taube, geb. Einhorn
29.7.1878, Bochnia, Österr.-Polen – nach 1942 verschollen
tschechoslowak. Staatsangeh.
Humboldtstr. 33; JH Michaelisstr. 3
Schwester von Rosa B., Ehemann u. Tochter emigr.
am 21.1.42 nach Riga deportiert

Bäuml, Moritz
6.8.1878, Oslava, Mähren – nach 1942 verschollen
Protektoratsangeh. (fr. Tschechoslowakei)
Kaufmann
Zwangsarbeiter
Yorkstr. 13; JH Große Fleischergasse 28
Ehemann von Rosa B.
am 10.5.42 nach Bełżyce deportiert

Bäuml, Rosa Marie, geb. Einhorn
19.3.1883, Bochnia, Österr.-Polen – nach 1942 verschollen
Protektoratsangeh. (fr. Tschechoslowakei)
Schwester von Chaje B., Ehefrau von Moritz B.
am 10.5.42 nach Bełżyce deportiert

Baldermann, Chana Johanna, geb. Braw
11.4.1876, Bochnia, Österr.-Polen – nach 1942 verschollen
staatenlos (fr. Polen)
Humboldtstr. 10 (seit 1939 JH)
seit 1938 Witwe
am 21.1.42 nach Riga deportiert

Balsam, Helene Chaja
1.3.1893, Książnie, Österr.-Polen – nach 1942 verschollen
staatenlos
Druckerin, Auflegerin
Zwangsarbeiterin
Seeburgstr. 78; JH Große Fleischergasse 28
am 21.1.42 nach Riga deportiert

Baltuch, Cölestin Zallel
16.9.1888, Tarnopol, Österr.-Polen –23.4.1943, Ghetto Theresienstadt
dt. Staatsangeh. (fr. Österreich)
Kaufmann, Inh. einer Firma für Futtermittel und Getreide, gegr. 1912
Hallische Str. 48; JH Walter-Blümel-Str. 10
Ehefrau ebenfalls nach Theresienstadt deportiert, Überlebende, Kinder emigr.
auf d. Transportlisten vom 21.1. u.10.5.42 gestrichen
am 19.9.42 nach Theresienstadt deportiert

Bamberger, Helene, geb. Birkenstein
17.11.1883, Hildburghausen, Sachsen-Altenburg – nach 1942 verschollen
dt. Staatsangeh.
Zwangsarbeit als Küchenhilfe
Wilhelmshavener Str. 6b; JH König-Johann-Str. 30
Witwe
am 10.5.42 nach Bełżyce deportiert

Bamberger, Ludwig Philipp[1]
14.11.1882, Worms, Hessen-Darmstadt – 8.12.1942, Ghetto Theresienstadt
dt. Staatsangeh.
Kaufmann, Inh. e. Konfektionsgeschäfts, gegr. 1904
Zwangsarbeiter
Oetzsch, Hauptstr. 3; JH Jacobstr. 7
Bruder emigr., Bruder aus Berlin nach Riga deportiert, umgekommen, Ehemann von Olla B.
am 10.11.38 wegen „Brandstiftung" verhaftet, am 23.11.38 freigelassen
am 19.9.42 nach Theresienstadt deportiert

Bamberger, Olla, geb. Kestenbaum
14.4.1895, Leipzig – 20.4.1944, Ghetto Theresienstadt
dt. Staatsangeh.
Sängerin
Eltern u. Geschwister emigr., Ehefrau von Ludwig B., Kinder emigr.
am 19.9.42 nach Theresienstadt deportiert

Bardfeld, Frieda
8.9.1916, Leipzig – nach 1942 verschollen
staatenlos (fr. Polen)
Kontoristin
Zwangsarbeiterin
Yorkstr. 9; JH Humboldtstr. 31
Tochter von Gitel B., Schwester von Henny, Regina u. Leopold B.
am 21.1.42 nach Riga deportiert

Chana Baldermann, die Ehefrau von Koppel Baldermann, wurde am 21. Januar 1942 nach Riga deportiert und ist seitdem verschollen.

Bardfeld, Gitel, geb. Steigmann
10.6.1884, Wisnicz, Österr.-Polen – nach 1942, KZ Majdanek
staatenlos (fr. Polen)
Yorkstr. 9; JH Humboldtstr. 15
Ehemann lebte illegal in Leipzig, Flucht nach Beuthen, Oberschlesien, umgekommen, Söhne emigr., Mutter von Frieda, Henny, Regina u. Leopold B.
am 10.5.42 nach Bełżyce deportiert

Bardfeld, Henny
30.3.1919, Leipzig – nach 1942 verschollen
staatenlos (fr. Polen)
Verkäuferin
Zwangsarbeiterin
Yorkstr. 9; JH Humboldtstr. 31
Tochter von Gitel B., Schwester von Frieda, Regina u. Leopold B.
am 21.1.42 nach Riga deportiert

Bardfeld, Leopold
8.3.1926, Leipzig – nach 1942, KZ Majdanek
staatenlos (fr. Polen)
Schüler
Zwangsarbeiter
Sohn von Gitel B., Bruder von Frieda, Henny u. Regina B.
am 10.5.42 nach Bełżyce deportiert

Bardfeld, Peter Christian
25.10.1939, Leipzig – nach 1942, KZ Majdanek
staatenlos
Sohn von Regina B.
am 10.5.42 nach Bełżyce deportiert

Bardfeld, Regina
8.12.1920, Leipzig – nach 1942, KZ Majdanek
staatenlos (fr. Polen)
Verkäuferin
Zwangsarbeit als Büglerin
Yorkstr. 9; JH Humboldtstr. 15
Tochter von Gitel B., Schwester von Frieda, Henny u. Leopold B., Mutter von Peter B.
am 10.5.42 nach Bełżyce deportiert

Barschack, Hans Traugott
25.7.1896, Leipzig – nach 1943, KZ Auschschwitz verschollen
dt. Staatsangeh.
Kaufmann, Inh. e. Vertretung für Tuche, gegr. 1895
Zwangsarbeit in e. Gärtnerei
Jacobstr. 7; JH Gustav-Adolf-Str. 7
Schwester emigr.
am 11.11.38 im Rahmen e. „Sonderaktion" verhaftet
nach Buchenwald deportiert, am 15.12.38 freigelassen
auf d. Transportliste vom 21.1.42 gestrichen
am 17.2.43 nach Berlin, am 26.2.43 nach Auschwitz deportiert

Baruch, Saly
24.3.1903, Schönsee, Westpreußen – nach 1942 verschollen
dt. Staatsangeh.
Kaufmann, Inh. e. Textilfirma
Zwangsarbeiter
Turnerstr. 5a; JH Michaelisstr. 3
Schwester emigr.
am 11.11.38 im Rahmen e. „Sonderaktion" verhaftet
nach Buchenwald deportiert, am 12.12.38 freigelassen
am 21.1.42 nach Riga deportiert

Bary, Scheindel, geb. Kanigel
13.6.1895, Jaworów, Österr.-Polen – nach 1944, KZ Auschwitz verschollen
dt. Staatsangeh.
Verkäuferin
Zwangsarbeiterin
Schwester emigr., Ehefrau von Simon B., Söhne emigr.
am 19.9.42 nach Theresienstadt, am 28.10.44 nach Auschwitz deportiert

Bary, Simon
2.5.1874, Brody, Österr.-Polen – nach 1944, KZ Auschwitz verschollen
dt. Staatsangeh.
Kaufmann (Textilwaren)
aus Schönebeck (Elbe), Provinz Sachsen, seit 1939? in Leipzig
JH Packhofstr. 1
Ehemann von Scheindel B.
am 19.9.42 nach Theresienstadt, am 28.10.44 nach Auschwitz deportiert

Bauchwitz, Jenny
4.1.1885, Halle (Saale), Provinz Sachsen – nach 1943, KZ Auschwitz verschollen
dt. Staatsangeh.
Hilfsschwester im Israelit. Krankenhaus
Chemnitzer Str. 50
Cousine von Frieda Silberberg
am 17.2.43 nach Auschwitz? deportiert

Bauer, Irma, geb. Nathan
1.2.1890, Essen, Rheinprovinz – nach 1943, KZ Auschschwitz verschollen
dt. Staatsangeh.
Zwangsarbeiterin
JH Gustav-Adolf-Str. 7
am 17.2.43 nach Auschwitz? deportiert.

Baum, Therese
2.12.1878, Schrimm, Provinz Posen – 8.10.1942, Ghetto Theresienstadt
dt. Staatsangeh.
Glockenstr. 9; JH Große Fleischergasse 28
am 19.9.42 nach Theresienstadt deportiert

Baumöhl, Hirsch Mendel
27.9.1900, Rożniatów, Österr.-Polen – 7.3.1940, KZ Sachsenhausen
poln. Staatsangeh.
Kaufmann
aus Halle (Saale), Provinz Sachsen
Gottschedstr. 35
seit 15.11.39 im KZ Sachsenhausen

Beck, Edgar Bernhard
13.7.1933, Chemnitz, Sachsen – nach 1942 verschollen
dt. Staatsangeh.
Schüler
Sohn von Gertrud B., Bruder von Karl B.
am 21.1.42 nach Riga deportiert

Beck, Gertrud, geb. Schauber
17.12.1896, Hannover – nach 1942 verschollen
dt. Staatsangeh.
Kontoristin
Lortzingstr. 6; JH Funkenburgstr. 15
Tochter von Julius Schauber, getrennt lebend, Mutter von Karl u. Edgar B.
am 21.1.42 nach Riga deportiert

Beck, Karl
16.5.1925, Chemnitz, Sachsen – nach 1942 verschollen
dt. Staatsangeh.
Sohn von Gertrud B., Bruder von Edgar B.
am 21.1.42 nach Riga deportiert

Becker, Ernestine
4.5.1898, Tuchel, Westpreußen – nach 1942 verschollen
dt. Staatsangeh.
Hausangestellte
aus Danzig, seit 1938 in Leipzig
JH Pfaffendorfer Str. 6
Geschwister emigr.
am 21.1.42 nach Riga deportiert

Becker, Rosa, geb. Goldberg
16.8.1882, Berlin – 8.10.1942, KZ Auschwitz
dt. Staatsangeh.
Artistin
JH Nordplatz 7
Schwester emigr., geschieden
am 5.11.41 wegen „Verbreitung e. Hetzschrift" verhaftet
am 20.2.42 nach Ravensbrück deportiert

Becker, Sophie Bertha, geb. List
6.10.1863, Berlin – 1.6.1944, Ghetto Theresienstadt
Georgiring 7b; Hindenburgstr. 120
Witwe
am 13.1.44 nach Theresienstadt deportiert

Beer, Baruch Julius
15.8.1876, Brody, Österr.-Polen – 13.5.1941, KZ Dachau
staatenlos (fr. Polen)
Kaufmann, Händler
Tauchaer Str. 50; Nordstr. 58
Bruder emigr., Ehefrau nach Theresienstadt deportiert, Überlebende, Vater von Hertha B.
1940 im KZ Sachsenhausen

Beer, Helene Lea, geb. Reig
6.6.1891, Chotin, Österr.-Polen – nach 1942 verschollen
staatenlos
Schneiderin
Zwangsarbeiterin
Lützner Str. 129; JH Humboldtstr. 10
geschieden, Tochter emigr.
am 21.1.42 nach Riga deportiert

Beer, Hertha
15.11.1910, Leipzig – nach 1943, KZ Auschwitz verschollen
staatenlos (fr. Polen)
Schneiderin
Zwangsarbeit als Pelznäherin
Tauchaer Str. 50; JH Gustav-Adolf-Str. 7
Tochter von Baruch B.
am 17.2.43 nach Auschwitz? deportiert

Beer, Jenni
28.3.1916, Leipzig – nach 1942 verschollen
staatenlos
Hausangestellte
Zwangsarbeit als Sortiererin
Alexanderstr. 1; JH Packhofstr. 1
Vater umgekommen, Schwester emigr.
am 21.1.42 nach Riga deportiert

Begach, Edith, geb. Bloch
5.6.1890, Elbing, Westpreußen – nach 1942 verschollen
dt. Staatsangeh.
Floßplatz 26; JH Funkenburgstr. 15
Schwester von Bruno Bloch, Ehemann ebenfalls nach Riga deportiert, Überlebender, Sohn emigr.
am 21.1.42 nach Riga deportiert

Behr, Albert
6.1.1915, Leipzig – nach 1943 verschollen
dt. Staatsangeh.
Eisenformer
Zwangsarbeiter
aus Krefeld, Rheinprovinz, seit 1934 in Leipzig
JH Packhofstr. 1
auf d. Transportlisten vom 21.1.42 u.13.7.42 gestrichen
am 17.2.43 nach Auschwitz? deportiert

Behrmann, Else, geb. Markowitz
25.6.1892, Strelno, Provinz Posen – nach 1942 verschollen
dt. Staatsangeh.
Hilfskraft im jüd. Kinderheim
aus Dresden
JH Jacobstr. 7
Bruder emigr., Witwe, Tochter emigr.
am 10.5.42 nach Bełżyce deportiert

Belenky, Rosa, geb. Leikind
10.8.1894, Mogilew, Russland – nach 1942 verschollen
staatenlos
Bruder emigr., Ehefrau von Wolf B., Tochter ebenfalls nach Riga deportiert, Überlebende
am 21.1.42 nach Riga deportiert

Belenky, Wolf
19.6.1891, Petropawlowsk, Russland – nach 1942 verschollen
staatenlos (fr. Russland)
Kaufmann, Inh. e. Rauchwarenfirma
Zwangsarbeiter
König-Johann-Str. 3; JH Humboldtstr. 15
Bruder emigr., Ehemann von Rosa B.
am 21.1.42 nach Riga deportiert

Berger, Abraham
26.1.1900, Uhnów, Österr.-Polen – 2.3.1942, Tötungsanstalt Bernburg, Anhalt
staatenlos (fr. Polen)
Kaufmann, Vertreter
Löhrstr. 14; JH Humboldtstr. 9
Ehemann, von Rosa B., Vater von Edith u. Ruth B.
1940 im KZ Sachsenhausen, 1942 im KZ Buchenwald, angebl. dort am 16.3.42 verstorben, tatsächl. nach Bernburg deportiert

Berger, Bertha, geb. Brann
10.4.1867, Posen – 8.4.1943, Ghetto Theresienstadt
dt. Staatsangeh.
Eisenbahnstr. 12; JH Berliner Str. 123
seit 1934 Witwe, Sohn emigr., Mutter von Margot B.
am 19.9.42 nach Theresienstadt deportiert

Berger, Cilly
11.6.1937, Leipzig – nach 1942 verschollen
staatenlos (fr. Polen)
Tochter von Moritz u. Sara B., Schwester von Rosel, Esther, Samuel, David u. Mordechai B.
auf d. Transportliste vom 21.1.42 gestrichen
am 10.5.42 nach Bełżyce deportiert

Berger, David Elias
26.3.1936, Leipzig – nach 1942 verschollen
staatenlos (fr. Polen)
Sohn von Moritz u. Sara B., Bruder von Rosel, Esther, Samuel, Cilly u. Mordechai B.
auf d. Transportliste vom 21.1.42 gestrichen
am 10.5.42 nach Bełżyce deportiert

Berger, Edith Helga
16.11.1929, Leipzig – nach 1942 verschollen
staatenlos
Schülerin
Tochter von Abraham u. Rosa B., Schwester von Ruth B.
am 10.5.42 nach Bełżyce deportiert

Berger, Esther
21.5.1933, Leipzig – nach 1942 verschollen
staatenlos (fr. Polen)
Tochter von Moritz u. Sara B., Schwester von Rosel, Samuel, David, Cilly u. Mordechai B.

auf d. Transportliste vom 21.1.42 gestrichen
am 10.5.42 nach Bełżyce deportiert

Berger, Karl
17.7.1899, Frankfurt a. M. – nach 1942 verschollen
dt. Staatsangeh.
Kaufmann, Bauarbeiter
Zwangsarbeiter
Schützenstr. 13; JH Humboldtstr. 21
nichtjüd. Ehefrau, geschieden
am 21.1.42 nach Riga deportiert

Berger, Margot
24.5.1899, Leipzig – nach 1943, KZ Auschwitz verschollen
dt. Staatsangeh.
Verkäuferin
Zwangsarbeiterin
Eisenbahnstr. 12; JH Gustav-Adolf-Str. 7
Tochter von Bertha B.
am 17.2.43 nach Berlin, am 26.2.43 nach Auschwitz deportiert

Berger, Mordechai
3.10.1939, Leipzig – nach 1942 verschollen
staatenlos
Sohn von Moritz u. Sara B., Bruder von Rosel, Esther, Samuel, David u. Cilly B.
auf d. Transportliste vom 21.1.42 gestrichen
am 10.5.42 nach Bełżyce deportiert

Berger, Moritz
16.8.1906, Nürnberg, Bayern – 14.1.1941, KZ Dachau
staatenlos (fr. Polen)
Reisender, Schlosser
Humboldtstr. 23; JH Alexanderstr. 46
Ehemann von Sara B., Vater von Rosel, Esther, Samuel, David, Cilly u. Mordechai B.
1940 im KZ Sachsenhausen

Berger, Rosa Klara, geb. Falek
19.9.1906, Leipzig – nach 1942 verschollen
staatenlos
Schneiderin
Zwangsarbeiterin
Ehefrau von Abraham B., Mutter von Edith u. Ruth B.
am 10.5.42 nach Bełżyce deportiert

Berger, Rosel
21.6.1932, Leipzig – nach 1942 verschollen
staatenlos (fr. Polen)
Tochter von Moritz u. Sara B., Schwester von Esther, Samuel, David, Cilly u. Mordechai B.
auf d. Transportliste vom 21.1.42 gestrichen
am 10.5.42 nach Bełżyce deportiert

Berger, Ruth Jutta
18.7.1934, Leipzig – nach 1942 verschollen
staatenlos
Tochter von Abraham u. Rosa B., Schwester von Edith B.
am 10.5.42 nach Bełżyce deportiert

Berger, Samuel
22.12.1934, Leipzig – nach 1942 verschollen
staatenlos (fr. Polen)
Sohn von Moritz u. Sara B., Bruder von Rosel, Esther, David, Cilly u. Mordechai B.
auf d. Transportliste vom 21.1.42 gestrichen
am 10.5.42 nach Bełżyce deportiert

Berger, Sara, geb. Grubener
7.5.1874, Chrzanów, Österr.-Polen – nach 1943, KZ Auschwitz verschollen
staatenlos (fr. Polen)
Ranstädter Steinweg 29; JH Färberstr. 11 (Alters- und Pflegeheim)
seit 1940 Witwe, Mutter von Ida Jachimowicz
am 19.9.42 nach Theresienstadt, am 18.12.43 nach Auschwitz deportiert

Berger, Sara Meta, geb. Henik
25.8.1908, Fürth, Bayern – nach 1942 verschollen
staatenlos (fr. Polen)
Reisende
Humboldtstr. 23; JH Packhofstr. 1
Ehefrau von Moritz B., Mutter von Rosel, Esther, Samuel, David, Cilly u. Mordechai B.
auf d. Transportliste vom 21.1.42 gestrichen
am 10.5.42 nach Bełżyce deportiert

Bergmann, Edith Minna, geb. Liebenthal
5.8.1902, Berlin – nach 1942 verschollen
dt. Staatsangeh.
Zwangsarbeiterin
Mutter emigr., Ehefrau von Max B., Sohn emigr.
am 10.5.42 nach Bełżyce deportiert

Bergmann (gen. Berger), Josef Salomo
23.6.1928, Leipzig – nach 1942 verschollen
staatenlos (fr. Polen)
Schüler
JH Jacobstr. 7 (jüd. Kinderheim)
Eltern lebten in Altenburg, Thüringen
auf d. Transportlisten vom 10.5. u.13.7.42 gestrichen

Bergmann, Max
23.9.1881, Wertheim, Baden – nach 1942 verschollen
dt. Staatsangeh.
Kaufmann, Inh. e. Kaufhauses, gegr. 1911
Zwangsarbeiter
Naunhofer Str. 33; JH Funkenburgstr. 15
Ehemann von Edith B.
am 10.11.38 im Rahmen e. „Sonderaktion" verhaftet
am 10.5.42 nach Bełżyce deportiert

Beril, Josef Moses
22.2.1885, Czernowitz, Bukowina – 29.7.1941, KZ Buchenwald
rumän. Staatsangeh.
Kaufmann, Inh. e. Juwelen- u. Goldwarengroßh., gegr. 1919
Hainstr. 10; Klarastr. 21

Berkowitz, Helene
19.12.1905, Leipzig – nach 1942 verschollen
staatenlos (fr. Polen)
Kontoristin
Zwangsarbeit als Büglerin
JH Packhofstr. 1
Tochter von Liebe B.
am 10.5.42 nach Bełżyce deportiert

Berkowitz, Henriette Gitta, geb. Friedmann
25.8.1876, Hasenpoth, Russland – 30.3.1943, Ghetto Theresienstadt
dt. Staatsangeh.
Sängerin
Alexanderstr. 41; JH Humboldtstr. 13
seit 1936 Witwe, Söhne emigr.
am 19.9.42 nach Theresienstadt deportiert

Berkowitz, Liebe Laura, geb. Selzer
25.8.1875, Szczurowice, Österr.-Polen – 13.5.1943, Ghetto Theresienstadt
staatenlos (fr. Polen)
Zwangsarbeit in d. Städt. Arbeitsanstalt
JH Gustav-Adolf-Str. 7
Witwe, Mutter von Helene B.
am 19.9.42 nach Theresienstadt deportiert

Berkowitz (Bercovici), Michel Martin
20.12.1877, Jassy, Rumänien – 7.1.1944, KZ Auschwitz
staatenlos (fr. Rumänien)
Kaufmann, Händler
Kolbestr. 4; JH Gustav-Adolf-Str. 7
seit 1938 Witwer
auf d. Transportliste vom 10.5.42 gestrichen
am 19.9.42 nach Theresienstadt, am 18.12.43 nach Auschwitz deportiert

Bermann, Anna
21.5.1878, Russ, Ostpreußen – nach 1942 verschollen
dt. Staatsangeh.
Norderneyer Weg 16; JH Pfaffendorfer Str. 6
Schwestern emigr., Schwester von Louis B.?
am 21.1.42 nach Riga deportiert

Bermann, Louis
12.11.1883, Russ, Ostpreußen – nach 1942 verschollen
dt. Staatsangeh.
Kaufmann
Zwangsarbeiter
Fregestr. 5a; JH Pfaffendorfer Str. 6
Bruder von Anna B.?, nichtjüd. Ehefrau
am 21.1.42 nach Riga deportiert

Bernfeld, Elsa, geb. Gutfreund
1.12.1881, Leipzig – nach 1942 umgekommen
dt. Staatsangeh.
Lortzingstr. 15; JH Nordplatz 7
seit 1937 Witwe, Söhne emigr.
am 21.1.42 nach Riga deportiert

Bernstein, Frieda Louise
24.5.1904, Löbejün, Provinz Sachsen – 14.1.1943, KZ Auschwitz
dt. Staatsangeh.
Kontoristin
Buchhalterin u. Kassiererin
Hohe Str. 7; JH Walter-Blümel-Str. 10
am 11.11.42 wegen Vergehens gegen die Kriegswirtschaftsverordnung verhaftet
am 19.12.42 nach Auschwitz deportiert

Besser, Günter
8.10.1931, Colditz, Sachsen – nach 1942 verschollen

staatenlos (fr. Polen)
Bruder von Willi B.
am 21.1.42 nach Riga deportiert

Besser, Martha, geb. Bergmann
23.6.1885, Kröben, Provinz Posen – nach 1944, KZ Auschwitz verschollen
dt. Staatsangeh.
Zwangsarbeit in d. Städt. Arbeitsanstalt u. in d. Firma Textil-Rohstoffe Max Gläser & Co., Roscherstr. 19
Ehefrau von Max B., Sohn emigr.
Abschluss e. Heimeinkaufsvertrages für Theresienstadt
am 19.9.42 nach Theresienstadt, am 18.5.44 nach Auschwitz deportiert

Besser, Max
21.3.1876, Maltsch, Schlesien – nach 1944, KZ Auschwitz verschollen
dt. Staatsangeh.
Sackhändler
Zwangsarbeit in d. Firma Fritz Ehrling, Gartengestaltung, Zschochersche Str. 81
aus Liegnitz, Niederschlesien
JH Humboldtstr. 15
Ehemann von Martha B.
Abschluss e. Heimeinkaufsvertrages für Theresienstadt
am 19.9.42 nach Theresienstadt, am 18.5.44 nach Auschwitz deportiert

Besser, Willi
21.2.1930, Grimma, Sachsen – nach 1942 verschollen
staatenlos (fr. Polen)
aus Colditz, Sachsen
JH Eberhardstr. 11
Mutter ebenfalls nach Riga deportiert, Überlebende, Bruder von Günter B.
am 21.1.42 nach Riga deportiert

Beuthner, Heinz Leo
17.1.1918, Leipzig – nach 1942 verschollen
dt. Staatsangeh.
Kochpraktikant
Grimmaischer Steinweg 28; JH Gustav-Adolf-Str. 7
Sohn von Max u. Johanna B.
am 10.5.42 nach Bełżyce deportiert

Beuthner, Johanna, geb. Schlapp
13.5.1880, Lissa, Provinz Posen – 18.7.1943, Ghetto Theresienstadt
dt. Staatsangeh.
Trödlerin, Verkäuferin
Schwester emigr., Schwester von Salo Schlapp, Ehefrau von Max B., Töchter emigr., Mutter von Heinz B.
auf d. Transportliste vom 10.5.42 gestrichen
am 19.9.42 nach Theresienstadt deportiert

Beuthner, Max
23.1.1879, Antonienhütte, Schlesien – 15.10.1942, Ghetto Theresienstadt
dt. Staatsangeh.
Kaufmann, Händler
Zwangsarbeiter
Grimmaischer Steinweg 28; JH Humboldtstr. 13
Ehemann von Johanna B., Vater von Heinz B.
auf d. Transportliste vom 10.5.42 gestrichen
am 19.9.42 nach Theresienstadt deportiert

Beyer, Eva
19.10.1937, Leipzig – nach 1942 verschollen
dt. Staatsangeh.
Tochter von Margarete B.
am 21.1.42 nach Riga deportiert

Beyer, Margarete Herta
15.2.1914, Leipzig – nach 1942 verschollen
dt. Staatsangeh.
Stenotypistin
Zwangsarbeiterin
Hardenbergstr. 39; JH Alexanderstr. 46
Verlobter emigr., Mutter von Eva B.
am 21.1.42 nach Riga deportiert

Biberfeld, Hans Joachim
2.10.1927, Leipzig – nach 1942 verschollen
dt. Staatsangeh.
Schüler
Sohn von Kurt u. Minna B., Bruder von Peter B.
am 10.5.42 nach Bełżyce deportiert

Biberfeld, Kurt Siegmund
13.4.1893, Lissa, Provinz Posen – nach 1942 verschollen
dt. Staatsangeh.
Kaufmann, Inh. e. Rauchwarengroßh.
Zwangsarbeiter
Springerstr. 33; JH Funkenburgstr. 15
Geschwister emigr., Ehemann von Minna B., Vater von Peter u. Hans B.
am 10.5.42 nach Bełżyce deportiert

Biberfeld, Minna, geb. Peyser
16.10.1898, Pleschen, Provinz Posen – nach 1942 verschollen
dt. Staatsangeh.
Ehefrau von Kurt B., Mutter von Peter u. Hans B.
am 10.5.42 nach Bełżyce deportiert

Biberfeld, Peter David
9.12.1923, Schweidnitz, Niederschlesien – nach 1942 verschollen
dt. Staatsangeh.
Zwangsarbeiter
Sohn von Kurt u. Minna B., Bruder von Hans B.
am 10.5.42 nach Bełżyce deportiert

Bick, Rosalie, verw. Pelz geb. Brandt
16.2.1860, Kolzig, Schlesien – 15.8.1943, Ghetto Theresienstadt
dt. Staatsangeh.
JH Auenstr. 14 (Altersheim)
Witwe
am 19.9.42 nach Theresienstadt deportiert

Bickart, Adolf Nathan
24.11.1872, Eichstetten, Baden – 1.8.1945, Leipzig
dt. Staatsangeh.
Kaufmann, Mitinh. e. Ledergroßh.
Zwangsarbeit in d. Städt. Arbeitsanstalt
Fregestr. 31; Chemnitzer Str. 50
Witwer, Sohn emigr.
am 5.10.39 im Rahmen e. „Sonderaktion" verhaftet, am 14.10.39 freigelassen
Abschluss e. Heimeinkaufsvertrages für Theresienstadt
auf d. Transportliste vom 19.9.42 gestrichen
am 17.2.43 nach Berlin, am 17.6.43 nach Theresienstadt deportiert, Rückkehr nach Leipzig
an d. Folgen d. Ghettoaufenthalts verstorben

Biegeleisen, Clara
20.2.1913, Leipzig – nach 1942 verschollen
staatenlos (fr. Polen)
Putzmacherin
Zwangsarbeiterin
Humboldtstr. 26; JH Packhofstr. 1
Tochter von Itta B., Schwester von Feiga B.
am 10.5.42 nach Bełżyce deportiert

Biegeleisen, Feiga Fanny
31.10.1905, Leipzig – nach 1942 verschollen
staatenlos (fr. Polen)
Haustochter
Humboldtstr. 26; JH Packhofstr. 1
Tochter von Itta B., Schwester von Clara B.
am 10.5.42 nach Bełżyce deportiert

Biegeleisen, Itta, geb. Rosengarten
3.9.1871, Baranów, Österr.-Polen – 4.12.1942, Ghetto Theresienstadt
staatenlos (fr. Polen)
Humboldtstr. 26; JH Gustav-Adolf-Str. 7
seit 1938 Witwe, Sohn Überlebender d. KZ Buchenwald, Mutter von Feiga u. Clara B.
am 19.9.42 nach Theresienstadt deportiert

Biermann, Martha
1.10.1884, Plauen, Sachsen – nach 1942 verschollen
dt. Staatsangeh.
Näherin
Zwangsarbeiterin
JH Gustav-Adolf-Str. 7
Bruder emigr.
am 21.1.42 nach Riga deportiert

Bilski, Camilla, geb. Wiener
22.10.1873, Kolín, Böhmen – 14.6.1943, Ghetto Theresienstadt
staatenlos (fr. Polen)
Schneiderin
Eberhardstr. 7; JH Humboldtstr. 13
Schwester von Johanna Alkan, seit 1920 Witwe
am 19.9.42 nach Theresienstadt deportiert

Bindefeld, Esther, geb. Tabak
25.11.1897, Pabjanice, Russ.-Polen – nach 1942 verschollen
staatenlos (fr. Polen)
Löhrstr. 15; JH Keilstr. 4
Ehefrau von Nachman B., Mutter von Henoch u. Mali B.
am 10.5.42 nach Bełżyce deportiert

Bindefeld, Henoch Heini
1.4.1929, Leipzig – nach 1942 verschollen
staatenlos (fr. Polen)
Schüler
Sohn von Nachman u. Esther B., Bruder von Mali B.
am 10.5.42 nach Bełżyce deportiert

Bindefeld, Mali
22.5.1931, Leipzig – nach 1942 verschollen
staatenlos (fr. Polen)
Schülerin
Tochter von Nachman u. Esther B., Schwester von Henoch B.
am 10.5.42 nach Bełżyce deportiert

Bindefeld, Nachman Nathan
16.11.1859, Wischnitz, Österr.-Polen – 15.11.1942, Ghetto Theresienstadt
staatenlos (fr. Polen)
Kaufmann, Händler
Löhrstr. 15; JH Nordstr. 15
Ehemann von Esther B., Vater von Henoch und Mali B.
am 19.9.42 nach Theresienstadt deportiert

Birnberg, Chaje Pinches
12.6.1929, Leipzig – nach 1942 verschollen
dt. Staatsangeh.
Schüler
Sohn von Markus u. Sarah B.
am 21.1.42 nach Riga deportiert

Birnberg, Markus
3.10.1903, Graudenz, Westpreußen – 1942 (April), KZ Groß Rosen
dt. Staatsangeh.
Kaufmann
Gneisenaustr. 2; Walter-Blümel-Str. 15
Ehemann von Sarah B., geschieden, Vater von Chaje B.
am 16.6.38 im Rahmen d. Aktion „Arbeitsscheue Reich" verhaftet
am 21.6.38 nach Sachsenhausen deportiert

Birnberg, Sarah, geb. Rubin
5.2.1896, Leipzig – nach 1942 verschollen
dt. Staatsangeh.
Zwangsarbeit als Hefterin
Gneisenaustr. 2; JH Humboldtstr. 10
Ehefrau von Markus B., geschieden, Mutter von Chaje B.
am 21.1.42 nach Riga deportiert

Bittmann, Fanny Feige, geb. Wind
4.12.1884, Kupienin, Österr.-Polen – nach 1943 verschollen
staatenlos (fr. Polen)
Händlerin, Aufwartung
Yorkstr. 12; JH Gneisenaustr. 7
seit 1934 Witwe, eine Tochter emigr., eine Tochter in Polen umgekommen
am 21.1.42 nach Riga deportiert

Bittmann, Hermann Hersch
25.6.1887, Kolomea, Österr.-Polen – 16.3.1942, KZ Buchenwald
poln. Staatsangeh.
Kaufmann, Rauchwarenhändler
Nordstr. 24; Berliner Str. 46
geschieden?
am 4.9.39 nach Buchenwald deportiert

Blaich, Silvia Sluwa, geb. Chomet
23.3.1882, Brody, Österr.-Polen – nach 1942, KZ Auschwitz
staatenlos (fr. Polen)
Zwangsarbeiterin
Berliner Str. 60; JH Packhofstr. 1
seit 1931 Witwe, Kinder emigr.
auf d. Transportliste vom 21.1.42 gestrichen
am 13.7.42 nach Auschwitz deportiert

Blankenstein, Gitta Mirjam
7.10.1933, Leipzig – nach 1942 verschollen
dt. Staatsangeh.
Tochter von Hans u. Jetty B., Schwester von Ingeborg u. Monika B.
am 10.5.42 nach Bełżyce deportiert

Blankenstein, Hans
30.3.1903, Aachen, Rheinprovinz – nach 1942 verschollen
dt. Staatsangeh.
Buchhalter
Zwangsarbeiter
Tauchaer Str. 10; JH Humboldtstr. 13
Mutter emigr., Ehemann von Jetty B., Vater von Gitta, Ingeborg u. Monika B.
am 9.11.39 im Rahmen e. „Sonderaktion" verhaftet, am 19.12.39 freigelassen
am 10.5.42 nach Bełżyce deportiert

Blankenstein, Ingeborg
21.3.1936, Leipzig – nach 1942 verschollen
dt. Staatsangeh.
Tochter von Hans u. Jetty B., Schwester von Gitta u. Monika B.
am 10.5.42 nach Bełżyce deportiert

Blankenstein, Jetty, geb. Feldmann
12.11.1902, Leipzig – nach 1942 verschollen
dt. Staatsangeh.
Hausmeisterin
Elsterstr. 55; JH Humboldtstr. 13
Tochter von Freyda Feldmann, Geschwister emigr., Ehefrau von Hans B., Mutter von Gitta, Ingeborg u. Monika B.
am 10.5.42 nach Bełżyce deportiert

Blankenstein, Monika
27.6.1938, Leipzig – nach 1942 verschollen
dt. Staatsangeh.
Tochter von Hans u. Jetty B., Schwester von Gitta u. Ingeborg B.
am 10.5.42 nach Bełżyce deportiert

Blaustein, Julius Georg
17.11.1885, Lissa, Provinz Posen – 29.5.1942, KZ Sachsenhausen
Zwangsarbeiter
am 31.5.40 verhaftet
am 26.7.40 nach Sachsenhausen deportiert

Bleistein, Charlotte Philippine, geb. Wachsmann
4.8.1899, Frankfurt (Oder), Brandenburg – nach 1942 verschollen
dt. Staatsangeh.
Kindergärtnerin, Hausangestellte
Hallische Str. 1; JH Pfaffendorfer Str. 6
Tochter von Else Wachsmann, Geschwister emigr., geschieden, Mutter von Heinz B.
am 21.1.42 nach Riga deportiert

Bleistein, Heinz Ludwig
18.9.1925, Leipzig – nach 1942 verschollen
dt. Staatsangeh.
Zwangsarbeit als Gärtner
Sohn von Charlotte B.
am 21.1.42 nach Riga deportiert

Bleyl, Hedwig, geb. Brotz
7.7.1869, Ruschendorf, Westpreußen – 11.11.1942, Ghetto Theresienstadt
dt. Staatsangeh.
JH Färberstr. 11 (Alters- und Pflegeheim)
Witwe
am 19.9.42 nach Theresienstadt deportiert

Bloch, Bruno
13.10.1885, Elbing, Westpreußen – nach 1942 verschollen
dt. Staatsangeh.
Kaufmann, Schriftleiter
Zwangsarbeit als Pelzschneider
Lessingstr. 13; JH Leibnizstr. 4
Bruder von Edith Begach
am 10.11.38 im Rahmen e. „Sonderaktion" verhaftet
auf d. Transportliste vom 21.1.42 gestrichen, doch nach Riga deportiert

Blümlein, Therese, geb. Heinemann
19.11.1867, Magdeburg, Provinz Sachsen – 22.9.1942, Ghetto Theresienstadt
dt. Staatsangeh.
Inh. e. Metallwarenfabrik u. Zinngießerei, gegr. 1894
Marienstr. 7; JH Färberstr. 11 (Alters- und Pflegeheim)
seit 1924 Witwe, Söhne emigr., Tochter emigr., 1944 in Auschwitz umgekommen, Tochter aus Leipzig vor d. Deportation geflohen, Überlebende, Mutter von Berta Freifeld
am 19.9.42 nach Theresienstadt deportiert

Blum, Frieda, verw. Rosendorff gesch. Wolter geb. Schmerl
13.5.1889, Schönebeck (Elbe), Provinz Sachsen – nach 1942 verschollen
dt. Staatsangeh.
Krankenschwester
JH Gustav-Adolf-Str. 7
Schwester von Margarethe Gorne
am 14.4.41 wegen Verdacht d. Diebstahls u. verbotenen Tragens von Orden u. Ehrenzeichen verhaftet
am 21.1.42 nach Riga deportiert

Blum, Hermann
1.2.1892, Borken (Bz. Kassel), Hessen-Nassau – nach 1943 verschollen
dt. Staatsangeh.
Kaufmann (Tapeten- u. Farbenbranche)
Zwangsarbeiter
JH Humboldtstr. 31
Ehemann von Selma B., Vater von Martha B.
am 21.1.42 nach Riga deportiert

Blum, Hugo
8.2.1877, Leipzig – 11.5.1936, Leipzig, Freitod
dt. Staatsangeh.?
Kaufmann, Mitinh. e. Wäschefabrik, gegr. 1880
Erfurter Str. 8
Tochter emigr.
„Arisierung" d. Fabrik

Blum, Martha Marga
5.6.1928, Borken (Bz. Kassel), Hessen-Nassau – nach 1943 verschollen
dt. Staatsangeh.
Tochter von Hermann u. Selma B.
am 21.1.42 nach Riga deportiert

Blum, Selma, geb. Steinfeld
21.7.1892, Josbach, Hessen-Nassau – 5.1.1945, KZ Stutthof
dt. Staatsangeh.
Köchin
Köchin im jüd. Altersheim Nordstr. 15
Bruder emigr., Ehefrau von Hermann B., Mutter von Martha B.
am 21.1.42 nach Riga deportiert

Blumenberg, Hildegard, geb. Steinberg
31.1.1898, Dassel, Provinz Hannover – nach 1944, KZ Auschwitz verschollen
dt. Staatsangeh.
Kindergärtnerin
Zwangsarbeiterin
Ehefrau von Selmar B.
auf d. Transportliste vom 10.5.42 gestrichen
am 19.9.42 nach Theresienstadt, am 18.5.44 nach Auschwitz deportiert

Blumenberg, Selmar
21.11.1885, Sievershausen (Solling), Provinz Hannover – nach 1944, KZ Auschwitz verschollen
dt. Staatsangeh.
Kaufmann, Handelsvertreter (Textilwarenbranche)
Gustav-Adolf-Str. 27; JH Nordstr. 11
Ehemann von Hildegard B.
auf d. Transportliste vom 10.5.42 gestrichen
am 19.9.42 nach Theresienstadt, am 18.5.44 nach Auschwitz deportiert

Blumenkranz (false Wind), Markus
8.11.1897, Radomyśl Wielki, Österr.-Polen – 17.3.1942, KZ Buchenwald
poln. Staatsangeh.
Händler
Blücherstr. 43

Blumenthal, Henriette, geb. Gotthelft
28.9.1872, Kassel, Hessen-Nassau – 5.3.1943, Ghetto Theresienstadt
dt. Staatsangeh.
Prokuristin
Zwangsarbeit in d. Städt. Arbeitsanstalt
Springerstr. 23; JH Keilstr. 3
seit 1930 Witwe, Mutter von Paul B. u. Gertrud Hahn
Abschluss e. Heimeinkaufsvertrages für Theresienstadt
am 19.9.42 nach Theresienstadt deportiert

Blumenthal, Kurt Salo
22.7.1892, Charlottenburg, Brandenburg – nach 1944, KZ Auschwitz verschollen
Apotheker
Zwangsarbeit in d. Drogengroßh. Theuerkauf & Scheibner, Mariannenstr. 91a
JH Humboldtstr. 10
nichtjüd. Ehefrau, geschieden
am 13.1.44 nach Theresienstadt, am 28.9.44 nach Auschwitz deportiert

Blumenthal, Paul Friedrich
5.6.1895, Leipzig – nach 1942, KZ Auschwitz verschollen
dt. Staatsangeh.
Kaufmann, Inh. e. Versicherungsfirma, gegr. 1902
Zwangsarbeit im Gartenbau
Springerstr. 23; JH Keilstr. 3
Sohn von Henriette B., Bruder von Gertrud Hahn
am 10.11.38 im Rahmen e. „Sonderaktion" verhaftet
am 13.7.42 nach Auschwitz deportiert

Bluth, Emma, geb. Samostz
11.10.1857, Leipzig –22.6.1943, Ghetto Theresienstadt
dt. Staatsangeh.
Färberstr. 14; JH Färberstr. 11 (Alters- und Pflegeheim)
seit 1918 Witwe
Abschluss e. Heimeinkaufsvertrages für Theresienstadt
am 17.2.43 nach Berlin, am 16.6.43 nach Theresienstadt deportiert

Bluth, Erich Arnold
20.9.1892, Leipzig – nach 1944, KZ Auschwitz verschollen
dt. Staatsangeh.?
Buchhändler, Inh. e. Antiquariats u. e. Kunstverlags
Zwangsarbeiter
Moltkestr. 92; JH Packhofstr. 1
Bruder von Elisabeth Tausig?, nichtjüd. Ehefrau
am 10.11.38 im Rahmen e. „Sonderaktion" verhaftet, am 5.4.40 aus polit. Gründen verhaftet, am 16.4.40 freigelassen
am 13.1.44 nach Theresienstadt, am 28.10.44 nach Auschwitz deportiert

Bobrek, Jenny, geb. Grünstein
24.10.1881, Eisenach, Großherzogtum Sachsen – nach 1942 verschollen
dt. Staatsangeh.
kaufm. Angestellte
Poniatowskistr. 7; JH Funkenburgstr. 15
Schwester von Martha Pollak, seit 1939 Witwe
am 21.1.42 nach Riga deportiert

Böhm, Clara, gesch. Sussmann geb. Lesser
24.6.1893, Dresden – nach 1942 verschollen
dt. Staatsangeh.
Ehefrau von Richard B.
am 21.1.42 nach Riga deportiert

Böhm, Richard Siegbert
4.8.1882, Leipzig – nach 1942 verschollen
dt. Staatsangeh.
Kaufmann, Eisenhändler
Zwangsarbeit im Gartenbau
Taubestr. 41; JH Humboldtstr. 4
Ehemann von Clara B.
am 21.1.42 nach Riga deportiert

Bon, Siegfried Samson, Dr. phil.
15.2.1871, Leipzig – 10.4.1944, Ghetto Theresienstadt
dt. Staatsangeh.
Schriftsteller, Privatgelehrter, Vorstand e. Notenrollenfabrik
Sedanstr. 12; JH Auenstr. 14 (Altersheim)
Bruder emigr.
Abschluss e. Heimeinkaufsvertrages für Theresienstadt
am 19.9.42 nach Theresienstadt deportiert

Bon, Sigmund Ernst
14.9.1905, Leipzig – 5.3.1940, Leipzig
dt. Staatsangeh.
Vater emigr.
Heil- u. Pflegeanstalt Dösen
vermutl. Opfer d. „Euthanasie"

Borchardt, Max
6.6.1879, Stettin, Pommern – nach 1942 verschollen
dt. Staatsangeh.
Kaufmann
Zwangsarbeit im Gartenbau
JH Keilstr. 3
geschieden
am 21.1.42 nach Riga deportiert

Borchheim, Viktor
27.8.1896, Nörenberg, Pommern – 14.1.1943, KZ Auschwitz
dt. Staatsangeh.
Kaufmann
Zwangsarbeiter
Leutzscher Str. 69; JH Walter-Blümel-Str. 10
nichtjüd. Ehefrau
am 10.11.38 im Rahmen e. „Sonderaktion" verhaftet, am 11.11.42 wegen Vergehens gegen die Kriegswirtschaftsverordnung verhaftet
am 19.12.42 nach Auschwitz deportiert

Borns, Anna Rachel, verw. Sigall geb. Finkels
19.11.1874, Berlin – 1.8.1945, Leipzig
staatenlos
Vermieterin, Näherin
Waldstr. 80; JH Auenstr. 14 (Altersheim)
Witwe, Tochter emigr.
Abschluss e. Heimeinkaufsvertrages für Theresienstadt
am 19.9.42 nach Theresienstadt deportiert, Rückkehr nach Leipzig
an d. Folgen d. Ghettoaufenthalts verstorben

Boroschek, Fabian
16.6.1877, Jaraszewo, Westpreußen – nach 1942, KZ Auschwitz verschollen
dt. Staatsangeh.
Vertreter für Schuhwaren
Zschochersche Str. 36; JH Packhofstr. 1
Ehemann von Florentine B.
am 13.7.42 nach Auschwitz deportiert

Boroschek, Florentine, geb. Jacob
18.6.1878, Gostycyn, Westpreußen – nach 1942, KZ Auschwitz verschollen
dt. Staatsangeh.
Ehefrau von Fabian B., Sohn emigr.
am 13.7.42 nach Auschwitz deportiert

Borowitsch, Adolf Aron
26.6.1893, Warschau – 17.1.1940, KZ Sachsenhausen
staatenlos (fr. Polen)
Kaufmann, Handelsvertreter
Nordstr. 54; JH Walter-Blümel-Str. 21
Ehemann von Helene B., Vater von David B.
seit 23.11.39 im KZ Sachsenhausen

Borowitsch, David
7.7.1920, Leipzig – 25.2.1940, KZ Sachsenhausen
staatenlos (fr. Polen)

Nordstr. 54; JH Walter-Blümel-Str. 21
Sohn von Adolf u. Helene B.
seit 23.11.39 im KZ Sachsenhausen

Borowitsch, Helene Hinda, geb. Einhorn
19.5.1884, Bochnia, Österr.-Polen – nach 1942 verschollen
Staatsangeh. ungeklärt (fr. Polen)
Weißnäherin
Bruder emigr., Schwester von Rachel Stein, Ehefrau von Adolf B., Mutter von David B.
am 21.1.42 nach Riga deportiert

Brandtstätter, Jakob
20.10.1886, Tarnów, Österr.-Polen – nach 1942 verschollen
staatenlos
Kaufmann (Textilbranche)
Zwangsarbeiter
aus Karlsruhe, Baden über Halle, Saale, seit 1939 in Leipzig
JH Gustav-Adolf-Str. 7
Ehemann von Sara B.
am 7.12.39 aus polit. Gründen verhaftet, am 14.12.39 freigelassen
am 21.1.42 nach Riga deportiert

Brandstätter, Sara, geb. Rosenzweig (Haber)
9.5.1881, Gruszów, Schlesien – nach 1942 verschollen
staatenlos
Ehefrau von Jakob B.
am 21.1.42 nach Riga deportiert

Brandt, Leo Ludwig
8.8.1893, Posen – nach 1942, KZ Auschwitz verschollen
dt. Staatsangeh.
Kaufmann
Zwangsarbeit als Lagerist
JH Humboldtstr. 6
Bruder von Margarete Levy?, Ehemann von Lucie B.
auf d. Transportliste vom 10.5.42 gestrichen
am 13.7.42 nach Auschwitz deportiert

Brandt, Lucie, geb. Radziminski
17.3.1900, Drossen, Brandenburg – nach 1942, KZ Auschwitz verschollen
dt. Staatsangeh.
Zwangsarbeiterin
Ehefrau von Leo B., Sohn emigr.
auf d. Transportliste vom 10.5.42 gestrichen
am 13.7.42 nach Auschwitz deportiert

Braude, Jenni, geb. Braude
11.10.1887, Leipzig – nach 1942 verschollen
dt. Staatsangeh.
Ehefrau von Meyer B.
am 10.5.42 nach Bełżyce deportiert

Braude, Meyer Leiba
30.11.1882, Dünaburg, Russ.-Polen – nach 1942 verschollen
dt. Staatsangeh.
Kaufmann, Inh. e. Rauchwarenfirma, Getreidehändler
Bestattungsordner d. Israelit. Religionsgemeinde, Synagogeninspektor
Gottschedstr. 28; JH Humboldtstr. 15
Ehemann von Jenni B.
am 10.5.42 nach Bełżyce deportiert

Braun, Hinda Mirel, geb. Wandstein
14.1.1887, Wisnicz, Österr.-Polen – nach 1942 verschollen
Staatsangeh. ungeklärt (fr. Polen)
Inh. e. Rauchwarenfirma
Zwangsarbeiterin
Gohliser Str. 6; JH Keilstr. 5
Ehefrau von Josef B., Kinder emigr., Mutter von Siegmund B.
am 21.1.42 nach Riga deportiert

Braun (eigentl. Bernstein), Josef Pinkas
15.2.1885, Brzesko, Österr.-Polen – 3.4.1940, KZ Sachsenhausen
Staatsangeh. ungeklärt (fr. Polen)
Kaufmann, Inh. e. Rauchwarengroßh.
Gohliser Str. 6; JH Eberhardstr. 11
Vater emigr., zwei Schwestern umgekommen, Ehemann von Hinda B., Vater von Siegmund B.
seit 23.11.39 im KZ Sachsenhausen

Braun, Siegmund
2.5.1921, Leipzig – 11.6.1942, KZ Neuengamme
Staatsangeh. ungeklärt (fr. Polen)
Tischler
Gohliser Str. 6; JH Keilstr. 5
Sohn von Josef u. Hinda B.
1940 im KZ Sachsenhausen

Braunsberg, Hermann
29.3.1888, Breuna, Hessen-Nassau – nach 1944, KZ Auschwitz verschollen
dt. Staatsangeh.
Kaufmann, Mitinh. e. Berliner Textilfirma
JH Humboldtstr. 15
seit 1941 Witwer, Kinder emigr., Sohn aus Frankreich nach Auschwitz deportiert, umgekommen
auf d. Transportliste vom 10.5.42 gestrichen
Abschluss e. Heimeinkaufsvertrages für Theresienstadt
am 19.9.42 nach Theresienstadt, am 9.10.44 nach Auschwitz deportiert

Brecher, Choya Klara, geb. Weissbraun
26.12.1861, Wojnilów, Österr.-Polen – 9.9.1942, Leipzig
staatenlos (fr. Polen)
Inh. e. Herrenkleiderfabrik
Hauptzollamtstr. 3; JH Färberstr. 11 (Alters- und Pflegeheim)
seit 1935 Witwe, Mutter von Heinrich B.
auf d. Transportliste vom 19.9.42

Brecher, Estelle
19.7.1924, Leipzig – nach 1942, KZ Auschwitz verschollen
staatenlos (fr. Polen)
Ausbildung als Kindergärtnerin
Zwangsarbeiterin
Tochter von Heinrich u. Iphigenie B., Schwester von Susanna B.
am 13.7.42 nach Auschwitz deportiert

Brecher, Heinrich Henryk
11.2.1898, Kolomea, Österr.-Polen – 5.1.1943, KZ Auschwitz
staatenlos (fr. Polen)
Kaufmann, Inh. e. Geschäfts für Herrenkonfektion
Tauchaer Str. 9; JH Gohliser Str. 1
Sohn von Choya B., Ehemann von Iphigenie B., Vater von Estelle u. Susanna B.
1939 verhaftet
1940 im KZ Buchenwald

Brecher, Iphigenie Amalie, geb. Zwecher
18.10.1903, Kolomea, Österr.-Polen – nach 1942, KZ Auschwitz
staatenlos (fr. Polen)
Zwangsarbeiterin
Tauchaer Str. 9; JH Jacobstr. 7
Schwester von Frieda Frenkel?, Ehefrau von Heinrich B., Mutter von Estelle u. Susanna B.
am 13.7.42 nach Auschwitz deportiert

Brecher, Susanna
18.2.1926, Leipzig – nach 1942, KZ Auschwitz verschollen
staatenlos (fr. Polen)
Schülerin
Zwangsarbeiterin
Tochter von Heinrich u. Iphigenie B., Schwester von Estelle B.
am 13.7.42 nach Auschwitz deportiert

Brenner, Chaja Helene
23.5.1907, Wisnicz, Österr.-Polen – nach 1942 verschollen
staatenlos (fr. Polen)
Inh. e. Strumpfwarengroßh.
Zwangsarbeiterin
Tochter von Hanna B., Schwester von Mendel u. Malka B.
am 10.5.42 nach Bełżyce deportiert

Brenner, Emma Hanna, geb. Grau
22.6.1863, Wartenburg (Kr. Allenstein), Ostpreußen – 28.11.1942, Ghetto Theresienstadt
dt. Staatsangeh.
JH Humboldtstr. 13
seit 1942 Witwe
am 19.9.42 nach Theresienstadt deportiert

Brenner, Hanna Anna, geb. Wolf
30.8.1875, Wisnicz, Österr.-Polen – nach 1942 verschollen
staatenlos (fr. Polen)
Inh. e. Rauchwarenhandlung
Zwangsarbeiterin
Humboldtstr. 24; JH Keilstr. 4
Witwe, Mutter von Mendel, Chaja u. Malka B.
am 10.5.42 nach Bełżyce deportiert

Brenner, Malka
30.6.1911, Wisnicz, Österr.-Polen – nach 1942 verschollen
staatenlos (fr. Polen)
Verkäuferin
Zwangsarbeit als Büglerin
Tochter von Hanna B., Schwester von Mendel u. Chaja B.
auf d. Transportliste vom 10.5.42 gestrichen, doch nach Bełżyce deportiert

Brenner, Mendel Moses
13.11.1904, Wisnicz, Österr.-Polen – nach 1942 verschollen
staatenlos (fr. Polen)
Kürschner
Sohn von Hanna B., Bruder von Chaja u. Malka B.
am 6.5.42 wegen Vergehens gegen d. Kriegswirtschaftsverordnung verhaftet, am 8.5.42 freigelassen
am 10.5.42 nach Bełżyce deportiert

Breslauer, Erna, geb. Platky
14.5.1889, Leipzig – 7.4.1941, Tötungsanstalt Hadamar, Hessen
dt. Staatsangeh.?
Robert-Schumann-Str. 14
Schwester, Ehemann u. Sohn emigr.
nach Hadamar deportiert

Brocziner, Hennie Feige, geb. Nadel
17.5.1856, Brody, Österr.-Polen – 6.9.1942, Leipzig
poln. Staatsangeh.
Witwe, Mutter von Luise B.?
Gottschedstr. 2; JH Färberstr. 11 (Alters- und Pflegeheim)

Brocziner, Luise Suse
21.4.1890, Wien – nach 1942, KZ Auschwitz verschollen
poln. Staatsangeh.
Kontoristin
JH Humboldtstr. 6
Tochter von Hennie B.?
auf d. Transportliste vom 10.5.42 gestrichen
am 30.9.42 aus d. jüd. Lungenheilstätte Nordrach, Baden, nach Auschwitz deportiert

Brodsky, Geny, geb. Goldenberg
16.5.1893, Kiew, Russland – nach 1942 verschollen
staatenlos
Schneiderin, Inh. e. Firma für Textilwaren
Kurprinzstr. 24; JH Humboldtstr. 15
Schwiegertochter von Marianne B., seit 1941 Witwe, Sohn emigr., Mutter von Lisbeth Jonas u. Rosa B.
am 21.1.42 nach Riga deportiert

Brodsky, Marianne Chaja, geb. Sigall
15.4.1867, Krementschug, Russland – nach 1943, KZ Auschwitz verschollen
staatenlos (fr. Russland)
Kurprinzstr. 24; JH Humboldtstr. 13
seit 1913 Witwe, Schwiegermutter von Geny B.
am 19.9.42 nach Theresienstadt, am 18.12.43 nach Auschwitz deportiert

Brodsky, Rosa
26.1.1923, Leipzig – nach 1942 verschollen
staatenlos
Kinderpflegerin
Zwangsarbeiterin
Tochter von Geny B., Schwester von Lisbeth Jonas
am 21.1.42 nach Riga deportiert

Bruckmann, Gerta, geb. Baum
13.6.1892, Nabburg, Bayern – nach 1942 verschollen
dt. Staatsangeh.
Ehefrau von Sally B., Sohn emigr., Mutter von Siegfried, Günther u. Waltraut B.
am 10.5.42 nach Bełżyce deportiert

Bruckmann, Günther
30.11.1927, Nabburg, Bayern – nach 1942, KZ Majdanek
dt. Staatsangeh.
Zwangsarbeiter
Sohn von Sally u. Gerta B., Bruder von Siegfried u. Waltraut B.
am 10.5.42 nach Bełżyce deportiert

Bruckmann, Sally
22.8.1890, Xanten, Rheinprovinz – nach 1942 verschollen
dt. Staatsangeh.
Lehrer an d. Höheren Israelit. Schule, sp. an d. Jüd. Volksschule
aus Nabburg, Bayern, seit 1939 in Leipzig
JH Jacobstr. 7
Ehemann von Gerta B., Vater von Siegfried, Günther u. Waltraut B.
am 10.5.42 nach Bełżyce deportiert

Bruckmann, Siegfried Anton
24.5.1925, Nabburg, Bayern – nach 1942 verschollen
dt. Staatsangeh.
Sohn von Sally u. Gerta B., Bruder von Günther u. Waltraut B.
am 10.5.42 nach Bełżyce deportiert

Bruckmann, Waltraut Mirjam
30.1.1930, Nabburg, Bayern – nach 1942 verschollen
dt. Staatsangeh.
Schülerin
Tochter von Sally u. Gerta B., Schwester von Siegfried u. Günther B.
am 10.5.42 nach Bełżyce deportiert

Brück (-Schrage), Chaim Simche
20.2.1889, Brody, Österr.-Polen – nach 1942, Ghetto Riga
Staatsangeh. ungeklärt
Kaufmann, Handelsvertreter
Zwangsarbeit bei der Müllabfuhr
Auenstr. 18; JH Michaelisstr. 3
Ehemann von Sali B.
am 13.11.38 i. Rahmen e. „Sonderaktion" verhaftet
am 21.1.42 nach Riga deportiert

Brück (-Schrage), Sali, geb. Fischmann
23.1.1893, Botoşani, Rumänien – 1945?, KZ Stutthof
Staatsangeh. ungeklärt
Ehefrau von Chaim B., zwei Söhne emigr., Tochter ebenfalls nach Riga deportiert, Überlebende
am 21.1.42 nach Riga, 1944 nach Stutthof deportiert

Brüg, Alfred Adolf
19.12.1878, Köthen, Anhalt – nach 1942 verschollen
dt. Staatsangeh.
Kaufmann
Zwangsarbeit im Bauwesen
aus Gera, Thüringen, seit 1938 in Leipzig
JH Walter-Blümel-Str. 11
am 16.6.38 im Rahmen d. Aktion „Arbeitsscheue Reich" verhaftet
am 17.6.38 nach Sachsenhausen deportiert
am 11.11.38 im Rahmen e. „Sonderaktion" verhaftet
am 21.1.42 nach Riga deportiert

Budig, Frieda, geb. Baumgard
3.7.1894, Altona (Elbe), Schleswig-Holstein – 8.10.1942, KZ Auschwitz
dt. Staatsangeh.?
Krönerstr. 9; Hospitalstr. 30
am 20.10.41 wegen „Weglassung des Zusatznamens Sara bei der Unterschrift auf der Kennkarte" verhaftet

Bühler, Ludwig
5.12.1900, Nördlingen, Bayern – nach 1942 verschollen
dt. Staatsangeh.
Rauchwarenfachmann
Zwangsarbeit im Gartenbau, bei d. Straßenreinigung u. als Sortierer
JH Nordstr. 11
am 21.1.42 nach Riga deportiert

Bünning, Scheindel
19.10.1883, Wilczyce, Russ.-Polen – 7.6.1942, KZ Ravensbrück
Ringstr. 85

Burgheim, Hedwig[2]
28.8.1887, Alsleben, Provinz Sachsen – nach 1943, KZ Auschwitz
dt. Staatsangeh.
Lehrerin, Leiterin e. Haushaltsschule, Lehrerin an d. jüd. Volksschule, Leiterin d. jüd. Altersheims Nordstr. 15
Zwangsarbeiterin
aus Gießen, Hessen-Darmstadt, seit 1935 wieder in Leipzig
JH Nordstr. 15
Schwester von Martha Kralovitz
1943 verhaftet
am 17.2.43 nach Berlin, am 26.2.43 nach Auschwitz deportiert

Burschtyn, Lotte Laura, geb. Lehrfreund
15.10.1896, Krakau, Österr.-Polen – nach 1943, KZ Auschwitz
staatenlos (fr. Polen)
Modistin, Inh. e. Rauchwarenfirma
Zwangsarbeit in d. Firma Franz Höppner, Felle & Rauchwaren, Gerberstr. 9
König-Johann-Str. 12; JH Gustav-Adolf-Str. 7
Geschwister emigr., Schwester von Cäcilie Safran, Ehemann u. Söhne emigr.
am 17.2.43 nach Auschwitz deportiert

Busmann, Clara, geb. Kirschbaum
29.11.1902, Leipzig – nach 1942, KZ Auschwitz verschollen
staatenlos (fr. Polen)
Verkäuferin
Zwangsarbeiterin
Kreuzstr. 22; JH Keilstr. 3
Schwester emigr., Ehefrau von Leon B., Mutter von Rolf B.
auf d. Transportliste vom 21.1.42 gestrichen
am 13.7.42 nach Auschwitz deportiert

Busmann, Leon Leibko
5.11.1897, Grajewo, Russ.-Polen – 24.11.1942, KZ Auschwitz
staatenlos (fr. Polen)
Tischler, Reisender
Peterssteinweg 21; JH Keilstr. 3
Ehemann von Clara B., Vater von Rolf B.
1940 im KZ Sachsenhausen
auf d. Transportliste vom 21.1.42 gestrichen

Busmann, Rolf Michael
25.1.1938, Leipzig – nach 1942, KZ Auschwitz verschollen
staatenlos
Sohn von Leon u. Clara B.
auf d. Transportliste vom 21.1.42 gestrichen
am 13.7.42 nach Auschwitz deportiert

Carliner, Frida, geb. Biber
2.2.1880, Preußisch-Stargard, Westpreußen – 17.1.1943, Ghetto Theresienstadt
dt. Staatsangeh.
Verkäuferin
Ehefrau von Isaak C.
am 19.9.42 nach Theresienstadt deportiert

Carliner, Isaak Josef
25.4.1866, Tworog, Schlesien – 20.3.1943, Ghetto Theresienstadt
dt. Staatsangeh.
Kaufmann, Inh. e. Lebensmittelhandlung
Lessingstr. 18; JH Gustav-Adolf-Str. 7
Ehemann von Frida C.
am 19.9.42 nach Theresienstadt deportiert

Carsch, Elly Ruth
4.12.1937, Leipzig – nach 1943, KZ Auschwitz verschollen
dt. Staatsangeh.
Tochter von Amalie Rosdeutscher
am 17.2.43 nach Berlin, am 26.2.43 nach Auschwitz deportiert

Cerf, Werner
12.7.1894, Leipzig – 18.2.1943, KZ Auschwitz
dt. Staatsangeh.
Kaufmann, Rauchwarenhändler
Zwangsarbeiter
Creuzigerstr. 15; JH Nordstr. 11
Bruder emigr., nichtjüd. Ehefrau
am 14.11.38 im Rahmen e. „Sonderaktion" verhaftet, am 11.11.42 wegen Vergehens gegen die Kriegswirtschaftsverordnung verhaftet
am 19.12.42 nach Auschwitz deportiert

Chambré, Leopold Walter
12.5.1882, Ettinghausen, Hessen-Nassau – 30.11.1938, Leipzig
dt. Staatsangeh.?
Kaufmann, Direktor e. Papiergroßh., gegr. 1910
Gustav-Adolf-Str. 14; Marienstr. 15
Bruder von Robert C.?, nichtjüd. Ehefrau
am 10.11.38 i. Rahmen e. „Sonderaktion" verhaftet
nach Buchenwald deportiert
an d. Folgen d. Misshandlungen verstorben

Chambré, Robert
27.1.1894, Ettinghausen, Hessen-Nassau – nach 1940 verschollen
dt. Staatsangeh.?
Kaufmann, Direktor
Poniatowskistr. 16; Thomaskirchhof 11
Bruder von Leopold C.?, nichtjüd. Ehefrau
am 10.11.38 i. Rahmen e. „Sonderaktion" verhaftet

Chefetz, Abram
22.1.1895, Witebsk, Russland – nach 1943, KZ Auschwitz verschollen
staatenlos
Kürschner, Reisender
Zwangsarbeit im Gartenbau
Kreuzstr. 22; JH Packhofstr. 1
Ehemann. von Margarete C.
auf d. Transportliste vom 17.2.43 gestrichen
am 27.2.43 in d. Polizeihaftlager Dresden-Hellerberg, am 1.3.43 nach Auschwitz deportiert

Chefetz, Margarete, geb. Kirschbaum
1.10.1890, Leipzig – nach 1943, KZ Auschwitz verschollen
staatenlos
Zwangsarbeiterin
Ehefrau von Abram C.
auf d. Transportliste vom 17.2.43 gestrichen
am 27.2.43 in d. Polizeihaftlager Dresden-Hellerberg, am 1.3.43 nach Auschwitz deportiert

Cires, Baruch Bernhard
6.12.1901, Wilna, Russ.-Polen – nach 1942, KZ Auschwitz verschollen
staatenlos (fr. Deutsches Reich)
Arzt, Assistenzarzt im Israelit. Krankenhaus
Krankenbehandler
Chemnitzer Str. 50
Ehemann von Susi C.
auf d. Transportliste vom 10.5.42 gestrichen
am 9.7.42 w. Vergehens gegen die Kriegswirtschaftsverordnung verhaftet, am 11.7.42 freigelassen
am 13.7.42 nach Auschwitz deportiert

Cires, Susi, geb. Mandel
22.9.1903, Neutitschein, Schlesien – nach 1942, KZ Auschwitz verschollen
staatenlos (fr. Deutsches Reich)
Hausangestellte
Ehefrau von Baruch C.
am 25.10.41 wegen „Anschimmelnlassens von Brot" verhaftet, am 3.11.41 freigelassen
auf d. Transportliste vom 10.5.42 gestrichen
am 9.7.42 wegen Vergehens gegen die Kriegswirtschaftsverordnung verhaftet, am 11.7.42 freigelassen
am 13.7.42 nach Auschwitz deportiert

Cohn, Antonie, geb. Windmüller
8.6.1869, Hamburg – 14.5.1943, Ghetto Theresienstadt
dt. Staatsangeh.
Windmühlenstr. 19; JH Humboldtstr. 9
seit 1919 Witwe, Sohn 1945 nach Theresienstadt deportiert, Überlebender
am 19.9.42 nach Theresienstadt deportiert

Cohn (Saxl-Cohn), Bruno
26.12.1890, Berlin – nach 1942 verschollen
dt. Staatsangeh.
Kaufmann, Inh. e. Geschäfts für Bänder u. Modeneuheiten, gegr. 1908
Zwangsarbeiter
Ferdinand-Rhode-Str. 17; JH Nordplatz 7
Ehemann von Helene C.
am 10.11.38 im Rahmen e. „Sonderaktion" verhaftet
nach Buchenwald deportiert, am 12.12.38 freigelassen
am 21.1.42 nach Riga deportiert

Cohn, Clara, geb. Rosenstein
30.8.1867, Samotschin, Provinz Posen –23.11.1942, Ghetto Theresienstadt
dt. Staatsangeh.
Inh. e. Schuhwarenhandlung
JH Auenstr. 14 (Altersheim)
Witwe, Sohn emigr.
am 19.9.42 nach Theresienstadt deportiert

Cohn, Emma Ester, geb. Goldschmidt
17.11.1859, Malsfeld, Hessen-Nassau – 30.9.1942, Ghetto Theresienstadt
dt. Staatsangeh.
Löhrstr. 18; JH Färberstr. 11 (Alters- und Pflegeheim)
seit 1922 Witwe
Abschluss e. Heimeinkaufsvertrages für Theresienstadt
am 19.9.42 nach Theresienstadt deportiert

Cohn, Emmy, geb. Glogauer
18.7.1874, Glogau, Schlesien – 16.1.1943, Ghetto Theresienstadt
dt. Staatsangeh.
Nordstr. 56; JH Auenstr. 14 (Altersheim)
seit 1939 Witwe, Sohn emigr.
Abschluss e. Heimeinkaufsvertrages für Theresienstadt
am 19.9.42 nach Theresienstadt deportiert

Cohn, Felix Benno, Dr. med.
9.10.1891, Memel, Ostpreußen – 10.11.1938, Leipzig
dt. Staatsangeh.
Hals-, Nasen-, Ohrenarzt
Krankenbehandler
Nordplatz 5; Nordplatz 3
Tochter emigr.
in d. Pogromnacht umgekommen

Cohn, Gertrud, geb. Prochownik
18.5.1872, Zirke, Provinz Posen – 18.10.1942, Ghetto Theresienstadt
dt. Staatsangeh.
Humboldtstr. 4; JH Färberstr. 11 (Alters- und Pflegeheim)
Bruder emigr., Witwe, Sohn emigr., Tochter 1945 nach Theresienstadt deportiert, Überlebende
am 19.9.42 nach Theresienstadt deportiert

Cohn, Gertrud Debora
5.11.1884, Leipzig – nach 1942 verschollen
dt. Staatsangeh.
Kontoristin
Lößniger Str. 14; JH Große Fleischergasse 28
Bruder emigr., Schwester von Helene C.
am 21.1.42 nach Riga deportiert

Cohn, Günter Heinz
14.9.1923, Leipzig – nach 1943, KZ Auschwitz verschollen
dt. Staatsangeh.
Schüler
Zwangsarbeiter
Sohn von Louis u. Paula C.
am 17.2.43 nach Berlin, am 26.2.43 nach Auschwitz deportiert

Cohn, Helene
10.12.1887, Leipzig – nach 1942 verschollen
dt. Staatsangeh.
Geschäftsinh.
Lößniger Str. 14; JH Funkenburgstr. 15
Bruder emigr., Schwester von Gertrud C.
am 10.5.42 nach Bełżyce deportiert

Cohn, Helene, geb. Saxl
24.3.1893, Leipzig – nach 1942 verschollen
dt. Staatsangeh.
Inh. e. Geschäfts für Bänder u. Modeneuheiten, gegr. 1908
Ehefrau von Bruno C., Tochter emigr.
am 21.1.42 nach Riga deportiert

Cohn, Helene, geb. Neumann
1.10.1894, Mixstadt, Provinz Posen – nach 1942 verschollen
dt. Staatsangeh.
Ehefrau von Siegfried C., Sohn 1942 aus Berlin nach Riga deportiert, verschollen
am 21.1.42 nach Riga deportiert

Cohn, Ida
19.12.1882, Leipzig – nach 1944, KZ Auschwitz verschollen
dt. Staatsangeh.
Sekretärin
Fregestr. 32; JH Auenstr. 14 (Altersheim)
Abschluss e. Heimeinkaufsvertrages für Theresienstadt
am 19.9.42 nach Theresienstadt, am 9.10.44 nach Auschwitz deportiert

Cohn, Louis Henry
18.2.1895, Leipzig – 6.2.1943, KZ Auschwitz
dt. Staatsangeh.
Kaufmann, Inh. e. Firma für Landwirtschaftsmaschinen, gegr. 1915
Menckestr. 7a; JH Walter-Blümel-Str. 10
Ehemann von Paula C., Vater von Günter C.
am 11.11.42 wegen Vergehens gegen die Kriegswirtschaftsverordnung verhaftet
am 19.12.42 nach Auschwitz deportiert

Cohn, Martha, geb. Heymann
29.7.1888, Braunfels (Kr. Wetzlar), Rheinprovinz – nach 1942 verschollen
dt. Staatsangeh.
Pflegerin
Humboldtstr. 35; JH Auenstr. 14 (Altersheim)
seit 1939 Witwe, Kinder emigr.
am 21.1.42 nach Riga deportiert

Cohn, Paula, geb. Grosz
15.5.1899, Leipzig – 1943, KZ Auschwitz verschollen
dt. Staatsangeh.
Büroangestellte
Zwangsarbeit in d. Firma Textil-Rohstoffe Max Gläser & Co., Roscherstr. 19
Ehefrau von Louis C., ein weiterer Sohn ebenfalls 1943 nach Auschwitz deportiert, Überlebender, Mutter von Günter C.
am 17.2.43 nach Berlin, am 26.2.43 nach Auschwitz deportiert

Cohn, Rosa
14.1.1894, Meißen, Sachsen – nach 1942 verschollen
dt. Staatsangeh.
Kauffrau (Textilwaren)
Hausangestellte
aus Meißen
JH Funkenburgstr. 23
am 21.1.42 nach Riga deportiert

Cohn, Siegfried Fritz
10.1.1889, Grabow (Kr. Schildberg), Provinz Posen – nach 1942 verschollen
dt. Staatsangeh.
Kaufmann, Verlagsvertreter
Zwangsarbeit im Erdbau
Briestr. 33; JH Humboldtstr. 11
Ehemann von Helene C.
am 13.11.38 im Rahmen e. „Sonderaktion" verhaftet
am 21.1.42 nach Riga deportiert

Conrad, Ella
6.9.1880, Altdamm, Pommern – nach 1942, KZ Auschwitz verschollen
dt. Staatsangeh.
Geschäftsführerin
Tochter von Mathilde C.
am 13.7.42 nach Auschwitz deportiert

Conrad, Mathilde, geb. Saalmann
1.1.1855, Calbe (Saale), Provinz Sachsen – 13.10.1942, Ghetto Theresienstadt
dt. Staatsangeh.
Hainstr. 9; JH Auenstr. 14 (Altersheim)
Witwe, Mutter von Ella C.
am 19.9.42 nach Theresienstadt deportiert

Cracow, Frieda, geb. Donnath
15.10.1898, Troppau, Schlesien – nach 1943 umgekommen
dt. Staatsangeh.
Buchhalterin, Schauspielerin, Artistin
Haushaltshilfe
Ehefrau von Willy C., Sohn emigr.
auf d. Transportlisten vom 13.7.42 u. 17.2.43 gestrichen, doch nach Berlin, am 26.2.43 nach Auschwitz deportiert

Cracow, Willy Bernhard
9.7.1880, Berlin – nach 1943 umgekommen
dt. Staatsangeh.
Artist
JH Nordstr. 11
Ehemann von Frieda C.
am 11.11.38 i. Rahmen e. „Sonderaktion" verhaftet nach Buchenwald deportiert, am 8.12.38 freigelassen
auf d. Transportlisten vom 13.7.42 u.17.2.43 gestrichen, doch nach Berlin, am 26.2.43 nach Auschwitz deportiert

Cronheim, Alfred
11.7.1908, Hermannsdorf (Kr. Wirsitz), Provinz Posen – nach 1942 verschollen
dt. Staatsangeh.
Kaufmann, Landwirt
Zwangsarbeiter
aus Magdeburg, Provinz Sachsen, seit 1934? in Leipzig
JH Michaelisstr. 3
Ehemann von Elisabeth C., Vater von Michael C.
am 10.11.38 i. Rahmen e. „Sonderaktion" verhaftet nach Buchenwald deportiert, am 14.12.38 freigelassen
am 21.1.42 nach Riga deportiert

Cronheim, Elisabeth, geb. Rubin
16.10.1907, Thale (Harz), Provinz Sachsen – nach 1942 verschollen
dt. Staatsangeh.
Reisende
Gneisenaustr. 2; JH Michaelisstr. 3
Ehefrau von Alfred C., Mutter von Michael C.
am 21.1.42 nach Riga deportiert

Cronheim, Michael Harry
22.8.1937, Leipzig – nach 1942 verschollen
dt. Staatsangeh.
Sohn von Alfred u. Elisabeth C.
am 21.1.42 nach Riga deportiert

Cyngler, Fanny, geb. Rubinstein
12.2.1899, Leipzig – nach 1942 verschollen
staatenlos (fr. Polen)
Näherin
Zwangsarbeiterin
JH Packhofstr. 1
Ehefrau von Josef C.
am 21.1.42 nach Riga deportiert

Cyngler, Josef
14.9.1895, Warta, Russ.-Polen – 6.3.1940, KZ Sachsenhausen
staatenlos (fr. Polen)
Arbeiter, Schuhmacher
Hofmeisterstr. 17
Ehemann von Fanny C.
am 14.11.38 im Rahmen e. „Sonderaktion" verhaftet
seit 15.11.39 im KZ Sachsenhausen

Czaczkes, Adele, geb. Reichler
16.9.1900, Leipzig – nach 1942 verschollen
staatenlos (fr. Polen)
Zwangsarbeiterin
Ehefrau von Salomon C., Sohn emigr., Mutter von Esther C.
am 21.1.42 nach Riga deportiert

Czaczkes, Esther Gisela
2.5.1930, Leipzig – nach 1942 verschollen
staatenlos (fr. Polen)
Schülerin
Tochter von Salomon u. Adele C.
am 21.1.42 nach Riga deportiert

Czaczkes, Salomon
19.8.1896, Tarnopol, Österr.-Polen – 8.4.1940, KZ Buchenwald
staatenlos (fr. Polen)
Kaufmann, Handelsverteter
Frankfurter Str. 21; JH Große Fleischergasse 28
Ehemann von Adele C., Vater von Esther C.

Czopek, Hedwig Jadwiga, geb. Elik
29.8.1909, Eisleben, Provinz Sachsen – nach 1942, KZ Auschwitz verschollen
staatenlos
Verkäuferin
Zwangsarbeiterin
Ehefrau von Kurt C.
am 13.7.42 nach Auschwitz deportiert

Czopek, Kurt
28.6.1907, Leipzig – 13.10.1942, KZ Dachau
staatenlos (fr. Polen)
Zuschneider
JH Keilstr. 3
Ehemann von Hedwig C.
1940 im Polizeigefängnis Berlin (Alexanderplatz)

Dallmann, Hulda, geb. Ehrlich
28.3.1887, Alt Berun, Schlesien – nach 1942 verschollen
dt. Staatsangeh.
Putzmacherin
Ehefrau von Oskar D., Kinder emigr.
am 21.1.42 nach Riga deportiert

Dallmann, Oskar
26.9.1881, Beuthen, Schlesien – nach 1942 verschollen
dt. Staatsangeh.
Kaufmann
Zwangsarbeit im Tiefbau
JH Gohliser Str. 11
Ehemann von Hulda D.
am 21.1.42 nach Riga deportiert

Damanski, Josef
22.11.1858, Lemberg, Österr.-Polen – 4.11.1942, Ghetto Theresienstadt
dt. Staatsangeh.
Musikschriftsteller, amtl. verpflichteter Dolmetscher für 18 Sprachen
Bornaische Str. 107; JH Auenstr. 14 (Altersheim)
Witwer
am 19.9.42 nach Theresienstadt deportiert

Daniel, Anneliese
5.10.1930, Merseburg, Provinz Sachsen – nach 1942 verschollen
dt. Staatsangeh.
Schülerin
Tochter von Siegmund u. Johanna D.
am 10.5.42 nach Bełżyce deportiert

Daniel, Johanna Schanna, geb. Katzenstein
7.2.1902, Treysa (Bz. Kassel), Hessen-Nassau – nach 1942 verschollen
dt. Staatsangeh.
Ehefrau von Siegmund D., Mutter von Anneliese D.
wegen Vergehens gegen die Kriegswirtschaftsverordnung verhaftet
auf d. Transportliste vom 21.1.42 gestrichen
am 10.5.42 nach Bełżyce deportiert

Daniel, Siegmund
20.7.1886, Weißenfels, Provinz Sachsen – nach 1942 verschollen
dt. Staatsangeh.
Kaufmann
Zwangsarbeit in e. Gärtnerei
aus Merseburg, Provinz Sachsen, seit 1937? in Leipzig
JH Funkenburgstr. 16
Ehemann von Johanna D., Vater von Anneliese D.
am 11.11.38 i. Rahmen e. „Sonderaktion" verhaftet
nach Buchenwald deportiert, am 17.12.38 freigelassen
auf d. Transportliste vom 21.1.42 gestrichen
am 10.5.42 nach Bełżyce deportiert

Danziger, Emma, geb. Engel
19.5.1878, Schönlanke, Provinz Posen – nach 1942 verschollen
dt. Staatsangeh.
König-Johann-Str. 2; JH Leibnizstr. 4
seit 1940 Witwe, Söhne emigr., Mutter von Johanna D.
am 21.1.42 nach Riga deportiert

Danziger, Johanna
3.5.1904, Netzthal, Provinz Posen – nach 1942 verschollen
dt. Staatsangeh.
Modistin
Tochter von Emma D.
am 5.10.39 im Rahmen e. „Sonderaktion" verhaftet, am 14.10.39 freigelassen
am 21.1.42 nach Riga deportiert

David, Dagobert
29.4.1882, Siegburg, Rheinprovinz – 17.3.1942, KZ Buchenwald
dt. Staatsangeh.
Kaufmann, Reisender
Albertstr. 42
geschieden
am 16.6.38 im Rahmen d. Aktion „Arbeitsscheue Reich" verhaftet
am 17.6.38 nach Sachsenhausen deportiert

Davidson, Amalie Emilie
27.2.1891, Leipzig – nach 1942 verschollen
staatenlos (fr. Schweden)
Händlerin
Hausmeisterin
JH Leibnizstr. 30
am 10.5.42 nach Bełżyce deportiert

Dejong (Deyong), Israel
1.7.1883, Ahlen, Westfalen – nach 1942 verschollen
dt. Staatsangeh.
Händler
Zwangsarbeiter, Hausmeister
JH Humboldtstr. 6
nichtjüd. Ehefrau
am 10.11.38 im Rahmen e. „Sonderaktion" verhaftet, am 9.11.39 im Rahmen e. „Sonderaktion" verhaftet, am 16.12.39 freigelassen, am 27.6.40 aus polit. Gründen verhaftet, am 28.6.40 freigelassen
am 21.1.42 nach Riga deportiert

Dessen, Sara
7.9.1899, Warschau – nach 1942 verschollen
staatenlos
JH Färberstr. 11 (Alters- und Pflegeheim)
auf d. Transportliste vom 21.1.42 gestrichen
am 15.6.42 aus d. jüd. Heil- u. Pflegeanstalt Bendorf-Sayn, Rheinprovinz nach Osten? deportiert

Deutsch, Jenny, geb. Schwarz
15.8.1869, Budapest – 13.9.1942, Leipzig
Protektoratsangeh. (fr. Tschechoslowakei)
Inh. e. Damenschneiderei
Kohlgartenstr. 27; JH Färberstr. 11 (Alters- und Pflegeheim)
seit 1942 Witwe
auf d. Transportliste vom 19.9.42

Deutscher, Ida
21.2.1923, Leipzig – nach 1942, KZ Auschwitz verschollen
staatenlos (fr. Polen)
Zwangsarbeit als Pelznäherin
Tochter von Noah u. Jette D., Schwester von Sophie D.
auf d. Transportliste vom 21.1.42 gestrichen
am 13.7.42 nach Auschwitz deportiert

Deutscher, Jette Jutta, geb. Bender
10.5.1894, Jablonica, Österr.-Polen – nach 1942, KZ Auschwitz verschollen
staatenlos (fr. Polen)
Zwangsarbeiterin
Färberstr. 12; JH Berliner Str. 123
Ehefrau von Noah D., Sohn emigr., Mutter von Ida u. Sophie D.
auf d. Transportliste vom 21.1.42 gestrichen
am 13.7.42 nach Auschwitz deportiert

Deutscher, Noah
6.3.1885, Bohorodczany, Österr.-Polen – 12.8.1940, KZ Buchenwald
staatenlos (fr. Polen)
Händler, Handelsvertreter
Färberstr. 12
Ehemann von Jette D., Vater von Ida u. Sophie D.

Deutscher, Sophie
12.1.1929, Leipzig – nach 1942, KZ Auschwitz verschollen
staatenlos (fr. Polen)
Schülerin
Tochter von Noah u. Jette D., Schwester von Ida D.
auf d. Transportliste vom 21.1.42 gestrichen
am 13.7.42 nach Auschwitz deportiert

Diamant, Elsa, geb. Fleischhacker
1.12.1898, Wien – 1.5.1942, KZ Ravensbrück
JH Funkenburgstr. 16
Ehefrau von Otto D.
am 6.2.40 verhaftet
am 10.5.40 nach Ravensbrück deportiert

Diamant, Otto
verschollen
Kaufmann
Ehemann von Elsa D.
1940 in d. Gefangenenanstalt Bautzen

Dienstfrei, Jetty, geb. Rimalower
20.1.1895, Leipzig – nach 1943, KZ Auschwitz verschollen
staatenlos (fr. Österreich)
Verkäuferin
Zwangsarbeit in d. Firma Märkle & Kniesche K.G., Rauchwaren-Zurichterei und -färberei, Werk Wahren
Funkenburgstr. 12; JH Packhofstr. 1
Schwester emigr., geschieden, Tochter emigr.
auf d. Transportliste vom 21.1.42 gestrichen
am 17.2.43 nach Berlin, am 26.2.43 nach Auschwitz deportiert

Diment, Malchen, geb. Schlomann
29.1.1880, Hamburg – nach 1942 verschollen
staatenlos (fr. Deutsches Reich)
Wallwitzstr. 8; JH Jacobstr. 11
seit 1938 Witwe, zwei Töchter emigr., Mutter von Martha D.
auf d. Transportliste vom 21.1.42 gestrichen
am 10.5.42 nach Bełżyce deportiert

Diment, Martha
21.10.1903, Leipzig – nach 1942 verschollen
staatenlos
kaufm. Angestellte, Bürogehilfin
Tochter von Malchen D.
auf d. Transportliste vom 21.1.42 gestrichen
am 9.4.42 wegen „Begünstigung des Verkehrs zwischen Juden u. Ariern" verhaftet, am 7.5.42 freigelassen
am 10.5.42 nach Bełżyce deportiert

Dodeles, Bella
30.11.1929, Leipzig – nach 1942 verschollen
dt. Staatsangeh.
Schülerin
Tochter von Dora D., Schwester von Eva und Moses D.
am 10.5.42 nach Bełżyce deportiert

Dodeles, Dora Deborah, geb. Aschkenasy
15.12.1895, Brody, Österr.-Polen – nach 1942 verschollen
dt. Staatsangeh. (fr. Österreich)
Inh. e. Rauchwarenhandlung
Zwangsarbeit als Pelzstaffiererin
Funkenburgstr. 16 (seit 1939 JH)
seit 1935 Witwe, zwei Kinder emigr., Mutter von Eva, Bella u. Moses D.
am 10.5.42 nach Bełżyce deportiert

Dodeles, Eva
5.4.1927, Leipzig – nach 1942 verschollen
dt. Staatsangeh.
Hausangestellte
Tochter von Dora D., Schwester von Bella u. Moses D.
am 10.5.42 nach Bełżyce deportiert

Dodeles, Moses Raphael
21.6.1933, Leipzig – nach 1942 verschollen
dt. Staatsangeh.
Sohn von Dora D., Bruder von Eva u. Bella D.
am 10.5.42 nach Bełżyce deportiert

Dörfler (Derfler), Abraham
27.5.1866, Kolomea, Österr.-Polen – nach 1943, KZ Auschwitz verschollen
staatenlos (fr. Polen)
Kaufmann, Händler
Nordstr. 24; JH Gustav-Adolf-Str. 7
seit 1942 Witwer, Tochter emigr., Sohn 1938 nach Polen abgeschoben, Vater von Cäcilie D.
am 19.9.42 nach Theresienstadt, am 18.12.43 nach Auschwitz deportiert

Dörfler (Derfler), Cäcilie Cyla
20.6.1902, Kolomea, Österr.-Polen – nach 1942 verschollen
staatenlos (fr. Polen)
Putzmacherin
Aufwartung
Nordstr. 24; JH Lortzingstr. 12
Tochter von Abraham D.
am 10.5.42 nach Bełżyce deportiert

Doernberg, Emma, geb. Palmbaum
19.7.1874, Alfeld (Leine), Provinz Hannover – 9.2.1944, Ghetto Theresienstadt
dt. Staatsangeh.
Kantstr. 30; JH Humboldtstr. 13 (Altersheim)
seit 1934 Witwe, Tochter emigr., Mutter von Walter D.
Abschluss e. Heimeinkaufsvertrages für Theresienstadt
am 19.9.42 nach Theresienstadt deportiert

Doernberg, Walter
12.6.1898, Arnstadt, Schwarzburg-Sondershausen – nach 1942 verschollen
dt. Staatsangeh.
Kaufmann (Kolonialwarenbranche)
Zwangsarbeiter
Kantstr. 30; JH Humboldtstr. 9
Sohn von Emma D.
am 11.11.38 i. Rahmen e. „Sonderaktion" verhaftet nach Buchenwald deportiert, 26.12.38 freigelassen
am 9.11.39 im Rahmen e. „Sonderaktion" verhaftet, am 19.12.39 freigelassen
am 10.5.42 nach Bełżyce deportiert

Dreyfuss, Emma, geb. Landauer
17.1.1874, Mainz, Hessen-Darmstadt – 3.6.1943, Ghetto Theresienstadt
dt. Staatsangeh.
JH Auenstr. 14 (Altersheim)
Witwe, Sohn emigr.
am 19.9.42 nach Theresienstadt deportiert

Drimer, Gitta
10.1.1935, Leipzig – nach 1942, KZ Auschwitz verschollen
staatenlos (fr. Polen)
Schülerin
JH Jacobstr. 7 (Kinderheim)
Mutter 1938 nach Polen abgeschoben, Bruder emigr.
auf d. Transportliste vom 10.5.42 gestrichen
am 13.7.42 nach Auschwitz deportiert

Emma Doernberg, die Ehefrau von Max Doernberg, wurde am 19. September 1942 nach Theresienstadt deportiert und starb dort am 9. Februar 1944.

Drucker, Siegfried
3.1.1872, Offenbach a. M., Hessen-Darmstadt – 26.3.1943, Ghetto Theresienstadt
staatenlos (fr. Deutsches Reich)
Kaufmann, Inh. e. Fabrik für Kalender u. Reklameartikel
Gohliser Str. 29; JH Färberstr. 11 (Alters- und Pflegeheim)
seit 1927 Witwer, Sohn emigr.
am 19.9.42 nach Theresienstadt deportiert

Eger, Martha
12.11.1873, Dessau, Anhalt – 11.2.1943, Ghetto Theresienstadt
dt. Staatsangeh.
aus Dessau, seit 1935 in Leipzig
JH Auenstr. 14 (Altersheim)
am 19.9.42 nach Theresienstadt deportiert

Ehrlich, Arthur David[3]
26.5.1885, Leipzig – nach 1942 verschollen
dt. Staatsangeh.
Kaufmann, Inh. e. Konzertdirektion
Karlstr. 16; JH Gustav-Adolf-Str. 7
Sohn von Jenny E.
am 10.11.38 im Rahmen e. „Sonderaktion" verhaftet
nach Buchenwald deportiert, am 17.12.38 freigelassen
am 10.5.42 nach Bełżyce deportiert

Ehrlich, Jenny, geb. Biberfeld
26.8.1855, Lissa, Provinz Posen – 6.9.1942, Leipzig
dt. Staatsangeh.
Karlstr. 16; JH Färberstr. 11 (Alters- und Pflegeheim)
seit 1904 Witwe, Mutter von Arthur E.

Ehrlich, Käthe, geb. Goldmann
5.9.1882, Suhl, Provinz Sachsen – nach 1944, KZ Auschwitz verschollen
dt. Staatsangeh.
Inh. e. Firma für keramische Artikel
Zwangsarbeiterin
Schwester von Paula Goldmann, Ehefrau von Max E.
Abschluss e. Heimeinkaufsvertrages für Theresienstadt
am 19.9.42 nach Theresienstadt, am 23.10.44 nach Auschwitz deportiert

Ehrlich, Max
10.11.1874, Preußisch Oldendorf, Westfalen – 19.10.1942, Ghetto Theresienstadt
dt. Staatsangeh.
Kaufmann
Zwangsarbeit in d. Städt. Arbeitsanstalt
Schenkendorfstr. 54; JH Packhofstr. 1
Ehemann von Käthe E.
Abschluss e. Heimeinkaufsvertrages für Theresienstadt
am 19.9.42 nach Theresienstadt deportiert

Eichenstein, Baruch Bernhard
25.7.1886, Żydaczów, Österr.-Polen – 19.5.1941, KZ Dachau
staatenlos (fr. Polen)
Händler
Gerberstr. 28; Humboldtstr. 26
Ehemann von Lea E., Vater von Simon u. Hermann E.

Eichenstein, Hermann
29.9.1922, Leipzig – 18.9.1942, KZ Sachsenhausen
staatenlos (fr. Polen)
Kürschner
Humboldtstr. 26; JH Keilstr. 3
Sohn von Baruch u. Lea E., Bruder von Simon E.

Eichenstein, Lea, geb. Klingler
4.6.1887, Perchińsko, Österr.-Polen – nach 1942 verschollen
staatenlos (fr. Polen)
Gerberstr. 28; JH Färberstr. 11 (Alters- und Pflegeheim)
Ehefrau von Baruch E., Kinder emigr., Mutter von Simon u. Hermann E.
auf d. Transportliste vom 21.1.42 gestrichen, doch nach Riga deportiert

Eichenstein, Simon
16.8.1915, Leipzig – 6.12.1942, KZ Auschwitz
staatenlos (fr. Polen)
Kürschner
Gerberstr. 28; Humboldtstr. 26
Sohn von Baruch u. Lea E., Bruder von Hermann E.
1940 im KZ Sachsenhausen

Eidinger, David
7.7.1885, Siret, Bukowina – nach 1942 verschollen
dt. Staatsangeh.
Kaufmann, Schriftsetzer
Zwangsarbeit in e. Gärtnerei
Gustav-Adolf-Str. 38; JH Leibnizstr. 4
Ehemann von Riwe E., Vater von Margit E.
am 21.1.42 nach Riga deportiert

Eidinger, Margit
1.10.1924, Leipzig – nach 1942 verschollen
dt. Staatsangeh.
Tochter von David u. Riwe E.
am 21.1.42 nach Riga deportiert

Eidinger, Riwe Rebekka, geb. Hönigsberg
16.11.1883, Siret, Bukowina – nach 1942 verschollen
dt. Staatsangeh.
Ehefrau von David E., Töchter emigr., Mutter von Margit E.
am 21.1.42 nach Riga deportiert

Eiger, Chaim Hermann
23.5.1908, Warschau – 8.12.1941, KZ Groß-Rosen
Kaufmann, Inh. e. Firma für Herrenartikel
Nordstr. 52

Einhorn, Ester
20.9.1938, Frankfurt a.M. – nach 1942 verschollen
staatenlos (fr. Polen)
Tochter von Isaak u. Rachel E., Schwester von Recha u. Ethel E.
am 10.5.42 nach Bełżyce deportiert

Einhorn, Ethel
19.12.1933, Leipzig – nach 1942 verschollen
staatenlos (fr. Polen)
Schülerin
Tochter von Isaak u. Rachel E., Schwester von Recha u. Ester E.
am 10.5.42 nach Bełżyce deportiert

Einhorn, Isaak
18.3.1904, Offenbach a.M., Hessen-Darmstadt – 20.3.1942, KZ Sachsenhausen
staatenlos (fr. Polen)
Kaufmann, Bäcker
Humboldtstr. 2; JH Keilstr. 3
Brüder emigr., Ehemann von Rachel E., Vater von Recha, Ethel u. Ester E.
1940 im KZ Sachsenhausen
auf d. Transportliste vom 21.1.42 gestrichen

Einhorn, Rachel Rosa, geb. Müller
13.4.1900, Auschwitz, Österr.-Polen – nach 1942 verschollen
staatenlos (fr. Polen)
Zwangsarbeiterin
Brüder emigr., Ehefrau von Isaak E., Mutter von Recha, Ethel u. Ester E.
am 10.5.42 nach Bełżyce deportiert

Einhorn, Recha Nescha
26.11.1931, Leipzig – nach 1942 verschollen
staatenlos (fr. Polen)
Schülerin
Tochter von Isaak u. Rachel E., Schwester von Ethel u. Ester E.
am 10.5.42 nach Bełżyce deportiert

Eisen, Helga
26.10.1922, Leipzig – nach 1944 verschollen
dt. Staatsangeh.
Verkäuferin
Zwangsarbeiterin
Schwester von Irmgard E.
am 27.10.41 wegen „Nichttragens d. Judensterns" verhaftet, am 18.1.42 freigelassen
am 21.1.42 n. Riga, 1944 n. Stuttgart deportiert

Eisen, Irmgard Margarete
1.8.1921, Leipzig – nach 1944 verschollen
dt. Staatsangeh.
Verkäuferin
Zwangsarbeiterin
Brüderstr. 5; JH Humboldtstr. 4
nichtjüd. Mutter, Schwester von Helga E.
am 27.10.41 wegen „Nichttragens d. Judensterns" verhaftet, am 18.1.42 freigelassen
am 21.1.42 nach Riga deportiert

Eisenberg, Alexander
28.11.1888, Leipzig – 18.2.1945, Ghetto Theresienstadt
dt. Staatsangeh.
Grafiker, Fotograf
Zwangsarbeiter
Carpzovstr. 15; Markkleeberg, Am Wolfswinkel 14
Geschwister emigr., nichtjüd. Ehefrau
am 15.2.45 nach Theresienstadt deportiert

Eisenberg, Selma, geb. Strupp
9.12.1861, Meiningen, Sachsen-Meiningen – 7.10.1942, Ghetto Theresienstadt
dt. Staatsangeh.
aus Meiningen, Thüringen, seit 1939 in Leipzig

JH Humboldtstr. 13 (Altersheim)
Witwe
Abschluss e. Heimeinkaufsvertrages für Theresienstadt
am 19.9.42 nach Theresienstadt deportiert

Eisner, Abraham
20.4.1875, Kolomea, Österr.-Polen – 18.3.1942, KZ Buchenwald
Kaufmann
am 1.5.40 aus polit. Gründen verhaftet
am 10.5.40 nach Sachsenhausen deportiert

Eisner, Geni Jenny, geb. Krakauer
6.5.1866, Murowana Goslin, Provinz Posen – 4.12.1942, Ghetto Theresienstadt
dt. Staatsangeh.
Fabrikantin
Pariser Str. 14; JH Humboldtstr. 13 (Altersheim)
Witwe, Sohn emigr.
am 19.9.42 nach Theresienstadt deportiert

Eisner, Otto Max
6.2.1879, Prag – 14.6.1945, Theresienstadt
Protektoratsangeh. (fr. Tschechoslowakei)
Kaufmann, Buchhalter
Zwangsarbeit in d. Städt. Arbeitsanstalt Ranstädter Steinweg 28/32
Borna (b. Leipzig)
nichtjüd. Ehefrau
am 8.11.44 nach Theresienstadt deportiert, Überlebender
an d. Folgen d. Ghettoaufenthalts verstorben

Eisner, Werner Günther
25.8.1920, Breslau, Niederschlesien – nach 1942 verschollen
am 12.10.42 wegen Verheimlichung d. Abstammung verhaftet
am 2.12.42 nach Auschwitz deportiert

Elias, Helene, geb. Rosenfelder
11.5.1870, Cannstadt, Württemberg – 16.11.1942, Ghetto Theresienstadt
dt. Staatsangeh.
Zwangsarbeit in d. Städt. Arbeitsanstalt
Nordstr. 56; JH Humboldtstr. 13 (Altersheim)
seit 1928 Witwe
am 19.9.42 nach Theresienstadt deportiert

Elkan, Bernhard
11.8.1871, Leipzig – 30.5.1940, Leipzig, Freitod
dt. Staatsangeh.?
Kaufmann, Mitinh. e. Wollegroßh., gegr. 1890
Arndtstr. 2; JH Lessingstr. 22

Ellek, Chaja
19.8.1870, Brody, Österr.-Polen – 26.11.1942, Ghetto Theresienstadt
staatenlos (fr. Polen)
JH Gustav-Adolf-Str. 7
am 19.9.42 nach Theresienstadt deportiert

Ellenbogen, Margarete, gesch. Kühneck geb. Kohls
5.3.1897, Baldenburg, Pommern – nach 1942 verschollen
dt. Staatsangeh.
Leiterin d. Jüd. Kinderheims Jacobstr. 7
JH Jacobstr. 7
Ehemann emigr.
am 10.5.42 nach Bełżyce deportiert

Elsner, Bertha, geb. Cerf
20.4.1875, Halle (Saale), Provinz Sachsen – 17.6.1943, Ghetto Theresienstadt
staatenlos
Versicherungsvertreterin
Zwangsarbeiterin
König-Johann-Str. 19; JH Humboldtstr. 15
seit 1936 Witwe, Töchter emigr.
am 19.9.42 nach Theresienstadt deportiert

Engel, Margarete, geb. Cohn
2.7.1879, Berlin – 15.5.1942, KZ Ravensbrück
dt. Staatsangeh.
Blücherstr. 45; JH Funkenburgstr. 16
seit 1941 Witwe, Tochter emigr.
am 13.1.42 wegen „Nichtanzeigens d. Zusatznamens Sara" verhaftet
am 13.3.42 nach Ravensbrück deportiert

Engländer, Katharina Marie
19.4.1878, Breslau, Schlesien – nach 1942 verschollen
dt. Staatsangeh.
Klavierlehrerin
Sebastian-Bach-Str. 7; JH Jacobstr. 11
am 21.1.42 nach Riga deportiert

Epstein, Marie, geb. Rabinowitsch
13.3.1860, Meseritz, Provinz Posen – 10.9.1942, Leipzig
poln. Staatsangeh.
Lortzingstr. 13; JH Färberstr. 11 (Alters- u. Pflegeheim)
seit 1939 Witwe

Erreich, Esther Hendel, geb. Krill
10.1.1873, Żmigród, Schlesien – 13.1.1943, Ghetto Theresienstadt
staatenlos (fr. Österreich)
JH Gustav-Adolf-Str. 7
Bruder emigr., Ehefrau von Moses E., Mutter von Hersch E.?
am 19.9.42 nach Theresienstadt deportiert

Erreich, Hersch
26.10.1895, Żmigród, Schlesien – 27.6.1940, Tötungsanstalt Grafeneck, Württemberg
staatenlos (fr. Österreich)
Sohn von Moses u. Esther E.?
nach Grafeneck deportiert

Erreich, Moses
18.1.1872, Żmigrod, Schlesien – 22.12.1941, KZ Buchenwald
staatenlos (fr. Österreich)
Ehemann von Esther E., Vater von Hersch E.?

Erreich, Rosa
23.2.1912, Lörrach, Baden – nach 1943, KZ Auschwitz verschollen
staatenlos (fr. Deutsches Reich)
Zwangsarbeit als Pelznäherin
JH Gustav-Adolf-Str. 7
am 17.2.43 nach Berlin, am 26.2.43 nach Auschwitz deportiert

Eskreis, Sabine, gesch. Langsam geb. Kiesling
23.3.1884, Lemberg, Österr.-Polen – nach 1942 verschollen
dt. Staatsangeh. (fr. Österreich)
Putzmacherin, Inh. e. Geschäfts für Modellhüte
Lortzingstr. 13; JH König-Johann-Str. 30
Schwester emigr., Witwe, Sohn emigr.
am 21.1.42 nach Riga deportiert

Eule, Arthur
22.5.1909, Strasburg, Westpreußen – nach 1942 verschollen
staatenlos (fr. Deutsches Reich)
Kaufmann, Kontorist
Zwangsarbeit im Gartenbau
aus Karlsruhe, Baden, seit 1938? in Leipzig
JH Berliner Str. 123
Bruder emigr., Ehemann von Rossie E., Vater von Zilla E.
am 21.1.42 nach Riga deportiert

Eule, Rossie, geb. Pollak
28.7.1906, Tarnopol, Österr.-Polen – nach 1942 verschollen
staatenlos
Verkäuferin
Melchiorstr. 12; JH Berliner Str. 123
Tochter von Beila Pollak, Ehefrau von Arthur E., Mutter von Zilla E.
am 21.1.42 nach Riga deportiert

Eule, Zilla
28.6.1939, Leipzig – nach 1942 verschollen
staatenlos
Tochter von Arthur u. Rossie E.
am 21.1.42 nach Riga deportiert

Faber, Irma
3.1.1902, Leipzig – nach 1943, KZ Auschwitz verschollen
dt. Staatsangeh.
Kontoristin
Mariannenstr. 3; Chemnitzer Str. 50
Brüder emigr.
am 5.8.42 wegen „Umgangs mit Ariern" verhaftet, am 18.9.42 freigelassen
am 17.2.43 nach Berlin, am 26.2.43 nach Auschwitz deportiert

Faibis, Marie, geb. Schwarz
26.12.1851, Jassy, Rumänien – nach 1943 verschollen
staatenlos (fr. Rumänien)
Sternwartenstr. 23; JH Färberstr. 11 (Alters- und Pflegeheim)
seit 1936 Witwe, Söhne emigr., Sohn 1942 in Auschwitz umgekommen, Mutter von Rosa Zoltek, Jeanette Klapproth u. Anna Reicher
am 17.2.43 nach Auschwitz? deportiert

Fajarowicz, Awrum Abraham
24.10.1872, Kanew, Russland – 18.1.1943, Ghetto Theresienstadt
staatenlos (fr. Russland)
Kaufmann, Lederhändler
Yorkstr. 1; JH Packhofstr. 1
Ehemann von Eidel F., Vater von Edi F.
am 13.11.38 i. Rahmen e. „Sonderaktion" verhaftet
am 19.9.42 nach Theresienstadt deportiert

Fajarowicz, Edi Erich
5.6.1908, Leipzig – nach 1942, Izbica verschollen
staatenlos
Hausbursche

Yorkstr.1; JH Walter-Blümel-Str. 21
Sohn von Awrum u. Eidel F.
am 14.2.42 wegen „ungehörigen Benehmens e. arischen Frau gegenüber" verhaftet, am 25.2.42 freigelassen
am 15.6.42 aus d. Heil- u. Pflegeanstalt Bendorf-Sayn, Rheinprovinz deportiert

Fajarowicz, Eidel Glikel, geb. Sigall
8.3.1872, Złoszów, Österr.-Polen – nach 1943, KZ Auschwitz verschollen
staatenlos (fr. Österreich)
Schwester emigr., Ehefrau von Awrum F, Tochter emigr., Mutter von Edi F.
am 19.9.42 nach Theresienstadt, am 18.12.43 nach Auschwitz deportiert

Falek, Bernhard
31.1.1933, Leipzig – nach 1942 verschollen
staatenlos (fr. Polen)
Sohn von Felix u. Gittel F.
am 10.5.42 nach Bełżyce deportiert

Falek, Felix
16.5.1903, Leipzig – 5.2.1940, KZ Sachsenhausen
staatenlos (fr. Polen)
Kaufmann, Kürschner
Lange Str. 28; Humboldtstr. 26
Vater u. Brüder emigr., Ehemann von Gittel F., Vater von Bernhard F.

Falek, Gittel Gustel, geb. Last
19.10.1901, Rozwadów, Österr.-Polen – nach 1942 verschollen
staatenlos (fr. Polen)
Händlerin
Hausangestellte
Berliner Str. 64; JH Keilstr. 4
Ehefrau von Felix F., Mutter von Bernhard F.
am 10.5.42 nach Bełżyce deportiert

Falek, Pinkus
8.1.1882, Kolomea, Österr.-Polen – 22.8.1941, KZ Buchenwald
staatenlos (fr. Polen)
Kaufmann, Rohproduktenhändler
Yorkstr. 6
Brüder emigr., Ehemann von Rachel F.
1940 im KZ Sachsenhausen

Falek, Rachel, geb. Teitelbaum
25.7.1883, Otynia, Österr.-Polen – nach 1942 verschollen
staatenlos (fr. Polen)
Yorkstr. 6; JH Humboldtstr. 9
Ehefrau von Pinkus F., Töchter emigr.
am 10.5.42 nach Bełżyce deportiert

Falkenfleck, Klara, verw. Petzold geb. Mark
12.8.1885, Berlin – nach 1942 verschollen
staatenlos
Inh. e. Putzgeschäfts
Zwangsarbeiterin
Zeitzer Str. 49; JH Humboldtstr. 4
Ehemann 1940 in Frankreich interniert, Mutter von Margot Petzold
am 21.1.42 nach Riga deportiert

Fechenbach, Adolf Abraham
14.8.1887, Bad Mergentheim, Württemberg – nach 1944, KZ Auschwitz verschollen
dt. Staatsangeh.
Kaufmann, Inh. e. Firma für Rohprodukte
Zwangsarbeiter
Bleichertstr. 11; JH Leibnizstr. 30
Geschwister emigr., Schwester im Warschauer Ghetto umgekommen, Ehemann von Gisela F.
am 12.11.38 im Rahmen e. „Sonderaktion" verhaftet
auf d. Transportliste vom 21.1.42 gestrichen
am 19.9.42 nach Theresienstadt, am 9.10.44 nach Auschwitz deportiert

Fechenbach, Gisela, geb. Graf
18.8.1887, Glogau, Schlesien – nach 1944, KZ Auschwitz verschollen
dt. Staatsangeh.
Kindergärtnerin
Geschwister emigr., Ehefrau von Adolf F., Kinder emigr.
am 19.9.42 nach Theresienstadt, am 9.10.44 nach Auschwitz deportiert

Fechenbach, Jakob
24.7.1899, Würzburg, Bayern – 26.3.1940, KZ Sachsenhausen
dt. Staatsangeh.?
Händler
JH Humboldtstr. 10
am 11.11.38 im Rahmen e. „Sonderaktion" verhaftet
nach Buchenwald deportiert, am 24.11.38 freigelassen
1939 zweimal verhaftet, freigelassen, am 14.12.39 aus polit. Gründen verhaftet
am 19.2.40 nach Sachsenhausen deportiert

Feder, Abraham
10.12.1885, Żelechów, Russ.-Polen – 21.11.1938, Leipzig
poln. Staatsangeh.
Rohproduktenhändler
Große Fleischergasse 28
Sohn emigr.
an d. Folgen von Misshandlungen in d. Pogromnacht verstorben

Feinstein, Fanny Chawe, geb. Kaganoff
21.5.1875, Orel, Russland – nach 1943, KZ Auschwitz verschollen
staatenlos (fr. Russland)
Zwangsarbeiterin
Brandvorwerkstr. 52; JH Gustav-Adolf-Str. 7
seit 1933 Witwe
am 19.9.42 nach Theresienstadt, am 18.12.43 nach Auschwitz deportiert

Feinstein, Ida, geb. Handelmann
25.6.1890, Radziwiłłów, Russ.-Polen – nach 1942 verschollen
staatenlos
Hausangestellte
Zwangsarbeit in d. Städt. Arbeitsanstalt
Stettiner Str. 88; JH Keilstr. 3
seit 1935 Witwe
am 21.1.42 nach Riga deportiert

Feitscher, Mira, geb. Rjsenikow
26.11.1900, Powoschnikow – 7.2.1942, KZ Ravensbrück
Arbeiterin
am 24.1.39 aus politischen Gründen verhaftet
am 26.9.39 nach Ravensbrück deportiert

Felber, Adelheid Erna, geb. Birnbaum
20.8.1900, Sabinov, Ungarn – 1943, KZ Auschwitz verschollen
staatenlos (fr. Polen)
Zwangsarbeit als Pelznäherin
Ehefrau von Markus F., Kinder emigr.
am 30.12.40 verhaftet, am 31.12.40 freigelassen, am 25.3.41 verhaftet
am 17.2.43 nach Berlin, am 26.2.43 nach Auschwitz deportiert

Felber, Markus Meyer
29.7.1895, Neu-Sandec, Österr.-Polen – 8.11.1942, KZ Auschwitz
staatenlos (fr. Polen)
Kaufmann (Textilbranche)
Wittenberger Str. 36; JH Gustav-Adolf-Str. 7
Brüder emigr., Ehemann von Adelheid F.
1940 im KZ Sachsenhausen
auf d. Transportliste vom 21.1.42 gestrichen

Feldmann, Dina
11.1.1929, Kiel, Schleswig-Holstein – nach 1942, KZ Auschwitz verschollen
staatenlos
Schülerin
aus Kiel, seit 1939 in Leipzig
JH Jacobstr. 7 (Kinderheim)
Vater aus Kiel emigr., in Auschwitz umgekommen, Mutter 1940 in Leipzig gestorben, Schwester in Auschwitz umgekommen, Schwester von Otto F.
auf d. Transportliste vom 10.5.42 gestrichen
am 13.7.42 nach Auschwitz deportiert

Feldmann, Freyda Frieda, geb. Kerkut
22.4.1876, Płońsk, Russ.-Polen – nach 1943, KZ Auschwitz verschollen
staatenlos (fr. Polen)
Zwangsarbeiterin
Elsterstr. 55; JH Gustav-Adolf-Str. 7
seit 1940 Witwe, Kinder emigr., Mutter von Jetty Blankenstein
Abschluss e. Heimeinkaufsvertrages für Theresienstadt
am 19.9.42 nach Theresienstadt, am 18.12.43 nach Auschwitz deportiert

Feldmann, Otto
30.1.1932, Kiel, Schleswig-Holstein – nach 1942, KZ Auschwitz verschollen
staatenlos
Schüler
aus Kiel, seit 1939 in Leipzig
JH Jacobstr. 7 (Kinderheim)
Bruder von Dina F.
auf d. Transportliste vom 10.5.42 gestrichen
am 13.7.42 nach Auschwitz deportiert

Feldmann, Pauline Perel, geb. Schüler
16.2.1874, Stolp, Pommern – 11.12.1942, Ghetto Theresienstadt
dt. Staatsangeh.
aus Hamburg, seit 1935? in Leipzig
JH Humboldtstr. 21
Schwester von Sally Schüler, Witwe
Abschluss e. Heimeinkaufsvertrages für Theresienstadt
am 19.9.42 nach Theresienstadt deportiert

Feldmann, Vera
1.6.1925, Berlin – nach 1943, KZ Auschwitz verschollen
staatenlos (fr. Polen)
Zwangsarbeit als Pelznäherin im Leipziger Pelzwaren-Spezialhaus G. Nauck, Brühl 41/43
JH Gustav-Adolf-Str. 7
auf d. Transportliste vom 10.5.42 gestrichen
am 17.2.43 nach Berlin, am 26.2.43 nach Auschwitz deportiert

Fertig, Gittel Droby, geb. Spett
23.3.1889, Wojnicz, Österr.-Polen – nach 1942 verschollen
staatenlos
Trödlerin
Zwangsarbeiterin
JH Humboldtstr. 15
geschieden, Sohn emigr.
am 10.5.42 nach Bełżyce deportiert

Feuerstein, Eva, geb. Berent
19.8.1870, Könitz, Sachsen-Meiningen – 28.10.1942, Ghetto Theresienstadt
dt. Staatsangeh.
Funkenburgstr. 10; JH Färberstr. 11 (Alters- und Pflegeheim)
seit 1931 Witwe, Sohn 1942 aus Berlin nach Riga deportiert
Abschluss e. Heimeinkaufsvertrages für Theresienstadt
am 19.9.42 nach Theresienstadt deportiert

Fiedler, Margarethe Caroline, geb. Haber
7.7.1878, Striegau, Schlesien – 3.5.1944, Ghetto Theresienstadt
JH Humboldtstr. 10
nichtjüd. Ehemann
am 13.1.44 nach Theresienstadt deportiert

Fiksel, Anita
19.1.1935, Delitzsch, Provinz Sachsen – nach 1942 verschollen
staatenlos
Tochter von Joachim u. Lina F.
am 21.1.42 nach Riga deportiert

Fiksel, Joachim
15.1.1897, Skandzow – 9.4.1940, KZ Sachsenhausen
staatenlos
Tischler
Uferstr. 11
Ehemann von Lina F., Vater von Anita F.
seit 23.11.39 im KZ Sachsenhausen

Fiksel, Lina, geb. Ruwel
13.5.1902, Monasterzyska, Österr.-Polen – nach 1942 verschollen
staatenlos
Schneiderin
Elsterstr. 5; JH Humboldtstr. 9
Ehefrau von Joachim F., Mutter von Anita F.
am 21.1.42 nach Riga deportiert

Finder, Rosa, geb. Süßmann
16.7.1886, Zadowa, Bukowina – nach 1942 verschollen
Staatsangeh. ungeklärt
Zwangsarbeiterin
Eberhardstr. 3; JH Michaelisstr. 3
seit 1936 Witwe
am 21.1.42 nach Riga deportiert

Fingerhut, Helene Eva
8.2.1927, Eisenach, Thüringen – nach 1942 verschollen
staatenlos
Schülerin
JH Jacobstr. 7 (Kinderheim)
auf d. Transportliste vom 10.5.42 gestrichen, doch nach Bełżyce deportiert

Finkenstein, Johanna, geb. Helft
7.12.1864, Plötzkau, Anhalt – nach 1943 verschollen
dt. Staatsangeh.
JH Färberstr. 11 (Alters- und Pflegeheim)
Witwe
am 17.2.43 nach Theresienstadt? deportiert

Fisch, Sara, geb. Goldfeld
14.3.1878, Gwoździec, Österr.-Polen – nach 1943, KZ Ravensbrück verschollen
rumän. Staatsangeh.
Humboldtstr. 29; Große Fleischergasse 23
Ehemann ebenfalls verhaftet, nach Buchenwald deportiert, Überlebender, Sohn emigr.
am 11.10.43 verhaftet
am 12.10.43 nach Ravensbrück deportiert

Fischelsohn, Pauline
28.10.1888, Piatra, Rumänien – nach 1939 verschollen
rumän. Staatsangeh.
Heil- u. Pflegeanstalt Dösen
Landesanstalt Chemnitz-Altendorf
vermutl. Opfer d. „Euthanasie"

Fischer, Adalbert
29.9.1904, Leipzig – nach 1942 verschollen
dt. Staatsangeh. (fr. Österreich)
Kaufmann (Pelz- u. Rauchwarenbranche)
Zwangsarbeit im Gartenbau
JH Gustav-Adolf-Str. 7
Sohn von Fanny F., Ehemann von Marie F., Vater von Jakob F.
am 12.11.38 i. Rahmen e. „Sonderaktion" verhaftet
auf d. Transportliste vom 21.1.42 gestrichen
am 10.5.42 nach Bełżyce deportiert

Fischer, Adolf
10.5.1914, Leipzig – 5.11.1940, KZ Neuengamme
poln. Staatsangeh.
Zwangsarbeiter
Roßplatz 9
am 8.6.40 aus polit. Gründen verhaftet
am 12.7.40 nach Sachsenhausen deportiert

Fischer, Bertha, geb. Pfingst
5.11.1879, Bischofsburg, Ostpreußen – nach 1942 verschollen
dt. Staatsangeh.
Putzmacherin, Kontoristin
Windmühlenstr. 20; JH Berliner Str. 123
Witwe
am 21.1.42 nach Riga deportiert

Fischer, Fanny Feige, geb. Schorr
26.6.1869, Lemberg, Österr.-Polen – 3.12.1942, Ghetto Theresienstadt
dt. Staatsangeh. (fr. Österreich)
Schneiderin
Funkenburgstr. 2; JH Gustav-Adolf-Str. 7
seit 1940 Witwe, Tochter 1938 nach Polen abgeschoben, Mutter von Adalbert F.
am 19.9.42 nach Theresienstadt deportiert

Fischer, Jakob Joel
20.10.1940, Leipzig – nach 1942 verschollen
dt. Staatsangeh.
Sohn von Adalbert u. Marie F.
auf d. Transportliste vom 21.1.42 gestrichen
am 10.5.42 nach Bełżyce deportiert

Fischer, Marie, gesch. Fürth, geb. Fuks
4.5.1896, Komarów, Russ.-Polen – nach 1942 verschollen
dt. Staatsangeh.
Ehefrau von Adalbert F., Mutter von Jakob F.
auf d. Transportliste vom 21.1.42 gestrichen
am 10.5.42 nach Bełżyce deportiert

Fischmann, Feiga Fanny, geb. Schapiro
18.10.1883, Mohilew, Russland – 6.10.1940, Tötungsanstalt Hartheim, Ostmark
russ. Staatsangeh.
Heil- u. Pflegeanstalt Dösen
nach Hartheim deportiert

Fitzau, Else, geb. Klein
17.11.1884, Wien – 9.10.1942, KZ Auschwitz
JH Walter-Blümel-Str. 11
am 5.12.41 wegen „Verkehrs mit deutschblütigen Personen" verhaftet
am 22.4.42 nach Ravensbrück deportiert

Flade, Ilse Charlotte, geb. Amholz
6.6.1891, Küstrin, Brandenburg – 27.9.1944, Ghetto Theresienstadt
lebte in Pegau, Sachsen
nichtjüd. Ehemann
am 13.1.44 nach Theresienstadt deportiert

Flanter, Israel
19.7.1890, Murowana Goslin, Provinz Posen – 29.11.1940, KZ Dachau
dt. Staatsangeh.
Kaufmann
Zwangsarbeiter
Walter-Blümel-Str. 19
geschieden, Töchter emigr.
am 11.6.40 aus polit. Gründen verhaftet
am 12.7.40 nach Sachsenhausen deportiert

Flaschmann, Max Meilach
13.10.1887, Brody, Österr.-Polen – 19.3.1942, KZ Buchenwald
poln. Staatsangeh.
Händler, Vertreter
Yorkstr. 9; JH Humboldtstr. 31
Ehemann von Toni F.
1940 im KZ Sachsenhausen

Flaschmann, Toni Toba, geb. Fischelsohn
16.1.1890, Piatra, Rumänien – 10.10.1942, KZ Auschwitz
poln. Staatsangeh.

Zwangsarbeiterin
Yorkstr. 9; JH Gustav-Adolf-Str. 7
Ehefrau von Max F., Kinder emigr.
am 8.10.41 wegen staatsfeindl. Äußerungen verhaftet, am 2.8.42 wegen Vergehens gegen die Kriegswirtschaftsverordnung verhaftet
am 28.8.42 nach Ravensbrück deportiert

Flatau, Fanny, geb. Löwy
11.12.1892, Lobsens, Westpreußen – nach 1942 verschollen
dt. Staatsangeh.
Kindergärtnerin
Pflegerin
aus Köthen, Anhalt, seit 1936? in Leipzig
JH Keilstr. 3
Witwe, Mutter von Lutz F.
am 21.1.42 nach Riga deportiert

Flatau, Lutz Jürgen
5.3.1931, Köthen, Anhalt – nach 1942 verschollen
dt. Staatsangeh.
Sohn von Fanny F.
am 21.1.42 nach Riga deportiert

Flatau, Sara Clara, geb. Kirchberger
10.1.1861, Niederlahnstein, Hessen-Nassau – 9.10.1942, Ghetto Theresienstadt
dt. Staatsangeh.
JH Auenstr. 14 (Altersheim)
Witwe
Abschluss e. Heimeinkaufsvertrages für Theresienstadt
am 19.9.42 nach Theresienstadt deportiert

Flatauer, Sally Selig
26.1.1869, Berlin – 20.2.1943, Ghetto Theresienstadt
dt. Staatsangeh.
Kaufmann, Buchhalter
Breitenfelder Str. 30; JH Keilstr. 3
Ehefrau ebenfalls nach Theresienstadt deportiert, Überlebende, Söhne emigr.
am 19.9.42 nach Theresienstadt deportiert

Fleischer, Curt
7.5.1887, Prossnitz, Mähren – nach 1944 umgekommen
Protektoratsangeh. (fr. Tschechoslowakei)
Kaufmann, Inh. e. Speditionsgeschäfts
Zwangsarbeit auf d. Südfriedhof
Stallbaumstr.18; JH Jacobstr. 11
Ehemann von Eva F., Vater von Hans F.
am 9.11.39 im Rahmen e. „Sonderaktion" verhaftet, am 16.12.39 freigelassen
am 21.1.42 nach Riga deportiert, zum Transportführer bestimmt, sp. KZ Salaspils, 1944 nach Stutthof deportiert

Fleischer, Eva Bertha, geb. Hess
26.3.1895, Leipzig – nach 1942 umgekommen
Protektoratsangeh. (fr. Tschechoslowakei)
Prokuristin
Tochter von Alice Hess, Ehefrau von Curt. F., Mutter von Hans F.
am 21.1.42 nach Riga deportiert

Fleischer, Hans Julius
28.3.1919, Leipzig – nach 1944 umgekommen
Protektoratsangeh. (fr. Tschechoslowakei)
Zwangsarbeiter
Sohn von Curt u. Eva F.
am 21.1.42 nach Riga deportiert, sp. KZ Salaspils, 1944 nach Stutthof deportiert

Flenker (-Winkler), Elisabeth Ester, geb. Rössler
24.10.1879, Krakau, Österr.-Polen – nach 1942 verschollen
JH Nordstr. 15 (Altersheim)
Witwe
am 21.1.42 nach Riga deportiert

Fliess, Rosalie, geb. Fliess
27.11.1860, Großmühlingen, Anhalt – 7.9.1942, Leipzig
dt. Staatsangeh.
Pfaffendorfer Str. 7; JH Auenstr. 14 (Altersheim)
seit 1935 Witwe, Mutter von Emmy Tausig
Abschluss e. Heimeinkaufsvertrages für Theresienstadt
auf d. Transportliste vom 19.9.42

Flörsheim, Julius
7.12.1883, Rotenburg (Fulda), Hessen-Nassau – 10.12.1941, KZ Sachsenhausen
dt. Staatsangeh.
Kaufmann, Inh. e. Textilwarenfirma, gegr. 1906
JH König-Johann-Str. 30
Ehemann von Paula F.
am 10.11.38 im Rahmen e. „Sonderaktion" verhaftet, am 13.2.39 wegen „Rassenschande" verhaftet
1940 im Zuchthaus Waldheim
am 10.6.41 wegen Vergehens gegen die Kriegswirtschaftsverordnung verhaftet
am 25.7.41 nach Sachsenhausen deportiert

Flörsheim, Paula, geb. Katzenstein
9.11.1889, Rotenburg (Fulda), Hessen-Nassau – nach 1942 verschollen
dt. Staatsangeh.
Zwangsarbeiterin
Bruder emigr., Ehefrau von Julius F., Kinder emigr.
am 21.1.42 nach Riga deportiert

Forberg, Franziska Bertha, geb. Gumpel
3.10.1869, Leipzig – 1.9.1942, Leipzig, Freitod
dt. Staatsangeh.
Buchhändlerin, Inh. e. Musikverlages u. e. Kommissionsbuchhandlung, gegr. 1862
Haydnstr. 9; JH Gustav-Adolf-Str. 7
Witwe
auf d. Transportliste vom 19.9.42

Forst, Sally
15.5.1899, Berlin – 14.6.1939, Leipzig, Freitod
poln. Staatsangeh.
Kürschner
Schmidt-Rühl-Str. 5b
Mutter u. Schwester emigr.
Angst vor Abschiebung

Fränkel, Juda
25.2.1854, Husiatyn, Österr.-Polen – 25.8.1942, Leipzig
staatenlos (fr. Polen)
JH Färberstr. 11 (Alters- und Pflegeheim)
Witwer, Tochter emigr., Vater von Moses Kolker

Fränkel, Leon Wilhelm
26.7.1862, Leipzig – 14.11.1942, Ghetto Theresienstadt
dt. Staatsangeh.
Kaufmann, Vertreter für Wäschestoffe
König-Johann-Str. 11; JH Auenstr. 14 (Altersheim)
Witwer, Söhne emigr.
am 11.11.38 im Rahmen e. „Sonderaktion" verhaftet
Abschluss e. Heimeinkaufsvertrages für Theresienstadt
am 19.9.42 nach Theresienstadt deportiert

Frank, Amalie
11.2.1899, Ichenhausen, Bayern – 1942?, KZ Ravensbrück
dt. Staatsangeh.
Kindergärtnerin
Mozartstr. 17
am 12.4.40 verhaftet
am 24.5.40 nach Ravensbrück deportiert

Frank, Auguste
21.3.1877, Leipzig – 5.10.1942, Ghetto Theresienstadt
dt. Staatsangeh.
Schneiderin
Christianstr. 19; JH Färberstr. 11 (Alters- und Pflegeheim)
Schwester von Else F.
auf d. Transportliste vom 21.1.42 gestrichen
Abschluss e. Heimeinkaufsvertrages für Theresienstadt
am 19.9.42 nach Theresienstadt deportiert

Frank, Else Rosette
6.1.1876, Leipzig – 26.11.1942, Ghetto Theresienstadt
dt. Staatsangeh.
kaufm. Angestellte
Christianstr. 19; JH Färberstr. 11 (Alters- und Pflegeheim)
Schwester von Auguste F.
Abschluss e. Heimeinkaufsvertrages für Theresienstadt
am 19.9.42 nach Theresienstadt deportiert

Frank, Klara, geb. Felsenthal
23.12.1884, Bochum, Westfalen – nach 1942 verschollen
dt. Staatsangeh.
Schneiderin
JH König-Johann-Str. 30
Witwe, Mutter von Marianne F.
am 21.1.42 nach Riga deportiert

Frank, Marianne
14.10.1923, Leipzig – nach 1942 verschollen
dt. Staatsangeh.
Tochter von Klara F.
am 21.1.42 nach Riga deportiert

Franken, Lore
15.6.1918, Hof, Bayern – 1945 (Mai), KZ Stutthof
dt. Staatsangeh.
Zwangsarbeiterin
aus Hof, seit 1938 in Leipzig
Tochter von Therese F.
am 21.1.42 nach Riga deportiert

Franken, Therese, geb. Silberberg
7.2.1885, Halle (Saale), Provinz Sachsen – nach 1942, Ghetto Riga
dt. Staatsangeh.
Verkäuferin

aus Hof, Bayern, seit 1938 in Leipzig
JH Mozartstr. 17
Ehemann emigr., zwei Töchter ebenfalls nach Riga deportiert, Überlebende, Mutter von Lore F.
am 21.1.42 nach Riga deportiert

Frankenberg, Edith
5.4.1903, Leipzig – nach 1942 verschollen
dt. Staatsangeh.
Haustochter
Zwangsarbeiterin
Markgrafenstr. 10; JH Alexanderstr. 46
Eltern u. Schwestern emigr.
am 21.1.42 nach Riga deportiert

Frankenstein, Joseph, Dr. med.
25.6.1869, Landshut, Bayern – 1938?, Leipzig, Freitod
dt. Staatsangeh.
prakt. Arzt, Frauenarzt
Krankenbehandler
Stieglitzstr. 87; Pölitzstr. 27
Ehefrau 1942 nach Riga deportiert, Überlebende

Frankl, Wilhelm Viktor
5.10.1867, Wien – 22.1.1943, KZ Auschwitz
Protektoratsangeh.
Hutmacher, Inh. e. Großh. für Herrenhüte u. -mützen, gegr. 1920
Lindenstr. 18; JH Nordstr. 11
Witwer
wegen Vergehens gegen die Kriegswirtschaftsverordnung verhaftet
auf d. Transportliste vom 19.9.42
am 23.12.42 nach Auschwitz deportiert

Freier, Elias
13.3.1911, Leipzig – 1945 verschollen
staatenlos (fr. Rumänien)
Kürschner
Zwangsarbeit als Schlosser
Münzgasse 3; JH Humboldtstr. 6
Bruder von Heinrich F.?, Ehemann von Ursula F., Vater von Gittel F.
am 21.1.42 nach Riga, sp. nach Auschwitz, am 26.1.45 nach Buchenwald deportiert

Freier, Else, geb. Blumenstock
27.11.1910, Düsseldorf, Rheinprovinz – nach 1944 verschollen
Staatsangeh. ungeklärt
Ehefrau von Heinrich F., Mutter von Renate F.
am 21.1.42 nach Riga, 1944 nach Stutthof deportiert

Freier, Gittel Zipora
15.11.1941, Leipzig – nach 1943 verschollen
staatenlos
Tochter von Elias u. Ursula F.
am 21.1.42 nach Riga deportiert
jüngstes aus Leipzig deportiertes Kind

Freier, Heinrich
22.9.1906, Leipzig – nach 1944 verschollen
Staatsangeh. ungeklärt
Kürschner
Zwangsarbeit bei d. Müllabfuhr u. als Sortierer
Münzgasse 3; JH Walter-Blümel-Str. 21
Eltern u. Geschwister emigr., Bruder 1942 aus Berlin nach Riga deportiert, Überlebender, Bruder von Elias F.?, Ehemann von Else F., Vater von Renate F.
am 21.1.42 nach Riga, am 8.8.44 nach Stutthof, am 16.8.44 nach Buchenwald deportiert

Freier, Liselotte
28.6.1922, Leipzig – nach 1944 verschollen
Staatsangeh. ungeklärt
Schneiderin
Asterstr. 7; JH Humboldtstr. 10
Tochter von Johanna Strauber
am 21.1.42 nach Riga deportiert

Freier, Renate
21.11.1937, Leipzig – 1944, Ghetto Riga
Staatsangeh. ungeklärt
Tochter von Heinrich u. Else F.
am 21.1.42 nach Riga deportiert

Freier, Ursula, geb. Raschfall
31.10.1920, Großlehna, Provinz Sachsen – nach 1943 verschollen
staatenlos
Nürnberger Str. 6; JH Humboldtstr. 6
Tochter von Brajna Raschfall, Ehefrau von Elias F., Mutter von Gittel F.
am 21.1.42 nach Riga deportiert

Freifeld, Berta Ottilie, geb. Blümlein
1.9.1898, Leipzig – nach 1942, KZ Auschwitz verschollen
staatenlos (fr. Polen)
Pflegerin
Marienstr. 7; JH Humboldtstr. 21
Tochter von Therese Blümlein, Brüder emigr., Schwester emigr., 1944 in Auschwitz umgekommen, Schwester aus Leipzig vor d. Deportation geflohen, Überlebende, Ehefrau von Jakob F., Söhne emigr.
am 13.7.42 nach Auschwitz deportiert

Freifeld, Jakob Schulim
11.6.1891, Rudolowicze, Österr.-Polen – 2.3.1942, Tötungsanstalt Bernburg, Anhalt
staatenlos (fr. Polen)
Kaufmann, Inh. e. Schuhgroßh.
Marienstr. 7; Brühl 15
Ehemann von Berta F.
am 9.9.39 verhaftet
1940 im KZ Sachsenhausen, sp. im KZ Dachau, seit 5.7.41 im KZ Buchenwald, angebl. dort am 19.3.42 verstorben, tatsächl. nach Bernburg deportiert

Freimann, Martha, geb. Tichauer
15.4.1881, Glatz, Schlesien – nach 1942 verschollen
dt. Staatsangeh.
Brüder emigr., Ehefrau von Simon F.
am 10.5.42 nach Bełżyce deportiert

Freimann, Simon
14.5.1882, Breslau, Schlesien – nach 1942 verschollen
dt. Staatsangeh.
Kaufmann (Verlagswesen)
aus Breslau, Niederschlesien
JH Leibnizstr. 30
Ehemann von Martha F.
am 10.5.42 nach Bełżyce deportiert

Freitag, Josef
7.8.1890, Nördlingen, Bayern – nach 1942 verschollen
dt. Staatsangeh.
Kaufmann, Vertreter
Zwangsarbeit im Tiefbau
Bogislawstr. 25; JH Humboldtstr. 10
geschieden
am 5.10.39 im Rahmen e. „Sonderaktion“ verhaftet, am 14.10.39 freigelassen
am 21.1.42 nach Riga deportiert

Frenkel, Abraham
29.4.1899, Łódź, Russ.-Polen – 12.2.1942, KZ Sachsenhausen
staatenlos (fr. Polen)
Kaufmann, Inh. e. Rauchwarengroßh., gegr. 1919
Springerstr. 34; Gohliser Str. 1
Ehemann von Frieda F.
am 10.1.39 wegen Verdachts d. Devisenvergehens verhaftet, am 30.6.39 wegen Fotografierens verhaftet
1940 in d. Strafanstalt Bautzen
am 18.1.41 nach Sachsenhausen deportiert

Frenkel, Frieda, geb. Zwecher
31.5.1905, Kolomea, Österr.-Polen – nach 1942, KZ Auschwitz verschollen
staatenlos (fr. Polen)
Zwangsarbeit als Pelznäherin
Springerstr. 34; Pfaffendorfer Str. 6
Schwester von Iphigenie Brecher?, Ehefrau von Abraham F., Kinder emigr.
am 13.7.42 nach Auschwitz deportiert

Freudenreich (Fraidenreich), Arno
7.12.1915, Leipzig – 12.12.1940, Großschweidnitz, Sachsen
staatenlos (fr. Polen)
Sohn von Isaak u. Gita F.
Heil- u. Pflegeanstalt Dösen
Landesanstalt Großschweidnitz
vermutlich Opfer d. „Euthanasie“

Freudenreich (Fraidenreich), Gita Cyrla, geb. Altmann
15.3.1887, Nowe Miasto, Russ.-Polen – nach 1942 verschollen
staatenlos (fr. Polen)
Zwangsarbeiterin
Gneisenaustr. 2; JH Packhofstr. 1
Tochter von Ryfka Altmann, zwei Brüder emigr., Schwester von Moritz Altmann, Ehefrau von Isaak F., Söhne emigr., Mutter von Arno F.
am 10.5.42 nach Bełżyce deportiert

Freudenreich (Fraidenreich), Isaak Israel
10.9.1889, Nowe Miasto, Russ.-Polen – 6.2.1940, KZ Sachsenhausen
staatenlos (fr. Polen)
Kaufmann, Inh. e. Sackgroßh., sp. e. Textilwarenversands
Gneisenaustr. 2; Hindenburgstr. 64
Ehemann von Gita F., Vater von Arno F.
seit 23.11.39 im KZ Sachsenhausen

Freudenthal, Adolf
10.10.1868, Theilheim (b. Waigolshausen), Bayern – 22.6.1943, Ghetto Theresienstadt
dt. Staatsangeh.
Kaufmann
JH Auenstr. 14 (Altersheim)
Abschluss e. Heimeinkaufsvertrages für Theresienstadt
am 19.9.42 nach Theresienstadt deportiert

Freudenthal, Benno
8.2.1879, Wongrowitz, Provinz Posen – 1942 (Okt.), Opole (Kr. Puławy), Generalgouvernement
dt. Staatsangeh.
Kaufmann
Zwangsarbeiter, Bote
Tauchaer Str. 2; JH Jacobstr. 11
Bruder von Paul F.
auf d. Transportliste vom 21.1.42 gestrichen
am 10.5.42 nach Bełżyce deportiert
an Typhus verstorben

Freudenthal, Bertha, geb. Freudenthal
26.1.1859, Tann (Rhön), Hessen-Nassau – 19.11.1942, Ghetto Theresienstadt
dt. Staatsangeh.
Ehefrau von Menko F., Kinder emigr.
Abschluss e. Heimeinkaufsvertrages für Theresienstadt
am 19.9.42 nach Theresienstadt deportiert

Freudenthal, Ida Gida, geb. Heilbronn
8.11.1874, Tann (Rhön), Hessen-Nassau – 16.10.1942, Ghetto Theresienstadt
dt. Staatsangeh.
aus Geisa (Rhön), Thüringen, seit 1936? in Leipzig
JH Auenstr. 14 (Altersheim)
Witwe, Sohn emigr., Mutter von Beatrice Kahn
am 19.9.42 nach Theresienstadt deportiert

Freudenthal, Menko
19.6.1857, Tann (Rhön), Hessen-Nassau – 16.10.1942, Ghetto Theresienstadt
dt. Staatsangeh.
Kaufmann, Viehhändler
aus Tann, seit 1939? in Leipzig
JH Auenstr. 14 (Altersheim)
Ehemann von Bertha F.
Abschluss e. Heimeinkaufsvertrages für Theresienstadt
am 19.9.42 nach Theresienstadt deportiert

Freudenthal, Paul, Dr. med. dent.
14.8.1877, Wongrowitz, Provinz Posen – 1942 (Okt.), Opole (Kr. Puławy), Generalgouvernement
dt. Staatsangeh.
prakt. Zahnarzt
Zahnbehandler
Tauchaer Str. 2; JH Jacobstr. 11
Bruder von Benno F.
am 9.11.39 im Rahmen e. „Sonderaktion" verhaftet, am 16.12.39 freigelassen
auf d. Transportliste vom 21.1.42 gestrichen
am 3.3.42 wegen „Verkehrs mit Deutschblütigen" verhaftet, am 8.5.42 freigelassen
am 10.5.42 nach Bełżyce deportiert
an Typhus verstorben

Freund, Ludwig
20.4.1857, Koschetin, Schlesien – 3.10.1942, Ghetto Theresienstadt
dt. Staatsangeh.
Kaufmann, Inh. e. Firma für Damenkonfektion, gegr. 1912
Mariannenstr. 3; JH Auenstr. 14 (Altersheim)
Ehemann von Mary F.
Abschluss e. Heimeinkaufsvertrages für Theresienstadt
am 19.9.42 nach Theresienstadt deportiert

Freund, Mary, geb. Lamm
25.2.1865, Erfurt, Provinz Sachsen – 25.2.1944, Ghetto Theresienstadt
dt. Staatsangeh.
Schwester emigr., Ehefrau von Ludwig F., Sohn emigr.
Abschluss e. Heimeinkaufsvertrages für Theresienstadt
am 19.9.42 nach Theresienstadt deportiert

Frey, Frida, verw. Schulze, geb. Rosenthal
5.10.1887, Eisleben, Provinz Sachsen – 9.10.1942, KZ Auschwitz
dt. Staatsangeh.
Kassiererin
Mockauer Str. 73; JH Nordplatz 7
Ehefrau von Wilhelm F., Tochter emigr.
am 5.11.41 wegen „Verbreitung e. Hetzschrift" verhaftet
am 23.1.42 nach Ravensbrück deportiert

Frey, Hugo
29.3.1882, Gleiwitz, Schlesien – 3.6.1943, Ghetto Theresienstadt
dt. Staatsangeh.
Kaufmann, Inh. e. Firma für Möbelbeschläge, Handelsvertreter
Zwangsarbeit in d. Städt. Arbeitsanstalt
Kantstr. 17; JH Leibnizstr. 30
Ehemann von Sara F.
am 10.11.38 im Rahmen e. „Sonderaktion" verhaftet, am 24.10.41 wegen Verdachts d. „Schleichhandels" verhaftet, am 28.10.41 freigelassen
auf d. Transportliste vom 21.1.42 gestrichen
am 19.9.42 nach Theresienstadt deportiert

Frey, Sara, geb. Freudenberg
8.12.1880, Punitz, Provinz Posen – nach 1944, KZ Auschwitz verschollen
dt. Staatsangeh.
Buchhalterin
Geschwister emigr., Schwester von Franziska Golschiener, Ehefrau von Hugo F., Kinder emigr.
auf d. Transportliste vom 21.1.42 gestrichen
am 19.9.42 nach Theresienstadt, am 9.10.44 nach Auschwitz deportiert

Frey, Wilhelm
24.2.1892, Pless, Schlesien – 5.11.1942, KZ Auschwitz
dt. Staatsangeh.
Inh. e. Schuhgeschäfts
Büroangestellter
JH Nordplatz 7
Ehemann von Frida F.
am 9.11.39 im Rahmen e. „Sonderaktion" verhaftet, am 19.12.39 freigelassen, am 5.11.41 wegen Verdachts d. staatsfeindlichen Betätigung verhaftet
am 23.1.42 nach Sachsenhausen deportiert

Fried, Amalie Elise, geb. Petruschka
17.2.1893, Leipzig – nach 1942 umgekommen
dt. Staatsangeh. (fr. Österreich)
Ehefrau von Moses F., Kinder emigr.
am 21.1.42 nach Riga deportiert

Fried, Chaja Klara, geb. Adler
10.4.1863, Zatwarnica, Österr.-Polen – 5.2.1943, Ghetto Theresienstadt
staatenlos (fr. Polen)
Liviastr. 5; JH Färberstr. 11 (Alters- und Pflegeheim)
seit 1932 Witwe, Kinder emigr., Mutter von Moses F. u. Feige Kalb
am 19.9.42 nach Theresienstadt deportiert

Fried, Moses Moritz
11.4.1885, Brzeżany, Österr.-Polen – nach 1942 umgekommen
dt. Staatsangeh. (fr. Österreich)
Kaufmann, Inh. e. Schuhwaren-Groß- u. Kleinhandlung, gegr. 1908, Inh. e. Kaufhauses, gegr. 1919
Zwangsarbeiter
König-Johann-Str. 27; JH König-Johann-Str. 30
Sohn von Chaja F., Bruder von Feige Kalb, Ehemann von Amalie F.
am 10.11.38 i. Rahmen e. „Sonderaktion" verhaftet nach Buchenwald deportiert, am 9.12.38 freigelassen
am 21.1.42 nach Riga deportiert

Friedeberg, Dorothea
nach 1942 verschollen
dt. Staatsangeh.
aus d. jüd. Kinderheim Fürth, Bayern
am 21.1.42 nach Riga deportiert

Friedeberg, Jenny, geb. Flanter
31.7.1889, Rogasen, Provinz Posen – nach 1943 verschollen
dt. Staatsangeh.
Wirtschafterin
Zwangsarbeiterin
JH Humboldtstr. 21
Witwe
am 21.1.42 nach Riga deportiert

Friedheim, Jettchen Hedwig, geb. Kanstein
9.10.1875, Heppenheim (Bergstraße), Hessen-Darmstadt – 8.7.1944, Ghetto Theresienstadt
dt. Staatsangeh.
Zwangsarbeit in d. Städt. Arbeitsanstalt
JH Auenstr. 14 (Altersheim)
seit 1935 Witwe, Kinder emigr.
Abschluss e. Heimeinkaufsvertrages für Theresienstadt
am 19.9.42 nach Theresienstadt deportiert

Friedheim, Ludwig Louis, Dr. med.
7.6.1862, Köthen, Anhalt – 14.10.1942, Ghetto Theresienstadt
dt. Staatsangeh.
Facharzt für Haut- u. Geschlechtskrankheiten
Bosestr. 6; JH Nordstr. 15
am 19.9.42 nach Theresienstadt deportiert

Friedländer, Dorothea
15.9.1863, Omechau, Schlesien – 4.2.1943, Ghetto Theresienstadt
dt. Staatsangeh.
Fritzschestr. 12; JH Auenstr. 14 (Altersheim)
Abschluss e. Heimeinkaufsvertrages für Theresienstadt
am 19.9.42 nach Theresienstadt deportiert

Friedländer, Lydia, geb. Hirsch
26.5.1856, Leipzig – 6.9.1942, Leipzig
JH Färberstr. 11 (Alters- und Pflegeheim)

Chaja Fried, die Ehefrau von Jacob Fried, wurde am 19. September 1942 nach Theresienstadt deportiert und starb dort am 5. Februar 1943.

Friedmann, Etka, geb. Schumer
20.9.1907, Drohobycz, Österr.-Polen – nach 1943, KZ Auschwitz verschollen
staatenlos (fr. Polen)
Kontoristin
Zwangsarbeit in d. Firma Märkle & Kniesche KG, Rauchwaren-Zurichterei und Färberei, Werk Wahren
Yorkstr. 28; JH Gustav-Adolf-Str. 7
Eltern u. Geschwister 1938 nach Polen abgeschoben, Schwester von Salomon Schumer, Ehefrau von Leiser F., Mutter von Paula F.
am 28.10.38 nach Polen abgeschoben, Rückkehr nach Leipzig
am 17.2.43 nach Berlin, am 26.2.42 nach Auschwitz deportiert

Friedmann, Leiser
31.12.1908, Tłumacz, Österr.-Polen – nach 1940 verschollen
staatenlos (fr. Polen)
Kaufmann, Handelsvertreter
Zwangsarbeit im Tiefbau
JH Walter-Blümel-Str. 21
Ehemann von Etka F., Vater von Paula F.
am 28.10.38 nach Polen abgeschoben, Rückkehr nach Leipzig
1940 im KZ Sachsenhausen

Friedmann, Paula Thea
20.1.1935, Leipzig – nach 1943, KZ Auschwitz verschollen
staatenlos (fr. Polen)
Tochter von Leiser u. Etka F.
am 28.10.38 nach Polen abgeschoben, Rückkehr nach Leipzig
am 17.2.43 nach Berlin, am 26.2.43 nach Auschwitz deportiert

Friedner, Edith
15.9.1905, Oderberg, Brandenburg – nach 1943, KZ Auschwitz verschollen
Protektoratsangeh. (fr. Tschechoslowakei)
Kindergärtnerin
Zwangsarbeit in d. Großkürschnerei S. Blükas, Brühl 47
Eberhardstr. 7; JH Nordstr. 15
Bruder emigr.
am 17.2.43 nach Berlin, am 26.2.43 nach Auschwitz deportiert

Frigge, Fajga Fela, geb. Kozsuch
25.11.1896, Złoszów, Österr.-Polen – 9.10.1942 KZ Auschwitz
Näherin
Dorotheenplatz 2
am 8.12.41 wegen Vergehens gegen die Kriegswirtschaftsverordnung verhaftet
am 20.3.42 nach Ravensbrück deportiert

Frisch, Charlotte
27.7.1928, Chemnitz, Sachsen – nach 1942 verschollen
staatenlos
Schülerin
JH Jacobstr. 7 (Kinderheim)
Schwester von Erika F.
am 10.5.42 nach Bełżyce deportiert

Frisch, Erika
23.6.1925, Chemnitz, Sachsen – nach 1942 verschollen
staatenlos
Praktikantin (Hausangestellte)
JH Auenstr. 14 (Altersheim)
Schwester von Charlotte F.
am 10.5.42 nach Bełżyce deportiert

Frühauf, Aenne
24.4.1921, Stolzenau, Provinz Hannover – nach 1944, KZ Auschwitz verschollen
dt. Staatsangeh.
Zahnarzthelferin, Putzmacherin
Zwangsarbeit als Pelznäherin in d. Firma Hermann Müller, Pelzkonfektion, Rauchwaren, Humboldtstr. 9
Tochter von Gustav u. Ida F.
am 17.2.43 nach Berlin, am 17.3.43 nach Theresienstadt, am 23.10.44 nach Auschwitz deportiert

Frühauf, Gustav
23.8.1884, Walldorf (Werra), Sachsen-Meiningen – nach 1944, KZ Auschwitz verschollen
dt. Staatsangeh.
Lehrer
Zwangsarbeit als Hilfskürschner (Zwecker)
aus Bleicherode, Provinz Sachsen, seit 1941 in Leipzig
JH Packhofstr. 1
Ehemann von Ida F., Vater von Aenne F.
am 10.11.38 aus Bleicherode nach Buchenwald deportiert
Abschluss e. Heimeinkaufsvertrages für Theresienstadt

auf d. Transportliste vom 19.9.42 gestrichen
am 17.2.43 nach Berlin, am 17.3.43 nach Theresienstadt, am 23.10.44 nach Auschwitz deportiert

Frühauf, Ida, geb. Blum
29.9.1894, Usingen, Hessen-Nassau – nach 1944, KZ Auschwitz verschollen
dt. Staatsangeh.
Zwangsarbeiterin
Ehefrau von Gustav F., Mutter von Aenne F.
Abschluss e. Heimeinkaufsvertrages für Theresienstadt
auf d. Transportliste vom 19.9.42 gestrichen
am 17.2.43 nach Berlin, am 17.3.43 nach Theresienstadt, am 23.10.44 nach Auschwitz deportiert

Fuchs, Hanna, geb. Mendel (gen. Mendelsohn)
26.9.1898, Leipzig – nach 1944, KZ Auschwitz verschollen
dt. Staatsangeh.
Verkäuferin
Eutritzscher Str. 3; JH Humboldtstr. 9
Bruder emigr., Ehefrau von Julius F.
Abschluss e. Heimeinkaufsvertrages für Theresienstadt
am 19.9.42 nach Theresienstadt, am 18.5.44 nach Auschwitz deportiert

Fuchs, Julius
18.11.1888, Leipzig – 20.8.1943, Ghetto Theresienstadt
dt. Staatsangeh.
Kaufmann, Handelsvertreter
Adressenschreiber
Sigismundstr. 6; JH Humboldtstr. 9
Ehemann von Hanna F.
Abschluss e. Heimeinkaufsvertrages für Theresienstadt
am 19.9.42 nach Theresienstadt deportiert

Fürst, Elias Ernst
19.12.1868, Worringen, Rheinprovinz – 22.4.1943, Ghetto Theresienstadt
dt. Staatsangeh.
Kaufmann, Vertreter
Ferdinand-Rhode-Str. 37; JH Gustav-Adolf-Str. 7
Ehemann von Luise F., Vater von Walter F.
am 19.9.42 nach Theresienstadt deportiert

Fürst, Luise, geb. Cohen
31.5.1899, Lippstadt, Westfalen – nach 1944, KZ Auschwitz verschollen
dt. Staatsangeh.
Büroarbeiterin
Brüder emigr., Ehefrau von Elias F., Mutter von Walter F.
am 19.9.42 nach Theresienstadt, am 18.5.44 nach Auschwitz deportiert

Fürst, Walter Jacob
16.5.1932, Leipzig – nach 1944, KZ Auschwitz verschollen
dt. Staatsangeh.
Sohn von Elias u. Luise F.
am 19.9.42 nach Theresienstadt, am 18.5.44 nach Auschwitz deportiert

Fürth, Ellen Johanna
11.7.1929, Leipzig – nach 1942, KZ Auschwitz verschollen
Schülerin
Tochter von Richard u. Helene F., Schwester von Hella F.
am 13.7.42 nach Auschwitz deportiert

Fürth, Helene, geb. Mathes
20.8.1892, Ratzebuhr, Pommern – nach 1942, KZ Auschwitz verschollen
dt. Staatsangeh.
Gemeindearbeiterin
Ehefrau von Richard F., Mutter von Hella u. Ellen F.
am 13.7.42 nach Auschwitz deportiert

Fürth, Hella Rosel
6.3.1922, Leipzig – nach 1942, KZ Auschwitz verschollen
dt. Staatsangeh.
Kontoristin, Sprechstundenhilfe
Tochter v. Richard u. Helene F., Schwester v. Ellen F.
am 13.7.42 nach Auschwitz deportiert

Fürth, Richard
9.8.1890, Leipzig – nach 1942, KZ Auschwitz verschollen
dt. Staatsangeh.
Kaufmann, Kürschner
Hausmeister d. Israelit. Religionsgemeinde
Tauchaer Str. 60; JH Walter-Blümel-Str. 10
Schwester emigr., Bruder u. Schwester nach Theresienstadt deportiert, Überlebende, Ehemann von Helene F., Vater von Hella u. Ellen F.
am 13.7.42 nach Auschwitz deportiert

Fuhrmann, Chaje Salomea, geb. Stimmler
28.5.1886, Grabno, Österr.-Polen – nach 1942 verschollen
poln. Staatsangeh.
Inh. e. Geflügelhandlung
Zwangsarbeiterin
Gerberstr. 53; JH Packhofstr. 1
seit 1926 Witwe, Kinder emigr.
am 21.1.42 nach Riga deportiert

Fuld, Fanny, geb. Erlanger
19.9.1852, Dottenheim, Bayern – 11.10.1942, Ghetto Theresienstadt
dt. Staatsangeh.
aus Erfurt, Provinz Sachsen, seit 1942? in Leipzig
JH Auenstr. 14 (Altersheim)
Witwe
Abschluss e. Heimeinkaufsvertrages für Theresienstadt
am 19.9.42 nach Theresienstadt deportiert

Gabler, Josef
10.8.1930, Chemnitz, Sachsen – verschollen
staatenlos
Schüler
JH Jacobstr. 7 (Kinderheim)
Mutter emigr.
auf d. Transportliste vom 10.5.42 gestrichen

Gadiel, Curt
20.11.1894, Grottkau, Schlesien – 5.7.1939, Leipzig, Freitod
dt. Staatsangeh.?
Reisender
Oberläuterstr. 13; Promenadenstr. 27
nichtjüd. Ehefrau

Gambert, Edith
20.5.1879, Libau, Russland – nach 1942 verschollen
staatenlos
Modistin, Kassiererin, Reisebegleiterin
Zwangsarbeiterin
JH Gustav-Adolf-Str. 7
am 21.1.42 nach Riga deportiert

Ganopolsky, Enta, geb. Drop
24.11.1882, Grodno, Russ.-Polen – nach 1942 verschollen
staatenlos
Ehefrau von Mordko G., Kinder emigr.
am 21.1.42 nach Riga deportiert

Ganopolsky, Mordko Max
15.8.1877, Nikolajew, Österr.-Polen – nach 1942 verschollen
staatenlos
Kaufmann, Inh. e. Rauchwarenfirma
Zwangsarbeiter
Humboldtstr. 33; JH Humboldtstr. 21
Ehemann von Enta G.
am 21.1.42 nach Riga deportiert

Garfunkel, Sophie, geb. Harmelin
27.2.1874, Leipzig – 25.11.1942, Ghetto Theresienstadt
dt. Staatsangeh.
Zwangsarbeit in d. Städt. Arbeitsanstalt
Beethovenstr. 29; JH Auenstr. 14 (Altersheim)
Schwester von Jacob u. Elisabeth Harmelin, seit 1935 Witwe, Tochter emigr.
am 19.9.42 nach Theresienstadt deportiert

Gattermeyer, Gertrud
28.4.1928, Minden, Westfalen – 14.2.1945, Leipzig, Freitod
dt. Staatsangeh.?
Tochter von Lilli G.
drohende Deportation

Gattermeyer, Lilli, geb. Meyer
2.8.1898, München – 14.2.1945, Leipzig, Freitod
dt. Staatsangeh.?
Ehrensteinstr. 32
nichtjüd. Ehemann, Mutter von Gertrud G.
drohende Deportation

Gerson, Erna, geb. Wolff
14.12.1898, Köln, Rheinprovinz – nach 1942, KZ Auschwitz verschollen
dt. Staatsangeh.
Wirtschaftsleiterin
Heimleiterin
JH Humboldtstr. 13 (Altersheim)
Ehemann emigr., Schwägerin von Flora Melmann
am 13.7.42 nach Auschwitz deportiert

Gerst, Alfred
29.1.1915, Würzburg, Bayern – 22.2.1942, KZ Sachsenhausen
dt. Staatsangeh.
Verkäufer, Autoschlosser
Sohn von Marianne G.
Mitgl. d. illegalen kommunistischen Gruppe „Zelle Zentrum", denunziert, am 28.6.34 verhaftet, am 20.3.35 wegen Vorbereitung z. Hochverrat verurteilt

Zuchthaus Waldheim, 1938 nach Dachau, am 7.3.39 nach Buchenwald, sp. nach Sachsenhausen deportiert

Gerst, Marianne, geb. Mars[4]
17.12.1887, Schweinfurt, Bayern – 1942, Ghetto Riga
dt. Staatsangeh.
Kreuzstr. 4; JH Humboldtstr. 4
Ehemann u. Sohn emigr., Mutter von Alfred G.
am 21.1.42 nach Riga deportiert

Gewürtz, Eva Chawa, geb. Laub
27.2.1900, Brzesko, Österr.-Polen – 1944 umgekommen
dt. Staatsangeh. (fr. Österreich)
Geschäftsinh.
Pariser Str. 19; JH Mozartstr. 17
Eltern umgekommen, Ehemann u. Tochter ebenfalls nach Riga deportiert, Überlebende, Sohn 1942 aus Berlin nach Auschwitz deportiert, verschollen
am 5.10.39 aus politischen Gründen verhaftet, am 14.10.39 freigelassen
auf d. Transportliste vom 21.1.42 gestrichen, doch nach Riga, 1944 nach Stutthof deportiert

Gewürzmann, Chaja, geb. Markus
6.10.1880, Warschau – nach 1942 verschollen
staatenlos (fr. Polen)
Gerberstr. 5; JH Packhofstr. 1
Ehefrau von Jankiel G., Sohn emigr.
am 10.5.42 nach Bełżyce deportiert

Gewürzmann, Dora Philipine, geb. Lastmann
27.3.1897, Leipzig – nach 1942, KZ Auschwitz verschollen
staatenlos
Hausangestellte
Hausgehilfin im Israelit. Krankenhaus
Thümmelstr. 12; Chemnitzer Str. 50
Brüder emigr., in Auschwitz umgekommen, Ehemann emigr.
am 13.7.42 nach Auschwitz deportiert

Gewürzmann, Jankiel
10.3.1873, Brest-Litowsk, Russ.-Polen – 16.5.1940, KZ Sachsenhausen
staatenlos (fr. Polen)
Posamentenmacher, Inh. e. Fisch- u. Geflügelhandlung
Gerberstr. 5; JH Keilstr. 3
Ehemann von Chaja G.

Gewürzmann, Paul Pessach
12.7.1898, Praga, Russ.-Polen – 17.4.1940, KZ Sachsenhausen
staatenlos (fr. Polen)
Arbeiter, Händler
Färberstr. 11 (seit 1939 JH)
Bruder emigr., Ehefrau u. Tochter 1938 nach Polen abgeschoben
seit 26.10.39 im KZ Sachsenhausen

Gildingorin, Enci Genzia, geb. Wydra
18.5.1891, Sasslaw, Russland – nach 1942 verschollen
staatenlos
Inh. e. Firma für Rauchwarenkommission, gegr. 1917
Zwangsarbeiterin
Fregestr. 31; JH Humboldtstr. 21
Bruder emigr., 1943 in Jugoslawien umgekommen, seit 1927 Witwe, Kinder emigr.
am 21.1.42 nach Riga deportiert

Gildingorin, Klara
15.1.1906, Warschau – nach 1943, KZ Auschwitz verschollen
staatenlos
Humboldtstr. 21; JH Färberstr. 11 (Alters- und Pflegeheim)
Eltern u. Geschwister emigr.
auf d. Transportliste vom 21.1.42 gestrichen
am 17.2.43 nach Berlin, am 26.2.43 nach Auschwitz deportiert

Gimnicher, Albert
13.1.1887, Grefrath (Kr. Kempen), Rheinprovinz – nach 1942 verschollen
dt. Staatsangeh.
Kaufmann, Schaufensterdekorateur, Reklamezeichner
Zwangsarbeiter
Konstantinstr. 16; JH Eberhardstr. 11
am 14.11.38 im Rahmen e. „Sonderaktion" verhaftet
am 21.1.42 nach Riga deportiert

Gingold, Hanna
17.8.1934, Leipzig – nach 1942, KZ Auschwitz verschollen
staatenlos (fr. Polen)
Tochter von Josef u. Mathilde G., Schwester von Jack G.
auf d. Transportliste vom 21.1.42 gestrichen
am 13.7.42 nach Auschwitz deportiert

Gingold, Jack David
13.2.1939, Leipzig – nach 1942, KZ Auschwitz verschollen
staatenlos (fr. Polen)
Sohn von Josef u. Mathilde G., Bruder von Hanna G.
auf d. Transportliste vom 21.1.42 gestrichen
am 13.7.42 nach Auschwitz deportiert

Gingold, Josef Beer
14.10.1903, Tomaszów – 2.2.1940, KZ Sachsenhausen
staatenlos (fr. Polen)
Inh. e. Rauchwarenhandlung
Arndtstr. 17; Fregestr. 5a
Ehemann von Mathilde G., Vater von Hanna u. Jack G.
seit 26.10.39 im KZ Sachsenhausen

Gingold, Mathilde, geb. Sobel
18.4.1904, Brzeżany, Österr.-Polen – nach 1942, KZ Auschwitz verschollen
staatenlos (fr. Polen)
Zwangsarbeiterin
Arndtstr. 17; JH Humboldtstr. 9
Ehefrau von Josef G., Mutter von Hanna u. Jack G.
auf d. Transportliste vom 21.1.42 gestrichen
am 13.7.42 nach Auschwitz deportiert

Glanz, Ester, geb. Buchen
24.12.1898, Żołynia, Österr.-Polen – nach 1942, KZ Majdanek
staatenlos
Zwangsarbeit als Pelznäherin
aus Kiel, Schleswig-Holstein, seit 1939 in Leipzig
JH Gustav-Adolf-Str. 7
Ehemann aus Kiel deportiert, 1942 in Auschwitz umgekommen, Kinder emigr., Mutter von Joachim G.
am 10.5.42 nach Bełżyce deportiert

Glanz, Joachim Chaim
17.8.1929, Kiel, Schleswig-Holstein – nach 1942, KZ Majdanek verschollen
staatenlos
Schüler
aus Kiel, seit 1939 in Leipzig
JH Jacobstr. 7 (Kinderheim)
Sohn von Ester G.
am 10.5.42 nach Bełżyce deportiert

Glas, Berthold
19.12.1874, Budapest – 29.5.1945, Theresienstadt
Protektoratsangeh. (fr. Tschechoslowakei)
Schildermaler, Inh. e. Werkstatt
Arndtstr. 34; JH Humboldtstr. 10
Familie vermutl. in Ungarn
am 13.1.44 nach Theresienstadt deportiert, Überlebender
an d. Folgen d. Ghettoaufenthalts verstorben

Glaser, Cäcilie Cypre, geb. Mehr
10.3.1876, Horyniec, Österr.-Polen – nach 1942 umgekommen
dt. Staatsangeh.
Nürnberger Str. 54; JH Packhofstr. 1
seit 1927 Witwe, Kinder emigr., Sohn u. Tochter aus Frankreich nach Auschwitz deportiert, verschollen, Mutter von Markus u. Rosa G.
am 10.5.42 nach Bełżyce deportiert

Glaser, Erika
5.2.1938, Leipzig – nach 1942 umgekommen
dt. Staatsangeh.
Tochter von Markus u. Irma G.
am 10.5.42 nach Bełżyce deportiert

Glaser, Frieda, geb. Adler
23.5.1900, Schanghai, China – 10.10.1942, KZ Auschwitz
Antonienstr. 16
nichtjüd. Ehemann
am 15.1.42 wegen „Nichtannehmens d. Zusatznamens Sara" verhaftet
am 27.3.42 nach Ravensbrück deportiert

Glaser, Helene
17.11.1929, Leipzig – nach 1943 umgekommen
Staatsangeh. ungeklärt (fr. Polen)
Tochter von Isaak u. Sara G.
am 21.1.42 nach Riga deportiert

Glaser, Irma, geb. Moses
30.1.1911, Grimma, Sachsen – nach 1942 umgekommen
dt. Staatsangeh.
Haustochter
Tochter von Hulda Moses, Ehefrau von Markus G., Mutter von Erika G.
am 10.5.42 nach Bełżyce deportiert

Glaser, Isaak
1.10.1893, Wilna, Russ.-Polen – 18.1.1940, KZ Sachsenhausen
Staatsangeh. ungeklärt (fr. Polen)
Kaufmann, Rauchwarenhändler
Plauensche Str. 11; JH Humboldtstr. 13
Ehemann von Sara G., Vater von Helene G.
1939 verhaftet
nach Sachsenhausen deportiert

Glaser, Jessie, geb. Rosenthal
12.6.1890, Erfurt, Provinz Sachsen – nach 1942 verschollen
dt. Staatsangeh.
Ehefrau von Moritz G., Sohn emigr., Mutter von Ludwig, Lothar u. Luise G.
am 21.1.42 nach Riga deportiert

Glaser, Lothar Siegfried
11.2.1925, Leipzig – nach 1942 verschollen
dt. Staatsangeh.
Zwangsarbeiter
Sohn von Moritz u. Jessie G., Bruder von Ludwig u. Luise G.
am 21.1.42 nach Riga deportiert

Glaser, Ludwig
12.1.1923, Leipzig – nach 1942 verschollen
dt. Staatsangeh.
Zwangsarbeiter
Sohn von Moritz u. Jessie G., Bruder von Lothar u. Luise G.
auf d. Transportliste vom 21.1.42 gestrichen, doch nach Riga deportiert

Glaser, Luise Klara
19.7.1931, Leipzig – nach 1942 verschollen
dt. Staatsangeh.
Tochter von Moritz u. Jessie G., Schwester von Ludwig u. Lothar G.
am 21.1.42 nach Riga deportiert

Glaser, Markus
12.6.1907, Breslau, Schlesien – nach 1942 umgekommen
dt. Staatsangeh.
Kaufmann, Stricker u. Wirker
Zwangsarbeiter
lebte in Grimma, Sachsen
Sohn von Cäcilie G., Bruder von Rosa G., Ehemann von Irma G., Vater von Erika G.
am 10.5.42 nach Bełżyce deportiert

Glaser, Moritz
25.3.1887, Breslau, Schlesien – nach 1942 verschollen
dt. Staatsangeh.
Kaufmann, Händler
Zwangsarbeiter
Seeburgstr. 22; JH Walter-Blümel-Str. 10
Ehemann von Jessie G., Vater von Ludwig, Lothar u. Luise G.
am 21.1.42 nach Riga deportiert

Glaser, Rosa
6.1.1910, Leipzig – nach 1942 umgekommen
dt. Staatsangeh.
Kontoristin
Zwangsarbeiterin
Tochter von Cäcilie G., Schwester von Markus G.
am 10.5.42 nach Bełżyce deportiert

Glaser, Sara, geb. Thau
15.12.1891, Kolomea, Österr.-Polen – nach 1943 umgekommen
Staatsangeh. ungeklärt (fr. Polen)
Inh. e. Firma für Rauchwarenkommission
Ehefrau von Isaak G., Sohn emigr., Mutter von Helene G.
am 21.1.42 nach Riga deportiert

Glückstern, Josef
14.9.1887, Hattna, Rumänien – nach 1942 verschollen
staatenlos (fr. Rumänien)
Zwangsarbeiter
lebte in Borna (b. Leipzig)
am 10.5.42 nach Bełżyce deportiert

Goldberg, Chaim
12.3.1880, Niepołomice, Österr.-Polen – nach 1942 verschollen
staatenlos (fr. Österreich)
Händler
Braustr. 8; JH Gustav-Adolf-Str. 7
am 12.11.38 im Rahmen e. „Sonderaktion" verhaftet
am 21.1.42 nach Riga deportiert

Goldberg, Rifka Regina, verw. Segall geb. Gritz
18.5.1879, Płońsk, Russ.-Polen – 7.10.1942, KZ Auschwitz
poln. Staatsangeh.
Inh. e. Weiß- u. Kurzwarenhandlung
Bayersche Str. 56; JH Packhofstr. 1
seit 1938 Witwe, Kinder emigr.
am 5.1.42 wegen „Lebensmittelschiebung" verhaftet
am 20.2.42 nach Ravensbrück deportiert

Goldberger, Harry
8.5.1925, Chemnitz, Sachsen – nach 1942, KZ Auschwitz verschollen
staatenlos (fr. Polen)
Kochlehrling
JH Nordstr. 15
am 13.7.42 nach Auschwitz deportiert

Goldenberg, Scheindli Sali, geb. Gewürtz
20.1.1887, Żabno, Österr.-Polen – nach 1942, KZ Auschwitz verschollen
staatenlos (fr. Türkei)
Zwangsarbeiterin
Uferstr. 17; JH Humboldtstr. 15
Schwester emigr., seit 1931 Witwe, Kinder emigr., Tochter 1938 nach Polen abgeschoben
am 13.7.42 nach Auschwitz deportiert

Goldenmacher, Chana Hanna, geb. Monitz
7.5.1903, Zduńska Wola, Russ.-Polen – nach 1942 verschollen
staatenlos
Zwangsarbeit als Spinnerin
Ehefrau von Samuel G., Mutter von Günther G.
auf d. Transportliste vom 21.1.42 gestrichen
am 10.5.42 nach Bełżyce deportiert

Goldenmacher, Günther
27.4.1931, Aachen, Rheinprovinz – nach 1942 verschollen
staatenlos
Schüler
Sohn von Samuel u. Chana G.
auf d. Transportliste vom 21.1.42 gestrichen
am 10.5.42 nach Bełżyce deportiert

Goldenmacher, Samuel Isaak
12.2.1887, Swinogrod (b. Kiew), Russland – nach 1942 verschollen
staatenlos
Malermeister
Zwangsarbeiter
Barfußgäßchen 7; JH Keilstr. 4
Ehemann von Chana G., Vater von Günther G.
am 11.11.38 im Rahmen e. „Sonderaktion" verhaftet
nach Buchenwald deportiert, am 12.12.38 freigelassen
auf d. Transportliste vom 21.1.42 gestrichen
am 10.5.42 nach Bełżyce deportiert

Goldenthal (Ochsenhaut), Anna Chana, geb. Großmann
2.6.1869, Brody, Österr.-Polen – nach 1943, KZ Auschwitz verschollen
staatenlos (fr. Polen)
Eberhardstr. 10; JH Nordstr. 15
Witwe, Tochter 1938 nach Polen abgeschoben, Tochter emigr., Sohn? emigr., 1941 in Frankreich umgekommen, Mutter von Toni Krüger, Jetty u. Ella G.
am 19.9.42 nach Theresienstadt, am 18.12.43 nach Auschwitz deportiert

Goldenthal (Ochsenhaut), Ella
5.7.1908, Leipzig – nach 1942 verschollen
staatenlos (fr. Polen)
Eberhardstr. 10; JH Humboldtstr. 15
Tochter von Anna G., Schwester von Toni Krüger u. Jetty G.
am 10.5.42 nach Bełżyce deportiert

Goldenthal (Ochsenhaut), Jetty
18.4.1901, Leipzig – nach 1942 verschollen
staatenlos (fr. Polen)
Kontoristin
Zwangsarbeiterin
Eberhardstr. 10; JH Humboldtstr. 15
Tochter von Anna G., Schwester von Toni Krüger u. Ella G.
am 10.5.42 nach Bełżyce deportiert

Goldfaden, Cilka, geb. Affenkraut
24.6.1887, Bochnia, Österr.-Polen – nach 1942 verschollen
staatenlos
Keilstr. 16/18; JH Walter-Blümel-Str. 21
seit 1937 Witwe, Kinder emigr.
am 21.1.42 nach Riga deportiert

Goldfaden, Feige Fanny, geb. Kretzig
2.8.1898, Brody, Österr.-Polen – nach 1942 verschollen
dt. Staatsangeh. (fr. Österreich)

Schneiderin
Gottschedstr. 8; JH Keilstr. 3
Mutter, Geschwister, Ehemann u. Sohn emigr.
am 21.1.42 nach Riga deportiert

Goldfein, Schmul Samuel
15.1.1877, Pružany, Russland – nach 1943, KZ Auschwitz verschollen
staatenlos
Kaufmann, Inh. e. Firma für Rauchwarenkommission, gegr. 1921
Zwangsarbeit als Rauchwarensortierer
Sedanstr. 7; JH Gustav-Adolf-Str. 7
Ehefrau u. Töchter emigr.
auf d. Transportlisten vom 19.9.42 u. 17.2.43 gestrichen
am 27.2.43 nach Dresden, am 29.3.43 nach Theresienstadt, am 18.12.43 nach Auschwitz deportiert

Goldmann, Adele Elsbeth, geb. Bursch
24.11.1875, Zittau, Sachsen – 16.6.1942, KZ Ravensbrück
dt. Staatsangeh.
Ehefrau von Richard G., Kinder emigr.
am 29.5.41 wegen Vergehens gegen die Kriegswirtschaftsverordnung verhaftet
am 24.4.42 nach Ravensbrück deportiert

Goldmann, Alfons
7.9.1869, Zerkow, Provinz Posen –16.5.1944, Ghetto Theresienstadt
dt. Staatsangeh.
Kaufmann
Bote
aus Roßwein, Sachsen, seit nach 1935 in Leipzig
JH Große Fleischergasse 28
am 17.2.43 nach Berlin, am 17.3.43 nach Theresienstadt deportiert

Goldmann, Paula
24.6.1884, Suhl, Provinz Sachsen – nach 1942, KZ Auschwitz verschollen
dt. Staatsangeh.
Geschäftsführerin
Hausgehilfin im jüd. Altersheim
Zschochersche Str. 36; JH Färberstr. 11 (Alters- und Pflegeheim)
Schwester von Käthe Ehrlich
am 13.7.42 nach Auschwitz deportiert

Goldmann, Richard
1.9.1867, Karlsbad, Böhmen – 10.10.1941, KZ Sachsenhausen
dt. Staatsangeh.
Kaufmann, Mitinh. e. Baumwollwarengroßh., gegr. 1893
Kickerlingsberg 12; JH Pfaffendorfer Str. 6
Brüder emigr., Ehemann von Adele G.
am 29.5.41 wegen Vergehens gegen d. Kriegswirtschaftsverordnung verhaftet
am 15.8.41 nach Sachsenhausen deportiert

Goldner, Adalbert Bela
22.9.1881, Arad, Ungarn – nach 1939 verschollen
dt. Staatsangeh.
Heil- u. Pflegeanstalt Dösen
Heil- u. Pflegeanstalt Hubertusburg
vermutl. Opfer d. „Euthanasie"

Goldschlag, Emma, geb. Messingrau
20.2.1896, Berlin – nach 1942 verschollen
staatenlos
Zwangsarbeiterin
Eberhardstr. 3; JH Michaelisstr. 3
Brüder emigr., geschieden, Mutter von Helene G.
am 18.10.41 verhaftet („Judenstern verdeckt u. amtl. Ausweis nicht mitgeführt"), am 8.12.41 freigelassen
am 21.1.42 nach Riga deportiert

Goldschlag, Helene Sima
29.10.1923, Leipzig – nach 1942 verschollen
staatenlos
Zwangsarbeiterin
Tochter von Emma G.
am 21.1.42 nach Riga deportiert

Goldschmidt, Hilde
25.10.1906, Berlin – 10.8.1941, Leipzig, Freitod
dt. Staatsangeh.
Putzmacherin
Zwangsarbeit als Pelzstaffiererin
Auenstr. 5; JH Leibnizstr. 4
Mutter u. Geschwister emigr.

Goldschmidt, Therese, geb. Jacob
10.12.1863, Dresden – 11.12.1942, Ghetto Theresienstadt
dt. Staatsangeh.
Fregestr. 28; JH Humboldtstr. 13
seit 1927 Witwe, Mutter von Irma Warschauer
am 19.9.42 nach Theresienstadt deportiert

Goldschneider, Adolf Abraham
21.8.1875, Krakau, Österr.-Polen – 10.3.1943, Ghetto Theresienstadt
staatenlos (fr. Polen)
Kaufmann, Inh. e. Rauchwarenhandlung
Gohliser Str. 1; JH Gustav-Adolf-Str. 7
seit 1938 Witwer, Töchter emigr., Tochter 1942 aus Frankreich nach Auschwitz deportiert, verschollen, Tochter 1938 nach Polen abgeschoben
am 19.9.42 nach Theresienstadt deportiert

Goldstein, Abraham
13.12.1878, Warschau – 1.2.1940, KZ Sachsenhausen
staatenlos
Bestattungsgehilfe
Marienstr. 23
geschieden

Goldstein (Weinberg), David
31.7.1930, Leipzig – nach 1942 verschollen
staatenlos
Schüler
Gerberstr. 46; JH Jacobstr. 7 (Kinderheim)
Sohn von Chana Weinberg
am 21.1.42 nach Riga deportiert

Goldstein, Hermine
8.7.1874 , Müllheim, Baden – 6.12.1942, Ghetto Theresienstadt
staatenlos
Schneiderin
JH Gustav-Adolf-Str. 7
Schwester von Mathilde G.
am 19.9.42 nach Theresienstadt deportiert

Goldstein, Jenny
4.12.1871, Sandersleben, Anhalt – 22.12.1942, Ghetto Theresienstadt
dt. Staatsangeh.
JH Humboldtstr. 13
am 19.9.42 nach Theresienstadt deportiert

Goldstein, Mathilde
24.2.1884, Paris – nach 1942, KZ Auschwitz verschollen
staatenlos
Schneiderin
Schwester von Hermine G.
am 13.7.42 nach Auschwitz deportiert

Goldstücker, Lucie
26.5.1894, Breslau, Schlesien – nach 1943, KZ Auschwitz verschollen
dt. Staatsangeh.
Köchin
JH Färberstr. 11 (Alters- und Pflegeheim)
am 17.2.43 nach Berlin, am 26.2.43 nach Auschwitz deportiert

Golschiener, Franziska, geb. Freudenberg
20.6.1882, Punitz, Provinz Posen – nach 1942 umgekommen
dt. Staatsangeh.
kaufm. Angestellte
Zwangsarbeiterin
Kochstr. 33; JH Alexanderstr. 46
Geschwister emigr., Schwester von Sara Frey, geschieden, Sohn 1943 aus Berlin nach Auschwitz deportiert, verschollen
am 21.1.42 nach Riga deportiert

Gorne, Isidor
9.7.1889, Lemberg, Österr.-Polen – nach 1943, KZ Auschwitz
staatenlos (fr. Österreich)
Kaufmann, Vertreter
Zwangsarbeit im Gartenbau
Elsterstr. 28; JH Packhofstr. 1
Ehemann von Margarethe G.
am 9.11.39 im Rahmen e. „Sonderaktion" verhaftet, am 16.12.39 freigelassen
auf d. Transportliste vom 21.1.42 gestrichen
am 17.2.43 nach Berlin, am 26.2.43 nach Auschwitz deportiert

Gorne, Margarethe, geb. Schmerl
27.8.1891, Schönebeck (Elbe), Provinz Sachsen – nach 1943, KZ Auschwitz
staatenlos
Zwangsarbeit in d. Firma Alfred Kielert & Co., Rauchwaren GmbH, Humboldtstr. 6
Schwester von Frieda Blum, Ehefrau von Isidor G., Kinder emigr.
auf d. Transportliste vom 21.1.42 gestrichen
am 17.2.43 nach Berlin, am 26.2.43 nach Auschwitz deportiert

Gotthelf, Dora
20.12.1923, Leipzig – nach 1942 verschollen
staatenlos
Hausmädchen im jüd. Kinderheim
Elsterstr. 11; JH Jacobstr. 7 (Kinderheim)
Tochter von Paula G.
am 13.1.44 nach Theresienstadt deportiert

Gotthelf, Paula, geb. Colemann
5.10.1901, Leipzig – nach 1942 verschollen
staatenlos
Inh. e. Wäschevertriebs
Zwangsarbeiterin
Elsterstr. 11; JH Humboldtstr. 31
Ehemann u. Sohn emigr., Mutter von Dora G.
am 30.4.42 aus d. Heil- u. Pflegeanstalt Bendorf-Sayn, Rheinprovinz nach Osten deportiert

Gottlieb, Anna
24.4.1877, Erfurt, Provinz Sachsen – 17.9.1942, Leipzig, Freitod
Staatsangeh. ungeklärt
Auenstr. 29; JH Humboldtstr. 13 (Altersheim)
Brüder emigr., Schwester von Rudolf G.

Gottlieb, Luise, geb. Gottlieb[5]
19.10.1886, Leipzig – 1944, KZ Auschwitz
dt. Staatsangeh.
Ehefrau von Rudolf G.
am 15.6.43 verhaftet
am 18.6.43 nach Theresienstadt, am 16.5.44 nach Auschwitz deportiert

Gottlieb, Rudolf
8.11.1880, Harasztós, Ungarn – 28.11.1943, Ghetto Theresienstadt
dt. Staatsangeh. (fr. Österreich)
Techniker, Inh. e. Betriebes f. elektrotechn. Anlagen
Zwangsarbeit in d. Elektro-Motoren-Fabrik C. Däberitz, Wurzner Str. 75
Roßbachstr. 20
Bruder von Anna G., Ehemann von Luise G.
am 9.11.39 im Rahmen e. „Sonderaktion" verhaftet, am 19.12.39 freigelassen
am 18.6.43 nach Theresienstadt deportiert

Gottschalk, Frieda, geb. Gross
4.5.1887, Leipzig – nach 1942 verschollen
dt. Staatsangeh.
aus Breslau, Niederschlesien, seit 1933 in Leipzig
JH Leibnizstr. 30
Geschwister emigr., Ehemann in Breslau, Niederschlesien, Kinder emigr., Mutter von Wolfgang u. Klaus G.
am 13.1.44 nach Theresienstadt deportiert

Gottschalk, Hermann Gerson
21.8.1910, Leipzig – 20.10.1937, KZ Dachau
dt. Staatsangeh.
Referendar
Weinligstr. 11
nichtjüd. Mutter, zwei Schwestern emigr., Schwester 1942 nach Riga deportiert, Überlebende, Bruder von Rahel G.
im antifaschistischen Widerstand, 1933 verhaftet, verurteilt
Zuchthaus Zwickau, nach Sachsenburg, sp. nach Dachau deportiert

Gottschalk, Klaus
17.5.1925, Breslau, Niederschlesien – nach 1942 verschollen
dt. Staatsangeh.
Kochpraktikant
aus Breslau, seit 1940 in Leipzig
JH Leibnizstr. 30
Sohn von Frieda G., Bruder von Wolfgang G.
am 10.5.42 nach Bełżyce deportiert

Gottschalk, Paul Julius
11.9.1878, Leipzig – nach 1942 verschollen
dt. Staatsangeh.
Kaufmann, Inh. e. Dachpappenfirma
Zwangsarbeit bei d. Stadtreinigung
Steubenstr. 8; JH Walter-Blümel-Str. 11
am 9.11.39 im Rahmen e. „Sonderaktion" verhaftet, am 16.12.39 freigelassen
am 21.1.42 nach Riga deportiert

Gottschalk, Rahel Helga
2.2.1917, Leipzig – 1944, KZ Stutthof
dt. Staatsangeh.
Schneiderin
Weinligstr. 11
Schwester von Hermann G.
am 29.10.41 wegen „Nichttragens d. Judensterns" verhaftet, am 19.1.42 freigelassen
am 21.1.42 nach Riga, 1944 (Sept.) nach Stutthof deportiert

Gottschalk, Wolfgang Siegmund
25.1.1920, Breslau, Niederschlesien – 22.11.1942, KZ Majdanek
dt. Staatsangeh.
Zwangsarbeiter
aus Berlin, seit 1941 in Leipzig
JH Leibnizstr. 30
Sohn von Frieda G., Bruder von Klaus G.
am 10.5.42 nach Bełżyce deportiert

Graesse, Else, geb. Lilienfeld
3.4.1883, Leipzig – 23.5.1939, Leipzig, Freitod
dt. Staatsangeh.?
Wendenstr. 2

Grau, Lina Liebe, geb. Haken
20.7.1866, Podhajce, Österr.-Polen – 1942, Vernichtungslager Treblinka
staatenlos (fr. Polen)
Händlerin
Reudnitzer Str. 11; JH Nordstr. 15
seit 1919 Witwe
am 19.9.42 nach Theresienstadt, am 22.10.42 nach Treblinka deportiert

Graubart, Elfriede, geb. Israel
25.7.1889, Langenberg (Rheinland), Rheinprovinz – nach 1942, KZ Auschwitz verschollen
dt. Staatsangeh.
Geschäftsinh.
Zwangsarbeiterin
Ehefrau von Georg G., Tochter emigr., Sohn 1942 aus Berlin nach Riga deportiert, verschollen
am 13.7.42 nach Auschwitz deportiert

Graubart, Georg Leo
7.7.1883, Schlawa, Schlesien – nach 1942, KZ Auschwitz verschollen
dt. Staatsangeh.
Kaufmann, Inh. e. Schuhgeschäfts
Hausmeister d. Israelit. Altersversorgungsanstalt
Kramerstr. 1; JH Nordstr. 15
Bruder von Sara G., Ehemann von Elfriede G.
am 12.11.38 i. Rahmen e. „Sonderaktion" verhaftet
am 13.7.42 nach Auschwitz deportiert

Graubart, Sara Selma
8.4.1973, Rietschütz, Schlesien – 16.4.1943, Ghetto Theresienstadt
dt. Staatsangeh.
Verkäuferin
JH Nordstr. 15
Schwester von Georg G.
Abschluss e. Heimeinkaufsvertrages für Theresienstadt
am 19.9.42 nach Theresienstadt deportiert

Grimm, Erich
17.1.1902, Leipzig – nach 1942, KZ Auschwitz verschollen
dt. Staatsangeh.
Kaufmann
Krankenpfleger
aus Bernburg, Anhalt, seit 1940? in Leipzig
JH Gustav-Adolf-Str. 7
Sohn von Josef G., Bruder von Johanna Sager, Ehemann von Marta G., Vater von Peter G.
am 13.7.42 nach Auschwitz deportiert

Grimm, Josef
12.2.1867, Nosetin, Böhmen – 12.2.1943, Ghetto Theresienstadt
Protektoratsangeh. (fr. Tschechoslowakei)
Kaufmann, Flaschenhändler, Inh. e. elektrischen Wäscherolle
Lessingstr. 29; JH Gustav-Adolf-Str. 7
Ehefrau ebenfalls nach Theresienstadt deportiert, Überlebende, Kinder emigr., Vater von Erich G. u. Johanna Sager
am 5.10.39 im Rahmen e. „Sonderaktion" verhaftet, am 14.10.39 freigelassen
am 19.9.42 nach Theresienstadt deportiert

Grimm, Marta, geb. Regensburger
24.5.1903, Sulzburg, Baden – nach 1942, KZ Auschwitz verschollen
dt. Staatsangeh.
Krankenschwester
Oberschwester im Israelit. Krankenhaus
Ehefrau von Erich G., Mutter von Peter G.
am 13.7.42 nach Auschwitz deportiert

Grimm, Peter
12.5.1935, Leipzig – nach 1942, KZ Auschwitz verschollen
dt. Staatsangeh.
Sohn von Erich u. Marta G.
am 13.7.42 nach Auschwitz deportiert

Grodzan, Benzel
29.3.1878, Wilna, Russ.-Polen – nach 1942 verschollen
staatenlos
Schlosser
Zwangsarbeiter
Reichsstr. 22; JH Keilstr. 3
am 21.1.42 nach Riga deportiert

Grubstein, Kiwa
29.9.1897, Petrikau, Russ.-Polen – 11.6.1942, KZ Ravensbrück
poln. Staatsangeh.
Uhrmacher
Wurzner Str. 2; Karl-Krause-Str. 1
Ehefrau u. Tochter emigr.

Grün (false Wiesel), Israel Isidor
11.11.1889, Niewoczyn, Österr.-Polen – 16.5.1940, KZ Sachsenhausen?
poln. Staatsangeh.
Kaufmann, Inh. e. Tuchgroßh.
Humboldtstr. 25; JH Nordstr. 40
Ehemann von Sali G.

Grün, Sali, geb. Wiesel
23.3.1893, Stanislau, Österr.-Polen – nach 1943, KZ Auschwitz verschollen
staatenlos (fr. Polen)
Zwangsarbeit als Staffiererin
Humboldtstr. 25; JH Gustav-Adolf-Str. 7
Ehefrau von Israel G., Söhne emigr.
auf d. Transportliste vom 21.1.42 gestrichen
am 17.2.43 nach Berlin, am 26.2.43 nach Auschwitz deportiert

Grünbaum, Benno
21.6.1919, Leipzig – 5.12.1942, KZ Auschwitz
staatenlos (fr. Polen)
Maler
Sohn von Chaim u. Feige G., Bruder von Bernhard u. Isaak G.
nach Sachsenhausen deportiert

Grünbaum, Bernhard Siegmund
3.8.1914, Leipzig – 9.1.1943, KZ Auschwitz
staatenlos (fr. Polen)
Kürschner
Sohn von Chaim u. Feige G., Bruder von Benno u. Isaak G.
am 14.2.40 aus polit. Gründen verhaftet
am 19.2.40 nach Sachsenhausen deportiert

Grünbaum, Chaim Heinrich
1.7.1888, Bochnia, Österr.-Polen – 1942, KZ Majdanek
staatenlos (fr. Polen)
Kaufmann, Händler
Yorkstr. 32; JH Leibnizstr. 30
Ehemann von Feige G., Vater von Bernhard, Benno u. Isaak G.
am 10.5.42 nach Bełżyce deportiert

Grünbaum, Feige Fanny, geb. Vogelhut
16.11.1887, Borek, Österr.-Polen – 1942, KZ Majdanek
staatenlos (fr. Polen)
Ehefrau von Chaim G., Kinder emigr., Mutter von Bernhard, Benno u. Isaak G.
am 10.5.42 nach Bełżyce deportiert

Grünbaum, Isaak
31.1.1921, Leipzig – 13.2.1943, KZ Auschwitz
staatenlos (fr. Polen)
Landarbeiter, Gärtner
Sohn von Chaim u. Feige G., Bruder von Bernhard u. Benno G.
nach Sachsenhausen deportiert

Grünbaum, Lotte, geb. Hochmann
18.3.1920, Leipzig – 12.11.1942, KZ Auschwitz
Staatsangeh. ungeklärt
Arbeiterin
Margaretenstr 6; JH Gohliser Str. 11
nichtjüd. Mutter?
am 21.3.41 wegen Nichtbeachtung d. gegen Juden ergangenen Bestimmungen verhaftet
am 5.12.41 nach Ravensbrück deportiert

Grünberg, Max Bernhard
14.3.1909, Leipzig – 29.2.1940, Leipzig
poln. Staatsangeh.
Heil- u. Pflegeanstalt Dösen
vermutl. Opfer d. „Euthanasie"

Grünfeld, Charlotte Susanne
14.9.1895, Charlottenburg, Brandenburg – 8.12.1942, Leipzig, Freitod
dt. Staatsangeh.?
Haydnstr. 10
am 5.10.39 im Rahmen e. „Sonderaktion" verhaftet, am 14.10.39 freigelassen
Angst vor Deportation

Grünseid (recte Friedmann), Herz Hermann
13.7.1907, Leipzig – 25.2.1942, Tötungsanstalt Hartheim, Ostmark
staatenlos
Kürschner
Sohn von Wolf u. Pessel G., Bruder von Chaje Schullehrer
1940 im KZ Sachsenhausen, sp. im KZ Dachau, am 20.1.42 nach Hartheim deportiert

Grünseid (recte Friedmann), Pessel, geb. Kosiner
9.1.1870, Brody, Österr.-Polen – nach 1943, KZ Auschwitz verschollen
staatenlos (fr. Polen)
Weißnäherin
Pfaffendorfer Str. 14; JH Gustav-Adolf-Str. 7
Ehefrau von Wolf G., Mutter von Chaje Schullehrer u. Herz G.
am 19.9.42 nach Theresienstadt, am 18.12.43 nach Auschwitz deportiert

Grünseid (recte Friedmann), Wolf Chaim
4.6.1876, Folwarki (b. Brody), Österr.-Polen – 29.5.1940, KZ Sachsenhausen
staatenlos (fr. Polen)
Inh. e. Borstenzurichterei
Pfaffendorfer Str. 14; JH Humboldtstr. 15
Ehemann von Pessel G., Vater von Chaje Schullehrer u. Herz G.

Grünspan, Berel Bernhard
10.6.1939, Leipzig – nach 1942, KZ Auschwitz verschollen
staatenlos
JH Gustav-Adolf-Str.7
Sohn von Feiwel G. u. Scheitel Krauthammer, Bruder von Ester G. u. Dewora Krauthammer
auf d. Transportlisten vom 21.1.42 u. 10.5.42 gestrichen
am 13.7.42 nach Auschwitz deportiert

Grünspan, David
8.6.1877, Frankfurt a.M. – 13.5.1943, Ghetto Theresienstadt
staatenlos (fr. Österreich)
Kaufmann, Inh. e. Firma für Textilwaren
Radiusstr. 5; JH Humboldtstr. 13
nichtjüd. Ehefrau, geschieden
am 12.11.38 im Rahmen e. „Sonderaktion" verhaftet
am 19.9.42 nach Theresienstadt deportiert

Grünspan, Ester Golda
26.2.1938, Leipzig – nach 1942, KZ Auschwitz verschollen
staatenlos
JH Gustav-Adolf-Str. 7
Tochter von Feiwel G. u. Scheitel Krauthammer, Schwester von Berel G. u. Dewora Krauthammer
auf d. Transportlisten vom 21.1.42 u. 10.5.42 gestrichen
am 13.7.42 nach Auschwitz deportiert

Grünspan, Feiwel
18.2.1902, Grajewo, Russ.-Polen – 12.4.1940, KZ Sachsenhausen
staatenlos
Reisender
JH Humboldtstr. 10
Ehemann von Scheitel Krauthammer, Vater von Ester u. Berel G.
am 15.11.38 im Rahmen e. „Sonderaktion" verhaftet
seit 15.11.39 im KZ Sachsenhausen

Grummer, Chaje Rachel, geb. Friedmann
3.1.1893, Gaje-Dittkowieckie, Österr.-Polen – nach 1943 verschollen
dt. Staatsangeh. (fr. Österreich)
Krankenbetreuerin, Zwangsarbeit als Pelznäherin
Berliner Str. 2; JH Gustav-Adolf-Str. 7
Ehemann u. Kinder emigr.
auf d. Transportliste vom 17.2.43 gestrichen
vermutl. am 27.2.43 in d. Polizeihaftlager Dresden-Hellerberg, am 1.3.43 nach Auschwitz deportiert

Günther, Marie Paula, geb. Dornbacher
3.8.1882, Mühlau, Baden – nach 1939 verschollen
dt. Staatsangeh.
nichtjüd. Ehemann
Heil- u. Pflegeanstalt Dösen
vermutl. Opfer d. „Euthanasie"

Guth, Bertha
13.10.1907, Niederaula, Hessen-Nassau – nach 1944 verschollen
dt. Staatsangeh.
Köchin
Zwangsarbeit in der Sackgroßh. Erich Stößel, Klingenstr. 26
Zschochersche Str. 41; JH Humboldtstr. 10
Mutter ebenfalls nach Theresienstadt deportiert, Überlebende, Brüder emigr.
am 19.9.42 wegen „Rassenschande" verhaftet, am 12.1.44 freigelassen
am 13.1.44 nach Theresienstadt deportiert, am 28.3.44 verhaftet

Gutter, Rosa
23.7.1927, Leipzig – 14.5.1943, Leipzig, Freitod
poln. Staatsangeh.
Schwester von Ruth u. Salomon G.

Gutter, Ruth
1.9.1922, Leipzig – 2.1.1943, KZ Auschwitz
poln. Staatsangeh.
Hausangestellte
Metzer Str. 13
Vater emigr., nichtjüd. Mutter, Schwester von Rosa u. Salomon G.
am 11.9.42 wegen Vergehens gegen die Kriegswirtschaftsverordnung verhaftet
am 5.12.42 nach Auschwitz deportiert

Gutter, Salomon
26.11.1928, Leipzig – 21.10.1942, Leipzig, Freitod
poln. Staatsangeh.
Bruder von Ruth u. Rosa G.

Guttmann, Lina Sara, geb. Weiss
23.3.1879, Leipzig – nach 1942 verschollen
dt. Staatsangeh.
Mitinh. e. Großh. für Felle u. Wolle, Wild u. Geflügel, gegr. 1874
Pfaffendorfer Str. 16; JH Funkenburgstr. 15
Bruder emigr., seit 1917 Witwe, Sohn emigr., Mutter von Marry G.
am 10.5.42 nach Bełżyce deportiert

Guttmann, Luise, geb. Sand
24.2.1912, Leipzig – 1942, Ghetto Riga
dt. Staatsangeh.
Stenotypistin
Crottendorfer Str. 4; JH Alexanderstr. 46
Tochter von Emanuel u. Emilie Sand, Bruder emigr., seit 1939 Witwe
am 21.1.42 nach Riga deportiert

Guttmann, Marry
19.5.1909, Leipzig – nach 1942 verschollen
dt. Staatsangeh.
Mitinh. e. Großh. für Felle u. Wolle, Wild u. Geflügel, gegr. 1874
Zwangsarbeiterin
Tochter von Lina G.
am 10.5.42 nach Bełżyce deportiert

Guzik, Hendel Taube, verw. Silberstein geb. Grütz
20.1.1875, Płońsk, Russ.-Polen – nach 1943, KZ Auschwitz verschollen
staatenlos (fr. Polen)
Händlerin
Zwangsarbeit in d. Städt. Arbeitsanstalt
Ranstädter Steinweg 33; JH Gustav-Adolf-Str. 7
seit 1935 Witwe, Sohn emigr.
Abschluss e. Heimeinkaufsvertrages für Theresienstadt
am 19.9.42 nach Theresienstadt, am 18.12.43 nach Auschwitz deportiert

Haas, Manfred Moses, Dr. med.
3.1.1885, Mühlhausen, Bayern – nach 1944, KZ Auschwitz verschollen
dt. Staatsangeh.
Facharzt für Haut- u. Geschlechtskrankheiten u. Urologie
Krankenbehandler, Zwangsarbeiter
Kronprinzstr. 17; JH Nordstr. 11
Ehemann von Olga H.
am 12.11.38 im Rahmen e. „Sonderaktion" verhaftet, am 5.10.39 im Rahmen e. „Sonderaktion" verhaftet, am 14.10.39 freigelassen, am 9.11.39 im Rahmen e. „Sonderaktion" verhaftet, am 16.12.39 freigelassen
Abschluss e. Heimeinkaufsvertrages für Theresienstadt
am 19.9.42 nach Theresienstadt, am 10.9.44 nach Auschwitz deportiert

Haas, Margarete
30.6.1885, Leipzig – nach 1942 verschollen
dt. Staatsangeh.
Mozartstr. 9; JH Jacobstr. 11
am 21.1.42 nach Riga deportiert

Haas, Olga, geb. van Wien
9.10.1888, Würzburg, Bayern – nach 1944, KZ Auschwitz verschollen
dt. Staatsangeh.
Ehefrau von Manfred H., Sohn emigr.
Abschluss e. Heimeinkaufsvertrages für Theresienstadt
am 19.9.42 nach Theresienstadt, am 9.10.44 nach Auschwitz deportiert

Haber, Adolf
19.12.1891, Lemberg, Österr. Polen – 15.3.1940, KZ Sachsenhausen
poln. Staatsangeh.
Kaufmann, Inh. e. Rauchwarenfirma, gegr. 1898
Ostplatz 5
Schwester emigr., Ehemann von Eugenie H., Vater von Vera H.

Haber, Eugenie Jenny, geb. Funkenstein
4.9.1901, Netschetin, Böhmen – nach 1942, KZ Auschwitz verschollen
staatenlos (fr. Polen)
Ostplatz 5; JH Leibnizstr. 30
Ehefrau von Adolf H., Mutter von Vera H.
am 13.7.42 nach Auschwitz deportiert

Haber, Rudolf Josef
12.11.1881, Wien – 20.4.1941, KZ Dachau
staatenlos
Kellner
Reichsstr. 22; Große Fleischergasse 5
am 18.2.39 als „asozial" verhaftet
am 20.6.39 nach Buchenwald deportiert

Hendel Guzik, die Ehefrau von Samuel Guzik, wurde am 19. September 1942 nach Theresienstadt und von dort am 18. Dezember 1943 nach Auschwitz deportiert, seitdem ist sie verschollen.

Haber, Vera Rosa
24.6.1924, Leipzig – nach 1942, KZ Auschwitz verschollen
staatenlos (fr. Polen)
Zwangsarbeiterin
Tochter von Adolf u. Eugenie H.
am 13.7.42 nach Auschwitz deportiert

Habergrütz, Beila Bertha, geb. Brenner
22.1.1902, Wisnicz, Österr.-Polen – nach 1942 verschollen
staatenlos
Humboldtstr. 27; JH Gustav-Adolf-Str. 7
Ehefrau von Chaim H., Söhne emigr., Mutter von Mirjam, Rosa u. Mindel H.
am 21.1.42 nach Riga deportiert

Habergrütz, Chaim Leib
3.5.1897, Grójec, Russ.-Polen – 8.1.1941, KZ Dachau
staatenlos
Kaufmann (Textilwaren)
Humboldtstr. 27; Nordstr. 24
Ehemann von Beila H., Vater von Mirjam, Rosa u. Mindel H.
1940 im KZ Sachsenhausen

Habergrütz, Mindel
22.12.1939, Leipzig – nach 1942 verschollen
staatenlos
Tochter von Chaim u. Beila H., Schwester von Mirjam u. Rosa H.
am 21.1.42 nach Riga deportiert

Habergrütz, Mirjam
21.12.1928, Leipzig – nach 1942 verschollen
staatenlos
Schülerin
Tochter von Chaim u. Beila H., Schwester von Rosa u. Mindel H.
am 21.1.42 nach Riga deportiert

Habergrütz, Rosa
30.4.1937, Leipzig – nach 1942 verschollen
staatenlos
Tochter von Chaim u. Beila H., Schwester von Mirjam u. Mindel H.
am 21.1.42 nach Riga deportiert

Hackel, Baruch Bernhard
15.2.1858, Ułanow, Russ.-Polen – 19.1.1943, Ghetto Theresienstadt
staatenlos (fr. Polen)
Kaufmann, Händler
aus Karlsruhe, Baden, seit 1940 in Leipzig
JH Färberstr. 11 (Alters- und Pflegeheim)
Witwer
am 19.9.42 nach Theresienstadt deportiert

Hacker, Doba, geb. Hacker
1.5.1858, Husiatyn, Österr.-Polen – 31.1.1943, Ghetto Theresienstadt
staatenlos (fr. Polen)
Sedanstr. 6; JH Nordstr. 15
seit 1937 Witwe, Sohn emigr.
am 19.9.42 nach Theresienstadt deportiert

Häufler, Cäcilie, geb. Gross
2.8.1859, Czernowitz, Bukowina –10.11.1943, Ghetto Theresienstadt
staatenlos (fr. Österreich)
Carolinenstr. 18; JH Färberstr. 11 (Alters- und Pflegeheim)
seit 1908 Witwe, Mutter von Leontine H.
auf d. Transportliste vom19.9.42 gestrichen
am 17.2.43 nach Berlin, am 17.3.43 nach Theresienstadt deportiert

Häufler, Leontine
5.4.1892, Czernowitz, Bukowina – 11.1.1943, KZ Auschwitz
rumän. Staatsangeh.
Artistin
Carolinenstr. 18; JH Leibnizstr. 30
Tochter von Cäcilie H.
am 15.5.42 wegen vermuteter Fundunterschlagung verhaftet

Hagenow, Johanna, geb. Filehne
16.3.1877, Grätz, Provinz Posen – nach 1942 verschollen
dt. Staatsangeh.
Lehrerin
Artilleriestr. 12; JH Michaelisstr. 3
Ehefrau von Max H., getrennt lebend, Kinder emigr.
am 21.1.42 nach Riga deportiert

Hagenow, Max Alfred
13.7.1868, Hamburg – 6.12.1942, Ghetto Theresienstadt
dt. Staatsangeh.
Kaufmann, Anzeigenvertreter
Rosentalgasse 7; JH Auenstr. 14 (Altersheim)
Ehemann von Johanna H., getrennt lebend
am 19.9.42 nach Theresienstadt deportiert

Doba Hacker, die Ehefrau von Schmiel Hacker, wurde am 19. September 1942 nach Theresienstadt deportiert und starb dort am 31. Januar 1943.

Hahn, Erna Lea
22.2.1893, Chemnitz, Sachsen – nach 1943, KZ Auschwitz verschollen
dt. Staatsangeh.
Inh. e. Schreibbüros
Hausgehilfin, Kontoristin
Antonstr. 4; JH Walter-Blümel-Str. 10
am 18.6.43 nach Auschwitz deportiert

Hahn, Gertrud Emilie, geb. Blumenthal
6.6.1899, Leipzig – nach 1942 verschollen
dt. Staatsangeh.
Kontoristin
Zwangsarbeiterin
Harkortstr. 6; JH Funkenburgstr. 15
Tochter von Henriette Blumenthal, Schwester von Paul Blumenthal, Ehefrau von Herbert H., geschieden
am 10.5.42 nach Bełżyce deportiert

Hahn, Herbert
13.1.1888, Leipzig – nach 1942 verschollen
dt. Staatsangeh.
Kaufmann, Inh. e. Firma für Vertretungen
Zwangsarbeiter
Harkortstr. 6; JH Gustav-Adolf-Str. 7
Bruder 1945 nach Theresienstadt deportiert, Überlebender, Ehemann von Gertrud H., geschieden
am 17.10.39 aus polit. Gründen verhaftet, am 1.12.39 freigelassen
am 21.1.42 nach Riga deportiert

Haim (Heim), Alice, geb. Lewinsohn
22.5.1903, Neumark, Pommern – nach 1943, KZ Auschwitz verschollen
dt. Staatsangeh.
Büroangestellte
Ehefrau von Ludwig H.
auf d. Transportliste vom 17.2.43 gestrichen
vermutl. am 18.6.43 nach Auschwitz deportiert

Haim (Heim), Ludwig
8.4.1900, Wongrowitz, Provinz Posen – nach 1943, KZ Auschwitz verschollen
dt. Staatsangeh.
Kaufmann, Gärtner
Hausmeister d. Carlebach-Schule (G.-Adolf-Str. 7)
aus Hettstedt (Südharz), Provinz Sachsen, seit 1938 in Leipzig
JH Walter-Blümel-Str. 10
Ehemann von Alice H.
auf d. Transportliste vom 17.2.43 gestrichen
am 18.6.43 nach Auschwitz deportiert

Hamburger, Jette, geb. Kallmann
10.3.1875, Geroda, Bayern – 23.12.1942, Ghetto Theresienstadt
dt. Staatsangeh.
JH Auenstr. 14 (Altersheim)
Bruder emigr., Witwe
Abschluss e. Heimeinkaufsvertrages für Theresienstadt
am 19.9.42 nach Theresienstadt deportiert

Hamel, Marie, geb. Neumann
26.7.1868, Srbsko, Böhmen – 13.3.1944, Ghetto Theresienstadt
Adolf-Hitler-Str. 103
nichtjüd. Ehemann, Witwe
am 13.1.44 nach Theresienstadt deportiert

Hammel, Eugen
24.4.1869, Neusalz (Oder), Schlesien – 21.10.1942, Ghetto Theresienstadt
dt. Staatsangeh.
Kaufmann, Inh. e. Textilhandlung
Hallische Str. 78; JH Nordstr. 15
Ehemann von Paula H.
Abschluss e. Heimeinkaufsvertrages für Theresienstadt
am 19.9.42 nach Theresienstadt deportiert

Hammel, Paula, geb. Baruch
11.12.1879, Hamburg – nach 1944, KZ Auschwitz verschollen
dt. Staatsangeh.
Ehefrau von Eugen H.
Abschluss e. Heimeinkaufsvertrages für Theresienstadt
am 19.9.42 nach Theresienstadt, am 9.10.44 nach Auschwitz deportiert

Hammerstein, Arnold[6]
15.3.1892, Berlin – 1945, KZ Auschwitz
dt. Staatsangeh.
Kaufmann, Bücherrevisor
Zwangsarbeiter
Merseburger Str. 27; JH Packhofstr. 1
Geschwister emigr., nichtjüd. Ehefrau, Tochter emigr., Sohn 1945 nach Theresienstadt deportiert, Überlebender, Vater von Ester H.
am 10.11.38 im Rahmen e. „Sonderaktion“ verhaftet
nach Buchenwald deportiert, freigelassen
am 22.3.43 verhaftet
am 10.4.43 nach Auschwitz deportiert

Hammerstein, Ester Sonja
13.5.1925, Leipzig – nach 1942 umgekommen
dt. Staatsangeh.
Zwangsarbeit als Pelznäherin
Tochter von Arnold H.
auf d. Transportliste vom 10.5.42 gestrichen, doch nach Belzyce deportiert

Hansen, Dora, geb. May[7]
18.4.1884, Hamburg – 1944 umgekommen
dt. Staatsangeh.
Mozartstr. 21a; JH Michaelisstr. 3
nichtjüd. Ehemann, seit 1938 Witwe
am 21.1.42 nach Riga deportiert

Harmelin, Elisabeth, geb. Harmelin
9.3.1876, Leipzig – 16.2.1943, Ghetto Theresienstadt
dt. Staatsangeh.
Zwangsarbeit in d. Städt. Arbeitsanstalt
Grassistr. 16; JH Nordstr. 15
Schwester von Jacob Harmelin u. Sophie Garfunkel, geschieden
am 19.9.42 nach Theresienstadt deportiert

Harmelin, Jacob
30.6.1870, Leipzig – 10.1.1943, Magdeburg
dt. Staatsangeh.
Kaufmann, Mitinh. e. Borsten- u. Rauchwarenhandlung, gegr. 1830
Grassistr. 16; JH Leibnizstr. 30
Bruder von Sophie Garfunkel u. Elisabeth Harmelin
am 30.1.42 verhaftet, Anklage wegen staatsfeindlicher Äußerungen, verurteilt
im Gefängnis umgekommen

Hartmann, Lina, geb. Gans
18.6.1873, Vacha (Rhön), Sachsen-Weimar-Eisenach – 19.8.1943, Ghetto Theresienstadt
dt. Staatsangeh.
Zwangsarbeit in d. Städt. Arbeitsanstalt
aus Wurzen, Sachsen
JH Färberstr. 11 (Alters- und Pflegeheim)
Witwe, Tochter emigr.
Abschluss e. Heimeinkaufsvertrages für Theresienstadt
am 19.9.42 nach Theresienstadt deportiert

Hasenfratz, Berl Bernhard
21.9.1878, Vijniţa, Bukowina – 18.1.1944, KZ Buchenwald
Staatsangeh. ungeklärt (fr. Rumänien)
Kaufmann, Händler
Ranftsche Gasse 10; JH Humboldtstr. 31
Brüder emigr.
am 11.10.43 verhaftet
nach Buchenwald deportiert

Hasenfratz, David
18.1.1893, Vijniţa, Bukowina – nach 1942 verschollen
staatenlos (fr. Rumänien)
Kaufmann
Zwangsarbeit im Garten- u. Tiefbau
Oststr. 52; JH Nordstr. 11
Witwer
am 21.1.42 nach Riga deportiert

Hasnes, Anna, geb. Cohn
17.9.1877, Nordhausen, Provinz Sachsen – 17.10.1944, Ghetto Theresienstadt
staatenlos (fr. Rumänien)
Chorsängerin
Ehefrau von Salomon H., Mutter von Walter H.
Abschluss e. Heimeinkaufsvertrages für Theresienstadt
am 19.9.42 nach Theresienstadt deportiert

Hasnes, Erna, geb. Luttinger
19.2.1912, Leipzig – nach 1942 verschollen
staatenlos
Verkäuferin
Zwangsarbeiterin
Einertstr. 8; JH Leibnizstr. 30
Ehefrau von Walter H.
auf d. Transportliste vom 10.5.42 gestrichen, doch nach Bełżyce deportiert

Hasnes, Salomon
18.3.1865, Botoşani, Rumänien – 28.5.1943, Ghetto Theresienstadt
staatenlos (fr. Rumänien)
Kaufmann, Inh. e. Schuhwarenhandlung
Funkenburgstr. 7; JH Leibnizstr. 30
Ehemann von Anna H., Vater von Walter H.
am 5.10.39 im Rahmen e. „Sonderaktion" verhaftet, am 14.10.39 freigelassen
Abschluss e. Heimeinkaufsvertrages für Theresienstadt
am 19.9.42 nach Theresienstadt deportiert

Hasnes, Walter
18.4.1910, Leipzig – nach 1942 verschollen
staatenlos (fr. Rumänien)
Verkäufer
Zwangsarbeiter

Funkenburgstr. 7; JH Leibnizstr. 30
Sohn von Salomon u. Anna H., Ehemann von Erna H.
auf d. Transportliste vom 10.5.42 gestrichen, doch nach Bełżyce deportiert

Heckscher, Heinrich
22.8.1863, Wallerstein, Bayern – 13.11.1942, Ghetto Theresienstadt
dt. Staatsangeh.
Kaufmann, Prokurist (Rauchwarenbranche)
Sophienstr. 2; JH Auenstr. 14 (Altersheim)
nichtjüd. Ehefrau, Witwer
Abschluss e. Heimeinkaufsvertrages für Theresienstadt
am 19.9.42 nach Theresienstadt deportiert

Heckscher, Siegfried
15.6.1866, Altona (Elbe), Schleswig-Holstein – 12.11.1942, Ghetto Theresienstadt
dt. Staatsangeh.
Kaufmann
Wohlfahrtspfleger
aus Görlitz, Niederschlesien, seit 1934 in Leipzig
JH Auenstr. 14 (Altersheim)
seit 1938 Witwer, Tochter emigr.
Abschluss e. Heimeinkaufsvertrages für Theresienstadt
am 19.9.42 nach Theresienstadt deportiert

Heilbrunn, Clara
4.6.1890, Leipzig – nach 1942, KZ Auschwitz verschollen
dt. Staatsangeh.
Kontoristin
Hilfspflegerin, Zwangsarbeiterin
Wettinerstr. 32; JH Walter-Blümel-Str. 10
auf d. Transportliste vom 10.5.42 gestrichen
am 13.7.42 nach Auschwitz deportiert

Heilbrunn, Isaak Julius
15.7.1882, Reichensachsen, Hessen-Nassau – nach 1942, KZ Auschwitz verschollen
dt. Staatsangeh.
Kaufmann
Zwangsarbeiter, Kanzlist d. Bezirkstelle Mitteldeutschland d. Reichsvereinigung der Juden in Deutschland
aus Halle (Saale), Provinz Sachsen, seit 1935 in Leipzig
JH Packhofstr. 1
Ehemann von Selma H., Vater von Wolfgang H.
am 13.11.38 i. Rahmen e. „Sonderaktion" verhaftet
am 13.7.42 nach Auschwitz deportiert

Heilbrunn (Heilbronn), Julius
17.12.1877, Mühlhausen (Thür.), Provinz Sachsen – nach 1942 verschollen
dt. Staatsangeh.
Kaufmann
Zwangsarbeit im Gartenbau
König-Johann-Str. 7; JH Funkenburgstr. 15
Ehemann von Margot H.
am 11.11.38 i. Rahmen e. „Sonderaktion" verhaftet
auf d. Transportliste vom 21.1.42 gestrichen
am 10.5.42 nach Bełżyce deportiert

Heilbrunn (Heilbronn), Margot, geb. Wolf
10.10.1901, Berlin – nach 1942 verschollen
dt. Staatsangeh.
Kontoristin
Zwangsarbeit in d. Land- u. Forstwirtschaft
Auenstr. 17; JH Funkenburgstr. 15
Tochter von Frieda Wolf, Schwester emigr., Ehefrau von Julius H.
auf d. Transportliste vom 21.1.42 gestrichen
am 10.5.42 nach Bełżyce deportiert

Heilbrunn, Selma, geb. Müller
17.8.1897, Eisenach, Großherzogtum Sachsen – nach 1942, KZ Auschwitz verschollen
dt. Staatsangeh.
Ehefrau von Isaak H., Sohn emigr., Mutter von Wolfgang H.
am 13.7.42 nach Auschwitz deportiert

Heilbrunn, Wolfgang
25.12.1928, Mühlhausen (Thür.), Provinz Sachsen – nach 1942, KZ Auschwitz verschollen
dt. Staatsangeh.
Schüler
Sohn von Isaak u. Selma H.
am 13.7.42 nach Auschwitz deportiert

Heinau, Therese, geb. Fraenkel
9.8.1881, Danzig, Westpreußen – nach 1942 verschollen
dt. Staatsangeh.
Wurzner Str. 20; JH Walter-Blümel-Str. 21
seit 1938 Witwe, Sohn emigr.
am 21.1.42 nach Riga deportiert

Heinemann, Max Sigmund, Dr. phil.
22.12.1882, Berlin – nach 1944, KZ Auschwitz verschollen
dt. Staatsangeh.
Lehrer, Verlagsbuchhändler
Zwangsarbeit auf e. Friedhof
Promenadenstr. 14; Große Fleischergasse 16
nichtjüd. Ehefrau, seit 1943 Witwer
am 22.4.44 aus d. Jüd. Krankenhaus Berlin (Große Hamburger Str.) nach Auschwitz deportiert

Heinic, Smil Meer
15.12.1867, Botoşani, Rumänien – 7.12.1942, Ghetto Theresienstadt
staatenlos (fr. Rumänien)
Kaufmann, Textilwarenhändler
Eberhardstr. 11; JH Färberstr. 11 (Alters- und Pflegeheim)
Witwer, Tochter emigr.
am 19.9.42 nach Theresienstadt deportiert

Heinrich, Cilly Sara, verw. Schlesinger geb. Tontowska
2.5.1893, Pabjanice, Russ.-Polen – nach 1942 verschollen
dt. Staatsangeh.
Putzmacherin
Wallwitzstr. 1; JH Humboldtstr. 15
Witwe
am 21.1.42 nach Riga deportiert

Hellmann, Denny
14.7.1941, Leipzig – nach 1943, KZ Auschwitz verschollen
dt. Staatsangeh.
Sohn von Karl und Frieda H., Bruder von Siegmund H.
am 17.2.43 nach Berlin, am 26.2.43 nach Auschwitz deportiert

Hellmann, Frieda, geb. Hahn
12.10.1902, Nenzenheim, Bayern – nach 1943, KZ Auschwitz verschollen
dt. Staatsangeh.
Ehefrau von Karl H., Mutter von Siegmund u. Denny H.
am 17.2.43 nach Berlin, am 26.2.43 nach Auschwitz deportiert

Hellmann, Jenny
11.10.1891, Altenkunstadt, Bayern – nach 1943, KZ Auschwitz verschollen
dt. Staatsangeh.
Krankenschwester
Gemeindeschwester d. Israelit. Religionsgemeinde
Lortzingstr. 6; JH Walter-Blümel-Str. 10
Tochter von Philippine H., Schwester von Karl H.
am 17.2.43 nach Berlin, am 26.2.43 nach Auschwitz deportiert

Hellmann, Karl
16.12.1899, Altenkunstadt, Bayern – nach 1943, KZ Auschwitz verschollen
dt. Staatsangeh.
Kaufmann
Bestattungsgehilfe u. Bote d. Israelit. Religionsgemeinde
aus Lichtenfels, Bayern
JH Walter-Blümel-Str. 10
Sohn von Philippine H., Bruder von Jenny H., Ehemann von Frieda H., Vater von Siegmund u. Denny H.
am 17.2.43 nach Berlin, am 26.2.43 nach Auschwitz deportiert

Hellmann, Philippine, geb. Freudenthal
12.4.1865, Tann (Rhön), Hessen-Nassau – 20.1.1944, Ghetto Theresienstadt
dt. Staatsangeh.
JH Färberstr. 11 (Alters- und Pflegeheim)
Witwe, Mutter von Jenny u. Karl H.
auf d. Transportliste vom 19.9.42 gestrichen
am 17.2.43 Berlin, am 17.3.43 nach Theresienstadt deportiert

Hellmann, Siegmund
19.12.1930, Bamberg, Bayern – nach 1943, KZ Auschwitz verschollen
dt. Staatsangeh.
Sohn von Karl u. Frieda H., Bruder von Denny H.
am 17.2.43 nach Berlin, am 26.2.43 nach Auschwitz deportiert

Hepner, Esther, geb. Zudkowicz
7.9.1865, Meseritz, Provinz Posen – 8.10.1942, Ghetto Theresienstadt
staatenlos
Händlerin
JH Auenstr. 14 (Altersheim)
Witwe
am 19.9.42 nach Theresienstadt deportiert

Hepner, Franziska, geb. Lurie
6.3.1883, Lublin, Russ.-Polen – nach 1942 verschollen
dt. Staatsangeh.

Menckestr. 27; JH Funkenburgstr. 15
Witwe
am 21.1.42 nach Riga deportiert

Hepner, Lina, geb. Schulmann
18.8.1885, Plungjany, Russland – nach 1943, KZ Auschwitz verschollen
staatenlos (fr. Polen)
Lehrerin
JH Humboldtstr. 9
Ehefrau von Menachem H., Tochter emigr.
auf d. Transportliste vom 21.1.42 gestrichen
am 19.9.42 nach Theresienstadt, am 6.9.43 nach Auschwitz deportiert

Hepner, Menachem Max
17.7.1890, Międzyrzecz, Provinz Posen – 31.5.1940, KZ Sachsenhausen
staatenlos (fr. Polen)
Kaufmann
Pfaffendorfer Str. 21
Ehemann von Lina H.

Herrmann, Gertrud[8]
15.6.1896, Plauen, Sachsen – 1942, KZ Auschwitz
dt. Staatsangeh.
Lehrerin, erste jüd. Studienrätin in Sachsen
Lehrerin an d. jüd. Volksschule, Erzieherin im jüd. Kinderheim (Jacobstr. 7)
Wilhelmstr. 54; JH Jacobstr. 7
Geschwister emigr.
am 13.7.42 nach Auschwitz deportiert

Herrmann, Gisela, geb. Garfunkel
17.7.1908, Görlitz, Schlesien – nach 1942 verschollen
dt. Staatsangeh. (fr. Österreich)
Verkäuferin
Hausmeisterin
Ehefrau von Kurt H.
am 18.3.40 aus polit. Gründen verhaftet, am 17.5.40 freigelassen
am 10.5.42 nach Bełżyce deportiert

Herrmann, Kurt
28.4.1909, Berlin – nach 1942 verschollen
dt. Staatsangeh.
Arbeiter
Zwangsarbeit im Gartenbau, Hausmeister
JH Nordstr. 11
Ehemann von Gisela H.
am 10.5.42 nach Bełżyce deportiert

Herrmann, Ottilie, geb. Grünberg
24.3.1882, Aschendorf (Ems), Provinz Hannover – nach 1942 verschollen
dt. Staatsangeh.
Verkäuferin, Reisende
Zwangsarbeiterin
JH Humboldtstr. 10
geschieden
am 21.1.42 nach Riga deportiert

Herschkowitz, Benzion
5.9.1872, Kolbuszowa, Österr.-Polen – 13.2.1940, KZ Sachsenhausen
poln. Staatsangeh.
Händler
Gerberstr. 41; JH Humboldtstr. 10

Herzberg, Arthur
28.1.1887, Leipzig – nach 1942 verschollen
dt. Staatsangeh.
Kaufmann
Zwangsarbeiter
Hallische Str. 207; JH Große Fleischergasse 28
Ehemann von Erna H.
am 4.6.40 aus polit. Gründen verhaftet, freigelassen
am 10.5.42 nach Bełżyce deportiert

Herzberg, Erna Bertha, verw. Schneider geb. Frank
15.2.1886, Berlin – nach 1942 verschollen
dt. Staatsangeh.
Verkäuferin
Zwangsarbeiterin
Ehefrau von Arthur H.
am 10.5.42 nach Bełżyce deportiert

Herzer, Frommetche Friederike, geb. Goldschmidt
2.11.1866, Malsfeld, Hessen-Nassau – 2.7.1943, Ghetto Theresienstadt
dt. Staatsangeh.
Nürnberger Str. 33; JH Färberstr. 11 (Alters- und Pflegeheim)
seit 1936 Witwe
am 19.9.42 nach Theresienstadt deportiert

Herzfeld, Rolf Ernst
13.7.1897, Harzgerode, Anhalt – 15.3.1945, in e. Arbeitslager umgekommen
dt. Staatsangeh.
Kaufmann, Handelsvertreter
Zwangsarbeiter
Reitzenhainer Str. 9; Oswaldstr. 1a
nichtjüd. Ehefrau
am 15.11.38 im Rahmen e. „Sonderaktion" verhaftet
nach Buchenwald deportiert, 1938 (Dez.) freigelassen
am 26.4.44 in e. Arbeitslager d. Organisation Todt deportiert

Hess, Alice, geb. Merfeld
26.12.1862, Leipzig – 1.1.1943, Ghetto Theresienstadt
dt. Staatsangeh.
Springerstr. 16; JH Färberstr. 11 (Alters- und Pflegeheim)
seit 1939 Witwe, Mutter von Eva Fleischer
am 19.9.42 nach Theresienstadt deportiert

Heuberger, Sara, geb. Kos
8.6.1879, Jadowniki (b. Krakau), Österr.-Polen – nach 1942 verschollen
staatenlos (fr. Polen)?
Rohproduktenhändlerin
Hausmeisterin (JH Nordstr. 11)
Dieskaustr. 18; JH Nordstr. 11
Sohn emigr.
am 21.1.42 nach Riga deportiert

Heumann, Lotte Elsa
18.1.1912, Dessau, Anhalt – nach 1943, KZ Auschwitz verschollen
dt. Staatsangeh.
Fürsorgerin
aus Dresden, seit 1939 in Leipzig
JH Walter-Blümel-Str. 10
Bruder emigr.
am 17.2.43 nach Berlin, am 26.2.43 nach Auschwitz deportiert

Heymann, Abraham Adolf[9]
31.5.1852, Zempelburg, Preußen – 29.9.1942, Ghetto Theresienstadt
dt. Staatsangeh.
Kaufmann, Inh. e. Geschäfts für Herrenkonfektion, gegr. 1877
Grimmaische Str. 29; JH Humboldtstr. 13
Ehemann von Ida H.
Abschluss e. Heimeinkaufsvertrages für Theresienstadt
am 19.9.42 nach Theresienstadt deportiert

Heymann, Ida, geb. Less
4.7.1861, Berlin – 19.2.1943, Ghetto Theresienstadt
dt. Staatsangeh.
Ehefrau von Abraham H.
am 19.9.42 nach Theresienstadt deportiert

Heynemann, Helene Elisabeth, geb. Löw
31.10.1888, Leipzig – nach 1944, KZ Auschwitz verschollen
dt. Staatsangeh.
Kauffrau, Inh. e. Firma für Industriereklame
Zwangsarbeiterin
Ehefrau von Paul H., Sohn emigr.
auf d. Transportliste vom 10.5.42 gestrichen
Abschluss e. Heimeinkaufsvertrages für Theresienstadt
am 19.9.42 nach Theresienstadt, am 6.10.44 nach Auschwitz deportiert

Heynemann, Paul
8.2.1890, Magdeburg, Provinz Sachsen – nach 1944, KZ Auschwitz verschollen
dt. Staatsangeh.
Kaufmann, Inh. e. Firma für Bürobedarf
Angestellter d. Israelit. Religionsgemeinde, Zwangsarbeiter
Auenstr. 25; JH Humboldtstr. 9
Ehemann von Helene H.
auf d. Transportliste vom 10.5.42 gestrichen
Abschluss e. Heimeinkaufsvertrages für Theresienstadt
am 19.9.42 nach Theresienstadt, am 6.10.44 nach Auschwitz deportiert

Hiller, Louise, geb. Freudenthal
19.4.1886, Metz, Elsass-Lothringen – 19.9.1939, Leipzig, Freitod
dt. Staatsangeh.?
Ehefrau von Wilhelm H., Sohn emigr.

Hiller, Wilhelm Friedrich, Dr. phil.
12.2.1875, Gleiwitz, Schlesien – 18.9.1939, Leipzig, Freitod
dt. Staatsangeh.?
Apotheker, Mitinh. d. Engel-Apotheke, gegr. 1523, Inh. e. Verlagsbuchhandlung, gegr. 1890
Springerstr. 16; Fockestr. 33
Ehemann von Louise H.
am 10.11.38 im Rahmen e. „Sonderaktion" verhaftet

Hilmann, Josef
30.3.1883, Kosów, Österr.-Polen – nach 1940 verschollen
staatenlos
Kaufmann, Händler
Yorkstr. 6; Heil- u. Pflegeanstalt Dösen
Heil- u. Pflegeanstalt Waldheim
Ehefrau u. Söhne emigr.
vermutl. Opfer d. „Euthanasie"

Hilsenrath (Kugelmass), Freida Frieda, geb. Wetstein
15.5.1875, Kolomea, Österr.-Polen – 30.1.1943, Ghetto Theresienstadt
staatenlos (fr. Polen)
Ehefrau von Mechel H., Kinder emigr., zwei Töchter 1938 nach Polen abgeschoben, eine Tochter 1942? in Auschwitz umgekommen
am 19.9.42 nach Theresienstadt deportiert

Hilsenrath (Kugelmass), Mechel
1.6.1874, Kolomea, Österr.-Polen – 11.1.1943, Ghetto Theresienstadt
staatenlos (fr. Österreich)
Kaufmann, Vertreter
König-Johann-Str. 13; JH Humboldtstr. 13
Ehemann von Freida H.
am 19.9.42 nach Theresienstadt deportiert

Hirsch, Charlotte Johanna, geb. Wertheim
3.5.1890, Berlin – nach 1943, KZ Auschwitz verschollen
dt. Staatsangeh.
Bruder emigr., Ehefrau von Siegfried H., Tochter emigr.
am 17.2.43 nach Berlin, am 26.2.43 nach Auschwitz deportiert

Hirsch, Debora Dora, verw. Goldfluß geb. Elsner
23.2.1868, Tarnów, Österr.-Polen – 7.10.1943, Ghetto Theresienstadt
dt. Staatsangeh.
Funkenburgstr. 27; JH Färberstr. 11 (Alters- und Pflegeheim)
Witwe
am 19.9.42 nach Theresienstadt deportiert

Hirsch, Else
10.11.1903, Bad Lausick, Sachsen – nach 1942 verschollen
dt. Staatsangeh.
Kontoristin
lebte in Bad Lausick
Tochter von Siegmund H., Schwester von Sofie H.
am 10.5.42 nach Bełżyce deportiert

Hirsch, Laura Lotte, geb. Fabisch
8.1.1872, Tarnowitz, Schlesien – 3.12.1942, Ghetto Theresienstadt
dt. Staatsangeh.
Steinstr. 30; JH Gustav-Adolf-Str. 7
seit 1937 Witwe
Abschluss e. Heimeinkaufsvertrages für Theresienstadt
am 19.9.42 nach Theresienstadt deportiert

Hirsch, Magdalene
1.10.1903, Mainz, Hessen-Darmstadt – nach 1942 verschollen
dt. Staatsangeh.
Wirtschafterin
JH Nordstr. 15
am 21.1.42 nach Riga deportiert

Hirsch, Richard Heinrich, Dr. phil.
28.4.1864, Leipzig – 7.12.1942, Ghetto Theresienstadt
dt. Staatsangeh.
Historiker
Kochstr. 113; JH Humboldtstr. 13
am 19.9.42 nach Theresienstadt deportiert

Hirsch, Siegfried
27.9.1881, Göttingen, Provinz Hannover – nach 1943, KZ Auschwitz verschollen
dt. Staatsangeh.
Kaufmann
Zwangsarbeiter
Sattelhofstr. 42; JH Packhofstr. 1
Ehemann von Charlotte H.
am 17.2.43 nach Berlin, am 26.2.43 nach Auschwitz deportiert

Hirsch, Siegmund
26.1.1860, Guben, Brandenburg – 9.12.1942, Ghetto Theresienstadt
dt. Staatsangeh.
Kaufmann
aus Bad Lausick, Sachsen
JH Färberstr. 11 (Alters- und Pflegeheim)
Witwer, Kinder emigr., Vater von Else u. Sofie H.
Abschluss e. Heimeinkaufsvertrages für Theresienstadt
am 19.9.42 nach Theresienstadt deportiert

Hirsch, Sofie
1.2.1894, Kamenz, Sachsen – nach 1942 verschollen
dt. Staatsangeh.
Haustochter
lebte in Bad Lausick, Sachsen
Tochter von Siegmund H., Schwester von Else H.
am 10.5.42 nach Bełżyce deportiert

Hirschberg, Max
24.10.1866, Weißenfels, Provinz Sachsen – 5.10.1944, Ghetto Theresienstadt
dt. Staatsangeh.
Kaufmann, Inh. e. Zigarrenhandlung
Elisenstr. 85; Fregestr. 5
Witwer
am 13.1.44 nach Theresienstadt deportiert

Hirschbrand, Rosalie
30.1.1867, Grünstadt, Bayern – 4.1.1943, Ghetto Theresienstadt
dt. Staatsangeh.
JH Gustav-Adolf-Str. 7
am 19.9.42 nach Theresienstadt deportiert

Hirschfeld, Arthur
28.2.1862, Köthen, Anhalt – 1.1.1943, Ghetto Theresienstadt
dt. Staatsangeh.
Drogist, Vertreter für Fischwaren
Kaiserin-Augusta-Str. 33; JH Humboldtstr. 9
nichtjüd. Ehefrau, Witwer
Abschluss e. Heimeinkaufsvertrages für Theresienstadt
am 19.9.42 nach Theresienstadt deportiert

Hirschfeld, Betty
10.6.1914, Graudenz, Westpreußen – nach 1943, KZ Auschwitz verschollen
dt. Staatsangeh.
Kontoristin
Zwangsarbeiterin
aus Oschatz, Sachsen, seit nach 1935 in Leipzig
JH Gustav-Adolf-Str. 7
Eltern 1942 nach Theresienstadt deportiert, Überlebende
am 17.2.43 nach Berlin, am 26.2.43 nach Auschwitz deportiert

Hirschfeld, Franziska, geb. Rosenthal
25.1.1869, Kassel, Hessen-Nassau – 1.9.1942, Leipzig
dt. Staatsangeh.
Eisenbahnstr. 29/31; JH Auenstr. 14 (Altersheim)
seit 1942 Witwe, Sohn emigr.
am 5.11.41 wegen „Verbreitung e. Hetzschrift" verhaftet, am 26.2.42 freigelassen
auf d. Transportliste vom 19.9.42 gestrichen

Hirschfeld, Karl Meyer
25.2.1882, Bielefeld, Westfalen – nach 1942, KZ Auschwitz verschollen
dt. Staatsangeh.
Inh. e.Vertretung für Baumwollwaren, gegr. 1892
Zwangsarbeit auf e. Friedhof
Bleichertstr. 11; JH Nordstr. 11
Ehemann von Selma H.
am 13.11.38 im Rahmen e. „Sonderaktion" verhaftet, am 9.11.39 im Rahmen e. „Sonderaktion" verhaftet, am 16.12.39 freigelassen
am 13.7.42 nach Auschwitz deportiert

Hirschfeld, Meta Franziska, geb. Schoenfeld
22.3.1883, Deutsch Krone, Pommern – nach 1942 verschollen
dt. Staatsangeh.
JH Pfaffendorfer Str. 6
Bruder emigr., Witwe
am 21.1.42 nach Riga deportiert

Hirschfeld, Minna Selma, geb. Moses
26.8.1861, Neustadt (b. Pinne), Provinz Posen – 18.1.1943, Ghetto Theresienstadt
dt. Staatsangeh.
Händlerin
Wintergartenstr. 10; JH Nordstr. 15
Witwe, Töchter emigr.
am 19.9.42 nach Theresienstadt deportiert

Hirschfeld, Selma Sophie, geb. Schnook
5.5.1891, Rheydt, Rheinprovinz – nach 1942, KZ Auschwitz verschollen
dt. Staatsangeh.
Zwangsarbeiterin
Wintergartenstr. 10; JH Nordstr. 11
Ehefrau von Karl H.
am 13.7.42 nach Auschwitz deportiert

Hirschfeldt, Betty, geb. Wolff
20.2.1897, Filehne, Provinz Posen – nach 1942, KZ Auschwitz verschollen
dt. Staatsangeh.
Inselstr. 13; JH Gohliser Str. 11
geschieden, Mutter von Hannelore H.
am 29.9.42 aus d. Lungenheilstätte Nordrach, Baden nach Auschwitz deportiert

Hirschfeldt, Hannelore Helga
18.6.1923, Leipzig – nach 1944 verschollen
dt. Staatsangeh.
Schneiderin
Tochter von Betty H.
am 21.1.42 nach Riga deportiert

Hirschhorn, Bernhard Berl
21.6.1875, Buczacz, Österr.-Polen – 7.5.1940, KZ Sachsenhausen
poln. Staatsangeh.
Kaufmann, Inh. e. Textilfirma
Nordstr. 5; Humboldtstr. 15
Tochter emigr.
seit 9.11.39 im KZ Sachsenhausen

Hirschsohn, Max Mowscho
20.7.1884, Goldingen, Russland – nach 1942 verschollen
staatenlos
Kaufmann (Rauchwarenbranche)
Zwangsarbeit im Gartenbau
Böttchergäßchen 3; JH Funkenburgstr. 15
am 12.11.38 im Rahmen e. „Sonderaktion" verhaftet
am 21.1.42 nach Riga deportiert

Hochberger, Elias
24.3.1898, Bobowa, Österr.-Polen – 10.4.1940, KZ Sachsenhausen
staatenlos
Reisender, Bauarbeiter
Lange Str. 11; JH Alexanderstr. 46
seit 9.11.39 im KZ Sachsenhausen

Höhne, Meta, gesch. Zwergel geb. Levy
16.1.1897, Illingen, Saar – 15.2.1943, Leipzig, Freitod
dt. Staatsangeh.
Aufwärterin
Hausgehilfin, Zwangsarbeit in d. Firma Fritz Enderlein, Rauchwaren, Reichsstr. 30/32
Kirchstr. 57; JH Packhofstr. 1
Bruder emigr., nichtjüd. Ehemann, geschieden
auf d. Transportliste vom 17.2.43

Hölzer, Alfred
26.10.1903, Leipzig – 26.1.1940, KZ Sachsenhausen
Staatsangeh. ungeklärt
Gustav-Adolf-Str. 21; JH Keilstr. 3
Mutter emigr., Schwestern emigr., Bruder 1945 nach Theresienstadt deportiert, Überlebender, Bruder von Joachim u. Hans-Georg H., Ehemann von Sabina H., Vater von Wolf H.
1939 verhaftet
nach Sachsenhausen deportiert

Hölzer, Hans-Georg Jakob
18.2.1916, Leipzig – 1.5.1940, KZ Sachsenhausen
poln. Staatsangeh.?
Gustav-Adolf-Str. 21; Walter-Blümel-Str. 15
Bruder von Alfred u. Joachim H.
1939 verhaftet
nach Sachsenhausen deportiert

Hölzer, Joachim
27.3.1910, Leipzig – 3.11.1941, KZ Groß-Rosen
poln. Staatsangeh.
kaufm. Angestellter
Gustav-Adolf-Str. 21; Hofmeisterstr. 8
Bruder von Alfred u. Hans-Georg H.
vor d. 5.6.38 verhaftet, am 15.8.40 verhaftet
am 6.11.40 nach Sachsenhausen deportiert

Hölzer, Sabina, geb. Goldberg
20.6.1904, Lemberg, Österr.-Polen – nach 1943, Ghetto Riga
staatenlos
Mutter emigr., in Riga umgekommen, Brüder emigr., Ehefrau von Alfred H., Mutter von Wolf H.
am 21.1.42 nach Riga deportiert

Hölzer, Wolf Leib
2.9.1938, Leipzig – nach 1942, Ghetto Riga
staatenlos
Sohn von Alfred u. Sabina H.
am 21.1.42 nach Riga deportiert

Hoffmann, Berta
15.5.1878, Sisvar, Ungarn – nach 1942 verschollen
staatenlos (fr. Ungarn)
Opernsängerin
Poniatowskistr. 8; JH Lortzingstr. 14
am 21.1.42 nach Riga deportiert

Hoffmann, Emma, geb. Meyer
8.6.1867, Bentheim, Provinz Hannover – 3.11.1942, Ghetto Theresienstadt
dt. Staatsangeh.
Arndtstr. 38; JH Gustav-Adolf-Str. 7
Bruder emigr., Schwester von Julius Meyer u. Rosa Kufeld, Witwe
Abschluss e. Heimeinkaufsvertrages für Theresienstadt
am 19.9.42 nach Theresienstadt deportiert

Hoffmann, Paula, gesch. Baruch geb. Samter
14.6.1891, Buk, Provinz Posen – nach 1942 verschollen
dt. Staatsangeh.
Köchin
Hausangestellte
Leibnizstr. 11; JH Gustav-Adolf-Str. 7
Schwester emigr., geschieden
auf d. Transportliste vom 21.1.42 gestrichen
am 10.5.42 nach Bełżyce deportiert

Hollaender, Ella
19.1.1880, Hamburg – nach 1942 verschollen
dt. Staatsangeh.
Näherin
Scharnhorststr. 40; JH Gustav-Adolf-Str. 7
Geschwister emigr., Bruder 1942 aus Frankreich nach Auschwitz deportiert, verschollen
am 21.1.42 nach Riga deportiert

Hollaender, Oskar Adolf
15.7.1892, Leipzig – nach 1942 verschollen
dt. Staatsangeh.
Kaufmann, Prokurist
Zwangsarbeiter
Reichelstr. 1a; JH Nordplatz 7
Bruder emigr., 1942 in Frankreich umgekommen
am 26.2.41 wegen Nichteinhaltens d. Ausgehzeiten verhaftet, am 25.3.41 freigelassen
am 21.1.42 nach Riga deportiert

Homberger, Klara, geb. Marcus
28.11.1883, Dessau, Anhalt – nach 1942 verschollen
dt. Staatsangeh.
Pflegerin im Altersheim Auenstr. 14
JH Gustav-Adolf-Str. 7
auf d. Transportliste vom 21.1.42 gestrichen
am 10.5.42 nach Bełżyce deportiert

Hopfinger, Isidor
14.4.1864, Sambor, Österr.-Polen – 11.12.1942, Ghetto Theresienstadt
dt. Staatsangeh. (fr. Österreich)
Kaufmann, Inh. e. Großh. für Zuckerwaren u. Attrappen, gegr. 1897
Franckestr. 12; JH Humboldtstr. 13
seit 1936 Witwer
am 19.9.42 nach Theresienstadt deportiert

Horowitz, Hermann
13.10.1858, Alexanderfeld, Österr.-Polen – 27.10.1942, Ghetto Theresienstadt
staatenlos (fr. Österreich)
Kaufmann (Herrengarderobe)
Auenstr. 14; JH Färberstr. 11 (Alters- und Pflegeheim)
Witwer
am 19.9.42 nach Theresienstadt deportiert

Horowitz, Ismar Isaak
25.11.1880, Kempen, Provinz Posen – 9.4.1940, KZ Sachsenhausen
poln. Staatsangeh.
Kaufmann, Lagerist
Schreiberstr. 11
nichtjüd. Ehefrau
seit 26.10.39 im KZ Sachsenhausen

Horwitz, Frieda, geb. Biesenthal
29.4.1878, Leipzig – nach 1943, KZ Auschwitz verschollen
dt. Staatsangeh.
Geschäftsführerin
Löhrstr. 33; JH Färberstr. 11 (Alters- und Pflegeheim)
Witwe
am 17.2.43 nach Berlin, am 26.2.43 nach Auschwitz deportiert

Hudenski (recte Grünberg), Heinrich
19.12.1907, Leipzig – 22.4.1940, KZ Sachsenhausen
poln. Staatsangeh.
Lagerist
Uferstr. 4; JH Leibnizstr. 4
Bruder emigr.
seit 9.11.39 im KZ Sachsenhausen

Hübner (Hibner), Kurt Simson
24.4.1912, Königsberg, Ostpreußen – 26.3.1940, KZ Sachsenhausen
poln. Staatsangeh.
Expedient
Lessingstr. 6; Thomasiusstr. 7
Sohn von Regina H., Bruder von Saly und Maximilian H.

Hübner (Hibner), Maximilian
19.4.1905, Breslau, Schlesien – 19.7.1940, KZ Sachsenhausen
poln. Staatsangeh.
Verkäufer
Lessingstr. 6; Thomasiusstr. 7
Sohn von Regina H., Bruder von Saly u. Kurt H.

Hübner (Hibner), Regina, geb. Süsskind
15.9.1876, Kolomea, Österr.-Polen – nach 1942 verschollen
staatenlos (fr. Polen)
Lessingstr. 6; JH Gustav-Adolf-Str. 7
Ehemann 1938 nach Polen abgeschoben, Sohn emigr., Mutter von Saly, Maximilian u. Kurt H.
am 10.5.42 nach Bełżyce deportiert

Hübner (Hibner), Saly
17.2.1898, Kolomea, Österr.-Polen – nach 1942 verschollen
poln. Staatsangeh.
Stenotypistin
Tochter von Regina H., Schwester von Maximilian u. Kurt H.
am 10.5.42 nach Bełżyce deportiert

Huth, Käthe, geb. Meyerstein
18.4.1893, Leipzig – nach 1942 verschollen
dt. Staatsangeh.
Krankenschwester
Auenstr. 19; JH Packhofstr. 1
Tochter von Elfriede Meyerstein, Bruder emigr., geschieden
am 10.5.42 nach Bełżyce deportiert

Hutterer, Arno Aron
25.12.1870, Kuty, Österr.-Polen – 19.2.1940, KZ Sachsenhausen
staatenlos (fr. Polen)
Kaufmann, Inh. e. Möbelhandlung
Bussestr. 5a; JH Walter-Blümel-Str. 21
Ehemann von Rachel H.

Hutterer, Rachel Rosa, geb. Lempart
10.1.1873, Stryj, Österr.-Polen – 22.1.1943, Ghetto Theresienstadt
staatenlos (fr. Polen)
Bussestr. 5a; JH Humboldtstr. 13
Ehefrau von Arno H., Tochter emigr., Sohn 1938 nach Polen abgeschoben
am 19.9.42 nach Theresienstadt deportiert

Ide (recte Fuge), Henriette, geb. Berg
20.10.1892, Leipzig – 9.10.1942, KZ Auschwitz
dt. Staatsangeh.
Inh. e. Friseurgeschäfts
Alexanderstr. 6
nichtjüd. Ehemann, Mutter von Irene I.
am 9.1.42 wegen „Verkehrs mit Deutschblütigen" verhaftet
am 27.2.42 nach Ravensbrück deportiert

Ide (recte Fuge), Irene
23.5.1913, Burg (Bz. Magdeburg), Provinz Sachsen – 7.3.1943, KZ Auschwitz
dt. Staatsangeh.
Arbeiterin
Tochter von Henriette I.
am 11.4.42 wegen Verdachts der „Rassenschande" verhaftet
am 28.11.42 nach Auschwitz deportiert

Ilberg, Hedwig Hendel, geb. Block
27.2.1883, Wetzlar, Rheinprovinz – 1944, KZ Kaiserwald
dt. Staatsangeh.
Kontoristin
Promenadenstr. 15; JH Michaelisstr. 3
Bruder emigr., Schwester von Marie Lesser, geschieden, Sohn ebenfalls nach Riga deportiert, Überlebender
am 21.1.42 nach Riga deportiert

Iliwitzky, Evsey Jowel
22.10.1891, Kossowo, Russ.-Polen – 17.3.1940, KZ Sachsenhausen
poln. Staatsangeh.?
Kaufmann, Ingenieur, Mitinh. e. Rauchwarengroßh., gegr. 1886
Thomasiusstr. 7; Nordstr. 58
seit 7.12.39 im KZ Sachsenhausen

Intrator, Jacob
4.11.1866, Przemyśl, Österr.-Polen – 3.6.1943, Ghetto Theresienstadt
dt. Staatsangeh.
JH Humboldtstr. 13
Ehefrau u. Tochter emigr.
Abschluss e. Heimeinkaufsvertrages für Theresienstadt
am 19.9.42 nach Theresienstadt deportiert

Isaacsohn, Gertrud, geb. Rosenthal
13.8.1882, Chemnitz, Sachsen – nach 1942 verschollen
dt. Staatsangeh.
Ehefrau von Max I.
am 21.1.42 nach Riga deportiert

Isaacsohn, Max
1.1.1883, Gollub, Westpreußen – nach 1942 verschollen
dt. Staatsangeh.
Kaufmann
Zwangsarbeiter
aus Torgau, Provinz Sachsen
JH Funkenburgstr. 15
Ehemann von Gertrud I.
am 21.1.42 nach Riga deportiert

Isaaksohn, Diana, geb. Gelles
28.7.1888, Krotoschin, Provinz Posen – 1942 (Okt.), Vernichtungslager Treblinka
dt. Staatsangeh.
Zwangsarbeiterin
Bauhofstr. 6; JH Gustav-Adolf-Str. 7
seit 1928 Witwe, Kinder emigr., Sohn 1945 nach Theresienstadt deportiert, Überlebender
am 10.5.42 nach Bełżyce deportiert

Isakowitz, Alfred
8.9.1887, Jägerndorf, Schlesien – 7.6.1941, KZ Dachau
poln. Staatsangeh.
Kaufmann, Mitinh. e. Textilwarengroßh., gegr. 1914
Reudnitzer Str. 15; JH Humboldtstr. 6
Bruder von Max I., nichtjüd. Ehefrau
1940 im KZ Sachsenhausen

Isakowitz, Max
19.5.1892, Chemnitz, Sachsen – 7.2.1942, KZ Ravensbrück
poln. Staatsangeh.
Kaufmann, Mitinh. e. Textilwarengroßh., gegr. 1914
Reudnitzer Str. 15; JH Humboldtstr. 9
Bruder von Alfred I., nichtjüd. Ehefrau

Isenstein, Paul Heinrich
18.8.1881, Hannover – 24.3.1943, Leipzig, Freitod
dt. Staatsangeh.
Kaufmann, Bankdirektor
Zwangsarbeit im Gartenbau
Inselstr. 9; Göschenstr. 4
Bruder von Ella Löwenberg? u. Käthi Lewin?, nichtjüd. Ehefrau
am 11.11.38 im Rahmen e. „Sonderaktion" verhaftet, 1943? verhaftet
Zwangsräumung

Itzigsohn, Emma Nechama, geb. Braude
17.10.1889, Leipzig – nach 1942 verschollen
staatenlos
König-Johann-Str. 20; JH König-Johann-Str. 30
seit 1935 Witwe
am 21.1.42 nach Riga deportiert

Itzigsohn, Ottilie, geb. Cahn
1.6.1899, München Gladbach, Rheinprovinz – nach 1943, KZ Auschwitz verschollen
staatenlos
Krankenschwester
Sedanstr. 20; Chemnitzer Str. 50 (Israelit. Krankenhaus)
Ehefrau von Ruwen I., Sohn emigr.
am 18.6.43 nach Auschwitz deportiert

Itzigsohn, Ruwen
3.1.1900, Libau, Russland – nach 1943, KZ Auschwitz verschollen
staatenlos
kaufm. Angestellter
Zwangsarbeit im Gartenbau
Wettinerstr. 5; Chemnitzer Str. 50 (Israelit. Krankenhaus)
Ehemann von Ottilie I.
am 18.6.43 nach Auschwitz deportiert

Itzinger, Josefine, gesch. Kowatzowsky geb. Weider
28.8.1876, Budatin, Ungarn – nach 1943, KZ Auschwitz verschollen
dt. Staatsangeh.?
Wasserturmstr. 2
nichtjüd. Ehemann
am 22.1.43 wegen Vergehens gegen die Kriegswirtschaftsverordnung verhaftet
nach Auschwitz deportiert

Jachimowicz, Harry
20.7.1933, Leipzig – nach 1942, KZ Auschwitz verschollen
staatenlos
Sohn von Joseph u. Ida J.
am 13.7.42 nach Auschwitz deportiert

Jachimowicz, Ida, geb. Berger
3.1.1900, Berlin – nach 1942, KZ Auschwitz verschollen
staatenlos
Zwangsarbeiterin
Tochter von Sara Berger, Ehefrau von Joseph J., Mutter von Harry J.
am 13.7.42 nach Auschwitz deportiert

Emma Itzigsohn, die Ehefrau von Benzion Itzigsohn, wurde am 21. Januar 1942 nach Riga deportiert und ist seitdem verschollen.

Jachimowicz, Joseph
20.7.1896, Koło, Russ.-Polen – 11.5.1942, KZ Ravensbrück
staatenlos (fr. Polen)
Kaufmann, Inh. e. Firma für Tuche
Eisenbahnstr. 21; JH Walter-Blümel-Str. 10
Ehemann von Ida J., Vater von Harry J.

Jacob, Jenny Jeanette, geb. Auerbach
21.6.1876, Brest, Provinz Posen – 1.12.1942, Ghetto Theresienstadt
dt. Staatsangeh.
Inh. e. Firma für Rauchwarenkommission
Fürsorgerin
Funkenburgstr. 1; JH Färberstr. 11 (Alters- und Pflegeheim)
Witwe
am 25.1.41 wegen Bestechungsversuchs u. Vergehens gegen d. Kriegswirtschaftsverordnung verhaftet, am 7.7.41 freigelassen
Abschluss e. Heimeinkaufsvertrages für Theresienstadt
am 19.9.42 nach Theresienstadt deportiert

Jacobi, Cäsar Wolf
29.6.1883, Fischhausen, Ostpreußen – nach 1942, Ghetto Theresienstadt
dt. Staatsangeh.
Händler
Zwangsarbeiter
aus Riesa, Sachsen
JH Humboldtstr. 21
nichtjüd. Ehefrau, geschieden
auf d. Transportliste vom 21.1.42 gestrichen
am 19.9.42 nach Theresienstadt deportiert

Jacobowitz, Albin
6.11.1882, Adelnau, Provinz Posen – 3.10.1943, Ghetto Theresienstadt
dt. Staatsangeh.
Korbmacher
Bürobote d. Israelit. Religionsgemeinde
Hermann-Meyer-Str. 1; JH Keilstr. 3
Abschluss e. Heimeinkaufsvertrages für Theresienstadt
am 19.9.42 nach Theresienstadt deportiert

Jacobsohn, Ella, geb. Fröhlich
23.9.1887, Ratibor, Schlesien – 3.3.1943, Ghetto Theresienstadt
dt. Staatsangeh.
Ehefrau von Oskar J., Sohn 1943 aus Berlin nach Theresienstadt deportiert, 1944 im KZ Dachau umgekommen
am 19.9.42 nach Theresienstadt deportiert

Jacobsohn, Else
7.1.1891, Döbeln, Sachsen – nach 1942 verschollen
dt. Staatsangeh.
Nachtwache im Siechenheim Riebeckstr.
aus Döbeln
JH Färberstr. 11 (Alters- und Pflegeheim)
am 21.1.42 nach Riga deportiert

Jacobsohn, Oskar Ascher
3.5.1871, Friedrichstadt (Eider), Schleswig-Holstein – 3.4.1943, Ghetto Theresienstadt
dt. Staatsangeh.
Kaufmann, Inh. e. Glasbilderfabrik u. e. Großh. für Reiseandenken, Reklame- u. Geschenkartikel
Zwangsarbeit in d. Städt. Arbeitsanstalt
Funkenburgstr. 15; JH Leibnizstr. 30
Ehemann von Ella J.
am 5.10.39 im Rahmen e. „Sonderaktion" verhaftet, am 14.10.39 freigelassen, am 30.10.39 aus polit. Gründen verhaftet, am 8.11.39 freigelassen
am 19.9.42 nach Theresienstadt deportiert

Jacoby, Adelheid, geb. Thorner
23.11.1861, Danzig, Westpreußen – 3.10.1942, Ghetto Theresienstadt
dt. Staatsangeh.
aus Nienburg (Saale), Anhalt
JH Auenstr. 14 (Altersheim)
Witwe
Abschluss e. Heimeinkaufsvertrages für Theresienstadt
am 19.9.42 nach Theresienstadt deportiert

Jäckel, Beile Bertha, geb. Horowitz
22.8.1854, Czernowitz, Bukowina – 3.9.1942, Leipzig
dt. Staatsangeh.
Uferstr. 11; JH Färberstr. 11 (Alters- und Pflegeheim)
seit 1928 Witwe, Sohn emigr., Mutter von Siegmund J.

Jäckel, Brana, geb. Haendel
20.11.1902, Horodnica, Russland – nach 1942 verschollen
dt. Staatsangeh.

Schneiderin
Krankenschwester im Israelit. Krankenhaus, Zwangsarbeiterin
JH Humboldtstr. 9
Mutter von Sigrid J.
am 10.5.42 nach Bełżyce deportiert

Jäckel, Siegmund David
11.1.1896, Leipzig – nach 1944, KZ Auschwitz verschollen
dt. Staatsangeh.
Kürschner, Inh. e. Kürschnerei
Zwangsarbeiter
Uferstr. 11; JH Keilstr. 4
Sohn von Beile J., nichtjüd. Ehefrau, geschieden
auf d. Transportliste vom 10.5.42 gestrichen
am 19.9.42 nach Theresienstadt, am 28.9.44 nach Auschwitz deportiert

Jäckel, Sigrid Waltraud
25.10.1930, Leipzig – nach 1942 verschollen
dt. Staatsangeh.
Schülerin
Tochter von Brana J.
am 10.5.42 nach Bełżyce deportiert

Jaffe, Anna Henriette
23.5.1890, Glauchau, Sachsen – nach 1942 verschollen
dt. Staatsangeh.
Konzertsängerin, Gesangslehrerin
Simsonstr. 2; JH Walter-Blümel-Str. 10
am 10.5.42 nach Bełżyce deportiert

Jaffé, Emilie, geb. Alexander
15.2.1884, Leiffarth, Rheinprovinz – nach 1942, KZ Auschwitz verschollen
dt. Staatsangeh.
Zwangsarbeiterin
Ehefrau von Max J., Kinder emigr.
am 13.7.42 nach Auschwitz deportiert

Jaffé, Max Mordechai[10]
2.10.1885, Lorsch, Hessen-Darmstadt – 1942, KZ Auschwitz
dt. Staatsangeh.
Kantor d. liberalen Synagoge Gottschedstr., Religionslehrer an d. Höheren Israelit. Schule, Lehrer an d. Jüd. Volksschule
Zwangsarbeiter
Poniatowskistr. 10; JH Humboldtstr. 21
Ehemann von Emilie J.
am 17.8.35 verhaftet, 1935 (Sept.) freigelassen, am 10.11.38 im Rahmen e. „Sonderaktion" verhaftet
nach Buchenwald deportiert, am 7.12.38 freigelassen
am 9.11.39 im Rahmen e. „Sonderaktion" verhaftet, am 25.11.39 freigelassen
am 13.7.42 nach Auschwitz deportiert

Jakobowitz, Selma
17.5.1881, Lipine, Schlesien – nach 1942 verschollen
dt. Staatsangeh.
Haushälterin
Humboldtstr. 10; JH Humboldtstr. 6
am 21.1.42 nach Riga deportiert

Jakubowitsch, Lea Feige, geb. Gritz
3.5.1882, Płońsk, Russ.-Polen – nach 1942 verschollen
staatenlos (fr. Russland)
Händlerin
Ranstädter Steinweg 13; JH Packhofstr. 1
seit 1931 Witwe, Kinder emigr., Mutter von Zilli J.
auf d. Transportliste vom 21.1.42 gestrichen
am 10.5.42 nach Bełżyce deportiert

Jakubowitsch, Zilli
4.9.1925, Leipzig – nach 1942 verschollen
staatenlos
Zwangsarbeiterin
Tochter von Lea J.
auf d. Transportliste vom 21.1.42 gestrichen
am 10.5.42 nach Bełżyce deportiert

Jeret, Wolf Willy
10.1.1899, Frankfurt a.M. – 9.3.1942, KZ Ravensbrück
poln. Staatsangeh.
Reisender
Humboldtstr. 24; Eberhardstr. 7
seit 1938 Witwer

Jochenbem, Dina Gina, geb. Nussenow
18.6.1862, Berditschew, Russ.-Polen – 30.11.1942, Ghetto Theresienstadt
staatenlos (fr. Polen)
Elsässer Str. 18; JH Auenstr. 14 (Altersheim)
Bruder emigr., seit 1928 Witwe
am 19.9.42 nach Theresienstadt deportiert

Joel, Manuel, Dr. phil.
7.2.1896, Breslau, Schlesien – 24.12.1938, KZ Buchenwald
dt. Staatsangeh.?
Lehrer an d. Höheren Israelit. Schule
aus Breslau
Gottschedstr. 19
am 11.11.38 im Rahmen e. „Sonderaktion" verhaftet
nach Buchenwald deportiert

Joffe, Anna
8.10.1887, Leipzig – nach 1942 verschollen
staatenlos
Pianistin, Musikpädagogin
Liviastr. 9; JH Gneisenaustr. 7
Bruder emigr.
am 21.1.42 nach Riga deportiert

Jonas, Fritz
12.2.1889, Eberswalde, Brandenburg – nach 1942 verschollen
dt. Staatsangeh.
Kaufmann
Zwangsarbeit im Tiefbau
aus Naumburg (Saale), Provinz Sachsen
JH Nordplatz 7
Bruder von Lotte J.
am 21.1.42 nach Riga deportiert

Jonas, Lisbeth, geb. Brodsky
4.4.1916, Leipzig – nach 1942, KZ Auschwitz verschollen
dt. Staatsangeh.
Angestellte
Tochter von Geny Brodsky, Bruder emigr., Schwester von Rosa Brodsky, Ehefrau von Werner J.
auf d. Transportliste vom 21.1.42 gestrichen
am 13.7.42 nach Auschwitz deportiert

Jonas, Lotte
8.1.1887, Eberswalde, Brandenburg – nach 1942 verschollen
dt. Staatsangeh.
Kauffrau
aus Naumburg (Saale), Provinz Sachsen
JH Nordplatz 7
Schwester von Fritz J.
am 21.1.42 nach Riga deportiert

Jonas, Werner
5.7.1917, Leipzig – nach 1942, KZ Auschwitz verschollen
dt. Staatsangeh.
Kaufmann
Zwangsarbeiter
Reichelstr. 1a; JH Humboldtstr. 15
Eltern u. Bruder emigr., Bruder 1936 wegen Hochverrats verurteilt, Zuchthaus u. KZ, Überlebender, Ehemann von Lisbeth J.
auf d. Transportliste vom 21.1.42 gestrichen
am 13.7.42 nach Auschwitz deportiert

Josephsohn, Abraham
5.7.1855, Vandsburg, Westpreußen – 14.9.1942, Leipzig
dt. Staatsangeh.
Kaufmann
JH Färberstr. 11 (Alters- und Pflegeheim)
Witwer, Sohn aus Berlin nach Łódź deportiert, verschollen

Joske, Aurelie, geb. Pawel
10.5.1853, Lissa, Provinz Posen – 13.10.1942, Ghetto Theresienstadt
dt. Staatsangeh.
Frankfurter Str. 10; JH Auenstr. 14 (Altersheim)
seit 1924 Witwe
am 19.9.42 nach Theresienstadt deportiert

Joske, Clara, geb. Nordheimer
11.1.1894, Leipzig – nach 1942, KZ Auschwitz verschollen
dt. Staatsangeh.
Zwangsarbeit als Pelznäherin
Ziegelstr. 1; JH Jacobstr. 7
Tochter von Charlotte Nordheimer, Geschwister, Ehemann u. Kinder emigr., Mutter von Ruth J.
am 19.4.38 aus polit. Gründen verhaftet, am 20.4.38 freigelassen
auf d. Transportliste vom 21.1.42, nicht deportiert
am 13.7.42 nach Auschwitz deportiert

Joske, Ruth
25.12.1927, Leipzig – nach 1942, KZ Auschwitz verschollen
dt. Staatsangeh.
Zwangsarbeiterin
Tochter von Clara J.
auf d. Transportliste vom 21.1.42, nicht deportiert
am 13.7.42 nach Auschwitz deportiert

Kaffe, Gertrud, geb. Leopold
9.8.1890, Schönfeld, Pommern – nach 1942 verschollen
dt. Staatsangeh.
Kauffrau
Plößner Weg 16; JH Michaelisstr. 3
Ehemann u. Töchter emigr.
am 21.1.42 nach Riga deportiert

Kahan, Esther Malka
22.3.1887, Kowno, Russland – nach 1942 verschollen
staatenlos
Schneiderin
Zwangsarbeit in d. Städt. Arbeitsanstalt
Berliner Str. 42; Gottschedstr. 35
am 16.6.39 aus polit. Gründen verhaftet, am 26.6.39 freigelassen

Kahan, Sina Sonja, geb. Wastschiles
18.1.1875, Schklow, Russland – nach 1943, KZ Auschwitz verschollen
staatenlos (fr. Russland)
Inh. e. Rauchwarengroßh., gegr. 1922
Zwangsarbeiterin
Waldstr. 56; JH Humboldtstr. 13
seit 1931 Witwe
am 19.9.42 nach Theresienstadt, am 18.12.43 nach Auschwitz deportiert

Kahn, Beatrice, geb. Freudenthal
18.6.1896, Ilmenau, Sachsen-Weimar-Eisenach – nach 1943, KZ Auschwitz verschollen
dt. Staatsangeh.
Zwangsarbeiterin
Dittrichring 14; JH Walter-Blümel-Str. 10
Tochter von Ida Freudenthal, Bruder emigr., seit 1942 Witwe, Kinder emigr.
am 17.2.43 nach Berlin, am 26.2.43 nach Auschwitz deportiert

Kahn, Clara, geb. Seligmann
19.12.1873, Gleicherwiesen, Sachsen-Altenburg – 21.3.1943, Ghetto Theresienstadt
dt. Staatsangeh.
aus Römhild, Thüringen
JH Auenstr. 14 (Altersheim)
Witwe, Sohn emigr.
Abschluss e. Heimeinkaufsvertrages für Theresienstadt
am 19.9.42 nach Theresienstadt deportiert

Kahn, Richard Meyer
24.1.1908, Marisfeld, Sachsen-Altenburg – nach 1943, KZ Auschwitz verschollen
dt. Staatsangeh.
Bankbeamter
Buchhalter
aus Suhl, Provinz Sachsen, seit 1935 in Leipzig
JH Walter-Blümel-Str. 10
am 18.6.43 nach Auschwitz deportiert

Kaiser, Eduard
16.2.1871, Callao, Peru – 5.3.1944, Ghetto Theresienstadt
dt. Staatsangeh.
Kaufmann, Inh. e. Modewarengeschäfts
Zwangsarbeit in d. Städt. Arbeitsanstalt
Prendelstr. 9; JH Humboldtstr. 13
geschieden, Tochter emigr.
am 19.9.42 nach Theresienstadt deportiert

Kaiser, Emma, geb. Krebs
22.10.1889, Eichenau, Schlesien – nach 1942 verschollen
dt. Staatsangeh.
Wirtschafterin
Humboldtstr. 10; JH Nordstr. 11
Geschwister emigr.,Witwe, Sohn aus Frankreich nach Auschwitz deportiert, verschollen
am 21.1.42 nach Riga deportiert

Kalb, Feige Fanny, geb. Fried
30.1.1895, Brzeżany, Österr.-Polen – 1.4.1942, KZ Ravensbrück
Staatsangeh. ungeklärt (fr. Polen)
Liviastr. 5
Tochter von Chaja Fried, Geschwister emigr., Schwester von Moses Fried, Ehemann 1938 nach Polen abgeschoben
am 28.10.38 nach Polen abgeschoben, Rückkehr nach Leipzig
am 14.1.41 wegen „Verbreitung polizeil. Maßnahmen" verhaftet
am 26.3.41 nach Ravensbrück deportiert

Kalfus, Minna
3.12.1908, Leipzig – nach 1942, KZ Auschwitz verschollen
staatenlos (fr. Polen)
Kontoristin
Zwangsarbeit als Pelznäherin
Tochter von Reisel K.
auf d. Transportliste vom 21.1.42 gestrichen
am 13.7.42 nach Auschwitz deportiert

Kalfus, Reisel Rosa, geb. Aussenberg
9.7.1880, Bochnia, Österr.-Polen – nach 1942, KZ Auschwitz verschollen
staatenlos (fr. Polen)
Händlerin, Inh. e. Delikatessenhandlung
Eberhardstr. 1; JH Gustav-Adolf-Str. 7
Witwe, Sohn aus Belgien nach Auschwitz deportiert, 1942 umgekommen, Mutter von Minna K.
auf d. Transportliste vom 21.1.42 gestrichen
am 13.7.42 nach Auschwitz deportiert

Kallmann, Marion
7.7.1927, Leipzig – nach 1942 verschollen
dt. Staatsangeh.
JH Große Fleischergasse 28
Tochter von Sigrid Lipschütz, Schwester von Harald Nus u. Monika Lipschütz
am 10.5.42 nach Bełżyce deportiert

Kalter, Adolf
14.6.1931, Leipzig – nach 1942 verschollen
Staatsangeh. ungeklärt (fr. Polen)
Schüler
Sohn von Rachel K., Bruder von Melanie K.
am 21.1.42 nach Riga deportiert

Kalter, Cirel Mirel, verw. Reinhold geb. Horowitz
12.1.1889, Rymanów, Österr.-Polen – nach 1943 verschollen
staatenlos (fr. Polen)
aus Karlsruhe, Baden, seit 1939 in Leipzig
JH Gustav-Adolf-Str. 7
Mutter von Jakob K.
am 21.1.42 nach Riga deportiert

Kalter, Jakob
24.3.1934, Karlsruhe, Baden – nach 1943, Ghetto Riga verschollen
staatenlos
Schüler
Sohn von Cirel K.
am 21.1.42 nach Riga deportiert

Kalter, Melanie Pepi
18.2.1929, Leipzig – nach 1942 verschollen
Staatsangeh. ungeklärt (fr. Polen)
Schülerin
Tochter von Rachel K., Schwester von Adolf K.
am 21.1.42 nach Riga deportiert

Kalter, Rachel, geb. Reiber
12.8.1900, Rzeszów, Österr.-Polen – nach 1942 verschollen
Staatsangeh. ungeklärt (fr. Polen)
Humboldtstr. 20; JH Humboldtstr. 6
Ehemann emigr.?, Mutter von Melanie u. Adolf K.
am 21.1.42 nach Riga deportiert

Kamerling, Bernhard
27.3.1883, Czernowitz, Bukowina – nach 1942 verschollen
dt. Staatsangeh.
Kaufmann, Inh. e. Rauchwarengroßh., gegr. 1909
Funkenburgstr. 16
Ehemann von Irma K.
am 21.1.42 nach Riga deportiert

Kamerling, Irma, geb. Tausig
5.5.1882, Leipzig – nach 1942 verschollen
dt. Staatsangeh.
Sprachenlehrerin, Privatunterricht
Englischlehrerin an d. jüd. Schule in Chemnitz
Ehefrau von Bernhard K., Kinder emigr.
am 21.1.42 nach Riga deportiert

Kanstein, Käte, geb. Levy
9.4.1894, Pößneck, Sachsen-Meiningen – 10.6.1942, KZ Ravensbrück
dt. Staatsangeh.
Ehefrau von Siegfried K., Kinder emigr.
am 13.1.41 wegen Devisenvergehens verhaftet
am 28.3.41 nach Ravensbrück deportiert

Kanstein, Siegfried Salomon
11.11.1880, Rimbach, Hessen – 29.5.1942, KZ Sachsenhausen
dt. Staatsangeh.
Kaufmann
aus Dessau, Anhalt
Liviastr. 5
Ehemann von Käte K.
am 13.1.41 wegen Devisenvergehens verhaftet
am 28.3.41 nach Sachsenhausen deportiert

Kapitalnik, Rachel Regina, geb. Plotek
21.2.1897, Łódź, Russ.-Polen – nach 1942 verschollen
staatenlos (fr. Polen)
Kontoristin
Eberhardstr. 9; JH Gustav-Adolf-Str. 7
Tochter von Malka Plotek, Schwester emigr., getrennt lebend
1939 in Abschiebehaft
am 10.5.42 nach Bełżyce deportiert

Kaplan, Marie
29.10.1921, Falkenstein (Vogtland), Sachsen – nach 1942 verschollen
staatenlos
Kontoristin
JH Gustav-Adolf-Str. 7
Eltern emigr.
am 10.11.41 als „arbeitsscheu" verhaftet, am 2.12.41 freigelassen
am 21.1.42 nach Riga deportiert

Kapusta, Abraham Jankel
20.11.1847, Masowiek (Gouvernement Lompa), Russland – 2.1.1943, Ghetto Theresienstadt
staatenlos (fr. Polen)
Händler
Weißenfelser Str. 42; JH Keilstr. 4
seit 1936 Witwer, Tochter emigr.
am 19.9.42 nach Theresienstadt deportiert
ältester Deportierter aus Leipzig

Kastner, Martha, geb. Cahn
6.2.1886, Leipzig – nach 1942 verschollen
dt. Staatsangeh.
Korrespondentin
Stenotypistin
Moschelesstr. 6; JH Alexanderstr. 46
nichtjüd. Ehemann, Witwe?
am 21.1.42 nach Riga deportiert

Katz, Bertha, geb. Mayer
3.4.1869, Marktsteft, Bayern – 12.1.1943, Ghetto Theresienstadt
dt. Staatsangeh.
JH Auenstr. 14 (Altersheim)
Witwe
am 5.10.39 im Rahmen e. „Sonderaktion" verhaftet, am 14.10.39 freigelassen
Abschluss e. Heimeinkaufsvertrages für Theresienstadt
am 19.9.42 nach Theresienstadt deportiert

Katz, Else
26.7.1876, Berlin – 1942, Vernichtungslager Treblinka
dt. Staatsangeh.
JH Humboldtstr. 13
Schwester emigr.
am 19.9.42 nach Theresienstadt, am 22.10.42 nach Treblinka deportiert

Katz (gen. Cohn), Hedwig, geb. Freudenthal
1.7.1868, Tann (Rhön), Hessen-Nassau – 18.3.1943, Ghetto Theresienstadt
dt. Staatsangeh.
JH Auenstr. 14 (Altersheim)
Witwe
am 19.9.42 nach Theresienstadt deportiert

Katz, Ida Gisela
27.7.1897, Guxhagen, Hessen-Nassau – nach 1942, KZ Auschwitz verschollen
dt. Staatsangeh.
Köchin
Hausangestellte
JH Auenstr. 14 (Altersheim)
am 13.7.42 nach Auschwitz deportiert

Katz, Salomon
3.5.1883, Gudensberg, Hessen-Nassau – nach 1942 verschollen
dt. Staatsangeh.
Buchhändler
Zwangsarbeiter
Charlottenstr. 14; JH Walter-Blümel-Str. 11
am 21.1.42 nach Riga deportiert

Katzenstein, Fanny, geb. Mendel
14.11.1866, Plaue, Schwarzburg-Sondershausen – 14.3.1943, Ghetto Theresienstadt
dt. Staatsangeh.
JH Auenstr. 14 (Altersheim)
Witwe, Tochter emigr.
am 19.9.42 nach Theresienstadt deportiert

Katzenstein, Felix
16.3.1882, Meiningen, Sachsen-Meiningen – nach 1943, KZ Auschwitz verschollen
dt. Staatsangeh.
Kaufmann, Inh. e. Großh. für Futterstoffe und Schneiderbedarfsartikel, gegr. 1921
Zwangsarbeit im Gartenbau
Menckestr. 10; JH Nordstr. 15
seit 1935 Witwer, Sohn 1943 aus Berlin nach Auschwitz deportiert, verschollen
am 11.11.38 im Rahmen e. „Sonderaktion" verhaftet
nach Buchenwald deportiert, am 17.12.38 freigelassen
am 17.2.43 nach Berlin, am 26.2.43 nach Auschwitz deportiert

Abraham Kapusta, der Ehemann von Esther Kapusta, wurde im Alter von 94 Jahren am 19. September 1942 nach Theresienstadt deportiert und starb dort am 2. Januar 1943.

Katzenstein, Friedrich
17.6.1889, Eisleben, Provinz Sachsen – nach 1942 verschollen
dt. Staatsangeh.
Arbeiter
Zwangsarbeiter
JH Humboldtstr. 15
am 12.11.38 i. Rahmen e. „Sonderaktion" verhaftet
am 21.1.42 nach Riga deportiert

Katzenstein, Salomon
16.8.1855, Treysa (Bz. Kassel), Hessen-Nassau – 6.10.1942, Ghetto Theresienstadt
dt. Staatsangeh.
Kaufmann
aus Merseburg, Provinz Sachsen
JH Auenstr. 14 (Altersheim)
seit 1940 Witwer, Sohn emigr.
Abschluss e. Heimeinkaufsvertrages für Theresienstadt
am 19.9.42 nach Theresienstadt deportiert

Katzmann, Daniel David
23.4.1895, Flieden, Hessen-Nassau – 1943, KZ Auschwitz
dt. Staatsangeh.
Lehrer, letzter Direktor d. Höheren Israelit. Schule, Leiter d. Jüd. Volksschule
Zwangsarbeiter
aus Annaberg (Erzgeb.), Sachsen, seit 1934 in Leipzig
JH Humboldtstr. 9
Ehemann von Hilde K., Vater von Inge K.
am 11.11.38 im Rahmen e. „Sonderaktion" verhaftet
nach Buchenwald deportiert, am 1.12.38 freigelassen
am 19.9.42 nach Theresienstadt, am 29.1.43 nach Auschwitz deportiert

Katzmann, Hilde, geb. Rothschild
25.3.1906, Duisburg, Rheinprovinz – nach 1943, KZ Auschwitz verschollen
dt. Staatsangeh.
Zwangsarbeiterin
Tochter von Rosa Rothschild, Ehefrau von Daniel K., Mutter von Inge K.
am 19.9.42 nach Theresienstadt, am 29.1.43 nach Auschwitz deportiert

Katzmann, Inge
16.5.1933, Annaberg (Erzgeb.), Sachsen – nach 1943, KZ Auschwitz verschollen
dt. Staatsangeh.
Tochter von Daniel u. Hilde K.
am 19.9.42 nach Theresienstadt, am 29.1.43 nach Auschwitz deportiert

Katzmann, Rosa Rochla, geb. Kahan
15.1.1884, Mogilew, Russland – nach 1942 verschollen
staatenlos
Händlerin, Inh. e. Kolonialwarengeschäfts
Pfaffendorfer Str. 11; JH Alexanderstr. 46
Witwe, Sohn emigr.
am 21.1.42 nach Riga deportiert

Kaufmann, Elise
17.5.1882, Kochstedt (Kr. Dessau), Anhalt – nach 1942 verschollen
dt. Staatsangeh.
Putzmacherin, Inh. e. Putzgeschäfts
Auenstr. 29; JH Humboldtstr. 13
Schwester von Selmar K.
am 21.1.42 nach Riga deportiert

Kaufmann, Ernestine, geb. Weissmann
29.11.1888, Fürth, Bayern – nach 1942 verschollen
dt. Staatsangeh.
Kindergärtnerin
Liviastr. 5; JH Walter-Blümel-Str. 21
seit 1934 Witwe
am 21.1.42 nach Riga deportiert

Kaufmann, Hans Jakob
30.8.1911, Dahlen, Sachsen – 17.1.1943, KZ Auschwitz
dt. Staatsangeh.
Angestellter
Auenstr. 29; JH Humboldtstr. 10
Sohn von Selmar K.
am 29.8.42 wegen „Beziehung zu deutschblütigen Frauen" verhaftet
am 4.11.42 nach Sachsenhausen deportiert

Kaufmann, Selmar
30.9.1877, Kochstedt (Kr. Dessau), Anhalt – nach 1944, KZ Auschwitz verschollen
dt. Staatsangeh.
Kaufmann, Reisender
Zwangsarbeit im Gartenbau
Oetzsch, Dammstr. 14; JH Walter-Blümel-Str. 10
Bruder von Elise K., nichtjüd. Ehefrau, geschieden, Vater von Hans K.
am 18.6.43 nach Theresienstadt, am 16.5.44 nach Auschwitz deportiert

Kauftheil, Helene Hinda, geb. Selzer
19.4.1895, Szczurowice, Österr.-Polen – nach 1943, KZ Auschwitz verschollen
staatenlos (fr. Polen)
Schneiderin, Händlerin mit Bestecks, Wäsche u. Baumwollwaren
Zwangsarbeit als Pelznäherin
Eberhardstr. 10; JH Packhofstr. 1
geschieden
auf d. Transportlisten vom 21.1.42, 10.5.42 u. 17.2.43 gestrichen
am 27.2.43 in d. Polizeihaftlager Dresden-Hellerberg, am 1.3.43 nach Auschwitz deportiert

Kauftheil-Eisen, Ester, geb. Kauftheil
3.2.1902, Neu-Sandec, Österr.-Polen – nach 1942 verschollen
Staatsangeh. ungeklärt (fr. Polen)
Wirtschafterin
Verkäuferin
Ranstädter Steinweg 49; JH Eberhardstr. 11
Ehefrau von Simon Ajzen, Mutter von Hanna u. Miryam K.
am 21.1.42 nach Riga deportiert

Kauftheil-Eisen, Hanna
30.3.1938, Leipzig – nach 1942 verschollen
Staatsangeh. ungeklärt
Tochter von Simon Ajzen u. Ester K., Schwester von Miryam K.
am 21.1.42 nach Riga deportiert

Kauftheil-Eisen, Miryam
18.5.1939, Leipzig – nach 1942 verschollen
Staatsangeh. ungeklärt
Tochter von Simon Ajzen u. Ester K., Schwester von Hanna K.
am 21.1.42 nach Riga deportiert

Kawlin, Maria, geb. Lewin
26.2.1897, München – nach 1942 verschollen
staatenlos (fr. Bolivien)
Haushalthilfe
aus Nürnberg, Bayern?, seit nach 1938 in Leipzig
JH Humboldtstr. 11
Tochter von Alma Lewin, geschieden
am 21.1.42 nach Riga deportiert

Kehr, Thekla, geb. David
16.7.1868, Herbstleben, Sachsen-Coburg-Gotha – 2.2.1942, Leipzig, Freitod
dt. Staatsangeh.?
JH Lortzingstr. 14
Ehemann 1942 in Leipzig verstorben

Keller, Käthe, geb. Blank
19.5.1894, Braunschweig – nach 1942 verschollen
dt. Staatsangeh.
Kindergärtnerin?
Fritzschestr. 8; JH Humboldtstr. 11
seit 1941 Witwe, Kinder emigr.
am 21.1.42 nach Riga deportiert

Kempner, Arthur
8.9.1881, Berlin – nach 1943, KZ Auschwitz verschollen
dt. Staatsangeh.
Kaufmann
Zwangsarbeit in d. Leipziger Kesselherdefabrik Hermann Brömme, Bienitzstr. 7, u. im Gartenbau
JH Gustav-Adolf-Str. 7
Ehemann von Minna K.
auf d. Transportlisten vom 21.1.42 u. 13.7.42 gestrichen
am 17.2.43 nach Berlin, am 26.2.43 nach Auschwitz deportiert

Kempner, Minna Karoline, geb. Krohn
12.3.1889, Schönefeld (Kr. Crossen), Brandenburg – nach 1943, KZ Auschwitz verschollen
dt. Staatsangeh.
Zwangsarbeit in d. Firma Textilrohstoffe Max Gläser & Co., Roscherstr. 19
Ehefrau von Arthur K., Sohn emigr., Sohn 1943 aus Berlin nach Auschwitz deportiert, verschollen
auf d. Transportlisten vom 21.1.42 u. 13.7.42 gestrichen
am 17.2.43 nach Berlin, am 26.2.43 nach Auschwitz deportiert

Kern, Dora Thea
15.12.1922, Leipzig – nach 1942 verschollen
dt. Staatsangeh.
Schneiderin
Tochter von Josef u. Sara K., Schwester von Max K.
am 21.1.42 nach Riga deportiert

Kern, Feiwisch Felix
15.4.1892, Bohorodczany, Österr.-Polen – 31.1.1940, KZ Sachsenhausen
staatenlos
Handelsvertreter, Arbeiter
Reudnitzer Str. 2
nichtjüd. Ehefrau
am 16.6.38 im Rahmen d. Aktion „Arbeitsscheue

Reich" verhaftet, freigelassen
seit 15.11.39 im KZ Sachsenhausen

Kern, Josef
22.11.1899, Bohorodczany, Österr.-Polen – nach 1944 verschollen
dt. Staatsangeh.
Kaufmann, Händler mit Tuchen
Zwangsarbeit im Gartenbau
Sedanstr. 12; JH Jacobstr. 11
Bruder von Samuel K., Ehemann von Sara K., Vater von Dora u. Max K.
am 22.2.39 aus polit. Gründen verhaftet, am 25.2.39 freigelassen
am 21.1.42 nach Riga, 1944 nach Buchenwald deportiert

Kern, Max
18.9.1932, Leipzig – 1944 (März), KZ Kaiserwald
dt. Staatsangeh.
Sohn von Josef u. Sara K., Bruder von Dora K.
am 21.1.42 nach Riga deportiert

Kern, Samuel
22.11.1899, Bohorodczany, Österr.-Polen – nach 1942 verschollen
dt. Staatsangeh.
Buchhalter, Reisender
Zwangsarbeit im Gartenbau
Humboldtstr. 31; JH Humboldtstr. 4
Bruder von Josef K.
am 12.11.38 im Rahmen e. „Sonderaktion" verhaftet
am 21.1.42 nach Riga deportiert

Kern, Sara Elka, geb. Hausmann
5.3.1899, Jaroslau, Österr.-Polen – 1944 (März), KZ Kaiserwald
dt. Staatsangeh.
Bruder 1939 nach Polen abgeschoben, umgekommen, Ehefrau von Josef K., Tochter ebenfalls nach Riga deportiert, Überlebende, Mutter von Dora u. Max K.
am 21.1.42 nach Riga deportiert

Kernkraut (Blumenfeld), Israel
27.7.1874, Neu Sandec, Österr.-Polen – 15.12.1939, KZ Buchenwald
poln. Staatsangeh.
Händler
Berliner Str. 24; JH Keilstr. 3
Ehefrau 1940 nach Polen abgeschoben, Tochter emigr.

Kersten, Henriette, geb. Meyer
15.2.1878, Bremen – 1943, KZ Auschwitz
dt. Staatsangeh.
JH Färberstr. 11 (Alters- und Pflegeheim)
Witwe, Sohn emigr., Mutter von Alize Looser
am 17.2.43 nach Berlin, am 26.2.43 nach Auschwitz deportiert

Kessel, Gerhard
12.6.1922, Leipzig – nach 1942 verschollen
staatenlos
Friedrich-List-Str. 14; JH Packhofstr. 1
Geschwister emigr., Bruder von Siegfried K.
am 21.1.42 nach Riga deportiert

Kessel, Siegfried Ossias
2.8.1926, Leipzig – nach 1943, KZ Auschwitz verschollen
staatenlos
Schusterlehrling
Friedrich-List-Str. 14; JH Gustav-Adolf-Str. 7
Bruder von Gerhard K.
auf d. Transportliste vom 17.2.43 gestrichen
am 27.2.43 in d. Polizeihaftlager Dresden-Hellerberg, am 1.3.42 nach Auschwitz deportiert

Keßler, Frieda Julie
31.12.1920, Leipzig – nach 1942 verschollen
staatenlos (fr. Polen)
Kontoristin
Eberhardstr. 10; JH Alexanderstr. 46
Eltern u. Schwester 1938 nach Polen abgeschoben
am 21.1.42 nach Riga deportiert

Kessler, Rosa Rachel, geb. Friedländer
28.3.1867, Lötzen, Ostpreußen – 21.10.1942, Ghetto Theresienstadt
staatenlos
Stenotypistin
JH Auenstr. 14 (Altersheim)
seit 1941 Witwe
am 6.7.42 wegen „Umgangs mit Ariern" verhaftet, am 18.9.42 freigelassen
am 19.9.42 nach Theresienstadt deportiert

Kiess, Benno
10.9.1902, Leipzig – 6.10.1940, im KZ umgekommen?
poln. Staatsangeh.
Handlungsgehilfe
Yorkstr. 17; JH Packhofstr. 1
Eltern u. Schwester emigr.

Kirschbaum, Feigel Fanny
4.6.1875, Wisnicz, Österr.-Polen – 19.6.1943, Ghetto Theresienstadt
staatenlos (fr. Polen)
Arbeiterin, Lackiererin
JH Färberstr. 11 (Alters- und Pflegeheim)
auf d. Transportliste vom 19.9.42 gestrichen
am 17.2.43 nach Berlin, am 28.5.43 nach Theresienstadt deportiert

Kirschbaum, Hermann
23.8.1904, Leipzig – 9.8.1941, KZ Buchenwald
poln. Staatsangeh.
Kürschner, Inh. e. Kürschnerei
Montbéstr. 34; Sedanstr. 17a
Ehefrau emigr.
am 25.3.41 verhaftet
am 28.5.41 nach Buchenwald deportiert

Kirschstein, Toni, geb. Beermann
23.4.1873, Schwerin (Warthe), Provinz Posen – 5.5.1943, Ghetto Theresienstadt
dt. Staatsangeh.
Gneisenaustr. 4; JH Nordstr. 15
seit 1922 Witwe
am 19.9.42 nach Theresienstadt deportiert

Kirstein, Cläre Therese, geb. Stein
18.5.1885, Leipzig – 29.6.1939, Leipzig, Freitod
dt. Staatsangeh.?
Inh. e. Kunstverlages
Dittrichring 10; Montbéstr. 8
seit 1934 Witwe, Tochter emigr.
Angst vor d. Gestapo

Kitzing, Julie, geb. Herz
13.8.1863, Leipzig – 17.6.1944, Ghetto Theresienstadt
dt. Staatsangeh.?
Inh. e. Schuhwarenhandlung
Beethovenstr. 10; Markkleeberg, Str. der SA 32
nichtjüd. Ehemann, Witwe
am 13.1.44 nach Theresienstadt deportiert

Klahr, Ernestine Ester, geb. Diener
17.10.1870, Tarnów, Österr.-Polen – 11.10.1942, Ghetto Theresienstadt
staatenlos (fr. Polen)
Czermaks Garten 5; JH Humboldtstr. 13
Witwe, Söhne emigr., ein Sohn aus Frankreich nach Auschwitz deportiert, verschollen, Tochter 1938 nach Polen abgeschoben
am 19.9.42 nach Theresienstadt deportiert

Klapproth, Jeanette Janeta, geb. Faibis
20.8.1889, Jassy, Rumänien – nach 1942 verschollen
dt. Staatsangeh.
Verkäuferin
Zwangsarbeiterin
Elisenstr. 69; JH Alexanderstr. 46
Tochter von Marie Faibis, Brüder emigr., Bruder 1942 in Auschwitz umgekommen, Schwester von Rosa Zoltek u. Anna Reicher, geschieden
am 21.1.42 nach Riga deportiert

Klar, Marie Marjem, geb. Charap
4.2.1865, Jezierna, Österr.-Polen – 8.11.1942, Ghetto Theresienstadt
staatenlos (fr. Polen)
Yorkstr. 13; JH Nordstr. 15
Witwe, Sohn emigr., Mutter von Zallil K.
am 19.9.42 nach Theresienstadt deportiert

Klar, Zallil Sally
3.4.1900, Leipzig – 7.4.1940, KZ Sachsenhausen
staatenlos
Kaufmann, Arbeiter
Yorkstr. 13; JH Humboldtstr. 10
Sohn von Marie K.
am 11.11.38 i. Rahmen e. „Sonderaktion" verhaftet

Klausner, Beile Ester
9.12.1893, Neu-Sandec, Österr.-Polen – nach 1943, KZ Auschwitz verschollen
staatenlos (fr. Polen)
Näherin
Zwangsarbeit als Näherin
Löhrstr. 22; JH Packhofstr. 1
am 17.2.43 nach Berlin, am 26.2.43 nach Auschwitz deportiert

Klausner, Mendel Markus
25.6.1875, Tarnów, Österr.-Polen – 1.1.1942, KZ Buchenwald
poln. Staatsangeh.
Händler, Inh. e. Geschäfts für Gelegenheitskäufe (Schuh- u. Weißwaren)
Humboldtstr. 33
Ehemann von Rywka K.
1940 im KZ Sachsenhausen

Klausner, Moses Moritz
15.6.1893, Zator, Österr.-Polen – nach 1943, KZ Auschwitz verschollen
dt. Staatsangeh. (fr. Österreich)
Kaufmann, Inh. e. Rauchwarenfirma

Zwangsarbeit in d. Firma Eugen Wulzo & Sohn, Rauchwarenkommission, Nikolaistr. 28/32, u. auf d. Ostfriedhof
Löhrstr. 22; JH Gustav-Adolf-Str. 7
Mutter 1938 nach Polen abgeschoben, Witwer, Kinder emigr.
am 11.11.38 im Rahmen e. „Sonderaktion" verhaftet
nach Buchenwald deportiert, am 23.12.38 freigelassen
auf d. Transportliste vom 21.1.42, nicht deportiert
am 17.2.43 nach Berlin, am 26.2.43 nach Auschwitz deportiert

Klausner, Rywka Regina, geb. Lampel
26.10.1881, Stary Sącz, Österr.-Polen – nach 1942 verschollen
poln. Staatsangeh.
Zwangsarbeit als Pelznäherin
Humboldtstr. 33; JH Packhofstr. 1
Ehefrau von Mendel K., Tochter 1938 nach Polen abgeschoben, Tochter emigr., Sohn emigr., 1942 in Auschwitz umgekommen
am 10.5.42 nach Bełżyce deportiert

Klein, Bertha Marie, geb. Rosenfelder
5.5.1863, Oberdorf, Württemberg – 2.12.1940, Tötungsanstalt Sonnenstein/Pirna, Sachsen
franz. Staatsangeh.
Heil- u. Pflegeanstalt Dösen
Heil- u. Pflegeanstalt Arnsdorf
nach Sonnenstein deportiert

Klein, Ernestine
27.7.1881, Leipzig – nach 1942 verschollen
Staatsangeh. ungeklärt
Verkäuferin
Gustav-Adolf-Str. 38; JH Funkenburgstr. 16
Schwester emigr., Bruder 1945 nach Theresienstadt deportiert, Überlebender, Schwester von Klara K.
am 21.1.42 nach Riga deportiert

Klein, Klara
3.9.1883, Leipzig – nach 1942 verschollen
Staatsangeh. ungeklärt
Arbeiterin
Schwester von Ernestine K.
am 21.1.42 nach Riga deportiert

Klein, Wilhelmine
28.5.1869, Breslau, Schlesien – 8.5.1945, Theresienstadt
dt. Staatsangeh.
JH Färberstr. 11 (Alters- und Pflegeheim)
am 17.2.43 nach Berlin, am 17.3.43 nach Theresienstadt deportiert
am Tag d. Befreiung d. Ghettos verstorben

Kleinmann (recte Pelikan), Malka Amalie, geb. Janas
25.1.1861, Krakau, Österr.-Polen – 8.1.1943, Ghetto Theresienstadt
staatenlos (fr. Polen)
Händlerin
Gerberstr. 32; JH Nordstr. 15
seit 1926 Witwe
am 19.9.42 nach Theresienstadt deportiert

Klotz, Chaim Karl
10.10.1879, Meseritz, Provinz Posen – 27.5.1941, KZ Dachau
staatenlos (fr. Polen)
Goldschmied, Inh. e. Werkstatt u. e. Geschäfts für Silberwaren u. Geschenkartikel
Nordstr. 17; JH Keilstr. 3
Ehemann von Cyrla K.
1940 im KZ Sachsenhausen

Klotz, Cyrla, geb. Hepner
22.11.1882, Meseritz, Provinz Posen – nach 1942 verschollen
staatenlos (fr. Polen)
Ehefrau von Chaim K.
am 21.1.42 nach Riga deportiert

Klughaupt, Naftali Phöbus
1.12.1897, Brody, Österr.-Polen – 15.3.1940, KZ Sachsenhausen
poln. Staatsangeh.
Händler
Zwangsarbeiter
Fregestr. 31; Nordstr. 27
am 28.10.38 nach Polen abgeschoben, Rückkehr nach Leipzig
am 14.2.40 aus polit. Gründen verhaftet
seit 2.3.40 im KZ Sachsenhausen

Knabe, Stephanie, geb. Buchsbaum
12.6.1883, Mildenau, Sachsen? – nach 1941 verschollen
Wintergartenstr. 6
nichtjüd. Ehemann
am 27.5.41 wegen Vergehens gegen die Kriegswirtschaftsverordnung verhaftet
am 15.8.41 nach Ravensbrück deportiert

Knotmann, Adolf
22.10.1934, Leipzig – nach 1942, KZ Auschwitz verschollen
staatenlos (fr. Polen)
Schüler
Bruder von Jutta K.
auf d. Transportliste vom 10.5.42 gestrichen
am 13.7.42 nach Auschwitz deportiert

Knotmann, Jutta
24.10.1930, Leipzig – nach 1942, KZ Auschwitz verschollen
staatenlos (fr. Polen)
Schülerin
Frankfurter Str. 2; JH Jacobstr. 7 (Kinderheim)
Vater emigr., Mutter 1938 nach Polen abgeschoben, Schwester von Adolf K.
auf d. Transportliste vom 10.5.42 gestrichen
am 13.7.42 nach Auschwitz deportiert

Kochmann, Olga, geb. Kapauner
9.5.1864, Reichenstein, Schlesien – 11.9.1942, Leipzig
dt. Staatsangeh.
Crusiusstr. 9; JH Färberstr. 11 (Alters- und Pflegeheim)
seit 1925 Witwe

Körner, Fritz
22.4.1909, Leipzig – 19.12.1941, KZ Groß-Rosen
poln. Staatsangeh.
Markthelfer
Tauchaer Str. 15
Eltern 1938 nach Polen abgeschoben, Schwester emigr.

Körner, Hildegard Hanna, geb. Schneck
21.12.1905, Rixdorf, Brandenburg – 1944, KZ Stutthof
dt. Staatsangeh.
Ehefrau von Max K., Sohn ebenfalls nach Riga deportiert, Überlebender
am 21.1.42 nach Riga deportiert

Körner, Max
18.8.1898, Leipzig –1945 (März), KZ Bergen-Belsen
dt. Staatsangeh.
Kaufmann, Handelsvertreter, Inh. e. Antiquitätengeschäfts
Zwangsarbeit im Tiefbau
Brockhausstr. 5; JH Humboldtstr. 9
Ehemann von Hildegard K.
am 13.11.38 im Rahmen e. „Sonderaktion" verhaftet
am 21.1.42 nach Riga deportiert

Köttner, James
4.11.1883, Berlin – nach 1942 verschollen
dt. Staatsangeh.
Kaufmann, Vertreter für Filme
Friedrich-List-Str. 1; JH Leibnizstr. 4
am 21.1.42 nach Riga deportiert

Kohen, Regina
17.1.1901, Leipzig – nach 1942 verschollen
staatenlos
Verkäuferin
Nordstr. 41; JH Humboldtstr. 9
Geschwister emigr., Bruder 1943 aus Frankreich nach Osten deportiert, umgekommen, Schwester aus Frankreich nach Auschwitz deportiert, umgekommen
am 21.1.42 nach Riga deportiert

Kolender, Rosa
16.7.1892, Leipzig – nach 1943, KZ Auschwitz verschollen
staatenlos
Betriebsleiterin (Rauchwaren)
Zwangsarbeit als Rauchwarensortiererin u. Pelznäherin
Auenstr. 18; JH Gustav-Adolf-Str. 7
auf d. Transportliste vom 21.1.42 gestrichen
am 17.2.43 nach Berlin, am 26.2.43 nach Auschwitz deportiert

Kolker (gen. Frenkel), Chajka Klara, geb. Krämer
12.5.1880, Kuty, Österr.-Polen – nach 1942, KZ Auschwitz verschollen
staatenlos (fr. Rumänien)
Zwangsarbeiterin
Bruder emigr., Bruder 1938 nach Polen abgeschoben, Ehefrau von Moses K.
auf d. Transportliste vom 21.1.42 gestrichen
am 13.7.42 nach Auschwitz deportiert

Kolker (gen. Frenkel), Moses
3.6.1882, Soroca (Bessarabien), Russland – nach 1942, KZ Auschwitz verschollen
staatenlos (fr. Rumänien)
Händler
Zwangsarbeiter
Eisenbahnstr. 49; JH Packhofstr. 1

Sohn von Juda Fränkel, Schwester emigr., Ehemann von Chajka K.
auf d. Transportliste vom 21.1.42 gestrichen
am 13.7.42 nach Auschwitz deportiert

Kopetzky, Henriette Jenny, geb. Elkan
8.7.1868, Dessau, Anhalt – 2.10.1942, Ghetto Theresienstadt
dt. Staatsangeh.
Leibnizstr. 2; JH Auenstr. 14 (Altersheim)
Witwe
Abschluss e. Heimeinkaufsvertrages für Theresienstadt
am 19.9.42 nach Theresienstadt deportiert

Koppel, Henriette, geb. Marx
19.11.1892, Straßburg, Elsass-Lothringen – nach 1944, KZ Auschwitz verschollen
dt. Staatsangeh.
Inh. e. Wohnungsvermittlung
Zwangsarbeit in d. Firma Textilrohstoffe Max Gläser & Co., Roscherstr. 19
Ehefrau von Hermann K., Sohn emigr.
auf d. Transportliste vom 21.1.42 gestrichen
am 19.9.42 nach Theresienstadt, am 18.5.44 nach Auschwitz deportiert

Koppel, Hermann Adolf
12.12.1882, Norden, Provinz Hannover – nach 1944, KZ Auschwitz verschollen
dt. Staatsangeh.
Kaufmann, Personalchef d. Firma Theodor Althoff
Zwangsarbeiter
Robert-Schumann-Str. 10; JH Walter-Blümel-Str. 10
Geschwister emigr., Ehemann von Henriette K.
am 11.11.38 im Rahmen e. „Sonderaktion" verhaftet
nach Buchenwald deportiert, am 17.12.38 freigelassen
auf d. Transportliste vom 21.1.42 gestrichen
am 19.9.42 nach Theresienstadt, am 18.5.44 nach Auschwitz deportiert

Koppold, Abraham Adolf
13.9.1907, Górka, Österr.-Polen – 8.5.1940, KZ Sachsenhausen
staatenlos
Schneidermeister, Inh. e. Geschäfts für Herren- u. Knabenbekleidung
Turnerstr. 4; Emilienstr. 44
Ehemann von Klara K.
seit 14.12.39 im KZ Sachsenhausen

Koppold, Klara, geb. Schmulewitz
5.7.1906, Leipzig – nach 1942 verschollen
staatenlos
Verkäuferin
Turnerstr. 4; JH Humboldtstr. 4
Tochter von Rosa Schmulewitz, Schwester von Jenta Pietrkowski, Ehefrau von Abraham K., Kinder emigr.
am 21.1.42 nach Riga deportiert

Kormann, Helene
22.2.1890, Leipzig – nach 1942 verschollen
staatenlos
Privatlehrerin
Schwester von Sophie u. Klara K.
am 21.1.42 nach Riga deportiert

Kormann, Klara Chaje
16.11.1884, Leipzig – nach 1942 verschollen
staatenlos
Buchh.
Schwester von Sophie u. Helene K.
am 21.1.42 nach Riga deportiert

Kormann, Sophie
26.12.1882, Leipzig – nach 1942 verschollen
staatenlos
Haushälterin
Nordstr. 34; JH Humboldtstr. 15
Bruder emigr., Schwester von Klara u. Helene K.
am 21.1.42 nach Riga deportiert

Kormes, Czarne Dobra, geb. Beitsch
27.5.1886, Brody, Österr.-Polen – nach 1942, KZ Auschwitz verschollen
staatenlos (fr. Österreich)
Ehefrau von Jacob K., Sohn emigr., Mutter von Dora u. Fred K.
auf d. Transportliste vom 21.1.42 gestrichen
am 13.7.42 nach Auschwitz deportiert

Kormes, Dora Hilde
11.3.1913, Leipzig – nach 1942, KZ Auschwitz verschollen
staatenlos
Tochter von Jacob u. Czarne K., Schwester von Fred K.
auf d. Transportliste vom 21.1.42 gestrichen
am 13.7.42 nach Auschwitz deportiert

Kormes, Fred Ephraim
29.10.1924, Leipzig – nach 1942, KZ Auschwitz verschollen
staatenlos
Zwangsarbeit auf d. Bau
Sohn von Jacob u. Czarne K., Bruder von Dora K.
am 21.7.41 wegen Besuchs von Lichtspielhäusern verhaftet, am 1.8.41 freigelassen
auf d. Transportliste vom 21.1.42 gestrichen
am 13.7.42 nach Auschwitz deportiert

Kormes, Ida Frieda, geb. Petzon
30.12.1888, Bremen – nach 1943 verschollen
staatenlos (fr. Deutsches Reich)
Verkäuferin
Zwangsarbeit als Pelznäherin im Leipziger Pelzwaren-Spezialhaus G. Nauck, Brühl 41/43
Bruder emigr., Ehefrau von Rudolf K., Kinder emigr.
auf d. Transportlisten vom 21.1.42 u. 17.2.43 gestrichen, doch deportiert?

Kormes, Jacob
16.12.1882, Leipzig – nach 1942, KZ Auschwitz verschollen
staatenlos (fr. Österreich)
Kaufmann, Händler
Zwangsarbeit auf d. Bau u. bei d. Stadtreinigung
Ranstädter Steinweg 33; JH Walter-Blümel-Str. 10
Ehemann von Czarne K., Vater von Dora u. Fred K.
auf d. Transportliste vom 21.1.42 gestrichen
am 13.7.42 nach Auschwitz deportiert

Kormes, Rudolf
28.12.1885, Leipzig – nach 1943 verschollen
staatenlos (fr. Deutsches Reich)
Kürschner, Inh. e. Auktionshauses
Leutzscher Str. 38; JH Packhofstr. 1
Ehemann von Ida K.
auf d. Transportlisten vom 21.1.42 u. 17.2.43 gestrichen, doch deportiert?

Korth, Naftali
5.7.1877, Bochnia, Österr.-Polen – nach 1942, KZ Auschwitz verschollen
staatenlos (fr. Polen)
Kaufmann, Inh. e. Textilwarenfirma, gegr. 1922
Querstr. 27; JH Gustav-Adolf-Str. 7
Ehemann von Perl K.
auf d. Transportliste vom 21.1.42, zurückgestellt
am 13.7.42 nach Auschwitz deportiert

Korth, Perl Hendel, geb. Vogelhut
2.7.1881, Bochnia, Österr.-Polen – nach 1942, KZ Auschwitz verschollen
staatenlos (fr. Polen)
Ehefrau von Naftali K., Tochter emigr.
auf d. Transportliste vom 21.1.42, wegen Krankheit zurückgestellt
am 13.7.42 nach Auschwitz deportiert

Kosiner, Feige Fanny, geb. Margulies
3.5.1853, Brody, Österr.-Polen – nach 1943, Ghetto Theresienstadt
staatenlos (fr. Polen)
JH Färberstr. 11 (Alters- und Pflegeheim)
Witwe
auf d. Transportliste vom 19.9.42 gestrichen
am 17.2.43 nach Berlin, am 17.3.43 nach Theresienstadt deportiert

Kosterlitz, Adalbert Aron
21.12.1907, Waldheim, Sachsen – nach 1942 verschollen
dt. Staatsangeh.
Webereifachmann
Zwangsarbeiter
aus Mittweida, Sachsen, seit 1939? in Leipzig
JH Keilstr. 3
Bruder von Josef K., Ehemann von Irma K.
am 10.5.42 nach Bełżyce deportiert

Kosterlitz, Georg
21.6.1882, Kreuzburg, Schlesien – 11.11.1942, KZ Auschwitz
dt. Staatsangeh.
Bankdirektor
Asterstr. 5; Gaschwitz (b. Leipzig)
nichtjüd. Ehefrau, geschieden, Kinder emigr.
am 13.11.38 im Rahmen e. „Sonderaktion" verhaftet, am 10.11.39 im Rahmen e. „Sonderaktion" verhaftet, am 16.12.39 freigelassen, am 20.1.41 wegen Devisenvergehens verhaftet
am 26.3.41 nach Sachsenhausen, später nach Buchenwald deportiert

Kosterlitz, Irma, geb. Bannaß
8.2.1908, Leipzig – nach 1942 verschollen
dt. Staatsangeh.
Zwangsarbeiterin
Bruder emigr., Ehefrau von Adalbert K.
am 10.5.42 nach Bełżyce deportiert

Kosterlitz, Jenny Fanny, geb. Helft
29.4.1898, Wurzen, Sachsen – nach 1944, KZ Auschwitz verschollen
dt. Staatsangeh.
Schwester emigr., Ehefrau von Josef K.
auf d. Transportliste vom 10.5.42 gestrichen
vermutl. am 27.2.43 nach Dresden, am 29.3.43 nach Theresienstadt, am 23.10.44 nach Auschwitz deportiert

Kosterlitz, Josef
18.2.1899, Mittweida, Sachsen – nach 1944, KZ Auschwitz verschollen
dt. Staatsangeh.
Kaufmann, Textilfachmann, Sanitäter
aus Mittweida, seit 1939? in Leipzig
JH Keilstr. 3
nichtjüd. Mutter, Bruder von Adalbert K., Ehemann von Jenny K.
auf d. Transportliste vom 10.5.42 gestrichen
vermutl. am 27.2.43 nach Dresden, am 29.3.43 nach Theresienstadt, am 23.10.44 nach Auschwitz deportiert

Kosterlitz, Stephanie, geb. Moses
19.5.1915, Berlin – nach 1943, KZ Auschwitz verschollen
dt. Staatsangeh.
Zwangsarbeit als Pelznäherin
JH Walter-Blümel-Str. 10
am 17.2.43 nach Berlin, am 26.2.43 nach Auschwitz deportiert

Kotecki, Elsa, geb. Grünwald
17.1.1891, Unter-Wilda, Provinz Posen – 24.12.1942, Leipzig, Freitod
dt. Staatsangeh.?
Craushaarstr. 2
nichtjüd. Ehemann
wegen Vergehens gegen die Kriegswirtschaftsverordnung verhaftet, am 18.12.42 freigelassen

Kotek, Hudes Jutta, geb. Wolle
14.12.1900, Łódź, Russ.-Polen – nach 1942 verschollen
staatenlos
Friseuse
Zwangsarbeit in e. Chemiefabrik
Lutherstr. 18; JH Humboldtstr. 31
Schwestern emigr., Schwester von Lotti Wolle, Ehemann emigr., Mutter von Mila K.
am 21.1.42 nach Riga deportiert

Kotek, Mila Raschka
16.12.1929, Leipzig – nach 1942 verschollen
staatenlos
Schülerin
Tochter von Hudes K.
am 21.1.42 nach Riga deportiert

Kraft, Bruno Bernhard
8.4.1890, Staßfurt, Provinz Sachsen – 31.1.1940, im KZ umgekommen?
dt. Staatsangeh.?
Kaufmann, Handelsvertreter
Hallische Str. 220
nichtjüd. Ehefrau

Kralovitz, Annemarie
8.8.1922, Leipzig – 1945, KZ Ravensbrück
ungar. Staatsangeh.
Kindergärtnerin, Erzieherin im jüd. Kindergarten
Tochter von Martha K.
am 11.10.43 verhaftet
am 12.10.43 nach Ravensbrück deportiert

Kralovitz, Martha, geb. Burgheim
5.1.1889, Leipzig – 1945, KZ Ravensbrück
ungar. Staatsangeh.
Kontoristin
Zwangsarbeit in e. Pelzwarenfabrik
Fregestr. 22; JH Nordstr. 11
Schwester von Hedwig Burgheim, Ehemann aus Ungarn deportiert, nach 1944 in Auschwitz umgekommen, Sohn nach Buchenwald deportiert, Überlebender, Mutter von Annemarie K.
am 11.10.43 verhaftet
am 12.10.43 nach Ravensbrück deportiert

Kramer, Julius
2.12.1887, Sokolów, Russ.-Polen – nach 1942 verschollen
staatenlos (fr. Großbritannien)
Kaufmann, Schneider, Reisender
Zwangsarbeiter
JH Eberhardstr. 11
Ehemann von Lina K.
am 21.1.42 nach Riga deportiert

Kramer, Lina, geb. Feidelmann
17.1.1891, Kolomea, Österr.-Polen – nach 1942 verschollen
staatenlos
Verkäuferin
Ehefrau von Julius K., Töchter emigr.
am 21.1.42 nach Riga deportiert

Kranz, Beate Cäcilie, gesch. Werblowski gesch. Rosner geb. Adler
3.6.1901, Leipzig – nach 1943, KZ Auschwitz verschollen
dt. Staatsangeh.?
Dresdner Str. 14
nichtjüd. Ehemann
am 13.9.43 wegen „Tarnung d. Rassezugehörigkeit" verhaftet
am 6.11.43 nach Auschwitz deportiert

Krasner, Joachim
27.7.1927, Leipzig – nach 1942 verschollen
staatenlos
Zwangsarbeiter
JH Jacobstr. 7 (Kinderheim)
am 10.5.42 nach Bełżyce deportiert

Krause, Ernst
6.9.1896, Schwiebus, Brandenburg – 12.3.1943, KZ Auschwitz
dt. Staatsangeh.
Zwangsarbeiter
Chemnitzer Str. 50 (Israelit. Krankenhaus)
am 17.2.43 nach Berlin, am 26.2.43 nach Auschwitz deportiert

Krause, Julius[11]
7.3.1882, Wollstein, Provinz Posen – 16.11.1938, KZ Buchenwald
dt. Staatsangeh.
Architekt, Inh. e. Baufirma, gegr. 1910
Stadtrat
Lange Str. 32b; Wangerooger Weg 17a
Schwester 1942 nach Theresienstadt deportiert, Überlebende, Ehemann von Rosi K.
am 10.11.38 im Rahmen e. „Sonderaktion" verhaftet
nach Buchenwald deportiert

Krause, Rosi, geb. Adler
8.8.1893, München – 8.1.1939, Leipzig
dt. Staatsangeh.
Ehefrau von Julius K.
an d. Folgen d. Pogromnacht verstorben

Krausz, Ernst
31.3.1937, Leipzig – nach 1942 verschollen
dt. Staatsangeh.
Sohn von Wilhelm u. Leanda K.
am 21.1.42 nach Riga deportiert

Krausz, Käthe, geb. Hallemann
17.3.1907, Posen – 1943, KZ Auschwitz
dt. Staatsangeh. (fr. Österreich)
Sekretärin
Stenotypistin in d. Verwaltung d. Israelit. Religionsgemeinde
St. Privatstr. 41; JH Färberstr. 11
Eltern u. Geschwister 1938 nach Polen abgeschoben, Schwester u. Ehemann emigr., Schwiegertochter von Karoline K., Mutter von Ralf K.
am 17.2.43 nach Berlin, am 26.2.43 nach Auschwitz deportiert

Krausz, Karoline Cilly, geb. Rosenstingl
18.11.1869, Sopron, Ungarn – 23.3.1944, Ghetto Theresienstadt
dt. Staatsangeh.
JH Färberstr. 11 (Alters- und Pflegeheim)
seit 1942 Witwe, Sohn emigr., Mutter von Wilhelm K., Schwiegermutter von Käthe K.
Abschluss e. Heimeinkaufsvertrages für Theresienstadt
am 19.9.42 nach Theresienstadt deportiert

Krausz, Leanda Sascha, geb. Isaak
14.6.1907, Ludwigshafen – nach 1942 verschollen
dt. Staatsangeh.
Inh. e. Firma für Modewaren
Gerberstr. 5; JH Gustav-Adolf-Str. 7
Vater vermutl. 1938 nach Polen abgeschoben, Brüder emigr., Ehefrau von Wilhelm K., Mutter von Ernst K.
am 21.1.42 nach Riga deportiert

Krausz, Munda Regina, geb. Lewinsohn
22.10.1879, Alt Ridnitz (Kr. Königsberg, Neumark), Brandenburg – nach 1942 verschollen
dt. Staatsangeh.
Händlerin mit ungar. u. bulgar. Handarbeiten
Meißner Str. 4; JH Nordplatz 7
geschieden, Sohn emigr.
am 21.1.42 nach Riga deportiert

Krausz, Ralf
24.3.1934, Leipzig – nach 1943, KZ Auschwitz verschollen
dt. Staatsangeh. (fr. Österreich)
Schüler
Sohn von Käthe K.
am 17.2.43 nach Berlin, am 26.2.43 nach Auschwitz deportiert

Krausz, Wilhelm
2.7.1901, Lackenbach (Burgenland), Österreich – nach 1942 verschollen
dt. Staatsangeh. (fr. Österreich)
Kaufmann
Zwangsarbeiter
Lortzingstr. 19; JH Gustav-Adolf-Str. 7
Sohn von Karoline K., Bruder emigr., Ehemann von Leanda K., Vater von Ernst K.
am 21.1.42 nach Riga deportiert

Krauthammer (gen. Kamerling), Bernhard
4.9.1901, Leipzig – nach 1942, KZ Auschwitz verschollen
staatenlos (fr. Österreich)
Kaufmann
Zwangsarbeiter
Mecklenburgstr. 30; JH Gustav-Adolf-Str. 7
Sohn von Ester K., Bruder von Moritz u. Leon K., Ehemann von Scheitel K., Vater von Dewora K.
auf d. Transportlisten vom 21.1.42 u. 10.5.42 gestrichen
am 13.7.42 nach Auschwitz deportiert

Krauthammer, Dewora
18.3.1942, Leipzig – nach 1942, KZ Auschwitz verschollen
staatenlos
Tochter von Bernhard u. Scheitel K., Schwester von Ester u. Berel Grünspan
auf d. Transportliste vom 10.5.42 gestrichen
am 13.7.42 nach Auschwitz deportiert

Krauthammer (gen. Kamerling), Ester Chancie, geb. Horowitz
27.5.1871, Kolomea, Österr.-Polen – 10.10.1942, Ghetto Theresienstadt
staatenlos (fr. Österreich)
Mecklenburgstr 30; JH Gustav-Adolf-Str. 7
Witwe, Sohn emigr.?, Mutter von Bernhard, Moritz u. Leon K.
am 19.9.42 nach Theresienstadt deportiert

Krauthammer (gen. Kamerling), Leon
10.9.1908, Leipzig – nach 1942 verschollen
staatenlos (fr. Österreich)
Kontorist
Zwangsarbeiter
Mecklenburgstr. 30; JH Gustav-Adolf-Str. 7
Sohn von Ester K., Bruder von Moritz u. Bernhard K.
am 10.5.42 nach Bełżyce deportiert

Krauthammer (gen. Kamerling), Moritz Moses
22.9.1900, Leipzig – nach 1943, KZ Auschwitz verschollen
staatenlos (fr. Österreich)
Handlungsgehilfe
Zwangsarbeiter
Mecklenburgstr. 30; JH Gustav-Adolf-Str. 7
Sohn von Ester K., Bruder von Bernhard u. Leon K.
am 17.2.43 nach Berlin, am 26.2.43 nach Auschwitz deportiert

Krauthammer, Scheitel, verw. Grünspan, geb. Wyrisky
16.5.1911, Rajgródzil, Russ.-Polen – nach 1942, KZ Auschwitz verschollen
staatenlos (fr. Österreich)
JH Gustav-Adolf-Str. 7
Ehefrau von Feiwel Grünspan, seit 1940 Witwe, Ehefrau von Bernhard K., Mutter von Ester u. Berel Grünspan u. Dewora K.
auf d. Transportlisten vom 21.1.42 u. 10.5.42 gestrichen
am 13.7.42 nach Auschwitz deportiert

Krebs, Else, geb. Kraft
3.9.1892, Staßfurt, Provinz Sachsen – nach 1942 verschollen
dt. Staatsangeh.
Köchin, Zwangsarbeit als Pelznäherin
Bruder emigr., Ehefrau von Fedor K., Töchter emigr.
am 21.1.42 nach Riga deportiert

Krebs, Fedor
18.8.1883, Tarnowitz, Schlesien – nach 1942 verschollen
dt. Staatsangeh.
Schlosser, Gastwirt, Inh. e. rituellen Restaurants
Zwangsarbeit im Straßenbau
Reichsstr. 29/31; JH Funkenburgstr. 15
Geschwister emigr., Ehemann von Else K.
am 21.1.42 nach Riga deportiert

Kreisel, Ilse
16.8.1926, Magdeburg, Provinz Sachsen – nach 1942 verschollen
staatenlos
Heimschülerin
JH Jacobstr. 7 (Kinderheim)
am 10.5.42 nach Bełżyce deportiert

Kroch, Ella, geb. Baruch
16.7.1896, Karlsruhe, Baden – 12.5.1942, KZ Ravensbrück
dt. Staatsangeh.
leitete 1938 d. Hilfsaktion für d. poln. Juden, d. Zuflucht vor d. drohenden Abschiebung im poln. Konsulat (Wächterstr.) gefunden hatten
Sebastian-Bach-Str. 53; Mozartstr. 17
Ehemann u. Kinder emigr.
Flucht in d. Niederlande, verhaftet
nach Berlin, am 21.3.40 nach Leipzig überstellt
am 10.5.40 nach Ravensbrück deportiert

Krohn, David
12.5.1900, Radomsko, Russ.-Polen – 26.6.1941, KZ Dachau
poln. Staatsangeh.
Kaufmann, Vertreter
Querstr. 31; Karlstr. 12
Ehefrau 1938 nach Polen abgeschoben
1940 im KZ Sachsenhausen

Kroner, Frida Bella
27.1.1869, Halle (Saale), Provinz Sachsen – 14.3.1943, Ghetto Theresienstadt
dt. Staatsangeh.
Sekretärin
Ferdinand-Rhode-Str. 26; JH Leibnizstr. 30
Abschluss e. Heimeinkaufsvertrages für Theresienstadt
am 19.9.42 nach Theresienstadt deportiert

Krongarz, Meyer
21.4.1893, Meseritz, Russ.-Polen – 16.9.1941, KZ Buchenwald
poln. Staatsangeh.
Borstenzurichter
Ritterstr. 15; Keilstr. 10
getrennt lebend, Kinder emigr.

Krüger, Toni, geb. Goldenthal (Ochsenhaut)
8.10.1897, Leipzig – nach 1943, KZ Auschwitz verschollen
dt. Staatsangeh.
Verkäuferin
Zwangsarbeiterin
Mittelstr. 12; JH Gustav-Adolf-Str. 7
Tochter von Anna Goldenthal, Schwester 1938 nach Polen abgeschoben, Schwester emigr., Bruder? emigr., 1941 in Frankreich umgekommen, Schwester von Jetty u. Ella Goldenthal, geschieden
am 17.2.43 nach Berlin, am 26.2.43 nach Auschwitz deportiert

Kruszynski, Berta
26.12.1878, Bromberg, Provinz Posen – nach 1942 verschollen
dt. Staatsangeh.
Körnerstr. 26; JH Funkenburgstr. 15
Schwester von Emma u. Jenny K.
am 10.5.42 nach Bełżyce deportiert

Kruszynski, Emma
11.11.1880, Bromberg, Provinz Posen – nach 1942 verschollen
dt. Staatsangeh.
Buchhalterin
Schwester von Berta u. Jenny K.
am 10.5.42 nach Bełżyce deportiert

Kruszynski, Jenny
17.11.1883, Bromberg, Provinz Posen – nach 1942 verschollen
dt. Staatsangeh.
Inh. e. Schreibbüros, gegr. 1912
Stenotypistin
Schwester von Berta u. Emma K.
am 10.5.42 nach Bełżyce deportiert

Kuch, Josef Jakob
4.2.1884, Łódź, Russ.-Polen – 1.1.1943, KZ Auschwitz
staatenlos
Kürschner, Inh. e. Kürschnerei
Zwangsarbeiter
Auenstr. 13; JH Gustav-Adolf-Str. 7
Ehemann von Josefine K.
am 6.10.39 aus polit. Gründen verhaftet, am 14.10.39 freigelassen
auf d. Transportliste vom 21.1.42 gestrichen
am 5.10.42 wegen Vergehens gegen die Kriegswirtschaftsverordnung verhaftet
am 14.11.42 nach Auschwitz deportiert

Kuch, Josefine Eugenie, geb. Leibstein
17.12.1886, Lemberg, Österr.-Polen – 1943, KZ Auschwitz
staatenlos (fr. Österreich)
Zwangsarbeiterin
Bruder emigr., Ehefrau von Josef K., Sohn emigr., Tochter aus Frankreich nach Auschwitz deportiert, umgekommen
auf d. Transportlisten vom 21.1.42 u. 17.2.43 gestrichen, am 17.2.43 doch nach Berlin, am 26.3.43 nach Auschwitz deportiert

Kufeld, Rosa, geb. Meyer
22.5.1872, Bentheim, Provinz Hannover – 22.11.1942, Ghetto Theresienstadt
dt. Staatsangeh.
Arndtstr. 38; JH Gustav-Adolf-Str. 7
Bruder emigr., Schwester von Julius Meyer u. Emma Hoffmann, Witwe, Sohn emigr.
Abschluss e. Heimeinkaufsvertrages für Theresienstadt
am 19.9.42 nach Theresienstadt deportiert

Kummer, Adolf Aba
6.1.1882, Neu Sandec, Österr.-Polen – 25.1.1940, KZ Buchenwald
staatenlos (fr. Polen)
Kaufmann, Sackhändler, Inh. e. Weinagentur
Yorkstr. 9; Nordstr. 56
Bruder von Chaim K.?, Ehemann von Breindel K.
am 9.9.39 verhaftet
am 19.10.39 nach Buchenwald deportiert

Kummer, Breindel Bronia, geb. Malter
31.12.1886, Dębica, Österr.-Polen – nach 1942 verschollen
staatenlos (fr. Polen)
Schneiderin
Ehefrau von Adolf K., Kinder emigr.
am 21.1.42 nach Riga deportiert

Kummer, Chaim Joachim
3.5.1880, Neu Sandec, Österr.-Polen – 25.3.1942, KZ Buchenwald
staatenlos (fr. Polen)
Kaufmann, Weinvertreter
Berliner Str. 64; JH Keilstr. 5
Bruder von Adolf K.?, Ehemann von Machle K.
am 3.9.39 verhaftet
1940 im KZ Buchenwald

Kummer, Isidor
16.8.1900, Leipzig – nach 1942 verschollen
staatenlos (fr. Polen)
Kaufmann, Zahntechniker
Reichsstr. 14; JH Färberstr. 11
Ehefrau 1938 nach Polen abgeschoben, umgekommen, Tochter emigr.
am 21.1.42 nach Riga deportiert

Kummer, Machle, geb. Wegner
11.6.1885, Drohobycz, Österr.-Polen – nach 1942 verschollen
staatenlos (fr. Polen)
Berliner Str. 64; JH Große Fleischergasse 28
Ehefrau von Chaim K., Kinder emigr.
am 10.5.42 nach Bełżyce deportiert

Kuner, Beile, geb. Pietrzynska
20.6.1900, Nowo-Minsk, Russ.-Polen – nach 1942 verschollen
staatenlos (fr. Polen)
Köchin
Zwangsarbeiterin
Keilstr. 3 (seit 1939 JH)
Ehemann emigr., Mutter von Elieser K., Stiefmutter von Frida u. Siegfried K.
auf d. Transportliste vom 21.1.42 gestrichen
am 10.5.42 nach Bełżyce deportiert

Kuner, Elieser
13.12.1937, Leipzig – nach 1942 verschollen
staatenlos (fr. Polen)
Sohn von Beile K., Bruder von Frida u. Siegfried K.
am 10.5.42 nach Bełżyce deportiert

Kuner, Frida
15.11.1926, Leipzig – nach 1942 verschollen
staatenlos (fr. Polen)
Schülerin
Keilstr. 3; JH Jacobstr. 7 (Kinderheim)
Stieftochter von Beile K., Schwester von Siegfried u. Elieser K.,
am 10.5.42 nach Bełżyce deportiert

Kuner, Siegfried
21.1.1933, Leipzig – nach 1942 verschollen
staatenlos (fr. Polen)
Schüler
Stiefsohn von Beile K., Bruder von Frida u. Elieser K.
am 10.5.42 nach Bełżyce deportiert

Kuritzkes, Ida
3.1.1889, Kiew, Russland – nach 1942 verschollen
staatenlos
Fregestr. 26; JH Funkenburgstr. 16
Geschwister emigr.
am 21.1.42 nach Riga deportiert

Kurz, Pauline, geb. Pacanower
18.2.1871, Krakau, Österr.-Polen – nach 1943, KZ Auschwitz verschollen
staatenlos (fr. Polen)
Geschäftsinh.
aus Kiel, Schleswig-Holstein, seit 1939 in Leipzig
JH Gustav-Adolf-Str. 7
Schwester ebenfalls nach Theresienstadt deportiert, Überlebende, seit 1938 Witwe, Tochter umgekommen
am 19.9.42 nach Theresienstadt, am 18.12.43 nach Auschwitz deportiert

Kurzmantel, Hinda Helene, geb. Hacke
22.6.1884, Rzeszów, Österr.-Polen – nach 1944, KZ Auschwitz verschollen
dt. Staatsangeh. (fr. Österreich)
Ehefrau von Samuel K., Tochter emigr., Tochter ebenfalls nach Theresienstadt deportiert, Überlebende
am 21.12.39 aus polit. Gründen verhaftet, freigelassen
auf d. Transportliste vom 21.1.42 gestrichen
am 19.9.42 nach Theresienstadt, am 12.10.44 nach Auschwitz deportiert

Kurzmantel, Samuel
3.9.1877, Głogów, Österr.-Polen – 30.1.1943, Ghetto Theresienstadt
dt. Staatsangeh. (fr. Österreich)
Kaufmann, Inh. e. Textilfirma
Funkenburgstr. 15; JH Keilstr. 3
Ehemann von Hinda K.
am 21.12.39 aus polit. Gründen verhaftet, freigelassen
auf d. Transportliste vom 21.1.42 gestrichen
am 19.9.42 nach Theresienstadt deportiert

Kuznitzky, Emma, geb. Freimann
9.10.1882, Halle (Saale), Provinz Sachsen – 31.5.1942, KZ Ravensbrück
Zwangsarbeiterin
seit 1938 mehrfach verhaftet
am 3.4.40 nach Ravensbrück deportiert

Kuznitzky, Toni Sidonie, geb. Worms
10.8.1874, Herbstleben, Sachsen-Coburg-Gotha – 15.5.1942, KZ Ravensbrück
dt. Staatsangeh.
Bosestr. 6
seit 1940 Witwe
am 13.1.41 wegen Verstoßes gegen d. Kriegswirtschaftsverordnung verhaftet
am 6.3.42 nach Ravensbrück deportiert

Kwestel, Lina Lipka, geb. Rotzaig
1.5.1878, Warschau – nach 1942 verschollen
staatenlos (fr. Polen)
Inh. e. Pelzfirma
Gustav-Adolf-Str. 40; JH Funkenburgstr. 16
getrennt lebend, Ehemann emigr.
am 21.1.42 nach Riga deportiert

Lachmann, Bertha Martha, geb. Töpfer
16.10.1877, Breslau, Schlesien – 11.2.1943, Leipzig, Freitod
dt. Staatsangeh.
Inh. e. Firma für Zelluloidwaren
Windmühlenstr. 26; JH Färberstr. 11 (Alters- und Pflegeheim)
seit 1914 Witwe
auf d. Transportlisten vom 21.1.42 u. 10.5.42 gestrichen, auf d. Transportliste vom 17.2.43

Lachmann, Fritz Walter
31.3.1927, Leipzig – nach 1942 verschollen
dt. Staatsangeh.
Schüler
JH Keilstr. 4
Vater 1943 aus Frankreich nach Auschwitz deportiert, verschollen, nichtjüd. Mutter, Enkel von Johanna L.
am 10.5.42 nach Bełżyce deportiert

Lachmann, Johanna
22.8.1880, Leipzig – nach 1942 verschollen
dt. Staatsangeh.
Kirchweg 11; JH Keilstr. 4
Sohn emigr., 1943 aus Frankreich nach Auschwitz deportiert, verschollen, Großmutter von Fritz L.
am 10.5.42 nach Bełżyce deportiert

Lachmann, Moritz
18.6.1883, Leipzig – nach 1942 verschollen
dt. Staatsangeh.
Kaufmann, Vertreter
Delitzscher Str. 5; JH Große Fleischergasse 28
geschieden
am 21.1.42 nach Riga deportiert

Lachmann, Rosa
3.6.1885, Leipzig – nach 1942 verschollen
dt. Staatsangeh.
Verkäuferin
Mechlerstr. 2; JH Eberhardstr. 11
am 21.1.42 nach Riga deportiert

Lampel, Rosa Bernhardine, geb. Grünberg
10.6.1882, Hannover – nach 1942, KZ Auschwitz verschollen
dt. Staatsangeh.
Ehefrau von Samuel L., Sohn emigr.
am 13.7.42 nach Auschwitz deportiert

Lampel, Samuel[12]
3.2.1884, Berlin – 1942, KZ Auschwitz
dt. Staatsangeh.
Oberkantor d. Synagoge Gottschedstr., Religionslehrer, Lehrer an d. Jüd. Volksschule
Rabbiner
König-Johann-Str. 23; JH Leibnizstr. 30
Ehemann von Rosa L.
am 13.7.42 nach Auschwitz deportiert

Landesberg, Ber Bernhard
29.7.1882, Brody, Österr.-Polen – 7.6.1940, KZ Sachsenhausen
staatenlos (fr. Polen)
Kaufmann, Inh. e. Firma für Rauchwarenkommission, gegr. 1918
Yorkstr. 28; JH Walter-Blümel-Str. 11
Ehemann von Chaje L.

Landesberg, Chaje Anna, geb. Kalfuss
22.8.1895, Bachowice, Österr.-Polen – nach 1942 verschollen
staatenlos (fr. Polen)
Zwangsarbeiterin
Yorkstr. 28; JH Jacobstr. 11
Bruder emigr., Ehefrau von Ber L., Kinder emigr.
am 10.5.42 nach Bełżyce deportiert

Landesberg, Hudel Zipre, geb. Müller
29.2.1880, Brody, Österr.-Polen – nach 1942 verschollen
staatenlos (fr. Polen)
Schneiderin
Eisenacher Str. 63; JH Humboldtstr. 21
seit 1935 Witwe, Kinder emigr.
auf d. Transportliste vom 21.1.42
am 10.5.42 nach Bełżyce deportiert

Landsberg, Jenny
24.8.1891, Liegnitz, Schlesien – nach 1942, KZ Auschwitz
dt. Staatsangeh.
Sängerin
Heimarbeiterin
Schwester von Penina L.
am 13.7.42 nach Auschwitz deportiert

Landsberg, Penina
5.10.1889, Berlin – nach 1942, KZ Auschwitz verschollen
dt. Staatsangeh.
Kontoristin , Korrespondentin
Stenotypistin
Wittenberger Str. 22; JH Humboldtstr. 9
Schwester von Jenny L.
am 13.7.42 nach Auschwitz deportiert

Lange, Esther Erna, geb. Seidowsky
15.10.1908, Leipzig – nach 1942 verschollen
dt. Staatsangeh.
Geschäftsinh.
Tauchaer Str. 16; JH Lortzingstr. 12
Brüder emigr., Schwester von Friedel Alexander u. Loni Seidowsky, nichtjüd. Ehemann
am 28.8.42 wegen „Verkehrs mit Deutschblütigen" verhaftet
am 14.11.42 nach Ravensbrück deportiert

Laudon, Rywka Regina
4.8.1881, Bendzin, Russ.-Polen – nach 1942 verschollen
Staatsangeh. ungeklärt (fr. Polen)
Hausdame
Wangerooger Weg 7a; JH Humboldtstr. 13
am 21.1.42 nach Riga deportiert

Lauer, Ettel Liebe, geb. Schullehrer
24.3.1900, Brzesko, Österr.-Polen – nach 1942 verschollen
staatenlos
Pelznäherin
Konstantinstr. 23; JH Walter-Blümel-Str. 11
Geschwister emigr., Bruder aus Frankreich nach Auschwitz deportiert, umgekommen, Ehemann emigr., Mutter von Harri, Mary u. Toni L.
am 21.1.42 nach Riga deportiert

Lauer, Harri Chaskel
24.2.1928, Leipzig – nach 1942 verschollen
staatenlos
Schüler
Sohn von Ettel L., Bruder von Mary u. Toni L.
am 21.1.42 nach Riga deportiert

Lauer, Mary
5.4.1930, Leipzig – nach 1942 verschollen
staatenlos
Schülerin
Tochter von Ettel L., Schwester von Harri u. Toni L.
am 21.1.42 nach Riga deportiert

Lauer, Toni
5.9.1932, Leipzig – nach 1942 verschollen
staatenlos
Schülerin
Tochter von Ettel L., Schwester von Harri u. Mary L.
am 21.1.42 nach Riga deportiert

Laufer, Grete, geb. Hinzelmann
2.11.1899, Charlottenburg, Brandenburg – nach 1942 verschollen
staatenlos
Musikerin, Museumsangestellte
Zwangsarbeiterin
JH Alexanderstr. 46
Ehemann emigr.
am 21.1.42 nach Riga deportiert

Laufer, Mirl Itte, geb. Heumann
19.11.1896, Głogów, Österr.-Polen – nach 1942 verschollen
Staatsangeh. ungeklärt
JH Gustav-Adolf-Str. 7
Ehefrau von Salomon L.
am 21.1.42 nach Riga deportiert

Laufer, Salomon
26.12.1897, Chrzanów, Österr.-Polen – nach 1940 verschollen
Staatsangeh. ungeklärt
Glaser
Ehemann von Mirl L.
1940 im KZ Sachsenhausen

Lawner, Lazar Juda
22.5.1927, Leipzig – nach 1942 verschollen
poln. Staatsangeh.
Sohn von Rywka L.
am 21.1.42 nach Riga deportiert

Lawner, Rywka Sara, geb. Teitelbaum
17.11.1893, Tarnów, Österr.-Polen – nach 1942 verschollen
Staatsangeh. ungeklärt
Schneiderin
Keilstr. 4; JH Humboldtstr. 4
Bruder, Ehemann u. Töchter emigr., Mutter von Lazar L.
am 21.1.42 nach Riga deportiert

Lax, Emma Regina, geb. Lump
3.2.1877, Wüstensachsen (Rhön), Hessen-Nassau – nach 1942 verschollen
dt. Staatsangeh.
Schwester emigr., Ehefrau von Hans L.
am 10.5.42 nach Bełżyce deportiert

Lax, Hans Erich
24.6.1881, Schöllkrippen, Bayern – nach 1942, KZ Majdanek
dt. Staatsangeh.
Kaufmann
Zwangsarbeit in d. Firma Fritz Ehrling, Gartengestaltung, Zschochersche Str. 81
aus Hof, Bayern
JH Funkenburgstr. 16
Ehemann von Emma L.
am 10.5.42 nach Bełżyce deportiert

Lederberger, Isaak Ignatz[13]
5.1.1890, Krakau, Österr.-Polen – 25.1.1942, Ghetto Riga
dt. Staatsangeh. (fr. Österreich)
Kaufmann, Inh. e. Rauchwarenfirma, Geschäftsführer der Luna-Park-GmbH, gegr. 1912, u. e. Grundstücksfirma
Zwangsarbeiter
Waldstr. 52/54; JH Gohliser Str. 11
Geschwister emigr., seit 1939 Witwer, Kinder emigr.
am 5.10.39 im Rahmen e. „Sonderaktion" verhaftet, am 14.10.39 freigelassen
auf d. Transportliste vom 21.1.42 gestrichen, doch nach Riga deportiert

Leeuwarden, Rosa, geb. Marcuse
23.10.1871, Selau (Kr. Weißenfels), Provinz Sachsen – 20.3.1943, Ghetto Theresienstadt
dt. Staatsangeh.
aus Grimma, Sachsen, seit nach 1935 in Leipzig
JH Färberstr. 11 (Alters- und Pflegeheim)
Ehemann ebenfalls nach Theresienstadt deportiert, Überlebender
am 19.9.42 nach Theresienstadt deportiert

Lehnert, Flora, geb. Russ
25.11.1879, Raschkow, Provinz Posen – 10.2.1945, Leipzig, Freitod
dt. Staatsangeh.?
König-Johann-Str. 19
nichtjüd. Ehemann
Angst vor Deportation

Lemberg, Arthur Alexander
28.2.1906, Stettin, Pommern – 16.11.1941, KZ Groß-Rosen
dt. Staatsangeh.

Kaufmann (Textilbranche)
Zwangsarbeit im Gartenbau
Eberhardstr. 9; Alexanderstr. 46
am 31.10.40 aus polit. Gründen verhaftet
am 13.12.40 nach Sachsenhausen deportiert

Lemmel, Julius
10.3.1864, Leipzig – 9.10.1939, Leipzig, Freitod
dt. Staatsangeh.?
Inh. e. Firma für Wäscheausstattungen, gegr. 1914
Kaiser-Wilhelm-Str. 13; Frankfurter Str. 40
nichtjüd. Ehefrau

Lennhoff, Carl
12.8.1881, Frankfurt a. M. – 27.11.1938, KZ Buchenwald
dt. Staatsangeh.
Kaufmann, Angestellter d. Israelit. Religionsgemeinde
Siemeringstr. 2; Lortzingstr. 12
Ehemann von Toni L.
am 11.11.38 im Rahmen e. „Sonderaktion" verhaftet
nach Buchenwald deportiert

Lennhoff, Toni, geb. Engelmann
5.2.1891, Wreschen, Provinz Posen – nach 1942 verschollen
dt. Staatsangeh.
aus Breslau, Niederschlesien, seit nach 1935 in Leipzig
JH Lortzingstr. 12
Ehefrau von Carl L.
am 21.1.42 nach Riga deportiert

Leopold, Elfriede, geb. Lewkowitz[14]
2.7.1887, Lissa, Provinz Posen – 21.8.1942, KZ Majdanek
dt. Staatsangeh.
Geschäftsinh.
aus Weimar, Thüringen, seit 1938 in Leipzig
JH Packhofstr. 1
Tochter von Hulda Lewkowitz, seit 1938 geschieden, Töchter emigr.
am 10.5.42 nach Bełżyce deportiert

Lerer, Izak Isidor
8.2.1919, Rozwadów, Österr.-Polen – 27.4.1942, Tötungsanstalt Hartheim, Ostmark
staatenlos (fr. Polen)
Gärtner
aus Karlsruhe, Baden, vermutl. seit 1939 in Leipzig
Sohn von Majer u. Mincka L., Bruder von Samuel L.
1939? nach Neuengamme, am 14.1.41 nach Dachau, am 17.2.42 nach Hartheim deportiert

Lerer, Majer Lejba
27.12.1894, Zaklików, Österr.-Polen – 11.4.42, Tötungsanstalt Hartheim, Ostmark
staatenlos (fr. Polen)
Textilkaufmann
aus Karlsruhe, Baden, vermutl. seit 1939 in Leipzig
Ehemann von Mincka L., Vater von Izak und Samuel L.
1939 nach Sachsenhausen, am 6.9.40 nach Dachau, am 23.1.41 nach Neuengamme, am 4.9.41 wieder nach Dachau, am 17.2.42 nach Hartheim deportiert

Lerer, Mincka Minna, geb. Hanfling
27.11.1894, Rozwadów, Österr.-Polen – nach 1942 umgekommen
staatenlos (fr. Polen)
Schneiderin
aus Karlsruhe, Baden, seit 1939 in Leipzig
JH Gustav-Adolf-Str. 7
Ehefrau von Majer L., Mutter von Izak u. Samuel L.
am 21.1.42 nach Riga deportiert

Lerer, Samuel
26.9.1928, Karlsruhe, Baden – nach 1942 umgekommen
staatenlos (fr. Polen)
aus Karlsruhe, seit 1939 in Leipzig
JH Gustav-Adolf-Str. 7
Sohn von Majer u. Mincka L., Bruder von Izak L.
am 21.1.42 nach Riga deportiert

Lerner, Ernst
11.1.1864, Krakau, Österr.-Polen – 30.7.1939, Leipzig, Freitod
staatenlos (fr. Polen)?
Kaufmann
Roßmäßlerstr. 12
Angst vor Abschiebung

Lescher, Nathan Jakob
17.11.1901, Kolomea, Österr.-Polen – nach 1939 verschollen
poln. Staatsangeh.
Kürschner
Heil- u. Pflegeanstalt Dösen
Mutter u. Bruder 1938 nach Polen abgeschoben
vermutl. Opfer d. „Euthanasie"

Lesser, Gustel, geb. Steinfeld
9.12.1878, Josbach, Hessen-Nassau – nach 1942 verschollen
dt. Staatsangeh.
aus Mittweida, Sachsen
am 10.5.42 nach Bełżyce deportiert

Lesser, Marie Frieda, gesch. Berger geb. Block
20.6.1892, Leipzig – nach 1942 verschollen
dt. Staatsangeh.
Mitinh. e. Handelsvertretung für Textilien, gegr. 1887, Inh. e. Kolonialwarengeschäfts
Bruder emigr., Schwester von Hedwig Ilberg, Ehefrau von Max L., Söhne emigr.
am 21.1.42 nach Riga deportiert

Lesser, Max
31.5.1878, Schwersenz, Provinz Posen – nach 1942 verschollen
dt. Staatsangeh.
Ingenieur
Zwangsarbeit im Gartenbau
Eckardtstr. 24; JH Keilstr. 5
Ehemann von Marie L.
am 14.11.38 i. Rahmen e. „Sonderaktion" verhaftet
am 21.1.42 nach Riga deportiert

Lessner, Hania Hennie, geb. Schnitzer
10.5.1878, Wizenka, Bukowina – nach 1942 verschollen
Staatsangeh. ungeklärt (fr. Ungarn)
Cichoriusstr. 6; JH Auenstr. 14 (Altersheim)
seit 1927 Witwe, Töchter emigr.
am 21.1.42 nach Riga deportiert

Levy, Clara, geb. Löwenstein
14.10.1900, Olsberg, Westfalen – nach 1944, KZ Auschwitz verschollen
dt. Staatsangeh.
Verkäuferin, Wirtschaftsleiterin
Kindergärtnerin
Ehefrau von Josef L.
Abschluss e. Heimeinkaufsvertrages für Theresienstadt
am 19.9.42 nach Theresienstadt, am 6.10.44 nach Auschwitz deportiert

Levy, Eugen
7.4.1876, Saarlouis, Preußen – 11.6.1944, Ghetto Theresienstadt
dt. Staatsangeh.
Handelsvertreter
Zwangsarbeit in d. Städt. Arbeitsanstalt
Czermaks Garten 5; JH Humboldtstr. 21
Abschluss e. Heimeinkaufsvertrages für Theresienstadt
am 19.9.42 nach Theresienstadt deportiert

Levy, Horst Herbert
20.9.1910, Leipzig – nach 1942 verschollen
dt. Staatsangeh.
Kaufmann, Verkäufer, Kontorist
Zwangsarbeiter
Großgörschenstr. 4; JH Humboldtstr. 6
Schwester 1941 aus Berlin nach Riga deportiert, umgekommen
am 11.11.38 im Rahmen e. „Sonderaktion" verhaftet
nach Buchenwald deportiert, am 13.1.39 freigelassen
am 21.1.42 nach Riga deportiert

Levy, Josef
21.5.1898, Oberdollendorf, Rheinprovinz – nach 1944, KZ Auschwitz verschollen
dt. Staatsangeh.
Kaufmann, Fleischermeister
Zwangsarbeit im Gartenbau
Lessingstr. 3; JH Nordstr. 11
Bruder emigr., Ehemann von Clara L.
Abschluss e. Heimeinkaufsvertrages für Theresienstadt
am 19.9.42 nach Theresienstadt, am 28.9.44 nach Auschwitz deportiert

Levy, Margarete, geb. Brandt
11.3.1886, Posen – 1942 umgekommen
dt. Staatsangeh.
Verkäuferin
Eisenbahnstr. 6; JH Lortzingstr. 12
Schwester von Leo Brandt?, seit 1922 Witwe, Söhne emigr.
auf d. Transportliste vom 21.1.42 gestrichen, doch nach Riga deportiert

Levy, Margot, geb. Becker
5.3.1903, Naugard, Pommern – nach 1943, KZ Auschwitz verschollen
dt. Staatsangeh.
Verkäuferin
Zwangsarbeit in d. Firma Märkle & Kniesche KG, Rauchwaren-Zurichterei u. Färberei, Werk Wahren
Ehefrau von Martin L.
auf d. Transportliste vom 21.1.42 gestrichen
am 17.2.43 nach Berlin, am 26.2.43 nach Auschwitz deportiert

Levy, Martin Julius
9.6.1882, Hannover – nach 1943, KZ Auschwitz verschollen
dt. Staatsangeh.
Kaufmann
Zwangsarbeit im Gartenbau
aus Nürnberg-Fürth, Bayern
JH Packhofstr. 1
Ehemann von Margot L.
am 13.11.38 im Rahmen e. „Sonderaktion" verhaftet
auf d. Transportliste vom 21.1.42 gestrichen
am 17.2.43 nach Berlin, am 26.2.43 nach Auschwitz deportiert

Levy, Max
17.6.1900, Königsteele, Westfalen – nach 1942 verschollen
dt. Staatsangeh.
Gärtner
Zwangsarbeit als Gärtner
JH Nordstr. 15
Ehemann von Paula L.
am 11.11.38 im Rahmen e. „Sonderaktion" verhaftet
nach Buchenwald deportiert, am 12.12.38 freigelassen
am 10.5.42 nach Bełżyce deportiert

Levy, Paula, geb. Steinhof
9.5.1904, Bad Segeberg, Schleswig-Holstein – nach 1942 verschollen
dt. Staatsangeh.
Köchin, Wirtschafterin
Bruder emigr., Ehefrau von Max L.
am 10.5.42 nach Bełżyce deportiert

Lewertow, Chaim Joachim
20.10.1880, Sasslawl, Russland – nach 1942 verschollen
staatenlos
Kaufmann, Inh. e. Rauchwarengroßh., gegr. 1900
Kirchweg 11; JH Humboldtstr. 10
Ehemann von Sara L., Vater von Ignaz L.
am 5.10.39 im Rahmen e. „Sonderaktion" verhaftet, am 14.10.39 freigelassen
am 21.1.42 nach Riga deportiert

Lewertow, Ignaz
29.9.1914, Leipzig – nach 1942 verschollen
staatenlos
Gärtner
Zwangsarbeiter
Sohn von Chaim u. Sara L.
auf d. Transportliste vom 21.1.42 gestrichen, doch nach Riga deportiert

Lewertow, Sara Sophie, geb. Flieg
31.3.1887, Odessa, Russland – nach 1942 verschollen
staatenlos
Ehefrau von Chaim L., Mutter von Ignaz L.
am 21.1.42 nach Riga deportiert

Lewin, Alma, geb. Gutmann
12.3.1877, Augsburg, Bayern – nach 1942 verschollen
dt. Staatsangeh.
aus Hof, Bayern
JH Humboldtstr. 11
Witwe, Mutter von Maria Kawlin
am 21.1.42 nach Riga deportiert

Lewin, Aron Moses
7.8.1874, Newel, Russland – 28.4.1943, Ghetto Theresienstadt
staatenlos (fr. Russland)
Kaufmann, Inh. e. Rauchwarenfirma
Zwangsarbeit im Gartenbau
Lößniger Str. 14; JH Gustav-Adolf-Str. 7
Ehemann von Mussia L.
am 19.9.42 nach Theresienstadt deportiert

Lewin, Ester Ernestine, geb. Rosenbaum
28.7.1868, Haarszen (Kr. Angerburg), Ostpreußen – 2.8.1944, Ghetto Theresienstadt
dt. Staatsangeh.
Möbelhändlerin
Lange Str. 27; JH Humboldtstr. 13
Witwe, Söhne emigr., ein Sohn 1942 aus Frankreich nach Osten deportiert, verschollen
am 19.9.42 nach Theresienstadt deportiert

Lewin, Fedor
17.6.1868, Zibelle, Schlesien – 5.9.1942, Leipzig, Freitod
dt. Staatsangeh.
Kaufmann
Mitinh. mehrerer Textilgroßh., gegr. 1889 u. 1894
Grassistr. 20; JH Jacobstr. 7
Ehemann von Käthi L.
am 9.11.39 im Rahmen e. „Sonderaktion" verhaftet, am 16.12.39 freigelassen, am 14.1.41 wegen Devisenvergehens verhaftet, freigelassen
auf d. Transportliste vom 19.9.42

Lewin, Frieda
21.12.1889, Mrotschen, Westpreußen – nach 1942 verschollen
dt. Staatsangeh.
Hirzelstr. 1a; JH Humboldtstr. 10
am 21.1.42 nach Riga deportiert

Lewin, Gertrud
5.10.1898, Falkenburg, Pommern – nach 1942 verschollen
dt. Staatsangeh.
Handarbeitslehrerin an d. Höheren Israelit. Schule
Zwangsarbeiterin
seit 1934 in Leipzig
JH Humboldtstr. 15
Schwester emigr.,
am 10.5.42 nach Bełżyce deportiert

Lewin, Käthi Karoline, geb. Isenstein
1.11.1878, Hannover – 3.9.1942, Leipzig, Freitod
dt. Staatsangeh.
Schwester von Ella Löwenberg u. Paul Isenstein?,
Ehefrau von Fedor L., Sohn emigr.
auf d. Transportliste vom 19.9.42

Lewin, Mussia, geb. Gililowa
20.5.1874, Newel, Russland – nach 1943, KZ Auschwitz
staatenlos (fr. Russland)
Ehefrau von Aron L., Töchter emigr.
am 19.9.42 nach Theresienstadt, am 18.12.43 nach Auschwitz deportiert

Lewinsohn, Jenny, geb. Sepfelder
2.7.1878, Leipzig – 15.6.1943, Ghetto Theresienstadt
dt. Staatsangeh.
Dentistin, Inh. e. Zahn-Ateliers
Jacobstr. 2; JH Humboldtstr. 9
Ehemann ebenfalls nach Theresienstadt deportiert, Überlebender, Töchter emigr.
Abschluss e. Heimeinkaufsvertrages für Theresienstadt
am 19.9.42 nach Theresienstadt deportiert

Lewitt, Gerschko Aisikowitsch
15.8.1870, Bielapsky – 7.8.1943, Ghetto Theresienstadt
staatenlos (fr. Russland)
Kaufmann, Inh. e. Firma für Wirtschaftsartikel
Salomonstr. 11; JH Humboldtstr. 13 (Altersheim)
Witwer
am 19.9.42 nach Theresienstadt deportiert

Lewkowitz, Hulda, geb. Kajet
6.4.1857, Lissa, Provinz Posen – 22.8.1942, Leipzig
dt. Staatsangeh.?
seit 1938 in Leipzig
JH Färberstr. 11 (Alters- und Pflegeheim)
Witwe, Mutter von Elfriede Leopold

Lewy, Auguste, geb. Hesse
17.5.1867, Neusalz (Oder), Schlesien – nach 1943 verschollen
dt. Staatsangeh.
JH Färberstr. 11 (Alters- und Pflegeheim)
Witwe, Kinder emigr.
auf d. Transportliste vom 19.9.42 gestrichen
am 17.2.43 nach Auschwitz? deportiert

Lewy, Elisabeth, geb. Leipziger
31.5.1879, Breslau, Schlesien – 7.2.1943, Ghetto Theresienstadt
dt. Staatsangeh.
Fockestr. 2; JH Auenstr. 14 (Altersheim)
seit 1942 Witwe, Töchter emigr., Mutter v. Hans L.
am 19.9.42 nach Theresienstadt deportiert

Lewy, Hans Hermann
3.10.1918, Leipzig – 4.1.1939, KZ Buchenwald
dt. Staatsangeh.
Volontär
Fockestr. 2; Lößniger Str. 74
Sohn von Elisabeth L.
am 11.11.38 im Rahmen e. „Sonderaktion" verhaftet

Lewy, Julie, geb. Dziubas
9.7.1888, Leipzig – nach 1942 umgekommen
staatenlos
Ehefrau von Ludwig L., Söhne emigr.
am 21.1.42 nach Riga deportiert

Lewy, Ludwig Philipp
30.6.1889, Breslau, Schlesien – nach 1942 umgekommen
staatenlos
Kaufmann, Mitinh. e. Textilfirma
Zwangsarbeit im Gartenbau
Damaschkestr. 3; JH Keilstr. 5
Ehemann von Julie L.
am 11.11.38 im Rahmen e. „Sonderaktion" verhaftet
nach Buchenwald deportiert, am 8.12.38 freigelassen
am 21.1.42 nach Riga deportiert

Lichtbrun, Abraham
1.5.1866, Wisnicz, Österr.-Polen – 1.11.1943, Ghetto Theresienstadt
staatenlos (fr. Polen)
Markthelfer, Gelegenheitsarbeiter
Naundörfchen 19; JH Färberstr. 11 (Alters- und Pflegeheim)
Ehemann von Chaja L., Vater von Clara L.
am 14.2.40 aus polit. Gründen verhaftet, am 30.3.40 freigelassen
am 17.2.43 nach Berlin, am 17.3.43 nach Theresienstadt deportiert

Lichtbrun, Chaja Rosa, geb. Blum
19.1.1864, Wisnicz, Österr.-Polen – nach 1943, Ghetto Theresienstadt
staatenlos (fr. Polen)
Ehefrau von Abraham L., Tochter emigr., Kinder 1938 nach Polen abgeschoben, Mutter v. Clara L.
am 17.2.43 nach Berlin, am 17.3.43 nach Theresienstadt deportiert

Lichtbrun, Clara
13.12.1904, Leipzig – nach 1942 verschollen
staatenlos (fr. Polen)
Verkäuferin
Naundörfchen 19, JH Große Fleischergasse 28
Tochter von Abraham u. Chaja L.
am 10.5.42 nach Bełżyce deportiert

Lichtenfeld, Arthur Hugo
11.9.1876, Leipzig – 2.10.1944, Ghetto Theresienstadt
Kaufmann
Lothringer Str. 53; Hallische Str. 21
nichtjüd. Ehefrau?
am 2.2.39 wegen „Tarnung" verhaftet
am 13.1.44 nach Theresienstadt deportiert

Lichtmann, Saul Paul
27.11.1889, Bołszowce, Österr.-Polen – 14.7.1941, Tötungsanstalt Sonnenstein/Pirna, Sachsen
poln. Staatsangeh.
Händler (Strumpfwaren)
Gerberstr. 46; Heil- u. Pflegeanstalt Dösen
Heil- u. Pflegeanstalt Waldheim
nach Sonnenstein deportiert

Liebehenschel, Irma, geb. Beck
1.7.1883, Bilowitz, Mähren – nach 1943, KZ Auschwitz verschollen
dt. Staatsangeh.
Zwangsarbeiterin
JH Gustav-Adolf-Str. 7
geschieden
am 20.10.39 aus polit. Gründen verhaftet, am 29.10.39 freigelassen
auf d. Transportliste vom 21.1.42
am 17.2.43 nach Berlin, am 26.2.43 nach Auschwitz deportiert

Liebenthal, Rose, geb. Simon
1.5.1873, Wehen (Taunus), Hessen-Nassau – 15.11.1941, Leipzig, Freitod
dt. Staatsangeh.
JH Auenstr. 14 (Altersheim)
Witwe, Tochter emigr.

Lieber, Meyer
12.6.1883, Leżajsk, Österr.-Polen – 30.1.1941, KZ Dachau
poln. Staatsangeh.
Kaufmann
Zentralstr. 1; JH Humboldtstr. 10
geschieden

Liebermann (-Roßwiese), Erich Hans
25.8.1886, Roßwiese, Brandenburg – 1942, Ghetto Riga
dt. Staatsangeh.
Komponist, Pianist, Musikwissenschaftler
JH Lortzingstr. 14
seit 1938 geschieden
am 21.1.42 nach Riga deportiert

Liebersohn, Jack Adolf
30.8.1931, Leipzig – nach 1942 verschollen
staatenlos
Schüler
Sohn von Leiser u. Neche L., Bruder von Sonja L.
am 21.1.42 nach Riga deportiert

Liebersohn, Leiser Leo
3.12.1883, Ditkowce, Österr.-Polen – nach 1943 verschollen
staatenlos
Reisender, Fellhändler
Nordstr. 17; JH Michaelisstr. 3
Ehemann von Neche L., Vater von Sonja u. Jack L.
am 21.1.42 nach Riga deportiert

Liebersohn, Neche Nelli, geb. Moskowicz (recte Rothstein)
8.4.1898, Brody, Österr.-Polen – nach 1943 verschollen
staatenlos
Zwangsarbeit als Näherin
Ehefrau von Leiser L., Mutter von Sonja u. Jack L.
am 21.1.42 nach Riga deportiert

Liebersohn, Sonja Bella
15.12.1928, Leipzig – nach 1942 verschollen
staatenlos
Schülerin
Tochter von Leiser u. Neche L., Schwester v. Jack L.
am 21.1.42 nach Riga deportiert

Liebes, Regina, geb. Karpe
6.11.1869, Fürth, Bayern – 3.10.1942, Ghetto Theresienstadt
dt. Staatsangeh.
Mitinh. e. Kalenderfabrik
Sedanstr. 11; JH Auenstr. 14 (Altersheim)
seit 1916 Witwe, Söhne emigr.
Abschluss e. Heimeinkaufsvertrages für Theresienstadt
am 19.9.42 nach Theresienstadt deportiert

Liebster, Bernhard Beirech
6.7.1882, Auschwitz, Österr.-Polen – 9.4.1940, KZ Sachsenhausen
poln. Staatsangeh.?
Schuhmachermeister
aus Reichenbach (Odenwald), Hessen
JH Gustav-Adolf-Str. 7
seit 7.12.39 im KZ Sachsenhausen

Lindenbaum, Joseph
8.6.1867, Witten, Westfalen – 27.11.1939, Leipzig, Freitod
dt. Staatsangeh.?
Rosentalgasse 1/3
Ehemann von Leonore L.
am 9.11.39 im Rahmen e. „Sonderaktion" verhaftet, am 10.11.39 freigelassen

Lindenbaum, Leonore, geb. Zucker
31.5.1876, Uffenheim, Bayern – 30.11.1939, Leipzig, Freitod
dt. Staatsangeh.?
Ehefrau von Joseph L.

Lindenberg, Else, geb. Löwenthal
22.5.1889, Schwerin, Mecklenburg-Schwerin – 6.2.1942, Leipzig, Freitod
dt. Staatsangeh.
Ehefrau von Emil L.
auf d. Transportliste vom 21.1.42 gestrichen

Lindenberg, Emil
1.5.1889, Schwerin, Mecklenburg-Schwerin – nach 1942 verschollen
dt. Staatsangeh.
Hausmeister im Israelit. Krankenhaus (Chemnitzer Str. 50), Zwangsarbeiter
JH Packhofstr. 1
Ehemann von Else L.
auf d. Transportliste vom 21.1.42 gestrichen
am 10.5.42 nach Bełżyce deportiert

Lipolc, Chaim
15.2.1883, Kolno, Russ.-Polen – 30.11.1942, KZ Auschwitz
staatenlos (fr. Polen)
Pferdehändler
Walter-Blümel-Str. 13
am 21.2.42 wegen Vergehens gegen die Kriegswirtschaftsverordnung verhaftet
am 11.11.42 nach Auschwitz deportiert

Lipper, Aron
9.7.1869, Kolomea, Österr.-Polen – 13.2.1940, KZ Dachau
poln. Staatsangeh.
Kaufmann, Mitinh. e. Haarzurichterei u. Horngroßh., gegr. 1911
Humboldtstr. 10; JH Alexanderstr. 46
Ehefrau u. Sohn emigr.

Lippmann, Erna Ester
19.4.1896, Leipzig – nach 1942 verschollen
dt. Staatsangeh.
Tochter von Jakob L., Schwester von Senta L.
am 10.5.42 nach Bełżyce deportiert

Lippmann, Jakob
14.9.1866, Rosenberg, Preußen – 19.10.1942, Ghetto Theresienstadt
dt. Staatsangeh.
Kürschner, Inh. e. Geschäfts für getragene Herrengarderobe
Salzgäßchen 9; JH Färberstr. 11 (Alters- und Pflegeheim)
seit 1934 Witwer, Vater von Erna u. Senta L.

Abschluss e. Heimeinkaufsvertrages für Theresienstadt
am 19.9.42 nach Theresienstadt deportiert

Lippmann, Senta Sara
27.9.1898, Leipzig – nach 1942 verschollen
dt. Staatsangeh.
Tochter von Jakob L., Schwester von Erna L.
am 10.5.42 nach Bełżyce deportiert

Lippold, Bertha, geb. Cerf
15.1.1893, Leipzig – nach 1942 verschollen
dt. Staatsangeh.
Zwangsarbeit als Näherin
Gohliser Str. 29; JH Funkenburgstr. 15
Geschwister emigr., nichtjüd. Ehemann, geschieden
am 10.5.42 nach Bełżyce deportiert

Lippstadt, Arthur
nach 1943 verschollen
Chemnitzer Str. 50 (Israelit. Krankenhaus)
am 18.6.43 nach Auschwitz? deportiert

Lipschitz, Tilli Musia, geb. Lukomsky
1.5.1870, Rysskow, Russland – nach 1943, KZ Auschwitz verschollen
staatenlos (fr. Russland)
Löhrstr. 21; JH Gustav-Adolf-Str. 7
Schwester von Sara Schub?, seit 1932 Witwe
am 19.9.42 nach Theresienstadt, am 18.12.43 nach Auschwitz deportiert

Lipschütz, Georg Gabriel
2.4.1888, Borui (Kirchplatz), Provinz Posen – nach 1942 verschollen
dt. Staatsangeh.
Kellner, Händler
Zwangsarbeit im Gartenbau
Bayerische Str. 13; JH Große Fleischergasse 28
Ehemann von Sigrid L., Vater von Monika L.
am 13.11.38 im Rahmen e. „Sonderaktion" verhaftet
auf d. Transportliste vom 21.1.42 gestrichen
am 10.5.42 nach Bełżyce deportiert

Lipschütz, Monika
27.7.1940, Leipzig – nach 1942 verschollen
dt. Staatsangeh.
Tochter von Georg u. Sigrid L., Schwester von Harald Nus u. Marion Kallmann
auf d. Transportliste vom 21.1.42 gestrichen
am 10.5.42 nach Bełżyce deportiert

Lipschütz, Sigrid Etelka, gesch. Kallmann geb. Nus
20.11.1900, Riga, Russland – nach 1942 verschollen
dt. Staatsangeh.
nichtjüd. Vater, Ehefrau von Georg L., Mutter von Harald Nus, Marion Kallmann u. Monika L.
auf d. Transportliste vom 21.1.42 gestrichen
am 10.5.42 nach Bełżyce deportiert

Littauer, Rosa
29.7.1891, Leipzig – nach 1942 verschollen
dt. Staatsangeh.
Buchhandlungsangestellte, Kassiererin
Auenstr. 37; JH Walter-Blümel-Str. 10
Tochter von Sophie L.
am 10.5.42 nach Bełżyce deportiert

Littauer, Sophie, geb. Liebenthal
26.11.1860, Volkmarsen, Hessen-Darmstadt – 5.9.1942, Leipzig
dt. Staatsangeh.
Auenstr. 37; JH Färberstr. 11 (Alters- und Pflegeheim)
Witwe, Mutter von Rosa L.

Littmann, Freide Frieda, geb. Gerson
1.1.1873, Auschwitz, Österr.-Polen – 11.1.1943, KZ Auschwitz
poln. Staatsangeh.
Händlerin
Nürnberger Str. 23
Witwe
am 16.9.42 wegen „Beleidigung deutschblütiger Frauen" verhaftet
am 9.12.42 nach Auschwitz deportiert

Lobsenzer, Dorothea
19.6.1865, Groß Lonsk, Provinz Posen – 10.2.1943, Ghetto Theresienstadt
dt. Staatsangeh.
Auenstr. 14 (jüd. Altersheim, seit 1939 JH)
Abschluss e. Heimeinkaufsvertrages für Theresienstadt
am 19.9.42 nach Theresienstadt deportiert

Löbel, Elise, geb. Unger
5.2.1886, Dresden – 27.2.1943, Leipzig, Freitod
dt. Staatsangeh.
Stenotypistin
Sekretärin d. Verwaltungsdirektors d. Israelit. Religionsgemeinde
Wettinerstr. 30; JH Walter-Blümel-Str. 10
seit 1921 Witwe
auf d. Transportliste vom 21.1.42 gestrichen
Angst vor Deportation

Löbenstein, Herta, geb. Levy
8.7.1905, Illingen, Saar – nach 1942 verschollen
dt. Staatsangeh.
Ehefrau von Robert L., Mutter von Inge L.
am 21.1.42 nach Riga deportiert

Löbenstein, Inge
23.5.1933, Wanfried, Hessen-Nassau – nach 1942 verschollen
dt. Staatsangeh.
Schülerin
Tochter von Robert u. Herta L.
am 21.1.42 nach Riga deportiert

Löbenstein, Robert
23.1.1889, Wanfried, Hessen-Nassau – nach 1942, KZ Auschwitz
dt. Staatsangeh.
Kaufmann (Schuhwaren)
Zwangsarbeit auf e. Friedhof
aus Wanfried
JH Humboldtstr. 9
Ehemann von Herta L., Vater von Inge L.
am 21.1.42 nach Riga deportiert

Löbl, David Osias
6.7.1888, Hliboka, Bukowina – 28.5.1942, KZ Sachsenhausen
staatenlos (fr. Rumänien)
Kaufmann, Reisender
Zwangsarbeit im Gartenbau
Alexanderstr. 42; JH Packhofstr. 1
Ehemann von Marie L.
am 11.11.38 im Rahmen e. „Sonderaktion" verhaftet, am 5.1.42 wegen „Lebensmittelschiebung" verhaftet
auf d. Transportliste vom 21.1.42 gestrichen
am 13.3.42 nach Sachsenhausen deportiert

Löbl, Ida, geb. Propper
20.7.1885, Schlan, Böhmen – nach 1943, KZ Auschwitz verschollen
Protektoratsangeh. (fr. Tschechoslowakei)
Zwangsarbeiterin
Ehefrau von Ludwig L., Kinder emigr.
Abschluss e. Heimeinkaufsvertrages für Theresienstadt
am 19.9.42 nach Theresienstadt, am 6.9.43 nach Auschwitz deportiert

Löbl, Ludwig
6.8.1873, Klutschkau, Böhmen – 17.7.1943, Ghetto Theresienstadt
Protektoratsangeh. (fr. Tschechoslowakei)
Kaufmann
Kapellenstr. 5; JH Humboldtstr. 9
Ehemann von Ida L.
Abschluss e. Heimeinkaufsvertrages für Theresienstadt
am 19.9.42 nach Theresienstadt deportiert

Löbl, Marie Mila, geb. Heuberger
5.1.1887, Zaleszczyki, Österr.-Polen – 7.10.1942, KZ Auschwitz
staatenlos
Ehefrau von David L.
am 5.1.42 wegen „Lebensmittelschiebung" verhaftet
auf d. Transportliste vom 21.1.42 gestrichen
am 13.3.42 nach Ravensbrück deportiert

Lösche, Regina, geb. Birkenstein
8.12.1875, Hildburghausen, Sachsen-Altenburg – 27.6.1943, Ghetto Theresienstadt
dt. Staatsangeh.
JH Auenstr. 14 (Altersheim)
Witwe
am 19.9.42 nach Theresienstadt deportiert

Löwe, Alwine, geb. Arjan
21.10.1913, Leipzig – nach 1943, KZ Auschwitz verschollen
dt. Staatsangeh.
Stenotypistin
Zwangsarbeit als Staffiererin in d. Firma Max Vöckler, Kürschnerei u. Pelzkonfektion, Brühl 51
Karlstr. 12; JH Gustav-Adolf-Str. 7
Eltern u. Geschwister 1938 nach Polen abgeschoben, Schwester u. Ehemann emigr., Mutter von Renate L.
auf d. Transportliste vom 21.1.42
am 17.2.43 nach Berlin, am 26.2.43 nach Auschwitz deportiert

Löwe, Renate Petra
26.7.1938, Leipzig – nach 1943, KZ Auschwitz verschollen
dt. Staatsangeh.
Tochter von Alwine L.
auf d. Transportliste vom 21.1.42
am 17.2.43 nach Berlin, am26.2.43 nach Auschwitz deportiert

Löwenbach, Franziska, geb. Stern
11.5.1878, Nordhausen, Provinz Sachsen – nach 1942 verschollen
dt. Staatsangeh.
Alexanderstr. 43; JH Lortzingstr. 14
Geschwister emigr., seit 1937 Witwe
am 21.1.42 nach Riga deportiert

Löwenberg, Ella, geb. Isenstein
26.9.1874, Hannover – 5.9.1942, Leipzig, Freitod
dt. Staatsangeh.
Mozartstr. 3; JH Jacobstr. 7
Schwester von Käthi Lewin u. Paul Isenstein?, seit 1936 Witwe, Söhne emigr.?, ein Sohn umgekommen
auf d. Transportliste vom 19.9.42

Löwenberg, Jenny
29.11.1883, Bauske, Russ.-Polen – nach 1942 verschollen
staatenlos (fr. Russland)
Inh. e. Lederwarenfirma, gegr. 1893
Nordstr. 58; JH Funkenburgstr. 23
Schwester emigr.
am 21.1.42 nach Riga deportiert

Löwenstein, Johanna Hinde, geb. Sulke
23.9.1859, Gnesen, Provinz Posen – 1.1.1944, Ghetto Theresienstadt
dt. Staatsangeh.
Krankenschwester
Lange Str. 8; JH Walter-Blümel-Str. 10
Witwe, Mutter von Margarete u. Kurt L.
auf d. Transportliste vom 17.2.43 gestrichen
am 18.6.43 nach Theresienstadt deportiert

Löwenstein, Kurt
6.1.1893, Artern, Provinz Sachsen – nach 1943, KZ Auschwitz verschollen
dt. Staatsangeh.
Kaufmann (Textilbranche)
Zwangsarbeit im Garten- u. Tiefbau
Brandiser Str. 6; JH Gustav-Adolf-Str. 7
Sohn von Johanna L., Bruder von Margarete L.
auf d. Transportlisten vom 21.1.42 u. 17.2.43 gestrichen
am 27.2.43 in d. Polizeihaftlager Dresden-Hellerberg, am 1.3.43 nach Auschwitz deportiert

Löwenstein, Margarete
9.12.1896, Artern, Provinz Sachsen – nach 1944, KZ Auschwitz verschollen
dt. Staatsangeh.
Kontoristin
Sekretärin
Lange Str. 8; JH Packhofstr. 1
Tochter von Johanna L., Schwester von Kurt L.
am 18.6.43 nach Theresienstadt, am 12.10.44 nach Auschwitz deportiert

Loewenthal, Friederike, geb. Wiesenthal
22.10.1857, Leipzig – 17.9.1942, Leipzig
dt. Staatsangeh.
Händlerin
Kreuzstr. 6; JH Färberstr. 11 (Alters- und Pflegeheim)
seit 1921 Witwe
Abschluss e. Heimeinkaufsvertrages für Theresienstadt
auf d. Transportliste vom 19.9.42 gestrichen

Löwy, Hermann Ignatz
5.1.1880, Szopotist, Ungarn – 20.12.1943, Ghetto Theresienstadt
dt. Staatsangeh.
Religionslehrer an d. Höheren Israelit. Schule
Zwangsarbeiter
Waldstr. 41; JH Keilstr. 5
Ehemann von Jenny L.
am 10.11.38 im Rahmen e. „Sonderaktion" verhaftet
am 19.9.42 nach Theresienstadt deportiert

Löwy, Jenny, geb. Obermeyer
15.4.1888, Wien – nach 1944, KZ Auschwitz
dt. Staatsangeh.
Ehefrau von Hermann L., Kinder emigr.
am 19.9.42 nach Theresienstadt, am 18.5.44 nach Auschwitz deportiert

Loewy, Käthe, geb. Strumpfner
28.11.1900, Radeberg, Sachsen – nach 1942 verschollen
dt. Staatsangeh.
Laborantin
Kindergärtnerin
aus Altenburg, Thüringen
JH Jacobstr. 7 (Kinderheim)
Witwe, Mutter von Renate L.
am 10.5.42 nach Bełżyce deportiert

Loewy, Renate
7.9.1927, München – nach 1942 verschollen
dt. Staatsangeh.
Zwangsarbeiterin
Tochter von Käthe L.
am 10.5.42 nach Bełżyce deportiert

Looser, Alize, geb. Kersten
4.12.1915, Köthen, Anhalt – nach 1943, KZ Auschwitz verschollen
dt. Staatsangeh.
Zwangsarbeiterin
aus Freiberg, Sachsen
JH Färberstr. 11 (Alters- und Pflegeheim)
Tochter von Henriette Kersten, Bruder emigr., Ehemann ebenfalls nach Auschwitz deportiert, Überlebender
am 14.1.41 verhaftet, am 8.3.41 freigelassen
auf d. Transportliste vom 17.2.43 gestrichen
vermutl. am 27.2.43 in d. Polizeihaftlager Dresden-Hellerberg, am 1.3.43 nach Auschwitz deportiert

Lopatka, Georg
4.4.1881, Königshütte, Schlesien – nach 1942, KZ Auschwitz verschollen
dt. Staatsangeh.
Kaufmann
Zwangsarbeit in d. Städt. Arbeitsanstalt
Gerberstr. 53; JH Humboldtstr. 13
Witwer
am 13.7.42 nach Auschwitz deportiert

Lotrowski, Josef Benjamin
21.1.1915, Leipzig – 15.5.1940, KZ Sachsenhausen
poln. Staatsangeh.?
Korbmacher
Humboldtstr. 15
seit 7.12.39 im KZ Sachsenhausen

Lotrowsky, Ida Jetty, geb. Jakubowitsch
13.3.1890, Łódź, Russ.-Polen – nach 1942 verschollen
staatenlos
Händlerin
Josephstr. 7; JH Nordstr. 11
getrennt lebend, Ehemann u. Kinder emigr.
am 21.1.42 nach Riga deportiert

Lubocki, Marie, geb. Ober
14.11.1895, Leipzig – nach 1942 verschollen
staatenlos
Näherin, Verkäuferin
Haushalthilfe
Gerberstr. 58; JH Alexanderstr. 46
Ehemann emigr., Mutter von Regina L.
am 21.1.42 nach Riga deportiert

Lubocki, Regina
6.2.1930, Leipzig – nach 1942 verschollen
staatenlos
Schülerin
Tochter von Marie L.
am 21.1.42 nach Riga deportiert

Luboschütz (Luboszyc), Keile, geb. Barscht
10.5.1872, Cherson, Russland – 23.10.1942, Ghetto Theresienstadt
staatenlos (fr. Polen)
Nonnenstr. 6; JH Humboldtstr. 21
seit 1940 Witwe, Kinder emigr.
am 19.9.42 nach Theresienstadt deportiert

Ludwig, Bertha, geb. Desser
5.2.1887, Altenstadt (Iller), Bayern – nach 1942 verschollen
dt. Staatsangeh.
Menckestr. 12; JH Auenstr. 14 (Altersheim)
seit 1941 Witwe, Kinder emigr.
am 21.1.42 nach Riga deportiert

Lüder, Ernst Karl
4.4.1905, Pattensen (Leine), Provinz Hannover – nach 1942, KZ Auschwitz verschollen
dt. Staatsangeh.
Fleischer
Zwangsarbeiter
Nordstr. 13; JH Nordstr. 11
Ehemann von Ilse L.
auf d. Transportliste vom 10.5.42 gestrichen
am 13.7.42 nach Auschwitz deportiert

Lüder, Ilse Thea, geb. Wahlburg
13.9.1905, Leipzig – nach 1942, KZ Auschwitz verschollen
dt. Staatsangeh.
Zwangsarbeit als Sortiererin
Salomonstr. 20; JH Nordstr. 11
Tochter von Jacques Wahlburg, Bruder 1945 nach Theresienstadt deportiert, Überlebender, Ehefrau von Ernst L.
auf d. Transportliste vom 10.5.42 gestrichen
am 13.7.42 nach Auschwitz deportiert

Luft, Alexander
14.11.1901, Lemberg, Österr.-Polen – 11.2.1943, KZ Auschwitz
Arbeiter
Sternwartenstr. 31
am 15.11.39 wegen „Rassenschande" verhaftet

Lunski, Jaker Jakob
15.3.1875, Wilna, Russ.-Polen – nach 1943, KZ Auschwitz verschollen
staatenlos (fr. Russland)
Glaser, Tempeldiener
Zwangsarbeit in d. Städt. Arbeitsanstalt
Goldhahngäßchen 12/14; JH Gustav-Adolf-Str. 7
seit 1936 Witwer, Tochter emigr.
am 19.9.42 nach Theresienstadt, am 18.12.43 nach Auschwitz deportiert

Lupoliansky, Rosa
2.4.1912, Karlsruhe, Baden – nach 1942 verschollen
staatenlos
Näherin
Zwangsarbeit als Näherin
Tochter von Sara L.
am 21.1.42 nach Riga deportiert

Lupoliansky, Sara, geb. Landau
28.3.1882, Dukla, Österr.-Polen – nach 1942 verschollen
staatenlos
aus Karlsruhe, Baden
JH Gustav-Adolf-Str. 7
seit 1937 Witwe, Kinder emigr., Mutter v. Rosa L.
am 21.1.42 nach Riga deportiert

Luss, Henny, geb. Schnurmann
27.5.1882, Frankfurt a. M. – nach 1942 verschollen
dt. Staatsangeh.
Kaiser-Wilhelm-Str. 28; JH Funkenburgstr. 16
seit 1941 Witwe, Tochter emigr., Sohn emigr., 1942 in Auschwitz umgekommen
am 21.1.42 nach Riga deportiert

Lustig, Bernhard
7.9.1862, Unsleben, Bayern – 4.10.1942, Ghetto Theresienstadt
dt. Staatsangeh.
Viehhändler, Landwirt
JH Auenstr. 14 (Altersheim)
Witwer, Tochter emigr.
am 19.9.42 nach Theresienstadt deportiert

Maas, Elsbeth, geb. Sieskind
10.11.1867, Ballenstedt, Anhalt – 31.10.1942, Ghetto Theresienstadt
dt. Staatsangeh.
Ferdinand-Rhode-Str. 41; JH Humboldtstr. 13
Schwester von Jakob Sieskind, seit 1940 Witwe
Abschluss e. Heimeinkaufsvertrages für Theresienstadt
am 19.9.42 nach Theresienstadt deportiert

Magneschef, Abraham
18.12.1867, Schulitz, Provinz Posen – 2.6.1943, Ghetto Theresienstadt
dt. Staatsangeh.
Kaufmann, Inh. e. Chemiefabrik u. e. Firma für Fabrikbedarfsartikel
Göschenstr. 12; JH Humboldtstr. 13
Ehefrau ebenfalls nach Theresienstadt deportiert, Überlebende, Vater von Charlotte, Fritz und Walter M.
am 1.10.41 wegen „Bezugs von Mangelware" verhaftet, am 30.10.41 freigelassen
am 19.9.42 nach Theresienstadt deportiert

Magneschef, Charlotte Bertha
6.3.1894, Geringswalde, Sachsen – nach 1940 verschollen
dt. Staatsangeh.
Heil- u. Pflegeanstalt Dösen
Tochter von Abraham M., Schwester von Fritz u. Walter M.
vermutl. Opfer d. „Euthanasie"

Magneschef, Fritz
10.8.1896, Leipzig – nach 1942 verschollen
dt. Staatsangeh.
Drogist
Zwangsarbeiter
Göschenstr. 12; JH Packhofstr. 1
Sohn von Abraham M., Bruder von Charlotte u. Walter M.
am 13.11.38 im Rahmen e. „Sonderaktion" verhaftet, am 8.2.40 wegen „Rassenschande" verhaftet, freigelassen
am 21.1.42 nach Riga deportiert

Magneschef, Walter Alfred
9.4.1899, Leipzig – 11.2.1942, KZ Ravensbrück
dt. Staatsangeh.
Angestellter
Zwangsarbeiter
Göschenstr. 12; Brühl 23
Sohn von Abraham M., Bruder von Charlotte u. Fritz M., nichtjüd. Ehefrau
am 24.3.41 wegen Vergehens gegen d. Kriegswirtschaftsverordnung verhaftet
am 16.5.41 nach Sachsenhausen deportiert

Malzoff, Clara, geb. Skomorowsky
15.7.1897, Leipzig – nach 1942 umgekommen
dt. Staatsangeh.
Kontoristin
Tochter von Ida Skomorowsky, Bruder emigr., Schwester von Isidor Skomorowsky u. Hanne Slomiansky-Segalowitz, Ehefrau von Walter M., Mutter von Margarete M.
am 21.1.42 nach Riga deportiert

Malzoff, Margarete Ottilie
13.7.1933, Leipzig – nach 1942 umgekommen
dt. Staatsangeh.
Tochter von Walter u. Clara M.
am 21.1.42 nach Riga deportiert

Malzoff, Walter
12.9.1894, Landsberg (Warthe), Brandenburg – nach 1942 verschollen
dt. Staatsangeh.
Kaufmann
Zwangsarbeiter
Hofmeisterstr. 17; JH Walter-Blümel-Str. 10
Ehemann von Clara M., Vater von Margarete M.
am 21.1.42 nach Riga deportiert

Mandelstein, Bernhard
9.10.1883, Grebenstein, Hessen-Nassau – nach 1942 verschollen
dt. Staatsangeh.
Zwangsarbeiter
lebte in Mittweida, Sachsen
Ehemann von Else M.
am 10.5.42 nach Bełżyce deportiert

Mandelstein, Else, geb. Kugelmann
8.10.1889, Witzenhausen, Hessen-Nassau – nach 1942 verschollen
dt. Staatsangeh.
Ehefrau von Bernhard M.
am 10.5.42 nach Bełżyce deportiert

Mann, Fanny Chaja, geb. Gang
29.6.1865, Rozdół, Österr.-Polen – 28.10.1938, Leipzig
poln. Staatsangeh.
Neustädter Str. 13; Auenstr. 1b
Ehemann 1941 in Leipzig verstorben, Sohn emigr.
bei d. „Polenaktion" umgekommen

Mannheim, Arthur
18.10.1867, Samotschin, Provinz Posen – 26.1.1943, Ghetto Theresienstadt
dt. Staatsangeh.
Kaufmann, Handelsvertreter
Brockhausstr. 4; JH Auenstr. 14 (Altersheim)
Ehemann von Erna M.
am 19.9.42 nach Theresienstadt deportiert

Mannheim, Erna, geb. Jessel
14.3.1874, Magdeburg, Provinz Sachsen – 10.11.1944, Ghetto Theresienstadt
dt. Staatsangeh.
Ehefrau von Arthur M., Töchter emigr.
am 19.9.42 nach Theresienstadt deportiert

Mannheimer, Paula
15.4.1889, Aub, Bayern – nach 1943, KZ Auschwitz verschollen
dt. Staatsangeh.
Stütze
Zwangsarbeiterin
JH Färberstr. 11 (Alters- und Pflegeheim)
am 17.2.43 nach Berlin, am 26.2.43 nach Auschwitz deportiert

Mannsbach, Luise, geb. Rosenstein
23.3.1875, Beverungen, Westfalen – 17.9.1944, Ghetto Theresienstadt

dt. Staatsangeh.
aus Beverungen, seit 1938 in Leipzig
JH Walter-Blümel-Str. 10
seit 1940 Witwe, Kinder emigr.
Abschluss e. Heimeinkaufsvertrages für Theresienstadt
am 19.9.42 nach Theresienstadt deportiert

Marchotzki, Artur
20.12.1914, Königsberg, Ostpreußen – nach 1942 verschollen
dt. Staatsangeh.
Schneider
JH Lortzingstr. 12
Ehefrau ebenfalls nach Riga deportiert, Überlebende
am 21.1.42 nach Riga deportiert

Margosches, Fanny, geb. Wojnilower
16.9.1896, Śniatyn, Österr.-Polen – nach 1942 verschollen
Staatsangeh. ungeklärt (fr. Polen)
Frankfurter Str. 6; JH Färberstr. 11 (Alters- und Pflegeheim)
Ehemann u. Tochter emigr.
am 21.1.42 nach Riga deportiert

Margulies, Bela
15.9.1939, Leipzig – nach 1942 verschollen
staatenlos
Tochter von Willy u. Gerda M.
am 21.1.42 nach Riga deportiert

Margulies, Gerda, geb. Nathan
6.3.1918, Breslau, Schlesien – nach 1942 verschollen
Staatsangeh. ungeklärt
Mannequin
Zwangsarbeiterin
Kleiststr. 6; JH Funkenburgstr. 16
Bruder emigr., Ehefrau von Willy M., Mutter von Bela M.
am 21.1.42 nach Riga deportiert

Margulies, Willy
17.7.1895, Leipzig – 4.9.1941, KZ Buchenwald
staatenlos
Kaufmann, Rauchwarenhändler
Lampestr. 1; JH Funkenburgstr. 16
Schwester emigr., Ehemann von Gerda M., Vater von Bela M.
1940 im KZ Buchenwald

Mark, Selma Sali
15.5.1879, Lemberg, Österr.-Polen – nach 1942 verschollen
Staatsangeh. ungeklärt
Inh. e. Modesalons
Zwangsarbeiterin
Gneisenaustr. 8; JH Funkenburgstr. 16
am 21.1.42 nach Riga deportiert

Markendorf, Georg
4.9.1879, Leipzig – 27.2.1944, Ghetto Theresienstadt
dt. Staatsangeh.
Kaufmann, Inh. e. Fabrik u. Großh. für Schweife
Gemeindevertreter d. Israelit. Religionsgemeinde, Synagogenkommissar
Christianstr. 29; JH Humboldtstr. 13 (Altersheim)
seit 1939 Witwer, Tochter emigr.
am 13.8.39 wegen „Rassenschande" verhaftet
bis 8.10.40 im Strafgefängnis Bautzen
Rückführung nach Leipzig, am 5.2.41 freigelassen
auf d. Transportliste vom 21.1.42 gestrichen
am 19.9.42 nach Theresienstadt deportiert

Markise, Max Norbert
12.10.1935, Leipzig – nach 1942 verschollen
staatenlos (fr. Polen)
Schüler
JH Große Fleischergasse 28
Sohn von Willy M., Neffe von Leiser Steinberg
am 21.1.42 nach Riga deportiert

Markise, Willy Esriel
11.3.1897, Warschau – 25.3.1942, KZ Groß-Rosen
staatenlos (fr. Polen)
Ballettmeister, Tanzlehrer, Inh. e. Schule für Kinderballett u. Gesellschaftstanz
Berliner Str. 58; Promenadenstr. 27
Mutter u. Schwester emigr., seit 1936 Witwer, Töchter emigr., Vater von Max M.
am 7.12.39 aus polit. Gründen verhaftet
am 28.12.39 nach Sachsenhausen, sp. nach Groß-Rosen deportiert

Markowitz, Ida Sore
13.8.1873, Garsden – nach 1943, KZ Auschwitz verschollen
staatenlos (fr. Litauen)
Händlerin, Wirtschafterin
Packhofstr. 3; JH Nordstr. 15
Brüder emigr.
am 19.9.42 nach Theresienstadt, am 18.12.43 nach Auschwitz deportiert

Markowitz, Siegfried
27.10.1895, Pakosch, Provinz Posen – nach 1942 verschollen
dt. Staatsangeh.
Masseur
Zwangsarbeit im Tiefbau
JH Humboldtstr. 6
am 21.1.42 nach Riga deportiert

Marx, Dina, geb. Rosenmeyer
21.12.1864, Wolfhagen (Bz. Kassel), Hessen-Nassau – 21.12.1942, Ghetto Theresienstadt
dt. Staatsangeh.
JH Auenstr. 14 (Altersheim)
Witwe
am 19.9.42 nach Theresienstadt deportiert

Maschke, Vally, geb. Israelski
14.6.1868, Zempelburg, Preußen – 3.10.1942, Ghetto Theresienstadt
dt. Staatsangeh.
aus Bernburg, Anhalt
JH Auenstr. 14 (Altersheim)
Witwe, Kinder emigr.
Abschluss e. Heimeinkaufsvertrages für Theresienstadt
am 19.9.42 nach Theresienstadt deportiert

Mathias, Margarete, geb. Parnaß
25.2.1910, Leipzig – nach 1943, KZ Auschwitz verschollen
dt. Staatsangeh.
Angestellte
Zwangsarbeit als Pelznäherin in d. Großkürschnerei S. Blükas, Brühl 47
Fregestr. 24; JH Packhofstr. 1
Geschwister emigr., Schwester 1938 nach Polen abgeschoben, Schwester von Anna Schwartz, Ehefrau von Max M.
auf d. Transportlisten vom 21.1.42 u. 13.7.42 gestrichen
am 17.2.43 nach Berlin, am 26.2.43 nach Auschwitz deportiert

Mathias, Max
26.3.1906, Essen, Rheinprovinz – nach 1943, KZ Auschwitz verschollen
dt. Staatsangeh.
Kaufmann (Textilbranche)
Zwangsarbeiter
aus Meuselwitz, Thüringen, seit 1937 in Leipzig
JH Packhofstr. 1
Ehemann von Margarete M.
am 25.2.40 wegen Devisenvergehens verhaftet
auf d. Transportlisten vom 21.1.42 u. 13.7.42 gestrichen
am 17.2.43 nach Berlin, am 26.2.43 nach Auschwitz deportiert

Mauskopf, Samuel
9.11.1904, Nyergesújfalu, Ungarn – 23.10.1943, KZ Auschwitz
staatenlos (fr. Ungarn)
Diamantsäger
Chemnitzer Str. 50 (Israelit. Krankenhaus)
auf d. Transportliste vom 17.2.43 gestrichen
am 19.8.43 wegen Vergehens gegen die Kriegswirtschaftsverordnung verhaftet
am 4.9.43 nach Auschwitz deportiert

May, Gertrud, geb. Schauer
9.9.1886, Leipzig – 6.8.1944, Ghetto Theresienstadt
dt. Staatsangeh.
Ehefrau von Martin M., Tochter 1942 aus Berlin nach Theresienstadt deportiert, im KZ Auschwitz verschollen
am 19.9.42 nach Theresienstadt deportiert

May, Martin
25.1.1877, Mittelwalde, Schlesien – 12.12.1942, Ghetto Theresienstadt
dt. Staatsangeh.
Architekt, Handelsvertreter
Promenadenstr. 31; JH Leibnizstr. 30
Geschwister emigr., Ehemann von Gertrud M.
am 13.11.38 im Rahmen e. „Sonderaktion" verhaftet
am 19.9.42 nach Theresienstadt deportiert

Medwinsky, Frieda Freude, geb. Pomurner
31.12.1881, Brody, Österr.-Polen – nach 1942 verschollen
staatenlos
Händlerin
Gerberstr. 58; JH Packhofstr. 1
getrennt lebend, Tochter emigr.
am 21.1.42 nach Riga deportiert

Meerfeld, Jacob
22.10.1866, Czernowitz, Bukowina – 29.2.1944, Ghetto Theresienstadt
staatenlos (fr. Rumänien)
Kaufmann, Rauchwarenhändler
Reichsstr. 40; JH Packhofstr. 1
seit 1940 Witwer, Vater von Leo M.
am 19.9.42 nach Theresienstadt deportiert

Meerfeld, Leo Juda
28.5.1899, Śniatyn, Österr.-Polen – nach 1943, KZ Auschwitz verschollen
staatenlos (fr. Rumänien)
Kürschner, Rauchwarenhändler
Zwangsarbeit im Tiefbau
Sohn von Jacob M.
auf d. Transportliste vom 17.2.43 gestrichen
am 27.2.43 in d. Polizeihaftlager Dresden-Hellerberg, am 1.3.43 nach Auschwitz deportiert

Mehrfeld, Martha
3.9.1921, Leipzig – nach 1942 verschollen
staatenlos
Schneiderin
Tochter von Ruchel M.
am 21.1.42 nach Riga deportiert

Mehrfeld, Ruchel
27.7.1889, Czernowitz, Bukowina – nach 1942 verschollen
staatenlos
Putzmacherin, Wirtschafterin
Große Fleischergasse 14; JH Leibnizstr. 30
Geschwister u. Tochter emigr., Mutter von Martha M.
am 21.1.42 nach Riga deportiert

Meinhardt, Bernhard
22.10.1862, Czortków, Österr.-Polen – 8.11.1942, Ghetto Theresienstadt
staatenlos (fr. Polen)
Kaufmann
aus Grimma, Sachsen
JH Humboldtstr. 13
Witwer
am 19.9.42 nach Theresienstadt deportiert

Meister, Alfons
12.2.1926, Leipzig – 1.12.1942, KZ Majdanek
staatenlos
Schüler
Zwangsarbeit als Feinmechaniker
Sohn von Moses u. Hertha M., Bruder von Edith, Siegbert u. Ruth M.
am 10.5.42 nach Bełżyce, sp. nach Majdanek deportiert

Meister, Edith
7.4.1923, Leipzig – 1942, KZ Majdanek
staatenlos
Krankenschwester im Israelit. Krankenhaus
Windmühlenstr. 20; Chemnitzer Str. 50
Tochter von Moses u. Hertha M., Schwester von Alfons, Siegbert u. Ruth M.
am 10.5.42 nach Bełżyce deportiert

Meister, Hertha, geb. Meyer
6.12.1892, Falkenstein(Vogtland), Sachsen – 1942, KZ Majdanek
staatenlos (fr. Deutsches Reich)
Ehefrau von Moses M., Tochter emigr., Mutter von Edith, Alfons, Siegbert u. Ruth M.
am 10.5.42 nach Bełżyce deportiert

Meister, Moses Moritz
20.5.1891, Monasterzyska, Österr.-Polen – 1942, KZ Majdanek
staatenlos (fr. Österreich)
Schneidermeister, Inh. e. Herrenschneiderei
Zwangsarbeit auf e. Friedhof
Windmühlenstr. 20; JH Funkenburgstr. 16
Ehemann von Hertha M., Vater von Edith, Alfons, Siegbert u. Ruth M.
am 10.5.42 nach Bełżyce deportiert

Meister, Ruth
16.5.1934, Leipzig – 1942, KZ Majdanek
staatenlos
Schülerin
Tochter von Moses u. Hertha M., Schwester von Edith, Alfons u. Siegbert M.
am 10.5.42 nach Bełżyce deportiert

Meister, Siegbert
22.2.1933, Leipzig – 1942, KZ Majdanek
staatenlos
Schüler
Sohn von Moses u. Hertha M., Bruder von Edith, Alfons u. Ruth M.
am 10.5.42 nach Bełżyce deportiert

Melmann, Elisabeth, gesch. Wobad geb. Berg
1.11.1904, Leipzig – nach 1942 verschollen
staatenlos
Händlerin (Textilwaren)
Hainstr. 8; JH Walter-Blümel-Str. 21
Geschwister emigr., Ehefrau von Max M.?, geschieden, nichtjüd. Ehemann, geschieden
am 21.1.42 nach Riga deportiert

Melmann, Flora, geb. Gerson
26.11.1868, Leipzig – 9.4.1944, Ghetto Theresienstadt
dt. Staatsangeh.
Vermieterin
Lindenauer Markt 19; JH Gustav-Adolf-Str. 7
Bruder emigr., Schwägerin von Erna Gerson, seit 1918 Witwe, Sohn 1945 nach Theresienstadt deportiert, Überlebender, Mutter von Max M.
am 19.9.42 nach Theresienstadt deportiert

Melmann, Max Moses
30.1.1896, Berlin – nach 1942 verschollen
staatenlos
Kaufmann, Vertreter (Nahrungsmittel, Textilwaren)
Zwangsarbeiter
Lindenauer Markt 19; JH Walter-Blümel-Str. 21
Sohn von Flora M., Ehemann von Elisabeth M.?, geschieden
am 10.2.41 wegen „Betretens e. arischen Gaststätte" verhaftet
am 21.1.42 nach Riga deportiert

Mendel, Ida, geb. Wolk
19.5.1886, Weilburg, Hessen-Nassau – nach 1943, KZ Auschwitz verschollen
dt. Staatsangeh.
Schneiderin, Inh. e. Wäschegeschäfts
Zwangsarbeit als Näherin
Albertstr. 44; JH Gustav-Adolf-Str. 7
Bruder emigr., seit 1942 Witwe
am 17.2.43 nach Berlin, am 26.2.43 nach Auschwitz deportiert

Mendel, Leopold
28.3.1888, Gembitz (Kr. Mogilno), Provinz Posen – nach 1942 verschollen
dt. Staatsangeh.
Kaufmann, Schuhmacher
Hausangestellter
aus Oschatz, Sachsen, seit nach 1935 in Leipzig
JH Humboldtstr. 6
Ehemann von Rosa M., Vater von Ursula M.
am 10.5.42 nach Bełżyce deportiert

Mendel, Rosa, geb. Hirschfeld
22.10.1881, Graudenz, Westpreußen – nach 1942 verschollen
dt. Staatsangeh.
Ehefrau von Leopold M., Kinder emigr., Mutter von Ursula M.
am 10.5.42 nach Bełżyce deportiert

Mendel, Ursula
2.5.1925, Oschatz, Sachsen – nach 1942 verschollen
dt. Staatsangeh.
Tochter von Leopold u. Rosa M.
am 10.5.42 nach Bełżyce deportiert

Mendlewitsch, Lea Laura, geb. Steinberger
25.4.1865, Proszowek – 26.9.1942, Ghetto Theresienstadt
staatenlos (fr. Polen)
Inh. e. Schuhwarenhandlung
Bayerische Str. 21; JH Nordstr. 15 (Altersheim)
seit 1921 Witwe, Kinder emigr.
am 19.9.42 nach Theresienstadt deportiert

Mendzigurski, Etti Lea
20.12.1935, Leipzig – nach 1942 verschollen
staatenlos
Tochter von Freide M.
am 21.1.42 nach Riga deportiert

Mendzigurski, Freide Frieda, geb. Wiener
3.1.1903, Toporow (Kr. Konin), Provinz Posen – nach 1942 verschollen
staatenlos
Zwangsarbeiterin
Hohenzollernstr. 11; JH Packhofstr. 1
Schwiegertochter von Meyer M., Ehemann emigr., Mutter von Etti M.
am 21.1.42 nach Riga deportiert

Mendzigurski, Meyer Feiwel
2.4.1864, Xions, Provinz Posen – 10.2.1943, Ghetto Theresienstadt
staatenlos (fr. Polen)
Religionslehrer, Händler
Gneisenaustr. 7; JH Färberstr. 11 (Alters- und Pflegeheim)
Bruder emigr., seit 1935 Witwer, Sohn emigr., Schwiegervater von Freide M.
am 7.12.39 aus politischen Gründen verhaftet, am 15.12.39 freigelassen
am 19.9.42 nach Theresienstadt deportiert

Menkes, Marie Mietzi, geb. Apfelbaum
18.12.1866, Klasno – nach 1943 verschollen
rumän. Staatsangeh.
Nordstr. 56; Gohliser Str. 18
seit 1927 Witwe
am 11.10.43 verhaftet
am 12.10.43 nach Ravensbrück deportiert

Menn, Dina Dora, geb. Zimetbaum
12.11.1879, Neu Sandec, Österr.-Polen – nach 1944 verschollen
Josephstr. 51
nichtjüd. Ehemann, Witwe
am 13.1.44 nach Theresienstadt? deportiert

Messerschmidt, Paul August
15.6.1877, Baldenburg, Pommern – nach 1942 verschollen
dt. Staatsangeh.
Kaufmann, Inh. e. Druckerei
Zwangsarbeit im Gartenbau
Kapellenstr. 4; JH Alexanderstr. 46
Ehemann von Theresia M.
am 21.1.42 nach Riga deportiert

Messerschmidt, Theresia, geb. Birner
6.3.1880, Ujest (Kr. Groß Strehlitz), Schlesien – nach 1942 verschollen
dt. Staatsangeh.
Ehefrau von Paul M., Tochter emigr.
am 21.1.42 nach Riga deportiert

Messingrau, Max
20.4.1923, Leipzig – 3.5.1941, KZ Sachsenhausen
poln. Staatsangeh.
Gerberstr. 53; Gohliser Str. 4
Vater? u. Bruder 1938 nach Polen abgeschoben

Metzger, Adolf Isidor
12.4.1929, Kiel, Schleswig-Holstein – nach 1942 umgekommen
staatenlos
Schüler
Sohn von Frymeta M.
auf d. Transportliste vom 21.1.42 gestrichen
am 10.5.42 nach Bełżyce deportiert

Metzger, Eidel Ida, geb. Krapf
9.1.1895, Niemirów, Österr.-Polen – nach 1942 verschollen
staatenlos (fr. Polen)
Aufwartung
aus Kiel, Schleswig-Holstein, seit 1939 in Leipzig
JH Gustav-Adolf-Str. 7
Ehemann in Kiel verhaftet, Schwägerin von Frymeta M., Mutter von Toni, Leo u. Josef M.
am 10.5.42 nach Bełżyce deportiert

Metzger, Frymeta Frieda, geb. Klapper
14.8.1893, Jarotschin, Provinz Posen – 1942, Shisotowa
staatenlos
Zwangsarbeit als Pelznäherin
aus Kiel, Schleswig-Holstein, seit 1939 in Leipzig
JH Gustav-Adolf-Str. 7
Ehemann aus Kiel nach Sachsenhausen deportiert, 1941 im KZ Buchenwald umgekommen, Schwägerin von Eidel M., Kinder emigr., Mutter von Adolf M.
auf d. Transportliste vom 21.1.42 gestrichen
am 10.5.42 nach Bełżyce deportiert

Metzger, Josef Baruch
16.6.1929, Kiel, Schleswig-Holstein – nach 1942 verschollen
staatenlos (fr. Polen)
Sohn von Eidel M., Bruder von Toni u. Leo M.
am 10.5.42 nach Bełżyce deportiert

Metzger, Leo
28.8.1927, Kiel, Schleswig-Holstein – nach 1942 verschollen
staatenlos
Sohn von Eidel M., Bruder von Toni u. Josef M.
am 10.5.42 nach Bełżyce deportiert

Metzger, Toni
8.7.1926, Kiel, Schleswig-Holstein – nach 1942 verschollen
staatenlos
Heimschülerin
Tochter von Eidel M., Schwester von Leo und Josef M.
am 10.5.42 nach Bełżyce deportiert

Meyer, Bertha, geb. Steiniger
26.5.1867, Elbogen, Böhmen – 9.2.1943, Ghetto Theresienstadt
dt. Staatsangeh.
Hahnemannstr. 2; JH Humboldtstr. 13
seit 1940 Witwe, Töchter emigr., Tochter 1942 nach Riga deportiert, Überlebende
Abschluss e. Heimeinkaufsvertrages für Theresienstadt
am 19.9.42 nach Theresienstadt deportiert

Meyer, Edith
17.1.1911, Leipzig – nach 1942 verschollen
dt. Staatsangeh.
Arbeiterin
Zwangsarbeiterin
JH Packhofstr. 1
Bruder emigr., Mutter von Gertrud M.
am 21.1.42 nach Riga deportiert

Meyer, Franziska, geb. Biermann
11.11.1885, Plauen, Sachsen – nach 1942 verschollen
dt. Staatsangeh.
Textilwarenhändlerin, Verkäuferin
aus Erfurt, Provinz Sachsen, seit nach 1935 Leipzig
JH König-Johann-Str. 30
seit 1927 geschieden
am 21.1.42 nach Riga deportiert

Meyer, Gertrud
3.6.1937, Leipzig – nach 1942 verschollen
dt. Staatsangeh.
Tochter von Edith M.
am 21.1.42 nach Riga deportiert

Meyer, Henriette
22.5.1864, Hannover – 7.1.1943, Ghetto Theresienstadt
dt. Staatsangeh.
Erzieherin, Vermieterin
Sedanstr. 6; JH Humboldtstr. 13
am 19.9.42 nach Theresienstadt deportiert

Meyer, Hugo
5.12.1870, Thorn, Westpreußen – 28.4.1944, Ghetto Theresienstadt
Marienstr. 6
nichtjüd. Ehefrau?
am 10.11.42 wegen Nichtbeachtung d. für Juden erlassenen Bestimmungen verhaftet, am 2.7.43 freigelassen
am 13.1.44 nach Theresienstadt deportiert

Meyer, Ilse
12.8.1898, Leipzig – nach 1942, KZ Auschwitz verschollen
dt. Staatsangeh.
Geschäftsinh.
Tochter von Ludwig u. Martha M.
auf d. Transportliste vom 10.5.42 gestrichen
am 13.7.42 nach Auschwitz deportiert

Meyer, Isidor Jacques
6.9.1880, Aachen, Rheinprovinz – 23.4.1940, KZ Sachsenhausen
dt. Staatsangeh.?
Kaufmann, Inh. e. Eiergroßh.
Kohlgartenstr. 10; Humboldtstr. 26
nichtjüd. Ehefrau
am 12.11.1938 im Rahmen e. „Sonderaktion" verhaftet, am 22.3.39 aus polit. Gründen verhaftet
am 31.10.39 nach Sachsenhausen deportiert

Meyer, Julius, Dr. med.
17.2.1866, Bentheim, Provinz Hannover – 27.10.1942, Ghetto Theresienstadt
dt. Staatsangeh.
prakt. Arzt, Geburtshelfer
Südplatz 11; JH Gustav-Adolf-Str. 7
Bruder emigr., Bruder von Emma Hoffmann u. Rosa Kufeld
Abschluss e. Heimeinkaufsvertrages für Theresienstadt
am 19.9.42 nach Theresienstadt deportiert

Meyer, Ludwig Lipmann
30.3.1861, Breslau, Schlesien – 13.9.1943, Ghetto Theresienstadt
dt. Staatsangeh.
Kaufmann, Inh. e. Möbel-Transport-Geschäfts, gegr. 1875
Auenstr. 19; JH Humboldtstr. 15
Ehemann von Martha M., Vater von Ilse M.
Abschluss e. Heimeinkaufsvertrages für Theresienstadt
am 19.9.42 nach Theresienstadt deportiert

Meyer, Martha, geb. Korn
9.10.1876, Waldenburg, Schlesien – 3.5.1944, Ghetto Theresienstadt
dt. Staatsangeh.
Ehefrau von Ludwig M., Sohn aus Berlin deportiert, 1943 in Auschwitz umgekommen, Mutter v. Ilse M.
Abschluss e. Heimeinkaufsvertrages für Theresienstadt
am 19.9.42 nach Theresienstadt deportiert

Meyerowitz, Helene, geb. Eichelborn
10.12.1885, Insterburg, Ostpreußen – 27.8.1944, Ghetto Theresienstadt
dt. Staatsangeh.
JH Färberstr. 11 (Alters- und Pflegeheim)
Ehefrau von Martin M.
am 17.2.43 nach Berlin, am 28.5.43 nach Theresienstadt deportiert

Meyerowitz, Martin, Justizrat
3.1.1869, Königsberg, Ostpreußen – 23.6.1942, KZ Flossenbürg
dt. Staatsangeh.
Rechtsanwalt
Konsulent
JH Jacobstr. 11
Ehemann von Helene M.
am 3.4.42 wegen „Verkehrs mit Ariern" verhaftet
am 10.6.42 nach Flossenbürg deportiert

Meyerstein, Anna, geb. Levi
17.8.1866, Hoym, Anhalt – 7.11.1942, Ghetto Theresienstadt
dt. Staatsangeh.
Verkäuferin
Ehefrau von Max M., Tochter emigr., Mutter von Paul M.
am 19.9.42 nach Theresienstadt deportiert

Meyerstein, Blanka, geb. Mondry
8.7.1880, Allenstein, Ostpreußen – nach 1944, KZ Auschwitz verschollen
dt. Staatsangeh.
Inh. e. Kleiderstoffgroßh., gegr. 1892
Schwester emigr., Ehefrau von Willy M.
Abschluss e. Heimeinkaufsvertrages für Theresienstadt
am 19.9.42 nach Theresienstadt, am 28.10.44 nach Auschwitz deportiert

Meyerstein, Elfriede, geb. Feibelsohn
27.2.1871, Breslau, Schlesien –15.10.1942, Ghetto Theresienstadt
dt. Staatsangeh.
Fritzschestr. 10; JH Auenstr. 14 (Altersheim)
seit 1928 Witwe, Sohn emigr., Mutter von Käthe Huth
am 19.9.42 nach Theresienstadt deportiert

Meyerstein, Frieda, geb. Herrmann
21.6.1870, Hammer (Kr. Oststernberg), Brandenburg – 22.11.1945, Leipzig
dt. Staatsangeh.
Berliner Str. 19; JH Humboldtstr. 13
seit 1941 Witwe, Sohn emigr.
Abschluss e. Heimeinkaufsvertrages für Theresienstadt
am 19.9.42 nach Theresienstadt deportiert, Rückkehr nach Leipzig
an d. Folgen d. Aufenthalts im Ghetto verstorben

Meyerstein, Margarete, geb. Joske
18.9.1878, Weißenfels, Provinz Sachsen – nach 1942 verschollen
dt. Staatsangeh.
kaufm. Angestellte
JH Funkenburgstr. 15
Bruder emigr., seit 1937 Witwe
am 21.1.42 nach Riga deportiert

Meyerstein, Margit, geb. Reiß
10.6.1905, Leipzig – nach 1943, KZ Auschwitz verschollen
dt. Staatsangeh.
Stenotypistin
Zwangsarbeit in d. Firma Märkle & Kniesche KG, Rauchwaren-Zurichterei u. Färberei, Werk Wahren
Kaiser-Friedrich-Str. 25; JH Packhofstr. 1
Tochter von Ida Reiß, Ehemann emigr.
am 17.2.43 nach Berlin, am 26.2.43 nach Auschwitz deportiert

Meyerstein, Max
6.12.1861, Gröbzig, Anhalt – 18.11.1942, Ghetto Theresienstadt
dt. Staatsangeh.
Kaufmann
Bleichertstr. 10; JH Humboldtstr. 13
Ehemann von Anna M., Vater von Paul M.
am 30.4.42 wegen „Beleidigung e. Kriegsverletzten" verhaftet, am 1.5.42 freigelassen
am 19.9.42 nach Theresienstadt deportiert

Meyerstein, Paul
31.3.1901, Halle (Saale), Provinz Sachsen – 25.5.1940, KZ Sachsenhausen
dt. Staatsangeh.
Kaufmann
Sohn von Max u. Anna M.

Meyerstein, Willy William
14.11.1871, Wernigerode, Provinz Sachsen – nach 1944, KZ Auschwitz verschollen
dt. Staatsangeh.
Kaufmann, Inh. e. Kleiderstoffgroßh., gegr. 1892
Zwangsarbeit in d. Städt. Arbeitsanstalt
Funkenburgstr. 7a; JH Humboldtstr. 9
Ehemann von Blanka M.
Abschluss e. Heimeinkaufsvertrages für Theresienstadt
am 19.9.42 nach Theresienstadt, am 28.10.44 nach Auschwitz deportiert

Michael, Antonie
12.7.1874, Leipzig – nach 1939 verschollen
dt. Staatsangeh.
Heil- u. Pflegeanstalt Dösen
Landesanstalt Chemnitz-Altendorf
Bruder nach Theresienstadt deportiert, Überlebender, Schwester von Margarete Waldheim und Otto M.
vermutl. Opfer d. „Euthanasie"

Margarete Meyerstein, die Ehefrau von Siegfried Meyerstein, wurde am 21. Januar 1942 nach Riga deportiert und ist seitdem verschollen.

Michael, Otto, Prof. Dr. med.
3.6.1876, Leipzig – 15.6.1944, Ghetto Theresienstadt
dt. Staatsangeh.
Facharzt für Chirurgie u. Frauenheilkunde
Krankenbehandler, letzter Chefarzt d. Israelit. Krankenhauses
Dresdner Str. 30; Chemnitzer Str. 50
Bruder von Margarete Waldheim u. Antonie M., seit 1933 Witwer, Söhne emigr.
am 10.11.38 im Rahmen e. „Sonderaktion" verhaftet
nach Buchenwald deportiert, am 26.11.38 freigelassen
am 18.6.43 nach Theresienstadt deportiert

Michaelis, Edith
22.6.1888, Adelig-Briesen, Westpreußen – nach 1942, KZ Auschwitz verschollen
dt. Staatsangeh.
Schneiderin
Zwangsarbeiterin
aus Baldenburg, Pommern
JH Leibnizstr. 30
Bruder emigr., Schwester von Meta u. Georg M.
am 13.7.42 nach Auschwitz deportiert

Michaelis, Georg Gideon
3.11.1891, Adelig-Briesen, Westpreußen – 24.7.1944, Ghetto Theresienstadt
dt. Staatsangeh.
Kaufmann, Buchhalter
Angestellter d. Israelit. Religionsgemeinde
Bruder von Edith u. Meta M.
Abschluss e. Heimeinkaufsvertrages für Theresienstadt
am 19.9.42 nach Theresienstadt deportiert

Michaelis, Meta
11.4.1890, Adelig-Briesen, Westpreußen – nach 1942, KZ Auschwitz verschollen
dt. Staatsangeh.
Putzmacherin
Zwangsarbeiterin
Schwester von Edith u. Georg M.
am 13.7.42 nach Auschwitz deportiert

Michel, Albert
27.8.1898, Arenberg, Rheinprovinz – nach 1942 verschollen
dt. Staatsangeh.
Arbeiter
Zwangsarbeit in e. Ziegelei u. e. Kohlenhandlung
lebte in Grimma, Sachsen
nichtjüd. Ehefrau
am 10.5.42 nach Bełżyce deportiert

Mielke, Tylle Perl, geb. Landau
27.6.1882, Brody, Österr.-Polen – 15.10.1942, Leipzig, Freitod
dt. Staatsangeh.?
Kaiserin-Augusta-Str. 21
nichtjüd. Ehemann
Angst vor d. Gestapo

Mielziner, Bruno
3.12.1879, Thorn, Westpreußen – nach 1942 verschollen
dt. Staatsangeh.
Kaufmann, Inh. e. Kaufhauses in Markranstädt, Sachsen
aus Markranstädt, seit nach 1940 in Leipzig
JH Humboldtstr. 21
Ehemann von Rose M., Vater von Edith u. Steffi M.
am 10.5.42 nach Bełżyce deportiert

Mielziner, Edith Lucie
3.5.1925, Leipzig – nach 1942 verschollen
dt. Staatsangeh.
Zwangsarbeiterin
Tochter von Bruno u. Rose M., Schwester von Steffi M.
am 10.5.42 nach Bełżyce deportiert

Mielziner, Rose Gertrud, geb. Fabian
11.8.1885, Glogau, Schlesien – nach 1942 verschollen
dt. Staatsangeh.
Schneiderin
Ehefrau von Bruno M., Mutter von Edith und Steffi M.
am 10.5.42 nach Bełżyce deportiert

Mielziner, Steffi Paula
25.8.1928, Leipzig – nach 1942 verschollen
dt. Staatsangeh.
Schülerin
Tochter von Bruno u. Rose M., Schwester von Edith M.
am 10.5.42 nach Bełżyce deportiert

Mildworf, Anna
11.5.1903, Leipzig – nach 1943, KZ Auschwitz verschollen
staatenlos
Ranstädter Steinweg 28/32; Chemnitzer Str. 50
Tochter von Gerson M.
auf d. Transportlisten vom 10.5.42 u. 13.7.42 gestrichen
am 17.2.43 nach Berlin, am 26.2.43 nach Auschwitz deportiert

Mildworf, Gerson
18.8.1866, Rudawka, Russ.-Polen – 25.1.1944, Ghetto Theresienstadt
staatenlos (fr. Polen)
Kaufmann, Händler (Textilbranche)
Ranstädter Steinweg 28/32; JH Keilstr. 4
seit 1936 Witwer, Kinder emigr., Vater von Anna M.
am 19.9.42 nach Theresienstadt deportiert

Milneris (Millner), Mejaris Meyer
28.2.1878, Plunge, Russland – 15.8.1942, Leipzig
staatenlos (fr. Litauen)
Kantor, Lehrer
Walter-Blümel-Str. 15
am 29.4.42 wegen Nichtbeachtung d. Bestimmungen für Juden verhaftet
im Polizeigefängnis Riebeckstraße verstorben

Mininson, Josef
21.7.1892, Witebsk, Russland – nach 1942 verschollen
staatenlos
Kaufmann (Pelzbranche)
Zwangsarbeiter
Mozartstr. 17
geschieden
am 11.11.38 im Rahmen e. „Sonderaktion" verhaftet
nach Buchenwald deportiert, am 4.1.39 freigelassen
am 21.1.42 nach Riga deportiert

Mlynek, Pinkus David
10.7.1899, Warschau – 29.5.1942, im KZ umgekommen
staatenlos
Kaufmann, Mitinh. e. Rauchwarenfirma
Querstr. 31; Querstr. 16
am 14.11.38 im Rahmen e. „Sonderaktion" verhaftet
seit 14.12.39 im KZ Sachsenhausen, am 5.9.40 in d. KZ Dachau überstellt

Moeller, Emilie, geb. Schlesinger
10.2.1876, Antonienhütte, Schlesien – 1.4.1944, Ghetto Theresienstadt
dt. Staatsangeh.
Ehefrau von Max M., Kinder emigr.
am 19.9.42 nach Theresienstadt deportiert

Moeller, Max
5.8.1881, Posen – 28.1.1943, Ghetto Theresienstadt
dt. Staatsangeh.
Kaufmann, Reisender
Zwangsarbeiter
Philipp-Rosenthal-Str. 23; JH Keilstr. 4
Ehemann von Emilie M.
am 19.9.42 nach Theresienstadt deportiert

Mohr, Berta, geb. Scheyer
28.10.1896, Oppeln, Schlesien – nach 1942 verschollen
dt. Staatsangeh.
Masseuse
Ehefrau von Ernst M., Kinder emigr.
am 21.1.42 nach Riga deportiert

Mohr, Ernst
9.1.1879, Breslau, Schlesien – nach 1942 verschollen
dt. Staatsangeh.
Kaufmann, Drogist
Zwangsarbeit im Gartenbau
Wangerooger Weg 21; JH Leibnizstr. 4
Ehemann von Berta M.
am 21.1.42 nach Riga deportiert

Mokran, Anna
14.9.1901, Leipzig – nach 1942 verschollen
staatenlos (fr. Polen)
Händlerin
Zwangsarbeit als Büglerin
Berliner Str. 21; JH Humboldtstr. 21
am 21.1.42 nach Riga deportiert

Molkner, David
15.3.1880, Krakau, Österr.-Polen – nach 1942 verschollen
dt. Staatsangeh. (fr. Österreich)
Kaufmann, Reisender
Mechlerstr. 3; JH Walter-Blümel-Str. 10
Schwester emigr., Ehemann von Elisabeth M.
am 21.1.42 nach Riga deportiert

Molkner, Elisabeth, geb. Wagner
3.11.1891, Wien – nach 1942 verschollen
dt. Staatsangeh. (fr. Österreich)
Ehefrau von David M., Tochter emigr.
am 21.1.42 nach Riga deportiert

Monitz, Jakob
28.4.1899, Łódź, Russ.-Polen – 27.5.1942, KZ Ravensbrück
poln. Staatsangeh.
Borstenzurichter
Wilhelm-Busch-Str. 38; Lortzingstr. 7

Mordkin, Sonja
1.12.1875, Jekatarinoslaw, Russland – 9.7.1943, Ghetto Theresienstadt
staatenlos (fr. Russland)
JH Färberstr. 11 (Alters- und Pflegeheim)
am 17.2.43 nach Berlin, am 17.3.43 nach Theresienstadt deportiert

Morgenstern, Jenny
8.6.1868, Eydtkuhnen, Ostpreußen – 5.4.1943, Ghetto Theresienstadt
dt. Staatsangeh.
JH Humboldtstr. 13
Bruder ebenfalls nach Theresienstadt deportiert, Überlebender, Schwägerin von Rosa M.
am 19.9.42 nach Theresienstadt deportiert

Morgenstern, Rosa, geb. Kaminsky
4.8.1873, Friedland, Preußen – 27.3.1943, Ghetto Theresienstadt
dt. Staatsangeh.
aus Oppitzsch, Sachsen
JH Nordstr. 15
Bruder emigr., Ehemann ebenfalls nach Theresienstadt deportiert, Überlebender, Schwägerin von Jenny M.
am 19.9.42 nach Theresienstadt deportiert

Moses, Abraham
23.5.1867, Leipzig – 17.1.1944, Ghetto Theresienstadt
dt. Staatsangeh.
Fleischer, Händler
aus Fulda, Hessen-Nassau, seit 1937? in Leipzig
JH Färberstr. 11 (Alters- und Pflegeheim)
Witwer
am 19.9.42 nach Theresienstadt deportiert

Moses, Henriette, geb. Zuckermann
20.2.1883, Adelnau, Provinz Posen – nach 1944, KZ Auschwitz verschollen
dt. Staatsangeh.
Pflegerin
Ehefrau von Nathan M., Töchter emigr.
Abschluss e. Heimeinkaufsvertrages für Theresienstadt
am 19.9.42 nach Theresienstadt, am 23.10.44 nach Auschwitz deportiert

Moses, Hulda, geb. Lewin
5.4.1884, Koschmin, Provinz Posen – nach 1942 verschollen
dt. Staatsangeh.
lebte in Grimma, Sachsen
Witwe, Mutter von Irma Glaser
am 10.5.42 nach Bełżyce deportiert

Moses, Nathan
10.8.1869, Hartford, USA – 27.5.1943, Ghetto Theresienstadt
dt. Staatsangeh.
Kaufmann, Händler (Textilwaren)
JH Gustav-Adolf-Str. 7
Ehefrau ebenfalls nach Theresienstadt deportiert, Überlebende
am 19.9.42 nach Theresienstadt deportiert

Moses, Nathan
18.1.1870, Middletown (Kentucky), USA – 4.9.1943, Ghetto Theresienstadt
dt. Staatsangeh.
Kaufmann (Textilbranche)
aus Wolfen (Kr. Bitterfeld), Provinz Sachsen, seit 1936? in Leipzig
JH Packhofstr. 1
Ehemann von Henriette M.
am 2.6.38 aus polit. Gründen verhaftet, am 28.7.38 freigelassen
Abschluss e. Heimeinkaufsvertrages für Theresienstadt
am 19.9.42 nach Theresienstadt deportiert

Mossner, Deny Benny
3.3.1939, Leipzig – nach 1942 verschollen
dt. Staatsangeh.
Sohn von Theodor u. Nauma M., Bruder von Werner M.
auf d. Transportliste vom 21.1.42 gestrichen
am 10.5.42 nach Bełżyce deportiert

Mossner, Nauma Netti, geb. Bornstein
29.3.1913, Zgierz, Russ.-Polen – nach 1942 verschollen
dt. Staatsangeh.
Jacobstr. 15; JH Pfaffendorfer Str. 6
Eltern u. Schwestern 1938 nach Polen abgeschoben, Ehefrau von Theodor M., Mutter von Werner u. Deny M.
auf d. Transportliste vom 21.1.42 gestrichen
am 10.5.42 nach Bełżyce deportiert

Mossner, Theodor
22.1.1908, Leipzig – nach 1942, KZ Majdanek
dt. Staatsangeh.
Kürschner
Zwangsarbeiter
Eberhardstr. 10; JH Pfaffendorfer Str. 6
Mutter 1943 aus Frankreich nach Auschwitz deportiert, verschollen, Schwester emigr., Ehemann von Nauma M., Vater von Werner u. Deny M.
am 16.6.38 im Rahmen d. Aktion „Arbeitsscheue Reich" verhaftet, freigelassen, am 11.11.38 im Rahmen e. „Sonderaktion" verhaftet
nach Buchenwald deportiert, am 12.12.38 freigelassen
auf d. Transportliste vom 21.1.42 gestrichen
am 10.5.42 nach Bełżyce, sp. nach Majdanek deportiert

Mossner, Werner Hermann
22.7.1937, Leipzig – nach 1942 verschollen
dt. Staatsangeh.
Sohn von Theodor u. Nauma M., Bruder von Deny M.
auf d. Transportliste vom 21.1.42 gestrichen
am 10.5.42 nach Belzyce deportiert

Motulsky, Bernhard
11.1.1873, Marggrabowa, Ostpreußen – 4.10.1942, Ghetto Theresienstadt
dt. Staatsangeh.
Kaufmann, Inh. e. Textilgeschäfts in Grimma, gegr. 1900
aus Grimma, Sachsen, seit 1935 in Leipzig
JH Auenstr. 14 (Altersheim)
Witwer, Kinder emigr.
Abschluss e. Heimeinkaufsvertrages für Theresienstadt
am 19.9.42 nach Theresienstadt deportiert

Motulsky, Georg
22.3.1889, Angerburg, Ostpreußen – nach 1944, KZ Auschwitz verschollen
dt. Staatsangeh.
Kaufmann, Geschäftsführer (Textilbranche)
Hausmeister
aus Borna (b. Leipzig)
JH Färberstr. 11 (Alters- und Pflegeheim)
Bruder von Helene Nussbaum, Witwer
am 12.11.38 im Rahmen e. „Sonderaktion" verhaftet
am 19.9.42 nach Theresienstadt, am 1.10.44 nach Auschwitz deportiert

Mückenbrunn (Mikenbrunn), Chaja Anna, geb. Geller
24.7.1880, Monowice, Österr.-Polen – 12.2.1944, Ghetto Theresienstadt
dt. Staatsangeh.
Ehefrau von Samuel M., Kinder emigr., Mutter von Leopold M.?
am 19.9.42 nach Theresienstadt deportiert

Mückenbrunn (Mikenbrunn), Leopold Walter
3.11.1899, Karwin, Schlesien – nach 1942 verschollen
staatenlos (fr. Polen)
Bäckergeselle
JH Walter-Blümel-Str. 21
Sohn von Samuel u. Chaja M.?
am 10.5.42 nach Bełżyce deportiert

Mückenbrunn (Mikenbrunn), Samuel
14.7.1871, Biała, Österr.-Polen – 15.3.1944, Ghetto Theresienstadt
dt. Staatsangeh.
Kaufmann
JH Große Fleischergasse 28
Ehemann von Chaja M., Vater von Leopold M.?
am 19.9.42 nach Theresienstadt deportiert

Müller, Emma, geb. Wallach
4.7.1862, Nesselröden – 21.10.1943, Ghetto Theresienstadt
dt. Staatsangeh.
Kaiser-Wilhelm-Str. 69; JH Auenstr. 14 (Altersheim)
seit 1939 Witwe, Sohn emigr.
am 19.9.42 nach Theresienstadt deportiert

Müller, Martha, geb. Lewinsohn
7.4.1878, Altenburg, Sachsen-Altenburg – nach 1942 verschollen
dt. Staatsangeh.
JH Humboldtstr. 13
Witwe
am 21.1.42 nach Riga deportiert

Müller, Martha, geb. Moses
14.6.1901, Bonn, Rheinprovinz – nach 1944, KZ Auschwitz verschollen
dt. Staatsangeh.
Zwangsarbeiterin
Ehefrau von Rudolf M.
Abschluss e. Heimeinkaufsvertrages für Theresienstadt
am 19.9.42 nach Theresienstadt, am 28.10.44 nach Auschwitz deportiert

Müller, Rudolf
5.12.1895, Köln, Rheinprovinz – nach 1944, KZ Auschwitz verschollen
dt. Staatsangeh.
Marineinspektor
Zwangsarbeiter
JH Packhofstr. 1
Ehemann von Martha M.
Abschluss e. Heimeinkaufsvertrages für Theresienstadt
am 19.9.42 nach Theresienstadt, am 28.10.44 nach Auschwitz deportiert

Müller, Sophie, geb. Kaplan
26.3.1880, Moskau – nach 1943, KZ Auschwitz verschollen
dt. Staatsangeh.
Lehrerin
Hausangestellte, Zwangsarbeit in d. Firma W. Mertens & Söhne, Abt. Rauchwaren-Zurichterei u. Färberei, Zwenkau
Theresienstr. 53; JH Gustav-Adolf-Str. 7
Bruder emigr., geschieden
auf d. Transportliste vom 21.1.42 gestrichen
am 17.2.43 nach Berlin, am 26.2.43 nach Auschwitz deportiert

Mundsztuk, Arthur Jankel
14.8.1874, Lipno, Provinz Posen – 31.7.1941, KZ Dachau
poln. Staatsangeh.
Kaufmann, Inh. e. Nährmittelfabrik
Gottschedstr. 22; Thomasiusstr. 8
Söhne emigr., Sohn 1942 aus Frankreich nach Auschwitz deportiert, verschollen
am 28.10.38 nach Polen abgeschoben?, Rückkehr nach Leipzig?

Muscatblatt, Arnold
28.9.1889, Leipzig – 23.11.1938, KZ Buchenwald
dt. Staatsangeh.?
Elektromeister, Inh. e. Installationsbüros für Elektrotechnik
Lilienstr. 17
Bruder von Max M.
am 10.11.38 im Rahmen e. „Sonderaktion" verhaftet
nach Buchenwald deportiert

Muscatblatt, Charlotte Ruth
4.9.1927, Leipzig – nach 1944, KZ Auschwitz verschollen
dt. Staatsangeh.
Zwangsarbeit in d. Firma F. Otto Dietze, Rauchwarengroßh., Fellspitzerei, Haarzurichterei, Reichsstr. 30/32
Tochter von Max u. Fanny M.
am 17.2.43 nach Berlin, am 17.3.43 nach Theresienstadt, am 4.10.44 nach Auschwitz deportiert

Muscatblatt, Fanny, geb. Schild
25.10.1897, Leipzig – nach 1944, KZ Auschwitz verschollen
dt. Staatsangeh.
Haushilfe
Bruder emigr., Schwester von Max Schild, Ehefrau von Max M., Sohn ebenfalls nach Theresienstadt deportiert, Überlebender, Mutter von Charlotte M.
auf d. Transportliste vom 19.9.42 gestrichen
am 17.2.43 nach Berlin, am 17.3.43 nach Theresienstadt, am 4.10.44 nach Auschwitz deportiert

Muscatblatt, Max
20.9.1892, Leipzig – nach 1944, KZ Auschwitz verschollen
dt. Staatsangeh.
Kürschner, Inh. e. Kürschnerei
Zwangsarbeiter
Nordstr. 50; JH Walter-Blümel-Str. 10
Bruder von Arnold M., Ehemann von Fanny M., Vater von Charlotte M.
am 10.11.38 im Rahmen e. „Sonderaktion" verhaftet
nach Buchenwald deportiert, am 1.12.38 freigelassen
auf d. Transportliste vom 19.9.42 gestrichen
am 17.2.43 nach Berlin, am 17.3.43 nach Theresienstadt, am 29.9.44 nach Auschwitz deportiert

Nadel, Henriette Helene, geb. Eisner
25.12.1876, Leipzig – 25.7.1944, Ghetto Theresienstadt
dt. Staatsangeh.
Kinderpflegerin
Heinrichstr. 27; JH Gustav-Adolf-Str. 7
seit 1940 Witwe, Sohn 1943 aus Berlin nach Auschwitz deportiert, verschollen
am 19.9.42 nach Theresienstadt deportiert

Nadel, Margarete
12.9.1881, Leipzig – nach 1942 verschollen
staatenlos
Zwangsarbeiterin
JH Funkenburgstr. 16
am 21.1.42 nach Riga deportiert

Najmann, Jankel
19.12.1939, Leipzig – nach 1942, KZ Auschwitz verschollen
staatenlos
Sohn von Johanna N.
auf d. Transportliste vom 21.1.42 gestrichen
am 13.7.42 nach Auschwitz deportiert

Najmann, Johanna, geb. Klughaupt
18.4.1904, Leipzig – nach 1942, KZ Auschwitz verschollen
staatenlos (fr. Polen)
Zwangsarbeiterin
Funkenburgstr. 11; JH Packhofstr. 1
Eltern 1938 nach Polen abgeschoben, Geschwister emigr., Ehemann 1938 nach Polen abgeschoben, Mutter von Jankel N.
auf d. Transportliste vom 21.1.42 gestrichen
am 13.7.42 nach Auschwitz deportiert

Nathan, Beate Recha
4.3.1920, Hamburg – 27.4.1942, KZ Ravensbrück
Hausangestellte
am 13.10.39 aus polit. Gründen verhaftet, am 21.10.39 freigelassen

Nathan, Heina Klara, geb. Vexmann
6.6.1888, Jassy, Rumänien – nach 1942 verschollen
dt. Staatsangeh.
Verkäuferin
Haushälterin
aus Hannover, seit 1938 in Leipzig
JH Gohliser Str. 11
Brüder emigr., geschieden, Tochter 1942 im KZ Ravensbrück umgekommen
am 21.1.42 nach Riga deportiert

Nathansen, Gabriel Markus[15]
9.3.1879, Halberstadt, Provinz Sachsen – 3.5.1944, Ghetto Theresienstadt
dt. Staatsangeh.
Kaufmann, Makler, Mitinh. e. Grundstücksverwaltung, gegr. 1904, Geschäftsführer e. Maschinenbaufirma, gegr. 1922
Heimangestellter
Gemeindevertreter d. Israelit. Religionsgemeinde
Geschwister emigr., Ehemann von Leah N.
Gustav-Adolf-Str. 19; JH Nordstr. 15
Abschluss e. Heimeinkaufsvertrages für Theresienstadt
am 19.9.42 nach Theresienstadt deportiert

Nathansen, Leah, geb. Knoller
19.3.1889, Krefeld, Rheinprovinz – nach 1944, KZ Auschwitz verschollen
dt. Staatsangeh.
Vorstandsmitgl. d. Israelit. Kindergartens
Zwangsarbeiterin
Bruder emigr., Ehefrau von Gabriel N.
Abschluss e. Heimeinkaufsvertrages für Theresienstadt
am 19.9.42 nach Theresienstadt, am 9.10.44 nach Auschwitz deportiert

Naumann, Rudolf
10.8.1911, Grünstadt, Bayern – nach 1942 verschollen
dt. Staatsangeh.
Angestellter
Zwangsarbeiter
Humboldtstr. 17; JH Packhofstr. 1
am 29.10.40 verhaftet, am 7.11.41 wegen Vergehens gegen d. Kriegswirtschaftsverordnung verhaftet, am 1.12.41 freigelassen
am 21.1.42 nach Riga deportiert

Naumann, Sofie, geb. Hirschbrand
8.1.1873, Grünstadt, Bayern – 19.2.1943, Ghetto Theresienstadt
dt. Staatsangeh.
JH Gustav-Adolf-Str. 7
geschieden
am 19.9.42 nach Theresienstadt deportiert

Naundorf, Marie Mindel, geb. Malecki
19.11.1892, Kalisch, Russ.-Polen – nach 1941 verschollen
Döringstr. 34
lebte in Naunhof (b. Leisnig), Sachsen
nichtjüd. Ehemann

am 20.11.40 wegen „Beleidigung deutschblütiger Frauen" verhaftet
am 14.2.41 nach Ravensbrück deportiert

Nebel , Max
21.9.1898, Oppeln, Schlesien – nach 1941 verschollen
Diplomkaufmann, Inh. e. Strumpfwarenvertriebs
König-Johann-Str. 27
am 14.7.41 wegen Vergehens gegen d. Kriegswirtschaftsverordnung verhaftet
am 20.9.41 nach Mauthausen deportiert

Nebenzahl, Anna, geb. Holzer
18.5.1885, Tuchów, Österr.-Polen – 7.10.1942, KZ Auschwitz
poln. Staatsangeh.
Nikischplatz 1; JH Nordplatz 7
Ehemann u. Sohn emigr.
am 4.12.41 wegen „Butterschiebung" verhaftet
am 6.2.42 nach Ravensbrück deportiert

Nemann, Joachim Adolf
23.2.1928, Halle (Saale), Provinz Sachsen – nach 1942 verschollen
dt. Staatsangeh.
Zwangsarbeiter
Sohn von Wilhelm u. Johanna N.
am 10.5.42 nach Bełżyce deportiert

Nemann, Johanna, geb. Jacob
9.5.1895, Gnesen, Provinz Posen – nach 1942 verschollen
dt. Staatsangeh.
Leiterin d. jüd. Kleiderkammer
Ehefrau von Wilhelm N., Kinder emigr., Mutter von Joachim N.
am 10.5.42 nach Bełżyce deportiert

Nemann, Wilhelm
22.5.1886, Lissa, Provinz Posen – nach 1942 verschollen
dt. Staatsangeh.
Rechtsanwalt, Notar
Rechtsberater u. Vorstandsmitgl. d. Israelit. Religionsgemeinde, Leiter d. Auswanderungsabt.
aus Halle (Saale), Provinz Sachsen, seit 1936 in Leipzig
JH Jacobstr. 7
Ehemann von Johanna N., Vater von Joachim N.
am 14.4.42 wegen Nichtbefolgens von Anweisungen d. Gestapo verhaftet, am 5.5.42 freigelassen
am 10.5.42 nach Bełżyce deportiert

Neschling, Elise Dorothea
4.10.1903, Leipzig – nach 1943, KZ Auschwitz verschollen
dt. Staatsangeh.
Verkäuferin, Kontoristin
Zwangsarbeit als Pelznäherin
Buchhalterin d. Israelit. Religionsgemeinde
Nürnberger Str. 37; JH Gustav-Adolf-Str. 7
Tochter von Samuel N.
am 17.2.43 nach Berlin, am 26.2.43 nach Auschwitz deportiert

Neschling, Samuel Josef
4.10.1871, Brody, Österr.-Polen –12.6.1943, Ghetto Theresienstadt
dt. Staatsangeh.
Kaufmann, Inh. e. Schuhwarenhandlung
Zwangsarbeit in d. Städt. Arbeitsanstalt
Nürnberger Str. 37; JH Keilstr. 4
seit 1928 Witwer, Vater von Elise N.
am 19.9.42 nach Theresienstadt deportiert

Neu, Emilie, geb. Simon
11.8.1866, Bisses (Oberhessen), Hessen-Darmstadt – 22.12.1942, Ghetto Theresienstadt
dt. Staatsangeh.
aus Aschaffenburg, Bayern
JH Humboldtstr. 13
Witwe, Sohn emigr., Mutter von Sidda N.
am 19.9.42 nach Theresienstadt deportiert

Neu, Sidda Sara, gesch. Englert geb. Neu
4.4.1907, Wasserlos, Bayern – nach 1943, KZ Auschwitz verschollen
dt. Staatsangeh.
Serviererin
Zwangsarbeiterin
JH Gustav-Adolf-Str. 7
Tochter von Emilie N.
am 5.10.39 im Rahmen e. „Sonderaktion" verhaftet, am 14.10.39 freigelassen
auf d. Transportliste vom 21.1.42 gestrichen
am 17.2.43 nach Berlin, am 26.2.43 nach Auschwitz deportiert

Neudorf, Bernhard
3.7.1892, Brody, Österr.-Polen – 15.5.1940, Leipzig
dt. Staatsangeh. (fr. Österreich)?
Heil- u. Pflegeanstalt Dösen
vermutl. Opfer d. „Euthanasie"

Neumann, Eleonore, geb. Halle
7.12.1906, Auerbach, Hessen-Darmstadt – nach 1942 umgekommen
dt. Staatsangeh.
Buchhalterin
aus Bonn, Rheinprovinz
Eltern u. Brüder emigr., Ehefrau von Rudolf N., Mutter von Samuel N.
am 10.5.42 nach Bełżyce deportiert

Neumann, Elisabeth Lilli, geb. Goldschmidt
9.9.1887, Hannover – nach 1942 verschollen
dt. Staatsangeh.
Pensionsinh.
Laborantin
Nordstr. 52; JH Eberhardstr. 11
Bruder emigr., seit 1936 Witwe
auf d. Transportliste vom 21.1.42 gestrichen, doch nach Riga deportiert

Neumann, Johanna, geb. Adler
18.1.1884, Leipzig – nach 1942, KZ Auschwitz
dt. Staatsangeh.
Kontoristin
Angestellte d. Israelit. Religionsgemeinde
Marbachstr. 2; JH Humboldtstr. 31
Witwe
am 21.1.42 nach Riga deportiert

Neumann, Rudolf Albert, Dr. jur.
31.5.1900, Berlin – nach 1942 umgekommen
dt. Staatsangeh.
Rechtsanwalt
Zwangsarbeiter
Vorstandsmitgl. d. Israelit. Religionsgemeinde, Dezernent für Wohlfahrt
Stannebeinplatz 6; JH Jacobstr. 11
Mutter 1942 nach Theresienstadt deportiert, Überlebende, Ehemann von Eleonore N., Vater von Samuel N.
am 10.11.38 im Rahmen e. „Sonderaktion" verhaftet
nach Buchenwald deportiert, am 27.11.38 freigelassen
am 10.5.42 nach Bełżyce deportiert

Neumann, Samuel
8.10.1938, Leipzig – nach 1942 umgekommen
dt. Staatsangeh.
Sohn von Rudolf u. Eleonore N.
am 10.5.42 nach Bełżyce deportiert

Neumeyer, Bertha, geb. Hausner
7.8.1858, Öttingen, Bayern – 28.9.1942, Ghetto Theresienstadt
dt. Staatsangeh.
Hallische Str. 48; JH Humboldtstr. 13
Witwe
Abschluss e. Heimeinkaufsvertrages für Theresienstadt
am 19.9.42 nach Theresienstadt deportiert

Nikusch, Fritz
24.9.1921, Grimma, Sachsen – nach 1942, KZ Majdanek
dt. Staatsangeh.
Klempner
Sohn von Paul u. Rosalie N., Bruder von Lieselotte u. Walter N.
am 10.5.42 nach Bełżyce deportiert

Nikusch, Lieselotte
18.1.1923, Ellgoth, Oberschlesien – nach 1942 verschollen
dt. Staatsangeh.
Heimarbeiterin
Tochter von Paul u. Rosalie N., Schwester von Fritz u. Walter N.
am 10.5.42 nach Bełżyce deportiert

Nikusch, Paul
15.3.1883, Dresden – nach 1942 verschollen
dt. Staatsangeh.
Schlosser
lebte in Grimma, Sachsen
Ehemann von Rosalie N., Vater von Fritz, Lieselotte u. Walter N.
am 10.5.42 nach Bełżyce deportiert

Nikusch, Rosalie, geb. Gross
24.5.1888, Patschkau, Schlesien – nach 1942 verschollen
dt. Staatsangeh.
Ehefrau von Paul N., Mutter von Fritz, Lieselotte u. Walter N.
am 10.5.42 nach Bełżyce deportiert

Nikusch, Walter
13.4.1926, Grimma, Sachsen – nach 1942 verschollen
dt. Staatsangeh.
Zwangsarbeiter
Sohn von Paul u. Rosalie N., Bruder von Fritz u. Lieselotte N.
am 10.5.42 nach Bełżyce deportiert

Nomis, Erna Betty
24.1.1887, Leipzig – nach 1942 verschollen
Staatsangeh. ungeklärt (fr. Polen)
Schneiderin
Haushälterin
Blumenstr. 1; JH Funkenburgstr. 16
Bruder emigr.
am 5.10.39 im Rahmen e. „Sonderaktion" verhaftet, am 14.10.39 freigelassen
am 21.1.42 nach Riga deportiert

Nordheimer, Charlotte, geb. Schloß
25.7.1862, Gleicherwiesen, Sachsen-Altenburg – 29.8.1942, Leipzig
dt. Staatsangeh.?
Mitinh. e. Schuhwarenhandlung, gegr. 1888
Grassistr. 28; JH Färberstr. 11 (Alters- und Pflegeheim)
Witwe, Kinder emigr., Mutter von Clara Joske

Nus, Harald
22.2.1923, Leipzig – nach 1942 verschollen
dt. Staatsangeh.
Zwangsarbeiter
JH Große Fleischergasse 28
Sohn von Sigrid Lipschütz, Bruder von Marion Kallmann u. Monika Lipschütz
am 10.5.42 nach Bełżyce deportiert

Nussbaum, Helene, geb. Motulsky
5.6.1892, Angerburg, Ostpreußen – nach 1944, KZ Auschwitz verschollen
dt. Staatsangeh.
Haushilfe
Schwester von Georg Motulsky, Ehefrau von Seli N., Mutter von Manfred N.
auf d. Transportliste vom 10.5.42 gestrichen
Abschluss e. Heimeinkaufsvertrages für Theresienstadt
am 19.9.42 nach Theresienstadt, am 28.10.44 nach Auschwitz deportiert

Nussbaum, Manfred
18.8.1931, Colditz, Sachsen – nach 1944, KZ Auschwitz verschollen
dt. Staatsangeh.
Sohn von Seli u. Helene N.
auf d. Transportliste vom 10.5.42 gestrichen
am 19.9.42 nach Theresienstadt, am 6.10.44 nach Auschwitz deportiert

Nussbaum, Maximilian
12.2.1877, Felsberg, Hessen-Nassau – 3.4.1942, KZ Sachsenhausen
Vertreter
am 8.11.39 aus polit. Gründen verhaftet
am 30.1.40 nach Sachsenhausen deportiert

Nussbaum, Seli
2.8.1892, Weimarschmieden, Bayern – nach 1944, KZ Auschwitz verschollen
dt. Staatsangeh.
Kaufmann, Inh. e. Textilgeschäfts in Colditz, gegr. 1915
aus Colditz, Sachsen, seit 1942 in Leipzig
JH Gustav-Adolf-Str. 7
Ehemann von Helene N., Vater von Manfred N.
auf d. Transportliste vom 10.5.42 gestrichen
Abschluss e. Heimeinkaufsvertrages für Theresienstadt
am 19.9.42 nach Theresienstadt, am 6.10.44 nach Auschwitz deportiert

Ober, Erna Eva
23.9.1902, Leipzig – nach 1942, KZ Auschwitz verschollen
staatenlos (fr. Polen)
Kassiererin
Ritterstr. 7; Heil- u. Pflegeanstalt Dösen
am 13.7.42 nach Auschwitz deportiert

Obst, Lea
2.9.1903, Ichenhausen, Bayern – 5.5.1942, KZ Ravensbrück
staatenlos (fr. Polen)
Hausangestellte
Zwangsarbeit als Büglerin
Neustädter Markt 7; JH Alexanderstr. 46
am 28.10.1938 nach Polen abgeschoben, Rückkehr nach Leipzig
am 6.9.41 wegen „Aufforderung zur Arbeitsbummelei" verhaftet
am 16.10.41 nach Ravensbrück deportiert

Odenheimer, Heinrich
21.9.1882, Heidelsheim, Baden – 5.9.1938, KZ Sachsenhausen
dt. Staatsangeh.
Kaufmann, Mitinh. e. Ledergroßh.
Philipp-Rosenthal-Str. 24; Jacobstr. 3
Bruder von Moritz O.
am 16.6.38 im Rahmen d. Aktion „Arbeitsscheue Reich" verhaftet
am 21.6.38 nach Sachsenhausen deportiert

Odenheimer, Moritz
14.3.1884, Heidelsheim, Baden – 13.7.1942, KZ Sachsenhausen
dt. Staatsangeh.
Kaufmann, Polsterer, Dekorateur, Mitinh. einer Ledergroßh.
Zwangsarbeit im Gartenbau
Elisenstr. 101; JH Nordplatz 7
Bruder von Heinrich O., Sohn emigr., Tochter 1942 aus Berlin nach Riga deportiert, verschollen
am 10.11.38 im Rahmen e. „Sonderaktion" verhaftet, am 5.11.41 wegen Verdachts staatsfeindl. Betätigung verhaftet
am 20.2.42 nach Sachsenhausen deportiert

Oelsner, Johanna, geb. Schiftan
25.4.1871, Oppeln, Schlesien – 10.12.1944, Ghetto Theresienstadt
dt. Staatsangeh.
Ehefrau von Richard O., Sohn emigr., Mutter von Wilhelm O.
am 19.9.42 nach Theresienstadt deportiert

Oelsner, Richard
9.1.1871, Breslau, Schlesien – 10.5.1943, Ghetto Theresienstadt
dt. Staatsangeh.
Kaufmann, Vertreter
Zwangsarbeit in d. Städt. Arbeitsanstalt
Lindenauer Markt 22; JH Färberstr. 11 (Alters- und Pflegeheim)
Ehemann von Johanna O., Vater von Wilhelm O.
am 19.9.42 nach Theresienstadt deportiert

Oelsner, Wilhelm Baruch
30.7.1903, Oppeln, Schlesien – 1.3.1943, KZ Auschwitz
dt. Staatsangeh.
Kaufmann
Zwangsarbeit im Gartenbau
Lindenauer Markt 22; JH Packhofstr. 1
Sohn von Richard u. Johanna O.
am 11.11.42 wegen Vergehens gegen die Kriegswirtschaftsverordnung verhaftet
am 16.1.43 nach Auschwitz deportiert

Oling (Manaster), Cilly Cäcilie
23.5.1923, Karlsruhe, Baden – nach 1942 verschollen
staatenlos
Zwangsarbeiterin
Tochter von Frieda O., Schwester von Rosa u. Heinz O.
am 10.5.42 nach Bełżyce deportiert

Oling (Manaster), Frieda, geb. Merser
23.1.1896, Warschau – nach 1942 verschollen
staatenlos
Zwangsarbeiterin
aus Karlsruhe, Baden, seit 1939 in Leipzig
JH Gustav-Adolf-Str. 7
Ehemann aus Leipzig geflohen, 1942 aus Frankreich nach Auschwitz deportiert, verschollen, Mutter von Cilly, Rosa u. Heinz O.
am 10.5.42 nach Bełżyce deportiert

Oling (Manaster), Heinz Heinrich
4.10.1930, Karlsruhe, Baden – nach 1942 verschollen
staatenlos
Schüler
Sohn von Frieda O., Bruder von Cilly u. Rosa O.
am 10.5.42 nach Bełżyce deportiert

Oling (Manaster), Rosa
4.10.1927, Karlsruhe, Baden – nach 1942 verschollen
staatenlos
Schülerin
Tochter von Frieda O., Schwester von Cilly und Heinz O.
am 10.5.42 nach Bełżyce deportiert

Oppenheim, Sophie, geb. Marx
26.1.1875, Frankfurt a.M. – 10.5.1943, Ghetto Theresienstadt
dt. Staatsangeh.
König-Johann-Str. 13; JH Gustav-Adolf-Str. 7
seit 1913 Witwe, Tochter emigr., Tochter 1942 aus Berlin nach Riga deportiert, verschollen
Abschluss e. Heimeinkaufsvertrages für Theresienstadt
am 19.9.42 nach Theresienstadt deportiert

Oppenheimer, Jacob
9.3.1868, Nieder Florstadt, Hessen-Darmstadt – 11.2.1943, Ghetto Theresienstadt
dt. Staatsangeh.
Kaufmann
JH Gustav-Adolf-Str. 7
am 16.6.38 im Rahmen d. Aktion „Arbeitsscheue Reich" verhaftet, freigelassen
am 19.9.42 nach Theresienstadt deportiert

Oppenheimer, Settchen
2.6.1872, Reichenbach (Odenwald), Hessen-Darmstadt – 8.1.1943, Ghetto Theresienstadt
dt. Staatsangeh.

aus Heppenheim, Hessen?
JH Färberstr. 11 (Alters- und Pflegeheim)
am 19.9.42 nach Theresienstadt deportiert

Ortweiler, Rosalie, geb. Kirsch
22.10.1862, Stadtlengsfeld (Rhön), Sachsen-Weimar – 27.1.1943, Ghetto Theresienstadt
dt. Staatsangeh.
aus Walldorf (Werra), Thüringen, seit 1938 in Leipzig
JH Auenstr. 14 (Altersheim)
seit 1926 Witwe, Sohn emigr.
am 19.9.42 nach Theresienstadt deportiert

Ostrogurski, Hermann
1.4.1911, Leipzig – nach 1942 umgekommen
staatenlos
Kaufmann, Inh. einer Firma für Rauchwarenkommission
Zwangsarbeiter
Auenstr. 25; JH Gneisenaustr. 7
Sohn von Liba O., Ehefrau ebenfalls nach Riga deportiert, Überlebende
am 21.1.42 nach Riga deportiert

Ostrogurski, Liba Luise, geb. Adelfang
27.5.1880, Warschau – nach 1942 umgekommen
staatenlos (fr. Polen)
Auenstr. 25; JH Humboldtstr. 10
seit 1922 Witwe, Söhne emigr., Mutter von Hermann O.
am 21.1.42 nach Riga deportiert

Ostrower (-Schwarz), Arnold
15.6.1903, Leipzig – 4.4.1942, KZ Buchenwald
staatenlos (fr. Polen)
Kaufmann
Yorkstr. 15
Sohn von Rywa O.
am 7.12.39 aus polit. Gründen verhaftet
am 5.3.40 nach Sachsenhausen deportiert

Ostrower (-Schwarz), Rywa Rosa, geb. Sirl
12.2.1872, Botnow – 30.12.1943, KZ Auschwitz
staatenlos (fr. Polen)
Yorkstr. 15; JH Nordstr. 15
seit 1939 Witwe, Tochter 1938 nach Polen abgeschoben, Mutter von Arnold O.
am 19.9.42 nach Theresienstadt, am 18.12.43 nach Auschwitz deportiert

Padawer, Anna, geb. Eichner
16.6.1886, Leipzig – nach 1944, KZ Auschwitz verschollen
staatenlos (fr. Polen)
Mitinh. e. Rauchwarengroßh., gegr. 1881
Zwangsarbeiterin
König-Johann-Str. 15; JH Gustav-Adolf-Str. 7
Bruder emigr., geschieden
auf d. Transportlisten vom 21.1.42 u. 17.2.43 gestrichen
am 6.9.44 aus Berlin nach Auschwitz deportiert

Palasznicki, Benno
27.5.1937, Leipzig – nach 1942 verschollen
staatenlos
Sohn von Golda P., Bruder von Philipp, Klara u. Salo P.
am 21.1.42 nach Riga deportiert

Palasznicki, Golda Gusta, geb. Czaczkes
30.8.1898, Tarnopol, Österr.-Polen – nach 1942 verschollen
staatenlos
Inselstr. 13; JH Humboldtstr. 31
Ehemann aus Frankreich deportiert, 1942 in Auschwitz umgekommen, Mutter von Philipp, Klara, Salo u. Benno P.
am 21.1.42 nach Riga deportiert

Palasznicki, Klara
14.10.1928, Leipzig – nach 1942 verschollen
staatenlos
Schülerin
Tochter von Golda P., Schwester von Philipp, Salo u. Benno P.
am 21.1.42 nach Riga deportiert

Palasznicki, Philipp
7.3.1927, Leipzig – nach 1942 verschollen
staatenlos
Schüler
Sohn von Golda P., Bruder von Klara, Salo und Benno P.
am 21.1.42 nach Riga deportiert

Palasznicki, Salo
3.9.1931, Leipzig – nach 1942 verschollen
staatenlos
Schüler
Sohn von Golda P., Bruder von Philipp, Klara und Benno P.
am 21.1.42 nach Riga deportiert

Palm, Julius
24.6.1869, Sommerhausen, Bayern – 8.1.1943, Ghetto Theresienstadt
dt. Staatsangeh.
Kaufmann, Inh. e. Weingroßh.
JH Humboldtstr. 13
seit 1934 Witwer, Sohn 1942 aus d. Heil- u. Pflegeanstalt Bendorf-Sayn, Rheinprovinz, deportiert, verschollen
Abschluss e. Heimeinkaufsvertrages für Theresienstadt
am 19.9.42 nach Theresienstadt deportiert

Peiser, Fanni, geb. Bittiner
19.1.1865, Buk, Provinz Posen – 27.1.1943, Ghetto Theresienstadt
dt. Staatsangeh.
Kurprinzstr. 6; JH Auenstr. 14 (Altersheim)
seit 1903 Witwe, Tochter emigr.
Abschluss e. Heimeinkaufsvertrages für Theresienstadt
am 19.9.42 nach Theresienstadt deportiert

Perlmann, Ida Elvira
10.8.1874, Leipzig – 30.4.1943, Ghetto Theresienstadt
dt. Staatsangeh.
Sprachlehrerin
Schwester von Klara P.
Abschluss e. Heimeinkaufsvertrages für Theresienstadt
am 19.9.42 nach Theresienstadt deportiert

Perlmann, Klara Elisabeth
17.5.1866, Leipzig – 27.10.1942, Ghetto Theresienstadt
dt. Staatsangeh.
Lehrerin
Sedanstr. 12; JH Humboldtstr. 21
Schwester von Ida P.
Abschluss e. Heimeinkaufsvertrages für Theresienstadt
am 19.9.42 nach Theresienstadt deportiert

Perls, Kurt Jakob, Stadtrechtsrat
22.3.1890, Chemnitz, Sachsen – nach 1943, KZ Auschwitz
dt. Staatsangeh.
Rechtsanwalt
Konsulent
Gustav-Adolf-Str. 27; JH Gustav-Adolf-Str. 7
Bruder von Johanna Zielke
auf d. Transportlisten vom 21.1.42 u. 10.5.42 gestrichen
am 17.2.43 nach Berlin, am 26.2.43 nach Auschwitz deportiert

Perlusz, Johanna
5.6.1888, Prag – nach 1943 verschollen
staatenlos (fr. Ungarn)
Klavierlehrerin
Zwangsarbeit in d. Firma Textil-Rohstoffe Max Gläser & Co., Roscherstr. 19
Eutritzscher Str. 45; JH Gustav-Adolf-Str. 7
auf d. Transportlisten vom 10.5.42 u. 13.7.42 gestrichen
am 19.10.43 verhaftet
am 12.11.43 nach Ravensbrück deportiert

Petzold, Margot
31.12.1914, Leipzig – nach 1942 verschollen
dt. Staatsangeh.
Silberschmiedin
Zwangsarbeit in d. Leipziger Kesselherdefabrik Hermann Brömme, Zweigbetrieb Uferstr. 16
Zeitzer Str. 49; JH Humboldtstr. 4
Tochter von Klara Falkenfleck
am 21.1.42 nach Riga deportiert

Pevsner, Anna, geb. Perlmann
2.2.1876, Moskau – 11.2.1942, Leipzig, Freitod
Fürsorgerin
Schwägrichenstr. 11; JH König-Johann-Str. 30
seit 1940 Witwe, Sohn emigr.
Angst vor Deportation

Pfirsichbaum, Hermann
27.3.1866, Meseritz, Provinz Posen –12.10.1942, Ghetto Theresienstadt
staatenlos (fr. USA)
Kaufmann, Inh. e. Rauchwaren- u. Borstenfirma
Löhrstr. 7; JH Nordstr. 11
Ehemann von Jette P.
am 19.9.42 nach Theresienstadt deportiert

Pfirsichbaum, Jette, geb. Fränkel
28.6.1869, Fürth, Bayern –9.2.1943, Ghetto Theresienstadt
staatenlos (fr. Deutsches Reich)
Ehefrau von Hermann P., Söhne emigr.
am 19.9.42 nach Theresienstadt deportiert

Philippsberg, Hermann
7.2.1861, Bojanowo, Provinz Posen – 11.11.1942, Ghetto Theresienstadt
dt. Staatsangeh.

Kaufmann, Inh. e. Rauchwarengroßh., gegr. 1920
König-Johann-Str. 18; JH Auenstr. 14 (Altersheim)
seit 1935 Witwer, Kinder emigr.
Abschluss e. Heimeinkaufsvertrages für Theresienstadt
am 19.9.42 nach Theresienstadt deportiert

Philippsborn, Martin
18.4.1883, Quedlinburg, Provinz Sachsen – nach 1943, KZ Auschwitz verschollen
dt. Staatsangeh.
Kaufmann (Bankfach u. Getreide)
Zwangsarbeit im Bauwesen u. als Spulenwickler
JH Gustav-Adolf-Str. 7
Schwester emigr., Witwer
am 12.11.38 im Rahmen e. „Sonderaktion" verhaftet
auf d. Transportliste vom 10.5.42 gestrichen
am 19.9.42 nach Theresienstadt, am 29.1.43 nach Auschwitz deportiert

Philippsohn, Erna, geb. Schönstadt
3.5.1899, Berlin – nach 1943, KZ Auschwitz verschollen
dt. Staatsangeh.
Kontoristin
Ehefrau von Walter P., Tochter emigr., Mutter von Werner P.
vermutl. am 27.2.43 in d. Polizeihaftlager Dresden-Hellerberg, am 1.3.43 nach Auschwitz deportiert

Philippsohn, Walter
2.3.1887, Sachsenhagen, Hessen-Nassau – nach 1943, KZ Auschwitz verschollen
dt. Staatsangeh.
Kaufmann, Mitinh. e. Bankgeschäfts
Poetenweg 15; JH Humboldtstr. 4
Ehemann von Erna P., Vater von Werner P.
am 12.11.38 im Rahmen e. „Sonderaktion" verhaftet
vermutl. am 27.2.43 in d. Polizeihaftlager Dresden-Hellerberg, am 1.3.43 nach Auschwitz deportiert

Philippsohn, Werner David
12.5.1926, Leipzig – nach 1943, KZ Auschwitz
dt. Staatsangeh.
Kürschner
Poetenweg 15; JH Walter-Blümel-Str. 10
Sohn von Walter u. Erna P.
auf d. Transportliste vom 17.2.43 gestrichen
am 27.2.43 in d. Polizeihaftlager Dresden-Hellerberg, am 1.3.43 nach Auschwitz deportiert

Pick, Kurt Julius
7.12.1881, Kulmsee, Westpreußen – nach 1944, KZ Auschwitz verschollen
dt. Staatsangeh.
Kaufmann, Inh. e. Schuhwarengeschäfts
Zwangsarbeiter
aus Meuselwitz, Thüringen, seit 1937 in Leipzig
JH Humboldtstr. 21
Ehemann von Sophie P.
am 10.11.38 i. Rahmen e. „Sonderaktion" verhaftet
auf d. Transportliste vom 10.5.42 gestrichen
am 19.9.42 nach Theresienstadt, am 23.10.44 nach Auschwitz deportiert

Pick, Kurt
28.12.1894, Dresden – 28.2.1940, Leipzig
Heil- u. Pflegeanstalt Dösen
vermutl. Opfer d. „Euthanasie"

Pick, Sophie, geb. Neugarten
7.10.1887, Fritzlar, Hessen-Nassau – nach 1944, KZ Auschwitz verschollen
dt. Staatsangeh.
Zwangsarbeit in d. Firma Alfred Kielert & Co., Rauchwaren GmbH, Nikolaistr. 47/51
Ehefrau von Kurt P.
auf d. Transportliste vom 10.5.42 gestrichen
am 19.9.42 nach Theresienstadt, am 23.10.44 nach Auschwitz deportiert

Pietrkowski, Jenta Jetti, gew. Lichawsky geb. Schmulewitz
8.10.1902, Warschau – nach 1942 verschollen
Staatsangeh. ungeklärt (fr. Polen)
Putzmacherin
Löhrstr. 13; JH Humboldtstr. 4
Tochter von Rosa Schmulewitz, Schwester von Klara Koppold, getrennt lebend, Ehemann 1938 nach Polen abgeschoben?, Tochter emigr.
am 21.1.42 nach Riga deportiert

Pincus, Alfred
14.1.1893, Czarnikau, Provinz Posen – nach 1942 verschollen
dt. Staatsangeh.
Lehrer, Kantor, Kaufmann
Zwangsarbeiter
JH Gneisenaustr. 7
Bruder von Richard u. Herta P.?, Ehemann von Berta P., Vater von Joachim P.
am 14.11.38 i. Rahmen e. „Sonderaktion" verhaftet
n. Buchenwald deportiert, am 12.12.38 freigelassen
am 21.1.42 nach Riga deportiert

Hermann Philippsberg, der Ehemann von Gertrud Philippsberg, wurde am 19. September 1942 nach Theresienstadt deportiert und starb dort am 11. November 1942.

Pincus, Berta Betty, geb. Casper
24.8.1892, Czarnikau, Provinz Posen – nach 1942 verschollen
dt. Staatsangeh.
Schwester emigr., Ehefrau von Alfred P., Sohn emigr., Mutter von Joachim P.
am 21.1.42 nach Riga deportiert

Pincus, Herta
17.3.1897, Czarnikau, Provinz Posen – nach 1942 verschollen
dt. Staatsangeh.
Putzmacherin
Köchin
JH Gneisenaustr. 7
Schwester von Alfred u. Richard P.?
am 21.1.42 nach Riga deportiert

Pincus, Joachim
22.8.1928, Delitzsch, Provinz Sachsen – nach 1942 verschollen
dt. Staatsangeh.
Schüler
Sohn von Alfred u. Berta P.
am 21.1.42 nach Riga deportiert

Pincus, Julie, geb. Jacobowitz
6.5.1882, Breslawitz, Schlesien – nach 1943, KZ Auschwitz verschollen
dt. Staatsangeh.
Angestellte d. Kleiderkammer d. Israelit. Religionsgemeinde
Schwester von Kunigunde Samuel, Ehefrau von Philipp P., Mutter von Käthe P.
auf d. Transportliste vom 13.7.42 gestrichen
am 17.2.43 nach Berlin, am 26.2.43 nach Auschwitz deportiert

Pincus, Käthe
18.11.1908, Berlin – nach 1943, KZ Auschwitz verschollen
dt. Staatsangeh.
Kontoristin, Sekretärin
Tochter von Philipp u. Julie P.
am 17.2.43 nach Berlin, am 26.2.43 nach Auschwitz deportiert

Pincus, Philipp
14.1.1879, Czarnikau, Provinz Posen – nach 1943, KZ Auschwitz verschollen
dt. Staatsangeh.
Kaufmann, Schneidermeister
Zwangsarbeit bei d. Müllentsorgung u. auf d. Südfriedhof
Barnecker Str. 6; JH Walter-Blümel-Str. 10
Ehemann von Julie P., Vater von Käthe P.
am 13.11.38 im Rahmen e. „Sonderaktion" verhaftet
auf d. Transportliste vom 13.7.42 gestrichen
am 17.2.43 nach Berlin, am 26.2.43 nach Auschwitz deportiert

Pincus, Richard
3.12.1894, Czarnikau, Provinz Posen – nach 1942 verschollen
dt. Staatsangeh.
Kaufmann, Händler
Zwangsarbeiter
JH Gneisenaustr. 7
Bruder von Alfred u. Herta P.?
am 13.11.38 im Rahmen e. „Sonderaktion" verhaftet
am 21.1.42 nach Riga deportiert

Pinkus, Erich
7.7.1912, Eilenburg, Provinz Sachsen – nach 1943 verschollen
dt. Staatsangeh.
Verkäufer, Kellner
Zwangsarbeit in e. Gärtnerei
Sohn von Gerson u. Klara P.
am 14.11.38 im Rahmen e. „Sonderaktion" verhaftet
nach Buchenwald deportiert, am 17.12.38 freigelassen
am 21.1.42 nach Riga deportiert

Pinkus, Gerson
27.4.1883, Czarnikau, Provinz Posen – nach 1942 verschollen
dt. Staatsangeh.
Kaufmann (Textilbranche)
Zwangsarbeiter
aus Delitzsch, Provinz Sachsen
JH Eberhardstr. 11
Ehemann von Klara P., Vater von Erich P.
am 13.11.38 im Rahmen e. „Sonderaktion" verhaftet
am 21.1.42 nach Riga deportiert

Pinkus, Klara, geb. Jacobi
15.10.1883, Delitzsch, Provinz Sachsen – nach 1942 verschollen
dt. Staatsangeh.
Ehefrau von Gerson P., Mutter von Erich P.
am 21.1.42 nach Riga deportiert

Platt, Rysia Rosa, geb. Ringelblum
5.6.1889, Leipzig – nach 1942 verschollen
staatenlos (fr. Polen)
Näherin
Hausarbeiterin
Ranstädter Steinweg 35; JH Humboldtstr. 9
Ehemann u. Kinder emigr.
am 10.5.42 nach Bełżyce deportiert

Plattner, Chaim Schaja
2.6.1939, Leipzig – nach 1942, KZ Auschwitz verschollen
staatenlos (fr. Polen)
Sohn von Eva P., Bruder von Wolf, Elias u. Lisa P.
auf d. Transportliste vom 10.5.42 gestrichen
am 13.7.42 nach Auschwitz deportiert

Plattner, Elias Pinkas
28.9.1934, Leipzig – nach 1942, KZ Auschwitz verschollen
staatenlos (fr. Polen)
Schüler
Sohn von Eva P., Bruder von Wolf, Lisa u. Chaim P.
auf d. Transportliste vom 10.5.42 gestrichen
am 13.7.42 nach Auschwitz deportiert

Plattner, Eva Emilie, geb. Schenker
2.10.1902, Rzeszów, Österr.-Polen – nach 1942, KZ Auschwitz verschollen
staatenlos (fr. Polen)
Zwangsarbeiterin
Blücherstr. 33; JH Gustav-Adolf-Str. 7
Ehemann 1938 nach Polen abgeschoben, Mutter von Wolf, Elias, Lisa u. Chaim P.
auf d. Transportliste vom 10.5.42 gestrichen
am 13.7.42 nach Auschwitz deportiert

Plattner, Lisa Sima
4.3.1937, Leipzig – nach 1942, KZ Auschwitz verschollen
staatenlos (fr. Polen)
Tochter v. Eva P., Schwester v. Wolf, Elias u. Chaim P.
auf d. Transportliste vom 10.5.42 gestrichen
am 13.7.42 nach Auschwitz deportiert

Plattner, Wolf
24.8.1933, Leipzig – nach 1942, KZ Auschwitz verschollen
staatenlos (fr. Polen)
Schüler
Sohn von Eva P., Bruder von Elias, Lisa u. Chaim P.
auf d. Transportliste vom 10.5.42 gestrichen
am 13.7.42 nach Auschwitz deportiert

Platzer, Heinrich
24.4.1885, Berlin – nach 1942 verschollen
dt. Staatsangeh.
Kaufmann, Inh. e. Textilgeschäfts
Zwangsarbeiter
Schiebestr. 2; JH Humboldtstr. 11
Ehemann von Syma P., Vater von Marie u. Willi P.
am 21.1.42 nach Riga deportiert

Platzer, Marie Regina
30.7.1923, Leipzig – nach 1942 verschollen
dt. Staatsangeh.
Stenotypistin
Tochter von Heinrich u. Syma P., Schwester von Willi P.
am 21.1.42 nach Riga deportiert

Platzer, Syma Salomea, geb. Fischbein
24.1.1888, Rzeszów, Österr.-Polen – nach 1942 verschollen
dt. Staatsangeh.
Geschwister emigr., Ehefrau von Heinrich P., Mutter von Marie u. Willi P.
am 21.1.42 nach Riga deportiert

Platzer, Willi
24.2.1926, Leipzig – nach 1942 verschollen
dt. Staatsangeh.
Zwangsarbeiter
Sohn von Heinrich u. Syma P., Bruder von Marie P.
auf d. Transportliste vom 21.1.42 gestrichen, doch nach Riga deportiert

Plaut, Laura Rahel, geb. Goldschmidt
3.3.1872, Witzenhausen, Hessen-Nassau – 24.5.1944, Ghetto Theresienstadt
dt. Staatsangeh.
Funkenburgstr. 9; JH Auenstr. 14 (Altersheim)
seit 1931 Witwe, Tochter emigr.
Abschluss e. Heimeinkaufsvertrages für Theresienstadt
am 19.9.42 nach Theresienstadt deportiert

Plotek, Isaak Willy
1.4.1888, Koluszek, Österr.-Polen – 21.2.1940, KZ Sachsenhausen
poln. Staatsangeh.
Kaufmann, Inh. e. Wäschefabrik
Nordstr. 27; JH Walter-Blümel-Str. 21
Ehefrau 1938 ebenfalls nach Polen abgeschoben, Söhne emigr.
am 28.10.38 nach Polen abgeschoben, Rückkehr nach Leipzig?

Plotek, Malka Malisa, geb. Holzberg
29.12.1863, Serock, Russ.-Polen – 10.6.1943, Ghetto Theresienstadt
staatenlos (fr. Polen)
Berliner Str. 65; JH Gustav-Adolf-Str. 7
seit 1934 Witwe, Tochter emigr., Mutter von Rachel Kapitalnik
am 19.9.42 nach Theresienstadt deportiert

Podolanski, Sprinze Paja, geb. Rosenzweig
1.10.1887, Neustadt – nach 1942 verschollen
staatenlos (fr. Polen)
Schneiderin, Vertreterin
aus Sondershausen, Thüringen
JH Gustav-Adolf-Str. 7
seit 1937 Witwe, Kinder emigr.
am 10.5.42 nach Bełżyce deportiert

Pogorzelec, Berko Josef
21.10.1901, Międzyrzecz, Provinz Posen – nach 1942, KZ Auschwitz verschollen
staatenlos
Kaufmann, Mitinh. e. Rauchwarenfirma
Zwangsarbeit als Rauchwarensortierer
Johannisallee 3
Geschwister emigr., nichtjüd. Ehefrau
am 2.8.40 wegen „Preistreiberei" verhaftet
am 6.11.42 nach Auschwitz deportiert

Pohoryles, Chaja Beila, geb. Spieler
3.11.1882, Czarno-Ostrów, Russ.-Polen? – nach 1944, KZ Auschwitz verschollen
dt. Staatsangeh. (fr. Österreich)
Ehefrau von Hermann P., Kinder emigr.
Abschluss e. Heimeinkaufsvertrages für Theresienstadt
am 19.9.42 nach Theresienstadt, am 9.10.44 nach Auschwitz deportiert

Pohoryles, Hermann Hersch
2.7.1875, Dorosanti, Bukowina – 30.11.1942, Ghetto Theresienstadt
dt. Staatsangeh. (fr. Österreich)
Kaufmann, Inh. e. Eiergroßh.
Nordstr. 56; JH Jacobstr. 7
Ehemann von Chaja P.
Abschluss e. Heimeinkaufsvertrages für Theresienstadt
am 19.9.42 nach Theresienstadt deportiert

Pokorny, Grete Käthe
2.12.1884, Gleiwitz, Schlesien – nach 1943, KZ Auschwitz verschollen
dt. Staatsangeh.
Inspektorin d. Israelit. Wohltätigkeitsvereins
Nordstr. 15 (seit 1939 JH)
am 18.6.43 nach Auschwitz deportiert

Pollak, Beila Betty
20.5.1882, Tarnopol, Österr.-Polen – nach 1942 verschollen
staatenlos (fr. Polen)
Schneiderin
Melchiorstr. 12; JH Berliner Str. 123
Mutter von Rossie Eule
am 21.1.42 nach Riga deportiert

Pollak, Martha, geb. Grünstein
27.8.1884, Eisenach, Großherzogtum Sachsen – nach 1942 verschollen
dt. Staatsangeh.
Inh. e. Bettengeschäfts
Zwangsarbeit als Näherin
Tauchaer Str. 11; JH Funkenburgstr. 15
Schwester von Jenny Bobrek, seit 1927 Witwe
am 21.1.42 nach Riga deportiert

Pollak, Max
27.10.1898, Lemberg, Österr.-Polen – 5.2.1941, KZ Dachau
poln. Staatsangeh.
Kaufmann, Vertreter
Blücherplatz 1; Norderneyer Weg 18a

Pollak, Sigmund
15.7.1862, Radenin, Böhmen – 29.9.1942, Ghetto Theresienstadt
Protektoratsangeh. (fr. Tschechoslowakei)
Schneidermeister
Keilstr. 5; JH Nordstr. 15
Witwer, Sohn emigr.
am 19.9.42 nach Theresienstadt deportiert

Pomeranz, Dynia, geb. Teitelbaum
4.5.1880, Radom, Russ.-Polen – nach 1942 verschollen
staatenlos (fr. Russland)
Kontoristin
Querstr. 12; JH Humboldtstr. 9
Ehefrau von Leon P., geschieden, Tochter emigr., Mutter von Taya P.
am 21.1.42 nach Riga deportiert

Pomeranz, Leon Lewa
15.2.1881, Radom, Russ.-Polen – nach 1942 verschollen
staatenlos
Maler, Inh. e. Werkstatt für Firmenschilder, gegr. 1908
Querstr. 12; JH Alexanderstr. 46
Ehemann von Dynia P., geschieden, Vater v. Taya P.
am 13.11.38 im Rahmen e. „Sonderaktion" verhaftet
am 21.1.42 nach Riga deportiert

Pomeranz, Taya Faiga
29.1.1905, Radom, Russ.-Polen – nach 1942 verschollen
staatenlos
Kontoristin, Sängerin
Querstr. 12; JH Humboldtstr. 9
Tochter von Leon u. Dynia P.
am 21.1.42 nach Riga deportiert

Pomper, Johanna, geb. Löwenberg
4.4.1889, Berlin – nach 1943, KZ Auschwitz verschollen
staatenlos (fr. Dt. Reich)
Zwangsarbeit in d. Firma Textilrohstoffe Max Gläser & Co., Roscherstr. 19
Ehefrau von Moritz P.
auf d. Transportliste vom 10.5.42 gestrichen
am 19.9.42 nach Theresienstadt, am 18.12.43 nach Auschwitz deportiert

Pomper, Moritz Leiba
14.8.1875, Warschau – nach 1943, KZ Auschwitz verschollen
staatenlos (fr. Polen)
Kaufmann, Inh. e. Texilgeschäfts
Zwangsarbeit in d. Leipziger Kesselherdefabrik Hermann Brömme, Bienitzstr. 7, u. in d. Firma Fritz Ehrling, Gartengestaltung, Zschochersche Str. 81
Thomasiusstr. 20; JH Keilstr. 5
Ehemann von Johanna P.
am 19.9.42 nach Theresienstadt, am 18.12.43 nach Auschwitz deportiert

Popper, David Joel
2.12.1930, Leipzig – nach 1942 verschollen
Staatsangeh. ungeklärt (fr. Polen)
Schüler
Sohn von Sara P., Bruder von Ruth P.
am 21.1.42 nach Riga deportiert

Popper, Ruth Hella
24.10.1929, Leipzig – nach 1942 verschollen
Staatsangeh. ungeklärt (fr. Polen)
Schülerin
Tochter von Sara P., Schwester von David P.
am 21.1.42 nach Riga deportiert

Popper (recte Wolf), Sara Riwka, geb. Halpern
3.1.1896, Kuty, Österr.-Polen – nach 1942 verschollen
Staatsangeh. ungeklärt (fr. Polen)
Nordstr. 14; JH Nordplatz 7
Ehemann emigr., Mutter von Ruth u. David P.
am 21.1.42 nach Riga deportiert

Posener, Selma, geb. Neumann
2.11.1877, Gumbinnen, Ostpreußen – nach 1942 verschollen
dt. Staatsangeh.
Händlerin
Zwangsarbeiterin, Pflegerin
Taubestr. 41; JH Walter-Blümel-Str. 11
seit 1935 Witwe
am 21.1.42 nach Riga deportiert

Prager, Adele Marie, geb. Reichelt
29.7.1882, Gera, Reuss j. L. – nach 1939 verschollen
dt. Staatsangeh.
Heil- u. Pflegeanstalt Dösen
Landesanstalt Chemnitz-Altendorf
vermutl. Opfer d. „Euthanasie"

Prager, Lily
14.5.1925, Hindenburg, Oberschlesien – nach 1942 verschollen
dt. Staatsangeh.
Hausgehilfin
Tochter von Sidona P., Schwester von Margot P.
am 21.1.42 nach Riga deportiert

Prager, Margot
1.6.1930, Hindenburg, Oberschlesien – nach 1942 verschollen
dt. Staatsangeh.
Schülerin
Tochter von Sidona P., Schwester von Lily P.
am 21.1.42 nach Riga deportiert

Prager, Sidona, geb. Spiegl
12.7.1900, Meuselwitz, Sachsen-Altenburg – nach 1942 verschollen
dt. Staatsangeh.
Vertreterin

JH Walter-Blümel-Str. 21
Tochter von Clementine Spiegl, Schwester von Jenny Adler, Witwe, Tochter emigr., Mutter von Lily und Margot P.
am 21.1.42 nach Riga deportiert

Prinz, David Herz
22.8.1868, Złoszów, Österr.-Polen – 23.2.1943, Ghetto Theresienstadt
staatenlos (fr. Polen)
Händler
Eberhardstr. 8; JH Humboldtstr. 13
seit 1932 Witwer, Kinder nach Polen abgeschoben, zwei Söhne umgekommen, Söhne emigr., einer umgekommen
am 19.9.42 nach Theresienstadt deportiert

Rafe, Aron Albert
15.1.1895, Brest-Litowsk, Russ.-Polen – verschollen
dt. Staatsangeh.
Lagerist
Wahrner Str. 19
Ehemann von Sophie R., getrennt lebend?, Vater von Horst R.
verhaftet

Rafe, Ester Else, geb. Lustigmann
23.3.1873, Buczacz, Österr.-Polen – 30.12.1942, Ghetto Theresienstadt
staatenlos (fr. Russland)
Hainstr. 31; JH Gustav-Adolf-Str. 7
seit 1933 Witwe, Sohn emigr.
am 19.9.42 nach Theresienstadt deportiert

Rafe, Horst
9.7.1920, Leipzig – nach 1940 verschollen
dt. Staatsangeh.
Schlosserlehrling
Wahrner Str. 19
Sohn von Aron u. Sophie R.
seit 21.2.40 im KZ Sachsenhausen, am 2.9.40 in d. KZ Dachau überstellt

Rafe, Sophie Sarah, geb. Mokran
5.7.1895, Brest-Litowsk, Russ.-Polen – nach 1942, KZ Auschwitz verschollen
dt. Staatsangeh.
Kontoristin, Händlerin
Zwangsarbeiterin
Wahrner Str. 19; JH Humboldtstr. 21
Ehefrau von Aron R., getrennt lebend?, Mutter von Horst R.
am 13.7.42 nach Auschwitz deportiert

Ransenberg, Bertha, geb. Grünewald
15.3.1898, Arnsberg, Westfalen – nach 1942 verschollen
dt. Staatsangeh.
JH Humboldtstr. 9
Ehefrau von Julius R., Mutter von Ruth u. Günther R.
am 10.5.42 nach Bełżyce deportiert

Ransenberg, Günther
8.3.1924, Eversberg, Westfalen – nach 1942, KZ Majdanek verschollen
dt. Staatsangeh.
Zwangsarbeit im Tiefbau u. bei d. Kohleversorgung
Sohn von Julius u. Bertha R., Bruder von Ruth R.
am 10.5.42 nach Bełżyce deportiert

Ransenberg, Julius
23.5.1892, Borgholz, Westfalen – 26.3.1942, KZ Buchenwald
dt. Staatsangeh.
Kaufmann, Fleischer
Norderneyer Weg 6b
Ehemann von Bertha R., Vater von Ruth u. Günther R.
1940 im KZ Sachsenhausen

Ransenberg, Ruth
11.8.1921, Eversberg, Westfalen – nach 1942 verschollen
dt. Staatsangeh.
Zwangsarbeit als Büglerin
Tochter von Julius u. Bertha R., Schwester von Günther R.
am 10.5.42 nach Bełżyce deportiert

Rapaport, David
26.1.1887, Lemberg, Österr.-Polen – nach 1943, KZ Auschwitz verschollen
dt. Staatsangeh.
Kontorist, Fremdsprachenkorrespondent
Zwangsarbeiter
Wittenberger Str. 36; JH Packhofstr. 1
Mutter u. Brüder emigr., Ehemann von Edith R.
am 11.11.38 i. Rahmen e. „Sonderaktion" verhaftet n. Buchenwald deportiert, am 1.12.38 freigelassen
am 14.4.39 aus polit. Gründen verhaftet, am 24.4.39 freigelassen
auf d. Transportlisten vom 21.1.42 u. 13.7.42 gestrichen
am 17.2.43 nach Berlin, am 26.2.43 nach Auschwitz deportiert

Ester Rafe, die Ehefrau von Boruch Rafe, wurde am 19. September 1942 nach Theresienstadt deportiert und starb dort am 30. Dezember 1942.

Rapaport, Edith, geb. Tichauer
13.3.1894, Breslau, Schlesien – nach 1943, KZ Auschwitz verschollen
dt. Staatsangeh.
Verkäuferin, Inh. e. Textilgeschäfts
Zwangsarbeit in d. Firma Alfred Kielert & Co., Rauchwaren GmbH, Nikolaistr. 47/51
Ehefrau von David R.
auf d. Transportlisten vom 21.1.42 u. 13.7.42 gestrichen
am 17.2.43 nach Berlin, am 26.2.43 nach Auschwitz deportiert

Rapaport, Eleonore Ludmilla, geb. Goldscheider
14.7.1877, Brennporitschen (b. Pilsen), Böhmen – nach 1942 verschollen
dt. Staatsangeh.
Funkenburgstr. 2; JH Humboldtstr. 13
seit 1934 Witwe
am 21.1.42 nach Riga deportiert

Rapaport, Leo Hermann
23.9.1874, Leipzig – 17.6.1944, Ghetto Theresienstadt
dt. Staatsangeh.
Kaufmann, Händler
Löhrstr. 12; JH Auenstr. 14 (Altersheim)
Bruder emigr., geschieden
am 19.9.42 nach Theresienstadt deportiert

Rappaport, Chaje Helene, geb. Rubinstein
20.12.1885, Mielec, Österr.-Polen – nach 1943, KZ Ravensbrück verschollen
rumän. Staatsangeh.
Zwangsarbeit in d. Firma Alfred Kielert & Co., Rauchwaren GmbH, Nikolaistr. 47/51
Ehefrau von Mendel R., Töchter emigr.
am 11.10.43 verhaftet
am 12.10.43 nach Ravensbrück deportiert

Rappaport, Mendel
19.1.1877, Rostoki, Bukowina – 13.1.1944, KZ Buchenwald
rumän. Staatsangeh.
Handelsvertreter
Salomonstr. 18; JH Keilstr. 5
Ehemann von Chaje R.
am 11.10.43 verhaftet
nach Buchenwald deportiert

Raschfall, Brajna Bertha
2.3.1896, Poltawa, Russland – nach 1943 verschollen
staatenlos (fr. Russland)
Verkäuferin
Zwangsarbeiterin
Nürnberger Str. 6; JH Humboldtstr. 6
Schwester von Ester Zellner, Mutter von Ursula Freier
am 21.1.42 nach Riga deportiert

Rathe, Adolf
2.8.1864, Driesen (Neumark), Brandenburg – 30.9.1942, Ghetto Theresienstadt
dt. Staatsangeh.
Kaufmann, Inh. e. Zigarrenhandlung
Kapellenstr. 3; JH Nordstr. 15
Ehemann von Bertha R.
am 19.9.42 nach Theresienstadt deportiert

Rathe, Bertha, geb. Meyerstein
22.9.1870, Gröbzig, Anhalt – 20.12.1942, Ghetto Theresienstadt
dt. Staatsangeh.
Ehefrau von Adolf R., Töchter emigr.
am 19.9.42 nach Theresienstadt deportiert

Rauchwerk, Hermann
17.12.1907, München – 25.6.1942, KZ Neuengamme
poln. Staatsangeh.
Eberhardstr. 12

Redel, Julius
9.8.1892, Leipzig – 19.12.1942, KZ Auschwitz
staatenlos
Kaufmann
Josephinenstr. 11
nach Buchenwald deportiert

Regensburger, Adele, geb. Kneip
11.1.1873, Gelnhausen, Hessen-Nassau – 23.12.1942, Ghetto Theresienstadt
dt. Staatsangeh.
aus Aschersleben, Provinz Sachsen, seit 1935 in Leipzig
JH Auenstr. 14 (Altersheim)
Witwe, Tochter emigr.
Abschluss e. Heimeinkaufsvertrages für Theresienstadt
am 19.9.42 nach Theresienstadt deportiert

Reich, Abraham
11.11.1891, Krojanke, Westpreußen – 29.7.1942, KZ Mauthausen
dt. Staatsangeh.
Kaufmann, Vertreter
Zwangsarbeiter
Nordstr. 58; JH Alexanderstr. 46
Geschwister emigr.
am 15.11.39 aus polit. Gründen verhaftet, am 14.2.40 freigelassen, am 14.2.41 wegen „gehässiger u. abfälliger Äußerungen über Deutschland" verhaftet
am 22.7.42 nach Mauthausen deportiert

Reichardt, Anna Elfriede, geb. Schall
27.11.1878, Groitzsch (Bz. Leipzig), Sachsen – nach 1942 verschollen
dt. Staatsangeh.
lebte in Groitzsch
Witwe
am 10.5.42 nach Bełżyce deportiert

Reichenbach, Max Moschek
13.10.1887 – 28.3.1942, KZ Buchenwald
poln. Staatsangeh.
Kaufmann, Inh. e. Rauchwarenfirma
Reichsstr. 8
seit 1932 Witwer

Reicher, Anna, geb. Faibis
18.5.1891, Leipzig – nach 1942, KZ Auschwitz verschollen
dt. Staatsangeh.
Verkäuferin
Zwangsarbeiterin
Sternwartenstr. 23; JH Humboldtstr. 15
Tochter von Marie Faibis, Brüder emigr., Bruder 1942 in Auschwitz umgekommen, Schwester von Rosa Zoltek u. Jeanette Klapproth, Ehefrau von Marcus R.
auf d. Transportliste vom 21.1.42 gestrichen
am 13.7.42 nach Auschwitz deportiert

Reicher, Marcus Max
10.9.1886, Krenau, Österr.-Polen – nach 1942, KZ Auschwitz verschollen
dt. Staatsangeh.
Kürschner, Inh. e. Kürschnerei
Zwangsarbeiter
Eisenbahnstr. 17; JH Humboldtstr. 15
Ehemann von Anna R., Söhne aus erster Ehe emigr., Sohn 1941 in Jugoslawien umgekommen
auf d. Transportliste vom 21.1.42 gestrichen
am 13.7.42 nach Auschwitz deportiert

Reichler, Bernhard
6.6.1904, Leipzig – 16.11.1942, KZ Auschwitz
poln. Staatsangeh.
Kürschner, Lagerist
Sohn von Simon u. Fanny R.
1940 im KZ Sachsenhausen

Reichler, Fanny Feige, geb. Freind
5.9.1874, Przeworsk, Österr.-Polen – nach 1943, KZ Auschwitz verschollen
staatenlos (fr. Polen)
Ehefrau von Simon R., Mutter von Bernhard R.
am 19.9.42 nach Theresienstadt, am 18.12.43 nach Auschwitz deportiert

Reichler, Simon
24.8.1871, Rawa Ruska, Österr.-Polen – 3.2.1940, KZ Sachsenhausen
poln. Staatsangeh.
Kaufmann, Händler
Ranstädter Steinweg 33; JH Jacobstr. 7
Ehemann von Fanny R., Vater von Bernhard R.

Reifer, Bertha Beile, geb. Goldenzweig
16.8.1877, Zbaraż, Österr.-Polen – nach 1942 verschollen
Staatsangeh. ungeklärt
Händlerin
Berliner Str. 34; JH Leibnizstr. 4
Ehefrau von Schulim R., getrennt lebend, Kinder emigr., Mutter von Josef R.
am 21.1.42 nach Riga deportiert

Reifer, Josef
1.8.1911, Leipzig – nach 1942 verschollen
Staatsangeh. ungeklärt
Kontorist, Angestellter d. Israelit. Religionsgemeinde
Berliner Str. 34; JH Leibnizstr. 4
Sohn von Schulim u. Bertha R.
am 21.1.42 nach Riga deportiert

Reifer, Schulim Salomon
18.11.1881, Storozynetz, Bukowina – nach 1942 verschollen
Staatsangeh. ungeklärt
Händler (Textilbranche)
Berliner Str. 34; JH Alexanderstr. 46
Ehemann von Bertha R., getrennt lebend, Vater von Josef R.
am 16.6.38 im Rahmen d. Aktion „Arbeitsscheue Reich" verhaftet, am 18.6.38 freigelassen
am 21.1.42 nach Riga deportiert

Reininger, Bertha
17.10.1876, Wiener Neustadt, Österreich – 15.2.1943, Ghetto Theresienstadt
dt. Staatsangeh.
Schneiderin
JH Färberstr. 11 (Alters- und Pflegeheim)
am 19.9.42 nach Theresienstadt deportiert

Reisapfel, Ottilie Etel, geb. Bernstein
8.6.1876, Stryj, Österr.-Polen – 12.10.1942, KZ Auschwitz
dt. Staatsangeh.?
JH Karl-Tauchnitz-Str. 8
seit 1941 Witwe
am 29.5.41 wegen Vergehens gegen die Kriegswirtschaftsverordnung verhaftet
am 13.2.42 nach Ravensbrück deportiert

Reiß, Hermann
9.12.1871, Ulrichstein, Hessen – 24.11.1942, Leipzig, Freitod
dt. Staatsangeh.
Kaufmann (Schuhwaren), Handelsvertreter
Promenadenstr. 11; Mackensenstr 11 (umbenannt)
nichtjüd. Ehefrau
am 30.6.42 wegen Arbeitsverweigerung verhaftet
Angst vor Strafe

Reiß, Ida, geb. Porges
22.11.1869, Neubistritz, Böhmen – nach 1943, KZ Auschwitz verschollen
tschechoslowak. Staatsangeh.
Inh. e. Kohlenhandlung
Kaiser-Friedrich-Str. 25; JH Walter-Blümel-Str. 10
seit 1931 Witwe, Mutter von Margit Meyerstein
auf d. Transportliste vom 19.9.42 gestrichen
am 18.6.43 nach Theresienstadt, am 18.12.43 nach Auschwitz deportiert

Reiter, Jochida, geb. Selinger
26.2.1861, Cherson, Russland – 27.11.1942, Ghetto Theresienstadt
staatenlos (fr. Russland)
Karlstr. 8; JH Nordstr. 15
Witwe
am 19.9.42 nach Theresienstadt deportiert

Reiter, Moritz Max
20.10.1865, Jaroslau, Österr.-Polen – 27.8.1940, KZ Sachsenhausen
Zigarettenmacher, Markthelfer
Bornaische Str. 82
am 16.10.39 aus polit. Gründen verhaftet
seit 1.8.40 im KZ Sachsenhausen

Richter, Sali
29.10.1928, Leipzig – nach 1943, KZ Auschwitz verschollen
staatenlos
Zwangsarbeiter
JH Nordstr. 15
auf d. Transportliste vom 10.5.42 gestrichen
am 17.2.43 nach Berlin, am 26.2.43 nach Auschwitz deportiert

Riepert, Marianne, geb. Wilzig
16.9.1889, Berlin – nach 1942 verschollen
dt. Staatsangeh.
Arbeiterin
Große Fleischergasse 14; JH Humboldtstr. 21
nichtjüd. Ehemann, geschieden
am 21.1.42 nach Riga deportiert

Riesel, Doris Rose
31.3.1938, Leipzig – nach 1942, KZ Auschwitz verschollen
staatenlos (fr. Polen)
Tochter von Max u. Johanna R., Schwester von Susanne R.
am 13.7.42 nach Auschwitz deportiert

Riesel, Johanna Gitel, geb. Nessel
23.8.1910, Krakau, Österr.-Polen – nach 1942, KZ Auschwitz verschollen
staatenlos (fr. Polen)
Heimarbeiterin
Reclamstr. 20; JH Packhofstr. 1
Vater emigr., Geschwister 1938 nach Polen abgeschoben, Bruder 1943 in Auschwitz umgekommen, Ehefrau von Max R., Mutter von Susanne u. Doris R.
am 31.7.40 aus polit. Gründen verhaftet, am 20.8.40 freigelassen
am 13.7.42 nach Auschwitz deportiert

Riesel, Max Wolf
8.8.1905, Kolomea, Österr.-Polen – 29.5.1942, KZ Sachsenhausen
staatenlos (fr. Polen)
Vertreter, Buchhalter
Reclamstr. 20; JH Walter-Blümel-Str. 11
Vater 1938 nach Polen abgeschoben, Ehemann von Johanna R., Vater von Susanne u. Doris R.
1940 im KZ Sachsenhausen

Riesel, Susanne
29.11.1935, Leipzig – nach 1942, KZ Auschwitz verschollen
staatenlos (fr. Polen)
Tochter von Max u. Johanna R., Schwester von Doris R.
am 13.7.42 nach Auschwitz deportiert

Rieß, Ellinor Edith
15.4.1926, Leipzig – nach 1942 verschollen
dt. Staatsangeh.
Tochter von Johanna R.
am 21.1.42 nach Riga deportiert

Riess, Georg
30.8.1867, Stettin, Pommern – 29.12.1943, Ghetto Theresienstadt
dt. Staatsangeh.
Möbelzeichner
JH Humboldtstr. 13
Schwester ebenfalls nach Theresienstadt deportiert, Überlebende
Abschluss e. Heimeinkaufsvertrages für Theresienstadt
am 19.9.42 nach Theresienstadt deportiert

Rieß, Johanna, geb. Gottschalk
5.11.1886, Leipzig – nach 1942 verschollen
dt. Staatsangeh.
Köchin, Inh. e. Zigarrengeschäfts
Gohliser Str. 26; JH Lortzingstr. 14
Witwe, Tochter emigr., Tochter aus Hannover deportiert, in Riga verschollen, Mutter von Ellinor R.
am 21.1.42 nach Riga deportiert

Rigal, David
6.8.1936, Leipzig – nach 1942 verschollen
staatenlos
Sohn von Hersch u. Rosa R., Bruder von Maria R.
am 21.1.42 nach Riga deportiert

Rigal, Hersch Hermann
23.9.1894, Warschau – 13.2.1940, KZ Sachsenhausen
staatenlos
Schauspieler, Schriftsteller
Brandvorwerkstr. 14
Ehemann von Rosa R., Vater von David und Maria R.
seit 15.11.39 im KZ Sachsenhausen

Rigal, Maria
6.8.1936, Leipzig – nach 1942 verschollen
staatenlos
Tochter von Hersch u. Rosa R., Schwester von David R.
am 21.1.42 nach Riga deportiert

Rigal, Rosa, geb. Laufer
4.6.1896, Leżajsk, Österr.-Polen – nach 1942 verschollen
staatenlos
Handelsvertreterin
Brandvorwerkstr. 14; JH Packhofstr. 1
Ehefrau von Hersch R., Kinder emigr., Mutter von David u. Maria R.
am 21.1.42 nach Riga deportiert

Rigick, Chaja Laie, geb. Jetlin
6.10.1862, Moskau – 19.1.1943, Ghetto Theresienstadt
staatenlos (fr. Russland)
Löhrstr. 15; JH Humboldtstr. 13
Witwe, Sohn emigr.
am 19.9.42 nach Theresienstadt deportiert

Rimalower, Fanny Feige, geb. Zwiebel
22.4.1855, Tarnopol, Österr.-Polen – 1.10.1942, Ghetto Theresienstadt
staatenlos (fr. Polen)
Grenzstr. 38; JH Humboldtstr. 13
seit 1926 Witwe, Sohn emigr., Sohn 1939? nach Polen abgeschoben
am 19.9.42 nach Theresienstadt deportiert

Ringer, Hans Wilhelm, Dr. jur.
20.5.1908, Werdau, Sachsen – nach 1943, KZ Auschwitz verschollen
dt. Staatsangeh.
Kaufmann
Verwaltungsangestellter
aus Werdau
JH Walter-Blümel-Str. 10
Mutter nach Theresienstadt deportiert, Überlebende, Ehemann von Ruth R.
am 18.6.43 nach Auschwitz deportiert

Ringer, Ruth, geb. Kamm
16.7.1909, Beuthen, Schlesien – nach 1943, KZ Auschwitz verschollen
dt. Staatsangeh.
Zahnärztin
Geschwister emigr., Ehefrau von Hans R.
am 18.6.43 nach Auschwitz deportiert

Ritwo, Anneliese, geb. Silbermann
3.1.1919, Leipzig – nach 1943, KZ Auschwitz verschollen
staatenlos
Zwangsarbeiterin
Reudnitzer Str. 10; JH Nordstr. 15
Tochter von Freude Silbermann, Ehefrau von Friedrich R., Mutter von Sami R.
am 17.2.43 nach Berlin, am 26.2.43 nach Auschwitz deportiert

Ritwo, Ester, geb. Aß
25.5.1874, Wilna, Russ.-Polen – nach 1943, KZ Auschwitz verschollen
staatenlos (fr. Russland)
Humboldtstr. 35; JH Gustav-Adolf-Str. 7
seit 1930 Witwe, Kinder emigr., Mutter von Friedrich R.
am 19.9.42 nach Theresienstadt, am 18.12.43 nach Auschwitz deportiert

Ritwo, Friedrich Fritz
18.12.1906, Leipzig – nach 1943, KZ Auschwitz verschollen
staatenlos
Kürschner, Pelzabfallhändler
Humboldtstr. 35; JH Nordstr. 15
Sohn von Ester R., Ehemann von Anneliese R., Vater von Sami R.
am 17.2.43 nach Berlin, am 26.2.43 nach Auschwitz deportiert

Ritwo, Sami Dan
10.9.1942, Leipzig – nach 1943, KZ Auschwitz verschollen
staatenlos
Sohn von Friedrich u. Anneliese R.
am 17.2.43 nach Berlin, am 26.2.43 nach Auschwitz deportiert

Ritzewoller, David
26.9.1860, Milkowo, Provinz Posen – 19.11.1942, Ghetto Theresienstadt
dt. Staatsangeh.
Kaufmann, Reisender (Konfektion)
Hallische Str. 43; JH Auenstr. 14 (Altersheim)
seit 1935 Witwer
am 19.9.42 nach Theresienstadt deportiert

Riwosch, Dina
10.10.1900, Leipzig – nach 1942, KZ Auschwitz verschollen
staatenlos
Kinderfräulein
Zwangsarbeiterin
Tochter von Rocha R.
am 13.7.42 nach Auschwitz deportiert

Riwosch, Rocha Pinja, geb. Riwosch
23.10.1874, Pskow, Russland – 5.2.1943, Ghetto Theresienstadt
staatenlos (fr. Russland)
Sedanstr. 18; JH Walter-Blümel-Str. 10
Witwe, Sohn emigr., Mutter von Dina R.
am 19.9.42 nach Theresienstadt deportiert

Rochmann, Lina Lassi, geb. Obermann
15.12.1881, Tschenstochau, Russ.-Polen – nach 1942 verschollen
staatenlos
Putzmacherin
JH Gustav-Adolf-Str. 7
Witwe, Sohn emigr.
am 21.1.42 nach Riga deportiert

Roder, Malwine, geb. Deutsch
1.12.1889, Patzmannsdorf, Österreich – 5.4.1943, Leipzig
dt. Staatsangeh.?
Zwangsarbeiterin
Nürnberger Str. 15
nichtjüd. Ehemann
wegen Vergehens gegen die Kriegswirtschaftsverordnung verhaftet, am 27.3.43 freigelassen

Rodoff, Bela
12.1.1939, Leipzig – nach 1942 umgekommen
staatenlos
Tochter von Chaim u. Rosa R., Schwester von Irma, Dorothea, Eva u. Paja R.
am 21.1.42 nach Riga deportiert

Rodoff, Chaim Heinrich
28.6.1892, Kiew, Russland – nach 1942 umgekommen
staatenlos (fr. Russland)
Kaufmann, Inh. e. Rauchwarengroßh., gegr. 1919
Zwangsarbeit als Rauchwarensortierer
Menckestr. 13; JH Gustav-Adolf-Str. 7
Ehemann von Rosa R., Vater von Irma, Dorothea, Eva, Paja u. Bela R.
am 21.1.42 nach Riga deportiert

Rodoff, Dorothea
8.9.1931, Leipzig – nach 1942 umgekommen
staatenlos
Tochter von Chaim u. Rosa R., Schwester von Irma, Eva, Paja u. Bela R.
am 21.1.42 nach Riga deportiert

Rodoff, Eva
8.9.1931, Leipzig – nach 1942 umgekommen
staatenlos
Tochter von Chaim u. Rosa R., Schwester von Irma, Dorothea, Paja u. Bela R.
am 21.1.42 nach Riga deportiert

Rodoff, Irma
29.2.1924, Leipzig – nach 1942 umgekommen
staatenlos
Hausgehilfin
Tochter von Chaim u. Rosa R., Schwester von Dorothea, Eva, Paja u. Bela R.
am 21.1.42 nach Riga deportiert

Rodoff, Paja Jutta
29.11.1933, Leipzig – nach 1942 umgekommen
staatenlos
Tochter von Chaim u. Rosa R., Schwester von Irma, Dorothea, Eva u. Bela R.
am 21.1.42 nach Riga deportiert

Rodoff, Rosa, geb. Landmann
8.5.1898, Rzeszów, Österr.-Polen – nach 1942 umgekommen
staatenlos
Kontoristin, Geschäftsinh.
Bruder emigr., Ehefrau von Chaim R., Kinder emigr., Mutter von Irma, Dorothea, Eva, Paja u. Bela R.
am 21.1.42 nach Riga deportiert

Rohde, Sabine, geb. Vatersberg
21.6.1897, Wola-Batorska, Österr.-Polen – nach 1944, KZ Auschwitz verschollen
Zwangsarbeit als Näherin
Sidonienstr. 14a
nichtjüd. Ehemann, Witwe
am 13.1.44 nach Theresienstadt, am 6.10.44 nach Auschwitz deportiert

Rohrbeck, Rosalie Johanna, gesch. Simon geb. Michaelis
24.11.1881, Berlin – 11.3.1942, KZ Ravensbrück
Dorotheenplatz 2
am 3.4.41 wegen „volksschädigenden Verhaltens" verhaftet
am 8.8.41 nach Ravensbrück deportiert

Rosdeutscher, Amalie Elli, geb. Carsch
9.9.1910, Leipzig – nach 1943, KZ Auschwitz verschollen
dt. Staatsangeh.
Zwangsarbeiterin
Ehefrau von Ludwig R., Mutter von Elly Carsch
am 2.10.40 aus polit. Gründen verhaftet, am 12.10.40 freigelassen
am 17.2.43 nach Berlin, am 26.2.43 nach Auschwitz deportiert

Rosdeutscher, Ludwig Lasar
27.6.1894, Leipzig – nach 1943, KZ Auschwitz verschollen
dt. Staatsangeh.
Kaufmann, Inh. e. Firma für Rauchwaren u. Pelzkonfektion
Zwangsarbeiter
Lessingstr. 17; JH Walter-Blümel-Str. 10
Ehemann von Amalie R.
am 11.11.38 im Rahmen e. „Sonderaktion" verhaftet
nach Buchenwald deportiert, am 25.12.38 freigelassen
am 2.10.40 aus polit. Gründen verhaftet, am 12.10.40 freigelassen
am 17.2.43 nach Berlin, am 26.2.43 nach Auschwitz deportiert

Rose, Abraham Adolf[16]
24.10.1883, Krakau, Österr.-Polen – 1944, KZ Auschwitz
dt. Staatsangeh.
Kaufmann, Mitinh. e. Kaufhauses in Borna, gegr. 1898
Poetenweg 47; JH Gustav-Adolf-Str. 7
Bruder von Calet R., Ehemann von Esther R.
nach d. Pogromnacht verhaftet
nach Buchenwald deportiert, am 6.12.38 freigelassen
auf d. Transportliste vom 21.1.42 gestrichen
Abschluss e. Heimeinkaufsvertrages für Theresienstadt
am 19.9.42 nach Theresienstadt, am 18.5.44 nach Auschwitz deportiert

Rose, Bella Bertha, geb. Stieglitz
18.4.1892, Krakau, Österr.-Polen – 1944, KZ Stutthof
dt. Staatsangeh.

Kontoristin
Ehefrau von Calet R., Sohn 1943 aus Berlin nach Auschwitz deportiert, verschollen, Tochter ebenfalls nach Riga deportiert, Überlebende, Mutter von Manfred u. Heinz R.
am 21.1.42 nach Riga, 1944 nach Stutthof deportiert
an Flecktyphus verstorben

Rose, Calet Karl
11.3.1888, Krakau, Österr.-Polen – nach 1943 umgekommen
dt. Staatsangeh.
Kaufmann, Mitinh. e. Kaufhauses in Borna, gegr. 1898
Zwangsarbeiter?
aus Borna (b. Leipzig), seit 1938? in Leipzig
JH Funkenburgstr. 16
Bruder von Abraham R., Ehemann von Bella R., Vater von Manfred u. Heinz R.
am 12.11.38 im Rahmen e. „Sonderaktion" verhaftet
nach Sachsenhausen deportiert, 1938 (Dez.) freigelassen
am 21.1.42 nach Riga deportiert

Rose, Esther Ella, geb. Färber
4.4.1892, Zalubincze (Nowy Sącz), Österr.-Polen – 8.2.1944, Ghetto Theresienstadt
dt. Staatsangeh.
Mitinh. e. Kaufhauses in Borna, gegr. 1898
Ehefrau von Abraham R., Kinder emigr.
auf d. Transportliste vom 21.1.42 gestrichen
Abschluss e. Heimeinkaufsvertrages für Theresienstadt
am 19.9.42 nach Theresienstadt deportiert
an Hungertyphus verstorben

Rose, Heinz Erich
15.6.1931, Borna (b. Leipzig) – nach 1944 umgekommen
dt. Staatsangeh.
Sohn von Calet und Bella R., Bruder von Manfred R.
am 21.1.42 nach Riga, 1944 nach Stutthof deportiert

Rose, Manfred
18.3.1928, Borna (b. Leipzig) – 1942 (Nov.), Ghetto Riga
dt. Staatsangeh.
Sohn von Calet u. Bella R., Bruder von Heinz R.
am 21.1.42 nach Riga deportiert

Rosen, Käthe Katharina, geb. Cantrowitz
23.12.1878, Stargard, Pommern – 15.6.1942, KZ Ravensbrück
staatenlos
Schwester von Margarete Sommer, Ehefrau von Leon R.
am 14.1.41 wegen Verstoßes gegen die Kriegswirtschaftsverordnung verhaftet
am 18.4.41 nach Ravensbrück deportiert

Rosen, Leon Isidor
10.11.1874, Leipzig – 20.9.1942, KZ Sachsenhausen
staatenlos
Kaufmann, Mitinh. e. Rauchwarengroßh., gegr. 1860
König-Johann-Str. 21; JH Funkenburgstr. 16
Brüder emigr., zwei umgekommen, Ehemann von Käthe R.
am 13.11.38 im Rahmen e. „Sonderaktion" verhaftet, am 20.1.41 wegen Verstoßes gegen d. Kriegswirtschaftsverordnung verhaftet
am 18.4.41 nach Sachsenhausen deportiert, am 12.5.42 nach Leipzig überstellt, am 26.6.42 wieder nach Sachsenhausen deportiert

Rosenbaum (recte Bitkower), Bernhard Berl
4.6.1878, Sołotwina, Österr.-Polen – 26.2.1942, KZ Buchenwald
staatenlos (fr. Polen)
Kaufmann, Inh. e. Großh. für Wolle
Uferstr. 11; JH Humboldtstr. 21
Ehemann von Itte R., Vater von Ignatz R.
1940 im KZ Sachsenhausen

Rosenbaum, Cilly Sally
23.3.1928, Leipzig – nach 1942, KZ Auschwitz verschollen
staatenlos
Schülerin
Ranstädter Steinweg 15; JH Jacobstr. 7 (Kinderheim)
Vater emigr., Schwester von Gerhard u. Dora R.
auf d. Transportliste vom 10.5.42 gestrichen
am 13.7.42 nach Auschwitz deportiert

Rosenbaum, Dora
26.6.1933, Leipzig – nach 1942, KZ Auschwitz verschollen
staatenlos
Schülerin
Schwester von Cilly u. Gerhard R.
auf d. Transportliste vom 10.5.42 gestrichen
am 13.7.42 nach Auschwitz deportiert

Rosenbaum, Gerhard Moritz
9.12.1929, Leipzig – nach 1942, KZ Auschwitz verschollen
staatenlos
Schüler
Bruder von Cilly u. Dora R.
auf d. Transportliste vom 10.5.42 gestrichen
am 13.7.42 nach Auschwitz deportiert

Rosenbaum, Ignatz Adi
15.10.1928, Leipzig – nach 1944 verschollen
staatenlos (fr. Polen)
Sohn von Bernhard R.
am 21.1.42 nach Riga, 1944 nach Stutthof deportiert

Rosenbaum, Itte Sewa, verw. Heger geb. Weisser
11.4.1887, Skala-Podolskaja, Österr.-Polen – nach 1942 verschollen
staatenlos (fr. Polen)
Reisende
Zwangsarbeiterin
Ehefrau von Bernhard R.
am 21.1.42 nach Riga deportiert

Rosenberg, Edith Mirjam
27.5.1937, Leipzig – nach 1942 verschollen
dt. Staatsangeh.
Tochter von Martha R., Schwester von Manfred R.
am 21.1.42 nach Riga deportiert

Rosenberg, Manfred Simon
27.5.1937, Leipzig – nach 1942 verschollen
dt. Staatsangeh.
Sohn von Martha R., Bruder von Edith R.
am 21.1.42 nach Riga deportiert

Rosenberg, Martha, geb. Wassermann
18.4.1912, Leipzig – nach 1942 verschollen
dt. Staatsangeh.
Kontoristin
Humboldtstr. 26; JH Packhofstr. 1
Mutter, Schwester u. Ehemann emigr., Mutter von Edith u. Manfred R.
am 21.1.42 nach Riga deportiert

Rosenberg, Willy
1.11.1884, Rheydt, Rheinprovinz – 21.1.1943, KZ Auschwitz
dt. Staatsangeh.
Kaufmann, Reisender
Böhlitz-Ehrenberg, Göringstr. 52
nichtjüd. Ehefrau
am 27.3.40 verhaftet

Rosenblatt, Heinrich
3.1.1878, Nordheim (Rhön), Bayern – nach 1942 verschollen
dt. Staatsangeh.
Kaufmann, Händler
Zwangsarbeiter
Tauchaer Str. 24; JH Leibnizstr. 4
Ehefrau emigr.
am 21.1.42 nach Riga deportiert

Rosenblum, Cäcilie
2.3.1883, Meseritz, Russ.-Polen – nach 1942, KZ Auschwitz verschollen
staatenlos (fr. Polen)
Funkenburgstr. 10; Heil- u. Pflegeanstalt Dösen
am 13.7.42 nach Auschwitz deportiert

Rosenblum, Elfriede
1.2.1920, Leipzig – nach 1942 verschollen
staatenlos (fr. Polen)
Kontoristin
Hausgehilfin
Tochter von Hermann u. Libe R.
am 21.1.42 nach Riga deportiert

Rosenblum, Frieda, geb. Aussenberg
8.5.1891, Berlin – nach 1942 verschollen
staatenlos (fr. Deutsches Reich)
Verkäuferin
Zwangsarbeiterin
Pfaffendorfer Str. 20; JH Humboldtstr. 21
Tochter von Chaja Aussenberg, Bruder emigr., Mutter von Margot R.
am 10.5.42 nach Bełżyce deportiert

Rosenblum, Hermann Hersch
12.4.1884, Brody, Österr.-Polen – 17.7.1940, KZ Buchenwald
staatenlos (fr. Polen)
Musiker
Eberhardstr. 10; Eberhardstr. 7
Ehemann von Libe R., Vater von Elfriede R.

Rosenblum, Libe Malke, geb. Kopenhagen
26.9.1893, Leipzig – nach 1942 verschollen
staatenlos (fr. Polen)
Eberhardstr. 10; JH Walter-Blümel-Str. 11
Ehefrau von Hermann R., Mutter von Elfriede R.
am 21.1.42 nach Riga deportiert

Rosenblum, Margot
12.3.1923, Berlin – nach 1942 verschollen
staatenlos (fr. Deutsches Reich)
Zwangsarbeiterin
Tochter von Frieda R.
am 10.5.42 nach Bełżyce deportiert

Rosenbojm (Rosenbaum), Scheine Jenny, geb. Liebermann
1.11.1873, Meseritz, Russ.-Polen – 5.1.1943, Ghetto Theresienstadt
staatenlos (fr. Polen)
Nordstr. 27; JH Nordstr. 15
Witwe seit 1935
am 19.9.42 nach Theresienstadt deportiert

Rosenfelder, Marie, geb. Herzberg
1.6.1889, Leipzig – 5.6.1942, KZ Ravensbrück
dt. Staatsangeh.?
Auenstr. 16; JH Jacobstr. 11
Brüder emigr., seit 1937 Witwe
am 15.1.41 wegen Verstoßes gegen d. Kriegswirtschaftsverordnung verhaftet
am 28.3.41 nach Ravensbrück deportiert

Rosenhain, Anna, geb. Laske
13.10.1880, Preußisch-Stargard, Westpreußen – nach 1942 verschollen
dt. Staatsangeh.
Inh. e. Druckerei
Aufwärterin
Scheffelstr. 20; JH Nordplatz 7
seit 1929 Witwe, Sohn 1943 aus Berlin nach Auschwitz deportiert, verschollen, Mutter von Walter R.
am 21.1.42 nach Riga deportiert

Rosenhain, Walter Fritz
19.9.1921, Leipzig – 1945 (März) KZ Stutthof
dt. Staatsangeh.
Kaufmann
Sohn von Anna R.
am 21.1.42 nach Riga, später nach Strasdenhof, 1944 nach Stutthof deportiert

Rosenhein, Irma, geb. Baum
30.5.1895, Nabburg, Bayern – nach 1942, Ghetto Riga
dt. Staatsangeh.
kaufm. Angestellte
Zschochersche Str. 87; JH Nordplatz 7
seit 1940 Witwe, Tochter emigr.
am 21.1.42 nach Riga deportiert

Rosenstein, Dinchen, geb. Sonder
1.5.1873, Mainstockheim, Bayern – nach 1944, KZ Auschwitz verschollen
dt. Staatsangeh.
aus Kitzingen, Bayern, seit 1939? in Leipzig
JH Färberstr. 11 (Alters- und Pflegeheim)
Witwe, Söhne emigr., Schwägerin von Sophie R.
Abschluss e. Heimeinkaufsvertrages für Theresienstadt.
auf d. Transportliste vom 19.9.42 gestrichen
am 17.2.43 nach Berlin, am 17.3.43 nach Theresienstadt, am 16.5.44 nach Auschwitz deportiert

Rosenstein, Sophie
2.8.1875, Kleinlangheim, Bayern – 11.9.1942, Leipzig
dt. Staatsangeh.
JH Färberstr. 11 (Alters- und Pflegeheim)
Schwägerin von Dinchen R.
auf d. Transportliste vom 19.9.42

Rosenthal, Alfred Ludwig
26.9.1882, Hechingen, Hohenzollern – 12.8.1941, KZ Buchenwald
dt. Staatsangeh.
Kaufmann, Inh. e. Firma für Handelsvertretungen
Großgörschenstr. 4; JH Funkenburgstr. 23
Schwester emigr., nichtjüd. Ehefrau
am 11.12.39 aus polit. Gründen verhaftet
am 12.3.40 nach Sachsenhausen deportiert

Rosenthal, Betty, geb. Rosenthal
22.2.1880, Nürnberg, Bayern – nach 1942 verschollen
dt. Staatsangeh.
Auenstr. 13; JH Auenstr. 14 (Altersheim)
seit 1931 Witwe, Kinder emigr.
am 21.1.42 nach Riga deportiert

Rosenthal, Isidor Georg
20.1.1875, Rogasen, Provinz Posen – 28.5.1943, Ghetto Theresienstadt
dt. Staatsangeh.
Kaufmann, Inh. e. Großh. für Mühlenerzeugnisse u. Bäckereibedarf, gegr. 1900
Zwangsarbeit in d. Städt. Arbeitsanstalt
Funkenburgstr. 11; JH Färberstr. 11 (Alters- und Pflegeheim)
Bruder 1945 nach Theresienstadt deportiert, Überlebender, Ehemann von Martha R.
Abschluss e. Heimeinkaufsvertrages für Theresienstadt
am 19.9.42 nach Theresienstadt deportiert

Rosenthal, Johanna, geb. Wien
22.3.1889, Halle (Saale), Provinz Sachsen – nach 1943, KZ Auschwitz verschollen
dt. Staatsangeh.
Modistin
Konstantinstr. 6; JH Färberstr. 11 (Alters- und Pflegeheim)
Geschwister emigr., seit 1942 Witwe, Tochter emigr.
auf d. Transportliste vom 21.1.42 gestrichen
Abschluss e. Heimeinkaufsvertrages für Theresienstadt
am 17.2.43 nach Berlin, am 26.2.43 nach Auschwitz deportiert

Rosenthal, Martha, geb. Berent
16.9.1875, Könitz, Sachsen-Meiningen –15.1.1943, Ghetto Theresienstadt
dt. Staatsangeh.
Ehefrau von Isidor R., Tochter 1942 aus Frankreich nach Auschwitz deportiert, verschollen
Abschluss e. Heimeinkaufsvertrages für Theresienstadt
am 19.9.42 nach Theresienstadt deportiert

Rosenthal, Rosalie, geb. Zellner
23.11.1866, Ostrowo, Provinz Posen – 25.5.1944, Ghetto Theresienstadt
dt. Staatsangeh.
Ehrensteinstr. 42; JH Humboldtstr. 13
Schwester von Wilhelm Zellner, Witwe
am 19.9.42 nach Theresienstadt deportiert

Rosenzweig, Lea Rebecka
22.8.1927, Leipzig – nach 1943, KZ Auschwitz verschollen
staatenlos
Zwangsarbeit in d. Firma Alfred Franz, Haus feiner Pelzwaren, Barfußgäßchen 5, u. in d. Großkürschnerei S. Blükas, Brühl 47
Tochter von Salomea R.
auf d. Transportliste vom 21.1.42
am 17.2.43 nach Berlin, am 26.2.43 nach Auschwitz deportiert

Rosenzweig, Salomea Scheindel, geb. Bienenstock
1.6.1895, Radłów, Österr.-Polen – nach 1943, KZ Auschwitz verschollen
staatenlos
Putzmacherin
Zwangsarbeit in d. Firma W. Mertens & Söhne, Abt. Rauchwaren-Zurichterei u. Färberei, Zwenkau
Wettinerstr. 13; JH Gustav-Adolf-Str. 7
Eltern u. Bruder emigr., getrennt lebend, Ehemann u. Sohn emigr., Mutter von Lea R.
auf d. Transportliste vom 21.1.42
am 17.2.43 nach Berlin, am 26.2.43 nach Auschwitz deportiert

Rosner, Anna, geb. Zimmet
6.7.1896, Hliboka, Bukowina – nach 1943, KZ Auschwitz verschollen
staatenlos
Zwangsarbeiterin
Ehefrau von Josef R.
auf d. Transportliste vom 21.1.42 gestrichen
am 17.2.43 nach Berlin, am 26.2.43 nach Auschwitz deportiert

Rosner, Josef Leib
23.2.1897, Toraki – nach 1943, KZ Auschwitz verschollen
staatenlos
Kaufmann, Kürschner, Inh. e. Kolonialwarengeschäfts
Zwangsarbeiter
Hauptzollamtstr. 3; JH Packhofstr. 1
Ehemann von Anna R.
auf d. Transportliste vom 21.1.42 gestrichen
am 17.2.43 nach Berlin, am 26.2.43 nach Auschwitz deportiert

Rossbach, Henny, geb. Jordan
30.8.1875, Paderborn, Westfalen – 4.3.1943, Ghetto Theresienstadt
dt. Staatsangeh.
JH Auenstr. 14 (Altersheim)
Witwe, Sohn emigr.
Abschluss e. Heimeinkaufsvertrages für Theresienstadt
am 19.9.42 nach Theresienstadt deportiert

Rotenberg, Edith
17.6.1931, Altenburg, Thüringen – nach 1942, KZ Auschwitz verschollen
staatenlos (fr. Polen)
Schülerin
JH Jacobstr. 7 (Kinderheim)
Schwester von Sonja R.
auf d. Transportliste vom 10.5.42 gestrichen
am 13.7.42 nach Auschwitz deportiert

Rotenberg, Sonja
25.1.1930, Altenburg, Thüringen – nach 1942, KZ Auschwitz verschollen

staatenlos (fr. Polen)
Schülerin
JH Jacobstr. 7 (Kinderheim)
Eltern 1938 nach Polen abgeschoben, Schwester von Edith R.
auf d. Transportliste vom 10.5.42 gestrichen
am 13.7.42 nach Auschwitz deportiert

Rothenberg, Erich
5.5.1929, Meseritz-Obrawalde, Grenzmark – nach 1942 verschollen
dt. Staatsangeh.
Sohn von Hans u. Gertrud R., Bruder von Inge R.
am 21.1.42 nach Riga deportiert

Rothenberg, Gertrud Adelheid, geb. Oppé
13.9.1895, Leipzig – nach 1942 verschollen
dt. Staatsangeh.
Lehrerin
Ehefrau von Hans R., Mutter von Inge u. Erich R.
am 21.1.42 nach Riga deportiert

Rothenberg, Hans
26.9.1892, Bleicherode, Provinz Sachsen – nach 1942 verschollen
dt. Staatsangeh.
Studienrat
JH Walter-Blümel-Str. 11
Bruder emigr., Ehemann von Gertrud R., Vater von Inge u. Erich R.
am 21.1.42 nach Riga deportiert

Rothenberg, Inge
4.3.1924, Bleicherode, Provinz Sachsen – nach 1943 verschollen
dt. Staatsangeh.
Tochter von Hans u. Gertrud R., Schwester von Erich R.
am 21.1.42 nach Riga deportiert

Rothschild, Dora, Dr. med.
18.4.1898, Leipzig – nach 1942 verschollen
dt. Staatsangeh.
Augenärztin
Fürsorgerin
Pfaffendorfer Str. 11; JH Funkenburgstr. 16
Bruder emigr., Schwester von Gertrud Ullrich
am 21.1.42 nach Riga deportiert

Rothschild, Rosa, geb. Camp
24.6.1879, Aachen, Rheinprovinz – 16.2.1945, Ghetto Theresienstadt
dt. Staatsangeh.
Verkäuferin
seit 1934? in Leipzig
JH Humboldtstr. 9
Mutter von Hilde Katzmann
am 19.9.42 nach Theresienstadt deportiert

Rotter, Fritz Egon
8.11.1901, Leipzig – 16.12.1941, KZ Groß-Rosen
staatenlos
Handlungsgehilfe
Bruder von Josef R.

Rotter, Josef
11.2.1898, Leipzig – 16.12.1941, KZ Groß-Rosen
staatenlos
Vertreter
Gemeindestr. 27; Frankfurter Str. 20
Mutter u. Brüder emigr., Bruder aus Frankreich nach Auschwitz deportiert, umgekommen, Bruder von Fritz R.
am12.11.38 im Rahmen e. „Sonderaktion" verhaftet

Rottstedt, Esther, gesch. Sternlieb geb. Klinghöfer
26.6.1889, Lublin, Russ.-Polen – 12.10.1942, KZ Auschwitz
Köchin
Seeburgstr. 29
nichtjüd. Ehemann
wegen Vergehens gegen d. Kriegswirtschaftsverordnung verhaftet
am 23.11.41 nach Ravensbrück deportiert

Rubert, Johanna
30.7.1870, Leipzig – 17.2.1943, Leipzig
dt. Staatsangeh.
Yorkstr. 30; JH Färberstr. 11 (Alters- und Pflegeheim)
auf d. Transportliste vom 17.2.43

Rubin, Hanna Helene, geb. Herzig
19.5.1856, Sanok, Österr.-Polen – 12.9.1942, Leipzig
staatenlos (fr. Polen)
Inh. e. Firma für Hüte, Schirme u. Mützen u. e. Eierhandlung
Pfaffendorfer Str. 54; JH Färberstr. 11 (Alters- und Pflegeheim)
seit 1931 Witwe
auf d. Transportliste vom 19.9.42

Rubin, Sara, geb. Rosenfeld
20.5.1878, Drohobycz, Österr.-Polen – 19.9.1943, Ghetto Theresienstadt
dt. Staatsangeh.
aus Altenburg, Thüringen
JH Auenstr. 14 (Altersheim)
Ehemann emigr.
auf d. Transportliste vom 21.1.42 gestrichen
Abschluss e. Heimeinkaufsvertrages für Theresienstadt
am 19.9.42 nach Theresienstadt deportiert

Rubinstein, Edith, geb. Altberg
11.7.1911, Leipzig – nach 1942 verschollen
slowak. Staatsangeh.
Laborantin
Auenstr. 18; JH Pfaffendorfer Str. 6
Geschwister emigr., Ehefrau von Salo R.
am 11.8.42 wegen „Verkehrs mit Deutschblütigen" verhaftet
am 4.9.42 nach Ravensbrück deportiert

Rubinstein, Leja Brandla, geb. Adler
15.10.1872, Meseritz, Russ.-Polen – nach 1943, KZ Auschwitz verschollen
staatenlos (fr. Polen)
JH Nordstr. 15
Witwe, Sohn 1938 nach Polen abgeschoben
am 19.9.42 nach Theresienstadt, am 18.12.43 nach Auschwitz deportiert

Rubinstein, Rosa Lea
17.11.1929, Leipzig – nach 1942, KZ Auschwitz verschollen
staatenlos (fr. Polen)
Schülerin
Pfaffendorfer Str. 7; JH Jacobstr. 7 (Kinderheim)
Vater 1938 nach Polen abgeschoben
auf d. Transportliste vom 10.5.42 gestrichen
am 13.7.42 nach Auschwitz deportiert

Rubinstein, Salo
15.8.1908, Fürth, Bayern – nach 1943, KZ Auschwitz
slowak. Staatsangeh.
Kaufmann, Inh. e. Großh. für Hausschuh-Bedarfsartikel
Zwangsarbeit im Gartenbau
Schkeuditzer Str. 26; JH Walter-Blümel-Str. 10
Bruder emigr., Ehemann von Edith R.
am 18.6.43 nach Auschwitz deportiert

Ruhr, Frieda, verw. Löb geb. Wallach
2.10.1885, Witzenhausen, Hessen-Nassau – nach 1942 verschollen
dt. Staatsangeh.
Inh. e. Fleischerei, gegr. 1909
Bruder emigr., Ehefrau von Markus R., Sohn emigr.
am 21.1.42 nach Riga deportiert

Ruhr, Markus Max
10.1.1883, Sötenich, Rheinprovinz – nach 1942 verschollen
dt. Staatsangeh.
Fleischermeister
Zwangsarbeit im Tiefbau
König-Johann-Str. 10; JH Humboldtstr. 4
Ehemann von Frieda R.
am 21.1.42 nach Riga deportiert

Ruschewitzky, Simon
18.10.1885, Leipzig – nach 1942 verschollen
staatenlos
Kaufmann, Händler
Brühl 17; JH Eberhardstr. 11
am 21.1.42 nach Riga deportiert

Ruziewicz (Rosewitz), Hanna Anna, geb. Strohlicht
19.4.1901, Halle (Saale), Provinz Sachsen – nach 1944, KZ Auschwitz verschollen
dt. Staatsangeh.
Kontoristin
Ehefrau von Moses R.
am 19.9.42 nach Theresienstadt, am 6.10.44 nach Auschwitz deportiert

Ruziewicz (Rosewitz), Moses Moritz
26.12.1893, Wieruszów, Russ.-Polen – nach 1944, KZ Auschwitz verschollen
dt. Staatsangeh.
Kaufmann (Textilbranche)
Verwaltungsangestellter d. Israelit. Religionsgemeinde
aus Halle (Saale), Provinz Sachsen
JH Walter-Blümel-Str. 10
Schwestern emigr., Ehemann von Hanna R.
am 19.9.42 nach Theresienstadt, am 6.10.44 nach Auschwitz deportiert

Rybak, Bela
20.12.1938, Leipzig – nach 1942 verschollen
staatenlos
Tochter von Siegfried u. Klara R., Schwester von Manja R.
am 21.1.42 nach Riga deportiert

Rybak, Hannchen
28.5.1918, Leipzig – nach 1942 verschollen
staatenlos
Verkäuferin
Tochter von Lazar u. Mindel R., Schwester von Siegfried R.
am 28.8.39 wegen „Verdachts d. Begünstigung d. Rassenschande" verhaftet, freigelassen
am 21.1.42 nach Riga deportiert

Rybak, Klara, geb. Kormes
27.2.1912, Leipzig – nach 1943 verschollen
staatenlos
Verkäuferin
Ranstädter Steinweg 33; JH Leibnizstr. 30
Ehefrau von Siegfried R., Mutter von Manja u. Bela R.
am 21.1.42 nach Riga deportiert

Rybak, Lazar Leo
5.6.1880, Kiew, Russland – nach 1942 verschollen
staatenlos
Kaufmann, Händler
Zwangsarbeiter
Ludwigstr. 14; JH Nordstr. 11
Ehemann von Mindel R., Vater von Siegfried u. Hannchen R.
am 21.1.42 nach Riga deportiert

Rybak, Manja Deborah
19.6.1937, Leipzig – nach 1943 verschollen
staatenlos
Tochter von Siegfried u. Klara R., Schwester von Bela R.
am 21.1.42 nach Riga deportiert

Rybak, Mindel Jochwed, geb. Kosiner
24.12.1882, Olesko, Österr.-Polen – nach 1942 verschollen
staatenlos
Ehefrau von Lazar R., Sohn emigr., Tochter 1938 nach Polen abgeschoben, Mutter von Siegfried u. Hannchen R.
am 21.1.42 nach Riga deportiert

Rybak, Siegfried
12.10.1906, Leipzig – 1942 (März) KZ Salaspils
staatenlos
Kaufmann, Innendekorateur
Zwangsarbeit in e. Rauchwarenzurichterei
Ludwigstr. 14; JH Leibnizstr. 30
Sohn von Lazar u. Mindel R., Bruder von Hannchen R., Ehemann von Klara R., Vater von Manja u. Bela R.
am 21.1.42 nach Riga deportiert

Rzepkowicz, Albin Daniel
26.10.1881, Leipzig – 11.7.1941, KZ Sachsenhausen
staatenlos
Kaufmann, Inh. e. Zigarettenfabrik
Frankfurter Str. 24; Albertstr. 42
am 3.12.40 als „arbeitsscheu u. wegen frechen Benehmens" verhaftet
am 21.2.41 nach Sachsenhausen deportiert

Sachs, Rosa
4.3.1892, Berkach, Sachsen-Meiningen – nach 1942 verschollen
dt. Staatsangeh.
Haushaltstütze
aus Berkach, Thüringen
JH Humboldtstr. 21
Brüder emigr.
am 21.1.42 nach Riga deportiert

Säbel, Gisela
22.11.1920, Leipzig – nach 1942 verschollen
staatenlos (fr. Polen)
Tochter von Israel u. Perla S., Schwester von Hella S.
auf d. Transportliste vom 21.1.42 gestrichen

Säbel, Hella
11.7.1934, Leipzig – nach 1942 verschollen
staatenlos (fr. Polen)
Schülerin
Tochter von Israel u. Perla S., Schwester von Gisela S.
auf d. Transportliste vom 21.1.42 gestrichen
am 10.5.42 nach Bełżyce deportiert

Säbel, Israel
17.8.1892, Sokołów, Russ.-Polen – 19.4.1940, KZ Sachsenhausen
poln. Staatsangeh.
Händler
Zwangsarbeiter
Gerberstr. 52; JH Keilstr. 4
Ehemann von Perla S., Vater von Gisela und Hella S.
seit 7.12.39 im KZ Sachsenhausen

Säbel, Perla Paula, geb. Wassermann
17.6.1901, Hussaków, Österr.-Polen – nach 1942 verschollen
staatenlos (fr. Polen)
Zwangsarbeit als Pelznäherin
Ehefrau von Israel S., Sohn emigr., Mutter von Gisela u. Hella S.
auf d. Transportliste vom 21.1.42 gestrichen
am 10.5.42 nach Bełżyce deportiert

Safran, Cäcilie Cilly, geb. Lehrfreund
1.8.1892, Krakau, Österr.-Polen – nach 1942, KZ Auschwitz verschollen
poln. Staatsangeh.
Buchhalterin, Stenotypistin
König-Johann-Str. 21; JH Gustav-Adolf-Str. 7
Geschwister emigr., Schwester von Lotte Burschtyn, Witwe, Sohn emigr.
am 17.2.43 nach Auschwitz deportiert

Sager, Bernhard
10.1.1893, Magdeburg, Provinz Sachsen – nach 1942 verschollen
dt. Staatsangeh.
Kaufmann, Inh. e. Firma für Reklame- u. Zugabeartikel
Zwangsarbeiter
Lessingstr. 29; JH Michaelisstr. 3
Ehemann von Johanna S., Vater von Evelin S.
am 21.1.42 nach Riga deportiert

Sager, Evelin
19.2.1938, Leipzig – nach 1942 verschollen
dt. Staatsangeh.
Tochter von Bernhard u. Johanna S.
am 21.1.42 nach Riga deportiert

Sager, Johanna, geb. Grimm
2.5.1904, Leipzig – nach 1942 verschollen
Kontoristin
Tochter von Josef Grimm, Mutter nach Theresienstadt deportiert, Überlebende, Geschwister emigr., Schwester von Erich Grimm, Ehefrau von Bernhard S., Mutter von Evelin S.
am 21.1.42 nach Riga deportiert

Sager, Leo
22.9.1897, Wolfenbüttel, Braunschweig – 15.5.1941, KZ Dachau
staatenlos
Kaufmann, Kürschner
Grassistr. 31; Grenzstr. 31
am 16.6.38 im Rahmen d. Aktion „Arbeitsscheue Reich" verhaftet
am 17.6.38 nach Sachsenhausen deportiert

Salm, Franziska, geb. Cahn
24.12.1874, Frankenthal (Pfalz), Bayern – 5.5.1942, KZ Ravensbrück
dt. Staatsangeh.
Mitinh. e. Rauchwarengroßh., gegr. 1886
Montbéstr. 12; JH Nordplatz 7
seit 1927 Witwe
am 5.11.41 wegen „Verbreitung e. Hetzschrift" verhaftet
am 6.3.42 nach Ravensbrück deportiert

Salomon, Alma, geb. Schlapp
10.12.1884, Lissa, Provinz Posen – nach 1943, KZ Auschwitz verschollen
dt. Staatsangeh.
Köchin
Ehefrau von Felix S., Mutter von Margot S.
am 17.2.43 nach Berlin, am 26.2.43 nach Auschwitz deportiert

Salomon, Erich
16.9.1886, Leipzig – 27.5.1940, im KZ umgekommen?
dt. Staatsangeh.?
Kaufmann, Reisender
Gustav-Adolf-Str. 1; JH Walter-Blümel-Str. 11
am 12.11.38 im Rahmen e. „Sonderaktion" verhaftet
nach Sachsenhausen deportiert, am 20.12.38 freigelassen

Salomon, Felix
29.6.1887, Breslau, Schlesien – nach 1943, KZ Auschwitz verschollen
dt. Staatsangeh.
Kaufmann (Textilwaren, Konfektion)
Verwaltungsangestellter
Berliner Str. 16; JH Nordstr. 15
Bruder emigr., Ehemann von Alma S., Vater von Margot S.
am 12.11.38 im Rahmen e. „Sonderaktion" verhaftet
am 17.2.43 nach Berlin, am 26.2.43 nach Auschwitz deportiert

Salomon, Margot
22.2.1925, München Gladbach, Rheinprovinz – nach 1943, KZ Auschwitz verschollen
dt. Staatsangeh.
Hausangestellte im jüd. Altersheim Auenstr. 14

Zwangsarbeit in d. Großkürschnerei S. Blükas, Brühl 47
Tochter von Felix u. Alma S.
am 17.2.43 nach Berlin, am 26.2.43 nach Auschwitz deportiert

Salzberg, Bajla Gitla, geb. Mühlstein
24.7.1890, Zawierzie, Russ.-Polen – nach 1942, KZ Auschwitz verschollen
staatenlos (fr. Polen)
Kontoristin
Breite Str. 4; JH Humboldtstr. 21
getrennt lebend, Tochter emigr.
am 13.7.42 nach Auschwitz deportiert

Samuel, Kunigunde, geb. Jacobowitz
4.11.1884, Breslawitz, Schlesien – nach 1942 verschollen
dt. Staatsangeh.
Putzmacherin
Schwester von Julie Pincus, Ehefrau von Siegfried S., Sohn emigr.
am 21.1.42 nach Riga deportiert

Samuel, Nathan
25.11.1869, Niepołomice, Österr.-Polen – 16.2.1944, Ghetto Theresienstadt
staatenlos (fr. Deutsches Reich)
Landwirt
JH Färberstr. 11 (Alters- und Pflegeheim)
Bruder emigr., Witwer, Sohn emigr.
am 19.9.42 nach Theresienstadt deportiert

Samuel, Siegfried
17.8.1883, Neumittelwalde, Schlesien – nach 1943 verschollen
dt. Staatsangeh.
Kaufmann, Angestellter
Zwangsarbeit bei d. Müllentsorgung und im Tiefbau
Roßmarktstr. 9; JH Humboldtstr. 10
Ehemann von Kunigunde S.
am 12.11.38 im Rahmen e. „Sonderaktion" verhaftet
am 21.1.42 nach Riga deportiert
Ältestenrat d. Sachsen im Ghetto Riga

Sand, Emanuel
10.9.1879, Budweis, Böhmen – nach 1942 verschollen
dt. Staatsangeh.
Kaufmann, Buchhalter
Zwangsarbeit als Handlungsgehilfe
Crottendorfer Str. 4; JH Alexanderstr. 46
Ehemann von Emilie S., Vater von Luise Guttmann
am 21.1.42 nach Riga deportiert

Sand, Emilie, geb. Beck
12.10.1880, Neuhof (b. Prag), Böhmen – nach 1942 verschollen
dt. Staatsangeh.
Verkäuferin
Ehefrau von Emanuel S., Sohn emigr., Mutter von Luise Guttmann
am 21.1.42 nach Riga deportiert

Sandbank, Amalie, geb. Bombach
8.3.1900, Żołynia, Österr.-Polen – nach 1942, KZ Auschwitz verschollen
staatenlos
Zwangsarbeit als Pelznäherin
aus Kiel, Schleswig-Holstein, seit 1939 in Leipzig
JH Gustav-Adolf-Str. 7
Geschwister emigr., Ehemann aus Kiel nach Sachsenhausen deportiert, Mutter von Frieda, Hermann, Fanny u. Betty S.
auf d. Transportliste vom 21.1.42
am 13.7.42 nach Auschwitz deportiert

Sandbank, Betty
7.5.1933, Kiel, Schleswig-Holstein – nach 1942, KZ Auschwitz verschollen
staatenlos
Tochter von Amalie S., Schwester von Frieda, Hermann u. Fanny S.
auf d. Transportliste vom 21.1.42
am 13.7.42 nach Auschwitz deportiert

Sandbank, Fanny
11.4.1930, Kiel, Schleswig-Holstein – nach 1942, KZ Auschwitz verschollen
staatenlos
Tochter von Amalie S., Schwester von Frieda, Hermann u. Betty S.
auf d. Transportliste vom 21.1.42
am 13.7.42 nach Auschwitz deportiert

Sandbank, Frieda
5.12.1926, Kiel, Schleswig-Holstein – nach 1942, KZ Auschwitz verschollen
staatenlos
Zwangsarbeiterin
Tochter von Amalie S., Schwester von Hermann, Fanny u. Betty S.
auf d. Transportliste vom 21.1.42
am 13.7.42 nach Auschwitz deportiert

Sandbank, Hermann
11.9.1928, Kiel, Schleswig-Holstein – nach 1942, KZ Auschwitz verschollen
staatenlos
Sohn von Amalie S., Bruder von Frieda, Fanny u. Betty S.
auf d. Transportliste vom 21.1.42
am 13.7.42 nach Auschwitz deportiert

Sarnow, Siegfried
23.3.1892, Leipzig – nach 1939 verschollen
dt. Staatsangeh.?
Heil- u. Pflegeanstalt Dösen
Heil- u. Pflegeanstalt Hubertusburg
vermutl. Opfer d. „Euthanasie"

Schachne (Schott), Clara Caroline[17]
9.6.1858, Meseritz, Provinz Posen – 4.10.1942, Ghetto Theresienstadt
dt. Staatsangeh.
Schriftstellerin, Übersetzerin
Carolinenstr. 13; JH Auenstr. 14 (Altersheim)
am 19.9.42 nach Theresienstadt deportiert

Schächter, Alexander Abraham
27.5.1891, Storozynetz, Bukowina – 19.2.1940, KZ Sachsenhausen
staatenlos (fr. Polen)
Kaufmann, Handelsvertreter
Löhrstr. 17; Nordstr. 13
Ehemann von Sina S., Vater von Taube S.
seit 15.11.39 im KZ Sachsenhausen

Schächter, Sina Jette, geb. Ardel
10.2.1890, Leipzig – nach 1942 verschollen
staatenlos (fr. Polen)
Löhrstr. 17; JH Keilstr. 5
Ehefrau von Alexander S., Sohn emigr., Mutter von Taube S.
am 10.5.42 nach Bełżyce deportiert

Schächter, Taube Toni
17.3.1917, Leipzig – nach 1942 verschollen
staatenlos (fr. Polen)
Kontoristin
Hausgehilfin
Tochter von Alexander u. Sina S.
am 10.5.42 nach Bełżyce deportiert

Schächtmann, Max
6.10.1888, Mozyr, Russland – nach 1942 verschollen
staatenlos
Sortierer
Zwangsarbeiter
Reichsstr. 22; JH Lortzingstr. 12
am 21.1.42 nach Riga deportiert

Schall, Amalie
25.12.1881, Leipzig – nach 1942 verschollen
staatenlos
Kontoristin
JH Humboldtstr. 10
Schwester von Clara Wenzel?
am 21.1.42 nach Riga deportiert

Schall, Max Mayer[18]
19.10.1877, Leipzig – nach 1942 umgekommen
Kaufmann, Inh. e. Fabrik
Brandvorwerkstr. 72; Kaiser-Wilhelm-Str. 79
nichtjüd. Ehefrau
bei d. Gestapo denunziert, am 14.1.42 wegen „Beleidigung e. Deutschblütigen u. staatsfeindlicher Äußerungen" verhaftet
am 27.2.42 nach Sachsenhausen deportiert

Schapira, Maria Migge[19]
28.5.1921, Leipzig – 7.3.1943, KZ Auschwitz
dt. Staatsangeh.
Kindergartenhelferin, Krankenschwester
Auenstr. 31; Gustav-Adolf-Str. 1
nichtjüd. Mutter
am 30.11.42 wegen Nichtbeachtung d. für Juden erlassenen Bestimmungen verhaftet
am 10.2.43 nach Auschwitz deportiert

Schapse, Berta
20.4.1903, Leipzig – nach 1942 verschollen
staatenlos (fr. Österreich)
Kontoristin
Zwangsarbeit als Büglerin
Packhofstr. 3; JH Humboldtstr. 9
Tochter von Susi S.
am 10.5.42 nach Bełżyce deportiert

Schapse, Susi Lucie, geb. Hildebrandt
21.8.1861, Czernowitz, Bukowina – nach 1943 verschollen
staatenlos (fr. Österreich)
Packhofstr. 3; JH Färberstr. 11 (Alters- und Pflegeheim)
seit 1931 Witwe, Söhne emigr., Sohn 1942 aus Frankreich nach Auschwitz deportiert, umgekommen, Mutter von Berta S.
am 17.2.43 nach Auschwitz? deportiert

Scharf, Karl
17.7.1901, Leipzig – 29.6.1942, KZ Ravensbrück
poln. Staatsangeh.
Kaufmann (Tuchfachmann)
Landsberger Str. 100; JH Pfaffendorfer Str. 6
Bruder emigr., Ehemann von Minna S.
1940 im KZ Buchenwald

Scharf, Minna, geb. Pollak
27.8.1907, Leipzig – nach 1943, KZ Auschwitz verschollen
staatenlos (fr. Polen)
Kontoristin
Zwangsarbeit als Pelznäherin
Landsberger Str. 100; JH Gustav-Adolf-Str. 7
Geschwister emigr., Ehefrau von Karl S., Kinder emigr.
auf d. Transportliste vom 21.1.42 gestrichen
am 17.2.43 nach Berlin, am 26.2.43 nach Auschwitz deportiert

Scharf, Pauline, geb. Perl
29.9.1864, Bischofstein, Ostpreußen – 20.10.1942, Ghetto Theresienstadt
dt. Staatsangeh.
Leibnizstr. 14; JH Nordstr. 15
Witwe
am 19.9.42 nach Theresienstadt deportiert

Scharfstein, Abraham
1.10.1880, Przyborowiec – 29.1.1940, KZ Sachsenhausen
staatenlos (fr. Polen)
Kaufmann
Böttchergäßchen 9; Gerberstr. 16
Ehemann von Frimet S., Vater von Markus und Betty S.
seit 15.11.39 im KZ Sachsenhausen

Scharfstein, Betty
1.10.1922, Leipzig – nach 1942 verschollen
staatenlos
Zwangsarbeiterin
Böttchergäßchen 9; JH Humboldtstr. 10
Tochter von Abraham u. Frimet S., Schwester von Markus S.
am 21.1.42 nach Riga deportiert

Scharfstein, Frimet Frieda, geb. Weinstein
4.6.1887, Brody, Österr.-Polen – nach 1942 verschollen
staatenlos (fr. Polen)
Böttchergäßchen 9; JH Humboldtstr. 10
Schwester emigr., Ehefrau von Abraham S., Sohn emigr., Mutter von Markus u. Betty S.
am 21.1.42 nach Riga deportiert

Scharfstein, Markus Max
30.4.1921, Leipzig – 2.5.1941, KZ Dachau
staatenlos (fr. Polen)
Arbeiter
Böttchergäßchen 9; Katharinenstr. 18
Sohn von Abraham u. Frimet S., Bruder von Betty S.
1940 im KZ Buchenwald

Schauber, Julius
15.6.1862, Mihăileni, Rumänien – 10.2.1943, Ghetto Theresienstadt
dt. Staatsangeh.
Kaufmann, Inh. e. Firma für Mineralöle, gegr. 1916
Lortzingstr. 6; JH Färberstr. 11 (Alters- und Pflegeheim)
seit 1941 Witwer, Töchter emigr., Vater von Gertrud Beck
am 19.9.42 nach Theresienstadt deportiert

Schaul, Edith Erna
14.12.1895, Leipzig – nach 1942 verschollen
dt. Staatsangeh.
Große Fleischergasse 10; JH Färberstr. 11 (Alters- und Pflegeheim)
am 21.1.42 nach Riga deportiert

Schaul, Hulda Hannchen, geb. Baumann
28.1.1862, Pinne, Provinz Posen – 9.9.1942, Leipzig
dt. Staatsangeh.
Inh. e. Trikotagen-Großh., gegr. 1896
König-Johann-Str. 2; JH Färberstr. 11 (Alters- und Pflegeheim)
seit 1929 Witwe
auf d. Transportliste vom 19.9.42

Scheie, Cäcilie, geb. Eifert
27.12.1862, Usch (b. Schneidemühl), Provinz Posen – 12.12.1942, Ghetto Theresienstadt
dt. Staatsangeh.
Floßplatz 11; JH Auenstr. 14 (Altersheim)
Witwe, Sohn emigr.
am 19.9.42 nach Theresienstadt deportiert

Scheinin, Hanna
30.11.1886, Leipzig – nach 1942 verschollen
dt. Staatsangeh.
Stenotypistin
Zwangsarbeiterin
Gohliser Str. 2; JH Humboldtstr. 4
am 21.1.42 nach Riga deportiert

Scheyer, Hans
14.5.1889, Ludwigsdorf – nach 1942 verschollen
dt. Staatsangeh.
Kaufmann
Zwangsarbeiter
JH Funkenburgstr. 15
geschieden
am 4.12.40 wegen „Verheimlichung seiner volljüd. Abstammung" verhaftet, am 23.12.40 freigelassen
am 21.1.42 nach Riga deportiert

Schick, Felicia Lili, geb. Kapauner
12.6.1888, Myslowitz, Schlesien – nach 1942 verschollen
dt. Staatsangeh.
Schneiderin
Fregestr. 34; JH Gohliser Str. 11
Bruder, Ehemann u. Kinder emigr.
am 21.1.42 nach Riga deportiert

Schiermann, Rosa
22.10.1902, Odessa, Russland – nach 1939 verschollen
staatenlos
Tauchaer Str. 58; Heil- u. Pflegeanstalt Dösen
vermutl. Opfer d. „Euthanasie"

Schiff, Emil
30.7.1870, Gröbzig, Anhalt – 29.12.1942, Ghetto Theresienstadt
dt. Staatsangeh.
Kaufmann, Inh. e. Wolle-Großh., gegr. 1891
Zwangsarbeit in d. Städt. Arbeitsanstalt
Fregestr. 24; JH Humboldtstr. 13
Abschluss e. Heimeinkaufsvertrages für Theresienstadt
am 19.9.42 nach Theresienstadt deportiert

Schiffer, Erna
9.2.1911, Ruda, Schlesien – nach 1942 verschollen
dt. Staatsangeh.
Küchenmädchen
Zwangsarbeiterin
JH Alexanderstr. 46
Bruder emigr.
am 21.1.42 nach Riga deportiert

Schild, Anna Ernestine, geb. Langholz
3.1.1877, Leipzig – 18.2.1943, Ghetto Theresienstadt
dt. Staatsangeh.
Ehrensteinstr. 34; JH Humboldtstr. 13
seit 1925 Witwe, Kinder emigr.
am 19.9.42 nach Theresienstadt deportiert

Schild, Elsa Rachel, geb. Zwergel
1.8.1902, Leipzig – nach 1942, KZ Auschwitz verschollen
dt. Staatsangeh. (fr. Polen)
Verkäuferin
Zwangsarbeit als Pelznäherin
Tiefe Str. 3; JH Humboldtstr. 15
Ehefrau von Max S., Mutter von Sonja Zwergel
auf d. Transportliste vom 21.1.42 gestrichen
am 13.7.42 nach Auschwitz deportiert

Schild, Max
11.5.1896, Leipzig – nach 1942, KZ Auschwitz verschollen
dt. Staatsangeh.
Lagerist
Zwangsarbeiter
Löhrstr. 11; JH Humboldtstr. 15
Bruder emigr., Bruder von Fanny Muscatblatt, Ehemann von Elsa S.
auf d. Transportliste vom 21.1.42 gestrichen
am 13.7.42 nach Auschwitz deportiert

Schiller, Hedwig Johanna
25.4.1886, Leipzig – nach 1940 verschollen
dt. Staatsangeh.
Heil- u. Pflegeanstalt Dösen
Heil- u. Pflegeanstalt Arnsdorf
vermutl. Opfer d. „Euthanasie"

Schipper, Betty Beila
11.1.1857, Tarnów, Österr.-Polen – nach 1943 verschollen
staatenlos
aus Gera, Thüringen?
JH Färberstr. 11 (Alters- und Pflegeheim)
seit 1916 Witwe
auf d. Transportliste vom 17.2.43 gestrichen

Schlapp, Heinz Günter
25.9.1926, Leipzig – nach 1942 verschollen
dt. Staatsangeh.

Küchenpraktikant
Sohn von Salo u. Margarethe S.
am 10.5.42 nach Bełżyce deportiert

Schlapp, Margarethe, geb. Isaaksohn
25.5.1897, Woltin, Pommern – nach 1942 verschollen
dt. Staatsangeh.
Ehefrau von Salo S., Mutter von Heinz S.
am 10.5.42 nach Bełżyce deportiert

Schlapp, Salo
9.1.1887, Lissa, Provinz Posen – nach 1942 verschollen
dt. Staatsangeh.
Kaufmann, Inh. e. Firma für Baumwollwaren
Zwangsarbeiter
Fichtestr. 54; JH Humboldtstr. 21
Bruder von Johanna Beuthner, Ehemann von Margarethe S., Vater von Heinz S.
am 10.5.42 nach Bełżyce deportiert

Schlesinger, Alice Amalie
17.7.1896, Gleiwitz, Schlesien – 1942 Ghetto Riga
dt. Staatsangeh.
Haushälterin
Pflegerin
Leibnizstr. 11
am 21.1.42 nach Riga deportiert

Schlesinger, Helene, geb. Maerker
11.12.1905, Merseburg, Provinz Sachsen – nach 1942 verschollen
dt. Staatsangeh.
Haushälterin
Berliner Str. 123 (Alter Israelit. Friedhof)
Bruder u. Ehemann emigr.
am 21.1.42 nach Riga deportiert

Schlorke, Lea Sara verw. Dinerstein geb. Schermann
21.7.1892, Wilna, Russ.-Polen – nach 1942 verschollen
dt. Staatsangeh.
Händlerin
Zwangsarbeiterin
Emilienstr. 21; JH Keilstr. 5
nichtjüd. Ehemann, seit 1935 Witwe, Tochter emigr.
am 21.1.42 nach Riga deportiert

Schloß, Hermann Hirsch
2.7.1872, Gleicherwiesen, Sachsen-Altenburg – 29.3.1943, Ghetto Theresienstadt
dt. Staatsangeh.
Kaufmann, Mitinh. e. Schuhwaren-Großhandl.
Sedanstr. 10; JH Auenstr. 14 (Altersheim)
Schwester emigr.
am 19.9.42 nach Theresienstadt deportiert

Schmerel (Schmerl), Albert
22.7.1881, Leipzig – nach 1942 verschollen
dt. Staatsangeh.
Kaufmann, Dolmetscher
Zwangsarbeiter
Wißmannstr. 5; JH Pfaffendorfer Str. 6
seit 1939 Witwer
am 21.1.42 nach Riga deportiert

Schmerl, Henriette Jenny
2.4.1878, Berlin – nach 1942 verschollen
dt. Staatsangeh.
JH Humboldtstr. 13
am 21.1.42 nach Riga deportiert

Schmerl, Rosa Ester, geb. Weiss
27.10.1877, Brody, Österr.-Polen – nach 1942 verschollen
dt. Staatsangeh. (fr. Österreich)
Händlerin
Karlstr. 14; JH Packhofstr. 1
geschieden, Töchter emigr.
am 10.5.42 nach Bełżyce deportiert

Schmitz, Helene Lina, geb. Strauss
9.12.1876, Elberfeld, Rheinprovinz – 26.11.1942, Ghetto Theresienstadt
dt. Staatsangeh.
Ehefrau von Moritz S., Sohn emigr.
Abschluss e. Heimeinkaufsvertrages für Theresienstadt
am 19.9.42 nach Theresienstadt deportiert

Schmitz, Moritz
8.6.1866, Münstermaifeld, Rheinprovinz – 19.10.1942, Ghetto Theresienstadt
dt. Staatsangeh.
Kaufmann, Schneidermeister, Inh. e. Tuchlagers u. e. Maßateliers
Thomasiusstr. 9; JH Humboldtstr. 15
Ehemann von Helene S.
am 5.10.39 im Rahmen e. „Sonderaktion" verhaftet, am 14.10.39 freigelassen
Abschluss e. Heimeinkaufsvertrages für Theresienstadt
am 19.9.42 nach Theresienstadt deportiert

Schmulewitz (Schmulowicz), Rosa Ruchla, geb. Assmann
6.1.1878, Warschau – nach 1942 verschollen
Staatsangeh. ungeklärt (fr. Polen)
Löhrstr. 13; JH Humboldtstr. 4
seit 1933 Witwe, Mutter von Klara Koppold u. Jenta Pietrkowski
am 21.1.42 nach Riga deportiert

Schneider, Sora Sofie
7.8.1891, Sidra, Russ.-Polen – nach 1942 verschollen
Staatsangeh. ungeklärt (fr. Türkei)
Malerin
Zwangsarbeiterin, Hilfsschwester
JH Leibnizstr. 4
Eltern emigr.
am 21.1.42 nach Riga deportiert

Schnittmann, Sara, geb. Jakobsohn
5.1.1874, Königsberg, Ostpreußen – 24.3.1944, Ghetto Theresienstadt
staatenlos (fr. Russland)
Händlerin
Zwangsarbeit als Näherin
Turnerstr. 17; JH Keilstr. 4
Bruder emigr., Ehemann ebenfalls nach Theresienstadt deportiert, Überlebender, Sohn 1942 aus Hamburg nach Neuengamme deportiert, umgekommen, Mutter von Wolf S.
am 19.9.42 nach Theresienstadt deportiert

Schnittmann, Sophie, geb. Schwarzberg
10.6.1887, Schweißing, Böhmen – nach 1942 verschollen
Staatsangeh. ungeklärt
Lehrerin
Gohliser Str. 28; JH Walter-Blümel-Str. 11
seit 1931 Witwe, Sohn emigr.
am 21.1.42 nach Riga deportiert

Schnittmann, Wolf
29.1.1914, Leipzig – nach 1942 verschollen
staatenlos (fr. Russland)
Kontorist
Zwangsarbeiter
Sohn von Sara S.
am 10.5.42 nach Bełżyce deportiert

Schönfeld, Serke Sali, geb. Leifer
10.10.1880, Bołszowce, Österr.-Polen – nach 1942 verschollen
Staatsangeh. ungeklärt (fr. Polen)
Reichsstr. 22; JH Humboldtstr. 6
seit 1940 Witwe, Kinder emigr.
am 21.1.42 nach Riga deportiert

Schreiber, Albert
20.11.1886, Leipzig – nach 1944, KZ Auschwitz verschollen
dt. Staatsangeh.
Bankier, Mitinh. e. Bankgeschäfts, gegr. 1815
Zwangsarbeiter
Beethovenstr. 16; JH Färberstr. 11 (Alters- und Pflegeheim)
Bruder von Walter S.
am 11.11.38 im Rahmen e. „Sonderaktion" verhaftet
nach Buchenwald deportiert, am 17.12.38 freigelassen
am 10.11.39 im Rahmen e. „Sonderaktion" verhaftet, am 16.12.39 freigelassen
auf d. Transportliste vom 17.2.43 gestrichen
vermutl. am 27.2.43 nach Dresden, am 29.3.43 nach Theresienstadt, am 1.10.44 nach Auschwitz deportiert

Schreiber, Walter, Dr. jur.
6.7.1885, Breslau, Schlesien – 22.6.1940, im KZ umgekommen?
dt. Staatsangeh.
Bankier, Mitinh. e. Bankgeschäfts, gegr. 1815
Beethovenstr. 16; Mozartstr. 17
Schwester 1943 aus Berlin nach Theresienstadt deportiert, in Auschwitz verschollen, Bruder von Albert S.
am 12.11.38 im Rahmen e. „Sonderaktion" verhaftet, am 10.11.39 im Rahmen e. „Sonderaktion" verhaftet, am 16.12.39 freigelassen

Schub, Sara Mera, geb. Lukomsky
1.9.1865, Bychow, Russland – 28.12.1942, Ghetto Theresienstadt
staatenlos (fr. Russland)
Mitinh. e. Rauchwarengroßh., gegr. 1891
Gottschedstr. 16; JH Gustav-Adolf-Str. 7
Schwester von Tilli Lipschitz?, seit 1930 Witwe, Tochter emigr.
Abschluss e. Heimeinkaufsvertrages für Theresienstadt
am 19.9.42 nach Theresienstadt deportiert

Schüftan, Lilly, geb. Levy
23.3.1902, Illingen, Saar – nach 1942 verschollen
dt. Staatsangeh.
Köchin

Zwangsarbeiterin
Ehefrau von Rudi S.
auf d. Transportliste vom 21.1.42 gestrichen
am 10.5.42 nach Bełżyce deportiert

Schüftan, Rudi Chaskel
24.3.1906, Breslau, Schlesien – nach 1942 verschollen
dt. Staatsangeh.
Zahntechniker, Dentist
Sidonienstr. 30; JH Keilstr. 3
Ehemann von Lilly S.
auf d. Transportliste vom 21.1.42 gestrichen
am 10.5.42 nach Bełżyce deportiert

Schüler, Sally
25.3.1875, Stolp, Pommern – 20.1.1943, Ghetto Theresienstadt
dt. Staatsangeh.
Apotheker, Mitinh. d. Engel-Apotheke, gegr. 1523
Zwangsarbeit in d. Städt. Arbeitsanstalt
Markt 12; JH Humboldtstr. 21
Bruder von Pauline Feldmann
am 19.9.42 nach Theresienstadt deportiert

Schüssel, Hermann
5.2.1900, Podwołoczyska, Österr.-Polen – 15.3.1940, KZ Sachsenhausen
poln. Staatsangeh.
Lagerist
Yorkstr. 13; JH Michaelisstr. 3
Ehefrau emigr.

Schütze, Frieda, geb. Blaustein
17.2.1889, Leipzig – 30.1.1943, KZ Auschwitz
Ferdinand-Jost-Str. 45
nichtjüd. Ehemann
am 8.10.42 wegen „Nichtbeachtung d. Judenbestimmungen" verhaftet

Schullehrer, Chaje Wittel, geb. Grünseid
28.7.1904, Brody, Österr.-Polen – nach 1942 verschollen
staatenlos (fr. Polen)
Zwangsarbeiterin
Pfaffendorfer Str. 14; JH Humboldtstr. 15
Tochter von Wolf u. Pessel Grünseid, Schwester von Herz Grünseid, Ehemann 1942 aus Frankreich nach Auschwitz deportiert, umgekommen, Mutter von Senta S.
am 10.5.42 nach Bełżyce deportiert

Schullehrer, Senta
25.10.1933, Leipzig – nach 1942 verschollen
staatenlos (fr. Polen)
Schülerin
Tochter von Chaje S.
am 10.5.42 nach Bełżyce deportiert

Schumer, Anna Gisela
22.3.1936, Leipzig – nach 1942 verschollen
Staatsangeh. ungeklärt (fr. Polen)
Schülerin
Tochter von Salomon u. Ingeborg S., Schwester von Bernhard S.
auf d. Transportlisten vom 21.1.42 u. 13.7.42 gestrichen

Schumer, Bernhard
14.9.1937, Leipzig – nach 1942 verschollen
Staatsangeh. ungeklärt (fr. Polen)
Schüler
Sohn von Salomon u. Ingeborg S., Bruder von Anna S.
auf d. Transportlisten vom 21.1.42 u. 13.7.42 gestrichen

Schumer, Ingeborg Irmgard, geb. Alexander
10.9.1915, Leipzig – nach 1942 verschollen
Staatsangeh. ungeklärt (fr. Polen)
Verkäuferin, Kürschnerin
Zwangsarbeit als Pelznäherin in d. Kürschnerei Karl Seibicke, Brühl 71
Beaumontstr. 48; JH Keilstr. 5
Vater u. Brüder 1945 nach Theresienstadt deportiert, Überlebende, nichtjüd. Mutter, Ehefrau von Salomon S., Mutter von Anna u. Bernhard S.
auf d. Transportlisten vom 21.1.42 u. 13.7.42 gestrichen

Schumer, Salomon Aron
2.11.1909, Leipzig – 26.12.1940, KZ Dachau
Staatsangeh. ungeklärt (fr. Polen)
Kürschner, Reisender
Yorkstr. 28; JH Walter-Blümel-Str. 21
Eltern u. Geschwister 1938 nach Polen abgeschoben, Bruder von Etka Friedmann, Ehemann von Ingeborg S., Vater von Anna u. Bernhard S.
1940 im KZ Sachsenhausen

Schuss, Anni Helene
25.9.1927, Karlsruhe, Baden – nach 1942 umgekommen
staatenlos (fr. Polen)
Schülerin
Tochter von Regina S.
am 10.5.42 nach Bełżyce deportiert

Schuss, Regina Rifka, geb. Kranz
25.4.1896, Przyłęk, Provinz Posen – nach 1942 umgekommen
staatenlos (fr. Polen)
Hausangestellte
aus Karlsruhe, Baden, seit 1939? in Leipzig
JH Jacobstr. 7 (Kinderheim)
Witwe, Söhne emigr., Mutter von Anni S.
am 10.5.42 nach Bełżyce deportiert

Schwartz, Anna, geb. Parnaß
24.5.1901, Leipzig – nach 1943, KZ Ravensbrück
ungar. Staatsangeh.
Fregestr. 24; Frankfurter Str. 6
Brüder emigr., Schwester 1938 nach Polen abgeschoben, Schwester von Margarete Mathias, Ehemann emigr., Tochter ebenfalls nach Ravensbrück deportiert, Überlebende
am 11.10.43 verhaftet
am 12.10.43 nach Ravensbrück deportiert

Schwartz (Schwarz), Felix
19.12.1892, Posen – nach 1942 verschollen
dt. Staatsangeh.
Kaufmann (Textilwaren)
Zwangsarbeiter
JH Gohliser Str. 11
Bruder emigr., Bruder von Franziska Wolfsohn, Ehemann von Käte S.
auf d. Transportliste vom 21.1.42 gestrichen, doch nach Riga deportiert

Schwartz, Käte, geb. Hirschfeldt
24.12.1887, Bad Oederan, Sachsen – nach 1942 verschollen
dt. Staatsangeh.
Schneidermeisterin, Inh. e. Maßateliers
Inselstr. 13; JH Gohliser Str. 11
Bruder emigr., Ehefrau von Felix S.
auf d. Transportliste vom 21.1.42 gestrichen, doch nach Riga deportiert

Schwarzbard, Freidar Frieda, geb. Baldermann
19.5.1904, Nowy Korczyn, Russ.-Polen – nach 1942 verschollen
poln. Staatsangeh.
Haushälterin
Humboldtstr. 10; JH Lortzingstr. 14
Ehemann u. Kinder emigr.
am 21.1.42 nach Riga deportiert

Schwarzberg, Ilse
28.9.1901, Leipzig – nach 1943, KZ Auschwitz verschollen
Protektoratsangeh. (fr. Tschechoslowakei)
Zwangsarbeiterin
Grassistr. 20; JH Gustav-Adolf-Str. 7
auf d. Transportliste vom 21.1.42 gestrichen
am 17.2.43 nach Berlin, am 26.2.43 nach Auschwitz deportiert

Schwarzmann, Leiser Jankel
15.11.1875, Stoczek? – 25.4.1940, KZ Sachsenhausen
staatenlos (fr. Polen)
Markthelfer, Händler
Reichsstr. 39; Katharinenstr. 18
Ehemann von Taube S.
seit 7.12.39 im KZ Sachsenhausen

Schwarzmann, Taube, geb. Lobra
5.5.1882, Warschau – nach 1942 verschollen
staatenlos
Weißnäherin
Zwangsarbeiterin
Reichsstr. 39; JH Packhofstr. 1
Ehefrau von Leiser S., Kinder emigr.
am 21.1.42 nach Riga deportiert

Seckel, Betti Bertha, geb. Grünbaum
16.3.1867, Walldorf (Werra), Sachsen-Meiningen – 30.11.1942, Ghetto Theresienstadt
dt. Staatsangeh.
Kohlgartenstr. 38; JH Keilstr. 5
seit 1911 Witwe, Kinder emigr.
am 19.9.42 nach Theresienstadt deportiert

Seckelsohn, Berthold, Dr. med.
8.12.1864, Schönlanke, Provinz Posen – 18.2.1943, Ghetto Theresienstadt
dt. Staatsangeh.
prakt. Arzt
Dieskaustr. 10; JH Nordstr. 15
Witwer
Abschluss e. Heimeinkaufsvertrages für Theresienstadt
am 19.9.42 nach Theresienstadt deportiert

Seelenfreund, Adele Eidel, geb. Rubin
4.1.1866, Neu Sandec, Österr.-Polen – 1.10.1942, Ghetto Theresienstadt
dt. Staatsangeh. (fr. Österreich)
Gottschedstr. 3; JH Auenstr. 14 (Altersheim)
seit 1940 Witwe, Söhne emigr.
Abschluss e. Heimeinkaufsvertrages für Theresienstadt
am 19.9.42 nach Theresienstadt deportiert

Segall (recte Peczenik), Ascher Osias
16.2.1868, Brody, Österr.-Polen – 22.1.1940, KZ Sachsenhausen
staatenlos (fr. Polen)
Kaufmann, Händler
Tempeldiener
Ranstädter Steinweg 33; JH Humboldtstr. 13
seit 1923 Witwer, Tochter 1938 nach Polen abgeschoben
seit 14.12.39 im KZ Sachsenhausen

Segall, Schloma Salomon
5.5.1882, Władysławów, Russ.-Polen – 22.5.1942, KZ Dachau
staatenlos
Uhrmachermeister
Matthäikirchhof 26; JH Jacobstr. 7

Seidowsky, Adolf Wolf
29.12.1906, Leipzig – nach 1940 verschollen
dt. Staatsangeh.?
Zurichter
Zwangsarbeiter
Mittelstr. 12
nichtjüd. Ehefrau
am 16.6.38 im Rahmen d. Aktion „Arbeitsscheue Reich" verhaftet
am 17.6.38 nach Sachsenhausen deportiert, am 11.1.39 freigelassen
am 19.4.40 wegen Diebstahls verhaftet
am 13.12.40 nach Sachsenhausen deportiert

Seidowsky, Loni Ruth
6.6.1921, Leipzig – nach 1943, KZ Auschwitz verschollen
dt. Staatsangeh.
Zwangsarbeit als Pelznäherin
Tauchaer Str. 48; JH Gustav-Adolf-Str. 7
Brüder emigr., Schwester von Esther Lange und Friedel Alexander
auf d. Transportliste vom 21.1.42 gestrichen
am 17.2.43 nach Berlin, am 26.2.43 nach Auschwitz deportiert

Selig, Richard Otto
21.7.1914, Leipzig – 28.8.1943, KZ Neuengamme
mit Haftbefehl gesucht, seit 15.2.38 im Untersuchungsgefängnis

Seligmann, Betty, geb. Oppenheimer
31.10.1896, Goch, Rheinprovinz – nach 1942, KZ Auschwitz verschollen
dt. Staatsangeh.
Hausdame
Haushaltpflegerin
JH Auenstr. 14 (Altersheim)
Geschwister emigr.
am 13.7.42 nach Auschwitz deportiert

Seller, Elise, geb. Schülein
5.4.1876, Thalmässing, Bayern – 13.1.1944, Ghetto Theresienstadt
dt. Staatsangeh.
JH Auenstr. 14 (Altersheim)
seit 1941 Witwe, Sohn emigr.
Abschluss e. Heimeinkaufsvertrages für Theresienstadt
am 19.9.42 nach Theresienstadt deportiert

Selz, Erich Leopold
15.10.1912, Stuttgart, Württemberg – 25.12.1938, KZ Buchenwald
dt. Staatsangeh.?
Gärtner
aus Stuttgart
Alexanderstr. 46
am 12.11.38 im Rahmen e. „Sonderaktion" verhaftet
nach Buchenwald deportiert

Sidersky, Marie, geb. Baumöhl (false Kunke)
22.2.1866, Tarnopol, Österr.-Polen – 7.2.1943, Ghetto Theresienstadt
staatenlos (fr. Österreich)
JH Nordstr. 15
Witwe
am 19.9.42 nach Theresienstadt deportiert

Siegelbaum, Selma
1.11.1918, Leipzig – nach 1942 verschollen
poln. Staatsangeh.
Hausangestellte
Zwangsarbeiterin
Nordstr. 26; JH Große Fleischergasse 28
Vater 1938 nach Polen abgeschoben, umgekommen, Geschwister emigr.
am 21.1.42 nach Riga deportiert

Siegelberg, Helene Hanna
6.1.1889, Warschau – nach 1942 verschollen
poln. Staatsangeh.
Büroangestellte
Zwangsarbeiterin
Blumenstr. 27; JH Nordplatz 7
Bruder emigr.
am 10.5.42 nach Bełżyce deportiert

Siegler, Charlotte, geb. Glaser
10.10.1903, Hochkirch (Kr. Trebnitz), Schlesien – nach 1942 verschollen
dt. Staatsangeh.
Sängerin
Ehefrau von Herbert S.
am 21.1.42 nach Riga deportiert

Siegler, Herbert Heinrich
4.6.1901, Koblenz, Rheinprovinz – nach 1942 verschollen
dt. Staatsangeh.
Kaufmann, Vermittler für Auswanderer
seit 1938 in Leipzig
JH Humboldtstr. 31
Ehemann von Charlotte S.
am 21.1.42 nach Riga deportiert

Sieskind, Jakob, Dr. jur.
12.11.1872, Leipzig – 11.1.1943, KZ Auschwitz
dt. Staatsangeh.
Bankier, Mitinh. e. Bankgeschäfts, gegr. 1815
Wächterstr. 15; JH Gustav-Adolf-Str. 7
Bruder von Elsbeth Maas, nichtjüd. Ehefrau
am 11.11.42 wegen Vergehens gegen die Kriegswirtschaftsverordnung verhaftet
am 23.12.42 nach Auschwitz deportiert

Sigall, Edith, geb. Rosenstein
6.3.1899, Samotschin, Provinz Posen – nach 1942 verschollen
dt. Staatsangeh. (fr. Österreich)
Inh. e. Ateliers für feine Pelzwaren
Zwangsarbeit als Pelznäherin
Cöthner Str. 48a; JH Humboldtstr. 6
geschieden, Mutter von Irmgard u. Estella S.
am 10.5.42 nach Bełżyce deportiert

Sigall, Estella Natalla
9.3.1924, Leipzig – nach 1942 verschollen
dt. Staatsangeh. (fr. Österreich)
Zwangsarbeit als Putztuchschneiderin
Tochter von Edith S., Schwester von Irmgard S.
am 10.5.42 nach Bełżyce deportiert

Sigall, Irmgard
14.2.1921, Leipzig – nach 1942 verschollen
dt. Staatsangeh. (fr. Österreich)
Stütze
Zwangsarbeiterin
Tochter von Edith S., Schwester von Estella S.
am 10.5.42 nach Bełżyce deportiert

Sigall (Sygall) (gen. Merlin), Lea Laura, geb. Lehrer
27.1.1883, Tarnopol, Österr.-Polen – nach 1942 verschollen
Staatsangeh. ungeklärt (fr. Polen)
Mittelstr. 3; JH Keilstr. 5
seit 1934 Witwe
am 21.1.42 nach Riga deportiert

Sigall, Regina Rebekka
16.5.1897, Brody, Österr.-Polen – nach 1942 verschollen
poln. Staatsangeh.
Zwangsarbeiterin
Löhrstr. 6; JH Packhofstr. 1
Tochter von Rose S.
am 21.1.42 nach Riga deportiert

Sigall, Rose, geb. Henik
2.2.1864, Załoźce (b. Brody), Österr.-Polen – 3.10.1942, Ghetto Theresienstadt
staatenlos (fr. Polen)
Löhrstr. 6; JH Humboldtstr. 13
seit 1934 Witwe, Sohn emigr., Tochter 1938 nach Polen abgeschoben, Mutter von Regina S.
am 19.9.42 nach Theresienstadt deportiert

Silberberg, Alexander Leib
11.6.1900, Kalisch, Russ.-Polen – nach 1942 verschollen
staatenlos
Kaufmann, Händler
Eberhardstr. 11; JH Gustav-Adolf-Str. 7
Ehemann von Mascha S., Vater von Siegfried, Ruth u. Elias S.
am 13.11.38 im Rahmen e. „Sonderaktion" verhaftet
am 21.1.42 nach Riga deportiert

Silberberg, Alfred
12.5.1898, Bassum, Provinz Hannover – nach 1943, KZ Auschwitz verschollen
dt. Staatsangeh.
Damenschneider, Kaufmann (Konfektionsbranche)

Zwangsarbeit im Gartenbau
aus Döhlau (b. Halle, Saale), Provinz Sachsen, seit 1939? in Leipzig
JH Packhofstr. 1
Bruder emigr., Ehemann von Elsbeth S.
auf d. Transportliste vom 21.1.42 gestrichen
am 17.2.43 nach Berlin, am 26.2.43 nach Auschwitz deportiert

Silberberg, Aron Arthur
15.3.1867, Kalisch, Russ.-Polen – 12.7.1940, KZ Sachsenhausen
staatenlos
Händler
Eberhardstr. 11 (seit 1939 JH)
Witwer

Silberberg, Chaim Löser
16.7.1896, Kalisch, Russ.-Polen – nach 1942 verschollen
staatenlos
Händler
Zwangsarbeiter
Berliner Str. 46; JH Keilstr. 3
Ehemann von Lene S.
am 12.11.38 im Rahmen e. „Sonderaktion" verhaftet
am 21.1.42 nach Riga deportiert

Silberberg, Elias
25.5.1939, Leipzig – nach 1943 verschollen
staatenlos
Sohn von Alexander u. Mascha S., Bruder von Siegfried u. Ruth S.
am 21.1.42 nach Riga deportiert

Silberberg, Elsbeth Rosa, geb. Lewin
10.5.1897, Graudenz, Westpreußen – nach 1943, KZ Auschwitz verschollen
dt. Staatsangeh.
Putzmacherin, Schneiderin
Zwangsarbeit in d. Firma Fritz Enderlein, Rauchwaren, Reichsstr. 30/32
Ehefrau von Alfred S.
auf d. Transportliste vom 21.1.42
am 17.2.43 nach Berlin, am 26.2.43 nach Auschwitz deportiert

Silberberg, Frieda Henriette
14.6.1892, Halle (Saale), Provinz Sachsen – nach 1943 verschollen
dt. Staatsangeh.
Krankenschwester
Oberin im Israelit. Krankenhaus
Eitingonstr. 1; Chemnitzer Str. 50
Tochter von Henriette S., Schwester von Gustav S., Cousine von Jenny Bauchwitz
am 18.6.43 nach Auschwitz? deportiert

Silberberg, Gustav Jechil
10.5.1889, Halle (Saale), Provinz Sachsen – 1942, KZ Salaspils
dt. Staatsangeh.
Kaufmann
Zwangsarbeit als Gärtner
aus Halle (Saale)
JH Humboldtstr. 15
Sohn von Henriette S., Bruder von Frieda S., Ehefrau ebenfalls nach Riga deportiert, Überlebende
am 21.1.42 nach Riga deportiert

Silberberg, Hedwig, geb. Rosenbaum
16.10.1871, Memmingen, Bayern – 31.5.1944, Ghetto Theresienstadt
dt. Staatsangeh.
Ehefrau von Hermann S.
am 19.9.42 nach Theresienstadt deportiert

Silberberg, Henriette Jütel, geb. Bauchwitz
15.9.1860, Kloster Zinna, Brandenburg – 28.9.1942, Ghetto Theresienstadt
dt. Staatsangeh.
aus Halle (Saale), Provinz Sachsen
JH Humboldtstr. 13
Kinder emigr., Mutter von Gustav u. Frieda S.
am 19.9.42 nach Theresienstadt deportiert

Silberberg, Hermann
2.12.1864, Felsberg (Bz. Kassel), Hessen-Nassau – 1.4.1943, Ghetto Theresienstadt
dt. Staatsangeh.
Bankier
Eberhardstr. 11; JH Auenstr. 14 (Altersheim)
Ehemann von Hedwig S.
am 19.9.42 nach Theresienstadt deportiert

Silberberg, Ilse Berta
5.8.1912, Berlin – nach 1942, KZ Auschwitz verschollen
dt. Staatsangeh.
Hausangestellte
Zwangsarbeiterin
JH Auenstr. 14 (Altersheim)
Tochter von Louis S.
am 13.7.42 nach Auschwitz deportiert

Silberberg, Josef
20.6.1906, Leipzig – nach 1942, KZ Auschwitz verschollen
staatenlos
Rauchwarenlagerist, Friedhofsgärtner
Eberhardstr. 11; JH Nordstr. 11
am 12.11.38 i. Rahmen e. „Sonderaktion" verhaftet
am 13.7.42 nach Auschwitz deportiert

Silberberg, Lene, geb. Scheinhorn
3.3.1903, Leipzig – nach 1942 verschollen
staatenlos
Ehefrau von Chaim S.
am 21.1.42 nach Riga deportiert

Silberberg, Louis
20.6.1871, Wenzen, Braunschweig – 12.12.1942, Ghetto Theresienstadt
dt. Staatsangeh.
Kaufmann
Zwangsarbeit in d. Städt. Arbeitsanstalt aus Brandenburg
JH Färberstr. 11 (Alters- und Pflegeheim)
Bruder emigr., Witwer, Vater von Ilse S.
am 3.12.39 verhaftet
am 19.9.42 nach Theresienstadt deportiert

Silberberg, Mascha Brandla, geb. Gewürtzmann
14.1.1905, Warschau – nach 1943 verschollen
staatenlos
Ehefrau von Alexander S., Mutter von Siegfried, Ruth u. Elias S.
am 21.1.42 nach Riga deportiert

Silberberg, Ruth Sonja
4.12.1937, Leipzig – nach 1943 verschollen
staatenlos
Tochter von Alexander u. Mascha S., Schwester von Siegfried u. Elias S.
am 21.1.42 nach Riga deportiert

Silberberg, Siegfried
6.12.1935, Leipzig – nach 1943 verschollen
staatenlos
Sohn von Alexander u. Mascha S., Bruder von Ruth u. Elias S.
am 21.1.42 nach Riga deportiert

Silbermann, Benno
11.7.1897, Brzesko, Österr.-Polen – 22.8.1941, KZ Buchenwald
poln. Staatsangeh.
Vertreter für Weine
Blücherstr. 21; JH Keilstr. 5
Ehefrau u. Sohn 1938 nach Polen abgeschoben, Sohn emigr.
am 17.7.39 verhaftet
am 2.8.40 nach Sachsenhausen deportiert

Silbermann, Freude, geb. Harband
27.8.1887, Tarnopol, Österr.-Polen – nach 1942 verschollen
staatenlos (fr. Polen)
Händlerin
Reudnitzer Str. 10; JH Walter-Blümel-Str. 11
getrennt lebend, Mutter von Anneliese Ritwo
am 21.1.42 nach Riga deportiert

Silberstein, Alfonso Maximilian
1.12.1936, Leipzig – nach 1942, KZ Auschwitz verschollen
staatenlos
Sohn von Chaje S., Bruder von Silvia, Rosalie u. Charles S.
auf d. Transportliste vom 10.5.42 gestrichen
am 13.7.42 nach Auschwitz deportiert

Silberstein, Chaje, geb. Guzik
1.6.1905, Płońsk, Russ.-Polen – nach 1942, KZ Auschwitz verschollen
staatenlos (fr. Polen)
Wirtschafterin
Zwangsarbeiterin
JH Gustav-Adolf-Str. 7
Mutter von Silvia, Rosalie, Charles u. Alfonso S.
auf d. Transportliste vom 10.5.42 gestrichen
am 13.7.42 nach Auschwitz deportiert

Silberstein, Charles Guillaume
22.11.1935, Leipzig – nach 1942, KZ Auschwitz verschollen
staatenlos
Schüler
Sohn von Chaje S., Bruder von Silvia, Rosalie u. Alfonso S.
auf d. Transportliste vom 10.5.42 gestrichen
am 13.7.42 nach Auschwitz deportiert

Silberstein, Dora, geb. Schapira
31.7.1870, Brody, Österr.-Polen – 24.11.1942, Ghetto Theresienstadt
staatenlos (fr. Polen)
JH Auenstr. 14 (Altersheim)
Schwester emigr., Witwe, Sohn emigr.
am 19.9.42 nach Theresienstadt deportiert

Silberstein, Hugo Israel
1.4.1884, Köln, Rheinprovinz – 22.5.1942, KZ Sachsenhausen
dt. Staatsangeh.
Gastwirt, Inh. e. Restaurants
aus Krefeld, Rheinprovinz
Barfußgäßchen 11
Schwester emigr., Verlobter von Anna Thiele
am 10.11.38 im Rahmen e. „Sonderaktion" verhaftet, am 20.1.41 verhaftet, vom Leipziger Sondergericht wegen Devisenvergehens u. Verstoßes gegen d. Kriegswirtschaftsverordnung verurteilt
am 28.3.41 nach Sachsenhausen deportiert

Silberstein, Margarete, geb. Markowitz
20.4.1886, Strelno, Provinz Posen – nach 1944, KZ Auschwitz verschollen
dt. Staatsangeh.
Zwangsarbeiterin
Ehefrau von Max S.
Abschluss e. Heimeinkaufsvertrages für Theresienstadt
am 19.9.42 nach Theresienstadt, am 9.10.44 nach Auschwitz deportiert

Silberstein, Max
13.4.1874, Berlin – 4.5.1943, Ghetto Theresienstadt
dt. Staatsangeh.
Kaufmann, Inh. e. Kaufhauses
Zwangsarbeit als Lederstrecker
Merseburger Str. 82; JH Humboldtstr. 21
Bruder emigr., Ehemann von Margarete S.
Abschluss e. Heimeinkaufsvertrages für Theresienstadt
am 19.9.42 nach Theresienstadt deportiert

Silberstein, Rosalie Fanny
30.12.1933, Leipzig – nach 1942, KZ Auschwitz verschollen
staatenlos
Schülerin
Tochter von Chaje S., Schwester von Silvia, Charles u. Alfonso S.
auf d. Transportliste vom 10.5.42 gestrichen
am 13.7.42 nach Auschwitz deportiert

Silberstein, Silvia Marianne
8.10.1932, Leipzig – nach 1942, KZ Auschwitz verschollen
staatenlos
Schülerin
Tochter von Chaje S., Schwester von Rosalie, Charles u. Alfonso S.
auf d. Transportliste vom 10.5.42 gestrichen
am 13.7.42 nach Auschwitz deportiert

Silberstrom, Pauline, geb. Siegler
27.9.1886, Tarnów, Österr.-Polen – nach 1942 verschollen
staatenlos
Steinstr. 5; JH Humboldtstr. 6
Ehefrau von Sigmund S., Sohn emigr.
am 21.1.42 nach Riga deportiert

Silberstrom, Sigmund Sündel
13.7.1874, Wilna, Russ.-Polen – 22.11.1941, KZ Sachsenhausen
staatenlos
Diplomchemiker, Kaufmann, Inh. e. Rauchwarenfirma, gegr. 1905
Steinstr. 5; JH Humboldtstr. 10
Ehemann von Pauline S.
am 22.6.41 im Rahmen e. „Sonderaktion" verhaftet
am 8.11.41 nach Sachsenhausen deportiert

Simon, Hugo, Dr. med.
21.6.1874, Culm, Brandenburg – 24.11.1937, Leipzig, Freitod
dt. Staatsangeh.
prakt. Arzt
Bornaische Str. 159

Simon (Gernsheimer), Toni, geb. Loeb
30.11.1891, Pfungstadt, Hessen – nach 1940, Tötungsanstalt Sonnenstein/Pirna, Sachsen
dt. Staatsangeh.
Inh. e. Drogenhandlung
Klingenstr. 46; Heil- u. Pflegeanstalt Dösen
Landesanstalt Chemnitz-Altendorf
Ehemann emigr.
nach Sonnenstein deportiert

Singer, Malwine
5.8.1888, Cheb, Böhmen – nach 1942 verschollen
Protektoratsangeh. (fr. Tschechoslowakei)
Klavierlehrerin, Kontoristin
Eberhardstr, 5; JH Eberhardstr. 11
Bruder emigr.
am 21.1.42 nach Riga deportiert

Singfer, Syma Sabine
16.10.1909, Żabno, Österr.-Polen – nach 1942 verschollen
staatenlos (fr. Polen)
Fürsorgerin, Kontoristin
Zwangsarbeit als Pelznäherin
Blücherstr. 18; JH Humboldtstr. 6
Eltern u. Geschwister 1938 n. Polen abgeschoben
auf d. Transportliste vom 21.1.42 gestrichen
am 10.5.42 nach Bełżyce deportiert

Skomorowsky, Ida Jachid, geb. Kanjutzki
24.2.1866, Orlé – 25.11.1942, Ghetto Theresienstadt
staatenlos (fr. Russland)
Hofmeisterstr. 17; JH Gustav-Adolf-Str. 7
seit 1912 Witwe, Sohn emigr., Mutter von Isidor S., Hanne Slomiansky-Segalowitz und Clara Malzoff
am 19.9.42 nach Theresienstadt deportiert

Skomorowsky, Isidor
9.2.1894, Leipzig – nach 1944, KZ Auschwitz verschollen
staatenlos (fr. Russland)
Kaufmann, Rauchwarenhändler
Zwangsarbeiter
Eisenbahnstr. 5; JH Humboldtstr. 10
Sohn von Ida S., Bruder von Hanne Slomiansky-Segalowitz u. Clara Malzoff, nichtjüd. Ehefrau
am 13.1.44 nach Theresienstadt, am 28.9.44 nach Auschwitz deportiert

Skutsch, Helene Pauline, geb. Friedenthal
11.6.1875, Breslau, Schlesien – 21.1.1944, Ghetto Theresienstadt
dt. Staatsangeh.
Begründerin d. Versuchsstelle für Hauswirtschaft
Wiesenstr. 7b; JH Färberstr. 11 (Alters- und Pflegeheim)
Ehemann ebenfalls nach Theresienstadt deportiert, Überlebender, Kinder emigr.
Abschluss e. Heimeinkaufsvertrages für Theresienstadt
am 17.2.43 nach Berlin, am 17.3.43 nach Theresienstadt deportiert

Slomiansky-Segalowitz, Hanne, geb. Skomorowsky
29.6.1896, Leipzig – nach 1942, KZ Auschwitz verschollen
staatenlos
Hofmeisterstr. 17; JH Gustav-Adolf-Str. 7
Tochter von Ida Skomorowsky, Bruder emigr., Schwester von Isidor Skomorowsky u. Clara Malzoff, geschieden
am 13.7.42 nach Auschwitz deportiert

Sobelmann, Erich
1.7.1905, Leipzig – 4.7.1942, Brüx, Protektorat Böhmen u. Mähren
ungar. Staatsangeh.
Kaufmann, Vertreter (Hausbedarf u. kosmet. Artikel)
Zwangsarbeiter
Dresdner Str. 32; JH Pfaffendorfer Str. 6
Bruder emigr., Ehemann von Leonore S.
am 21.5.42 wegen Vergehens gegen d. Kriegswirtschaftsverordnung verhaftet
am 13.6.42 nach Maltheuern deportiert
im Gefangenenkrankenhaus verstorben

Sobelmann, Leonore, geb. Holzsäger
28.5.1911, Leipzig – nach 1943 verschollen
ungar. Staatsangeh.
Leibnizstr. 4?; JH Walter-Blümel-Str. 10
Ehefrau von Erich S.
am 18.6.43 nach Auschwitz? deportiert

Sohrauer, Beile Mali, geb. Richter
20.3.1879, Sieniawa, Österr.-Polen – nach 1942 verschollen
dt. Staatsangeh.
Händlerin
Mittelstr. 24; JH Packhofstr. 1
Ehefrau von Manfred S., geschieden
am 21.1.42 nach Riga deportiert

Sohrauer, Manfred
24.5.1883, Gleiwitz, Schlesien – nach 1942 verschollen
dt. Staatsangeh.
Kaufmann, Bautischler
Zwangsarbeit im Gartenbau
Mittelstr. 24; JH Lortzingstr. 12
Ehemann von Beile S., geschieden
am 10.5.42 nach Bełżyce deportiert

Soldinger, Reisel Rosalie, geb. Scheidlinger
8.9.1864, Szarów, Österr.-Polen – 11.4.1943, Ghetto Theresienstadt
staatenlos (fr. Polen)
Bestattungsgehilfin d. Israelit. Religionsgemeinde
Uferstr. 16; JH Humboldtstr. 13
seit 1925 Witwe, Kinder emigr.
am 19.9.42 nach Theresienstadt deportiert

Sommer, Bianca, geb. Pollak
8.4.1873, Hannover –16.4.1944, Ghetto Theresienstadt
dt. Staatsangeh.
aus Magdeburg, Provinz Sachsen
JH Gustav-Adolf-Str. 7
Witwe
am 19.9.42 nach Theresienstadt deportiert

Sommer, Margarete, geb. Cantrowitz
15.6.1877, Stargard, Pommern – 2.5.1943, Ghetto Theresienstadt
dt. Staatsangeh.
Prokuristin
Gustav-Adolf-Str. 47a; JH Färberstr. 11 (Alters- und Pflegeheim)
Schwester von Käthe Rosen, seit 1914 Witwe, Tochter emigr.
Abschluss e. Heimeinkaufsvertrages für Theresienstadt
am 19.9.42 nach Theresienstadt deportiert

Sommerfeld, Hermann
28.3.1897, Chemnitz, Sachsen – nach 1943, KZ Auschwitz verschollen
dt. Staatsangeh.?
Fichtestr. 43
am 8.10.42 wegen „Vergehens gegen d. Blutschutzgesetz" verhaftet
am 30.10.43 nach Auschwitz deportiert

Speyer-Ofenberg, Heinz Heinrich
19.12.1913, Wolfhagen (Bz. Kassel), Hessen-Nassau – nach 1942 verschollen
dt. Staatsangeh.
Kaufmann, Mechaniker
Zwangsarbeiter
aus Nordhausen, Thüringen
JH Gustav-Adolf-Str. 7
am 12.11.38 im Rahmen e. „Sonderaktion" verhaftet
nach Buchenwald deportiert, am 23.12.38 freigelassen
am 21.1.42 nach Riga deportiert

Spiegel, Helene Charlotte, gesch. Messingrau geb. Weiser
18.5.1899, Leipzig – nach 1943, KZ Auschwitz
dt. Staatsangeh.
Kontoristin, Vertreterin
Zwangsarbeit in d. Firma W. Mertens & Söhne, Abt. Rauchwaren-Zurichterei u. Färberei, Zwenkau
Berliner Str. 48; JH Gustav-Adolf-Str. 7
Mutter 1938 nach Polen abgeschoben, Geschwister, Ehemann u. Tochter emigr.
auf d. Transportliste vom 21.1.42 gestrichen
am 17.2.43 nach Berlin, am 26.2.43 nach Auschwitz deportiert

Spiegel, Selma Sara, geb. Segal
4.2.1903, Radymno, Österr.-Polen – nach 1943, KZ Auschwitz verschollen
staatenlos (fr. Polen)
Pelzschneiderin
Weststr. 39; JH Gustav-Adolf-Str. 7
Ehemann 1938 nach Polen abgeschoben, Kinder emigr.
auf d. Transportliste vom 21.1.42
am 17.2.43 nach Berlin, am 26.2.43 nach Auschwitz deportiert

Spiegl, Clementine, geb. Wilmersdörfer
21.11.1860, Floss, Bayern – 29.11.1942, Ghetto Theresienstadt
dt. Staatsangeh.
Oeserstr. 23; JH Auenstr. 14 (Altersheim)
seit 1929 Witwe, Mutter von Jenny Adler u. Sidona Prager
am 19.9.42 nach Theresienstadt deportiert

Sprung, Claire Chaja, geb. Fink
24.1.1893, Grybów, Österr.-Polen – nach 1942, KZ Auschwitz verschollen
staatenlos (fr. Polen)
Zwangsarbeit als Pelznäherin
Warburgstr. 1; JH Humboldtstr. 6
Bruder emigr., Ehefrau von Markus S., Sohn KZ-Überlebender, Mutter von Lili u. Sylvia S.
am 28.10.38 nach Polen abgeschoben, 1939 Rückkehr nach Leipzig
am 13.7.42 nach Auschwitz deportiert

Sprung, Lili
25.7.1923, Leipzig – nach 1942, KZ Auschwitz verschollen
staatenlos (fr. Polen)
Zwangsarbeiterin
Tochter von Markus u. Claire S., Schwester von Sylvia S.
am 28.10.38 nach Polen abgeschoben, 1939 Rückkehr nach Leipzig
am 13.7.42 nach Auschwitz deportiert

Clementine Spiegl, die Ehefrau von Moritz Spiegl, wurde am 19. September 1942 nach Theresienstadt deportiert und starb dort am 29. November 1942.

Sprung, Markus Chune
24.5.1886, Brody, Österr.-Polen – 28.5.1942, KZ Sachsenhausen
staatenlos (fr. Polen)
Kaufmann, Mitinh. e. Konfektionsfirma, gegr. 1910
Warburgstr. 1; JH Gohliser Str. 11
Brüder emigr., Brüder 1938 nach Polen abgeschoben, umgekommen, Ehemann von Claire S., Vater von Lili u. Sylvia S.
am 28.11.38 nach Polen abgeschoben, 1939 Rückkehr nach Leipzig
am 7.12.39 verhaftet
am 21.3.40 nach Sachsenhausen deportiert

Sprung, Sylvia
18.3.1929, Leipzig – nach 1942, KZ Auschwitz verschollen
staatenlos (fr. Polen)
Schülerin
Tochter von Markus u. Claire S., Schwester von Lili S.
am 28.10.38 nach Polen abgeschoben, 1939 Rückkehr nach Leipzig
am 13.7.42 nach Auschwitz deportiert

Spur, Albert Abo
1.10.1874, Kreslawka, Russland – nach 1943, KZ Auschwitz verschollen
staatenlos (fr. Lettland)
Borstenzurichter, Inh. e. Dachshaarzurichterei
Zwangsarbeit in e. Kürschnerei
Stettiner Str. 133, JH Gustav-Adolf-Str. 7
am 17.2.43 nach Berlin, am 17.3.43 nach Theresienstadt, am 18.12.43 nach Auschwitz deportiert

Staackmann, Hedwig
28.1.1883, Stuttgart, Württemberg – nach 1942 verschollen
dt. Staatsangeh.
JH Humboldtstr. 9
am 21.1.42 nach Riga deportiert

Staffelstein, Else Henriette, geb. Gaspary
16.6.1865, Berlin – 16.10.1942, Ghetto Theresienstadt
dt. Staatsangeh.
lebte in Lausen (b. Leipzig)
JH Auenstr. 14 (Altersheim)
nichtjüd. Ehemann, Witwe
Abschluss e. Heimeinkaufsvertrages für Theresienstadt
am 19.9.42 nach Theresienstadt deportiert

Stark, Nanny
10.10.1907, Leipzig – nach 1942 verschollen
Staatsangeh. ungeklärt (fr. Polen)
Kinderfräulein
Sternwartenstr. 44; JH Lortzingstr. 12
Schwester 1945 nach Theresienstadt deportiert, Überlebende
am 21.1.42 nach Riga deportiert

Staub, Johanna, geb. Löwinger
3.2.1884, Bialla, Ostpreußen – nach 1942 verschollen
dt. Staatsangeh.
Friseuse, Hausverwalterin
Moltkestr. 43; JH Funkenburgstr. 15
nichtjüd. Ehemann?, geschieden
am 21.1.42 nach Riga deportiert

Stauber, Bessie
15.2.1927, Leipzig – nach 1942, KZ Auschwitz verschollen
poln. Staatsangeh.
Schülerin
Zwangsarbeiterin
Tochter von Nathan u. Gisela S., Schwester von Margit, Wolfgang u. Rita S.
auf d. Transportliste vom 21.1.42
am 13.7.42 nach Auschwitz deportiert?

Stauber, Gisela Dora, geb. Lifschütz
4.1.1902, Leipzig – nach 1942, KZ Auschwitz verschollen
poln. Staatsangeh.
Kontoristin, Mitinh. e. Wäscheversands
Ehefrau von Nathan S., Mutter von Bessie, Margit, Wolfgang u. Rita S.
auf d. Transportliste vom 21.1.42
am 13.7.42 nach Auschwitz deportiert

Stauber, Margit
25.9.1929, Leipzig – nach 1942, KZ Auschwitz verschollen
poln. Staatsangeh.
Schülerin
Tochter von Nathan u. Gisela S., Schwester von Bessie, Wolfgang u. Rita S.
auf d. Transportliste vom 21.1.42
am 13.7.42 nach Auschwitz deportiert

Stauber, Nathan
22.7.1895, Ispas, Bukowina – nach 1942, KZ Auschwitz verschollen
poln. Staatsangeh.
Kaufmann, Mitinh. e. Wäscheversands
Nordstr. 64; JH Gustav-Adolf-Str. 7
Ehemann von Gisela S., Vater von Bessie, Margit, Wolfgang u. Rita S.
auf d. Transportliste vom 21.1.42
am 13.7.42 nach Auschwitz deportiert

Stauber, Rita
25.3.1937, Leipzig – nach 1942, KZ Auschwitz verschollen
poln. Staatsangeh.
Tochter von Nathan u. Gisela S., Schwester von Bessie, Margit und Wolfgang S.
auf d. Transportliste vom 21.1.42
am 13.7.42 nach Auschwitz deportiert

Stauber, Wolfgang Ingo
12.12.1932, Leipzig – nach 1942, KZ Auschwitz verschollen
poln. Staatsangeh.
Schüler
Sohn von Nathan u. Gisela S., Bruder von Bessie, Margit u. Rita S.
auf d. Transportliste vom 21.1.42
am 13.7.42 nach Auschwitz deportiert

Steigmann, Edith
20.8.1921, Leipzig – nach 1942 verschollen
staatenlos
Zwangsarbeit als Rauchwarenzurichterin u. Pelznäherin
Tochter von Siegmund u. Marie S.
auf d. Transportliste vom 21.1.42 gestrichen
am 10.5.42 nach Bełżyce deportiert

Steigmann, Marie, geb. Bresner
24.7.1886, Odessa, Russland – nach 1942 verschollen
staatenlos (fr. Österreich)
Bruder emigr., Ehefrau von Siegmund S., Mutter von Edith S.
auf d. Transportliste vom 21.1.42 gestrichen
am 10.5.42 nach Bełżyce deportiert

Steigmann (recte Gartenlaub), Nathan Jakob
31.1.1895, Kolomea, Österr.-Polen – 4.5.1940, KZ Sachsenhausen
staatenlos
Kürschner
Eberhardstr. 11 (seit 1939 JH)
Mutter 1938 nach Polen abgeschoben, Brüder emigr.
seit 9.11.39 im KZ Sachsenhausen

Steigmann, Siegmund Schaje
21.1.1881, Wischnitz, Bukowina – nach 1942 verschollen
staatenlos
Kaufmann, Inh. e. Wäschegeschäfts
Zwangsarbeiter
Schützenstr. 6; JH Keilstr. 3
Ehemann von Marie S., Vater von Edith S.
auf d. Transportliste vom 21.1.42 gestrichen
am 10.5.42 nach Bełżyce deportiert

Stein, Charlotte
16.1.1897, Altenburg, Sachsen-Altenburg – 25.9.1942, Leipzig
dt. Staatsangeh.
Ferdinand-Rhode-Str. 14; JH Färberstr. 11 (Alters- und Pflegeheim)
Bruder emigr.
auf d. Transportlisten vom 21.1.42 u. 10.5.42 gestrichen

Stein, Max
7.10.1879, Dessau, Anhalt – nach 1942 verschollen
dt. Staatsangeh.
Kaufmann, Buchhalter
JH Gustav-Adolf-Str. 7
am 16.6.38 im Rahmen d. Aktion „Arbeitsscheue Reich" verhaftet, am 17.6.38 freigelassen
am 10.5.42 nach Bełżyce deportiert

Stein, Rachel Regina, geb. Einhorn
1.5.1893, Bochnia, Österr.-Polen – nach 1942 verschollen
dt. Staatsangeh.
Prokuristin
Bruder emigr., Schwester von Helene Borowitsch, Ehefrau von Sigmund S.
am 21.1.42 nach Riga deportiert

Stein, Sigmund
16.10.1883, Großeicholzheim, Baden – nach 1942 verschollen
dt. Staatsangeh.
Kaufmann, Inh. e. Lederfirma
Zwangsarbeiter
Weststr. 21; JH Lortzingstr. 14
Ehemann von Rachel S.
am 21.1.42 nach Riga deportiert

Steinberg, Betty, geb. Heimann
2.10.1866, Lügde, Westfalen – 22.11.1942, Ghetto Theresienstadt
dt. Staatsangeh.
Gustav-Adolf-Str. 27; JH Nordstr. 15
Witwe
am 19.9.42 nach Theresienstadt deportiert

Steinberg, Leiser Ludwig
8.12.1898, Leipzig – nach 1942 verschollen
staatenlos (fr. Österreich)
Vertreter
Zwangsarbeit in d. Firma Fritz Ehrling, Gartengestaltung, Zschochersche Str. 81
Bosestr. 6; JH Große Fleischergasse 28
seit 1940 Witwer, Onkel von Max Markise
am 11.11.38 im Rahmen e. „Sonderaktion" verhaftet
am 21.1.42 nach Riga deportiert

Steinbock, Clara
21.8.1868, Cronheim, Bayern – 12.3.1943, Ghetto Theresienstadt
dt. Staatsangeh.
JH Auenstr. 14 (Altersheim)
Abschluss e. Heimeinkaufsvertrages für Theresienstadt
am 19.9.42 nach Theresienstadt deportiert

Steinbrecher (false Sternberg), Simon
22.4.1880, Kuty, Österr.-Polen – 9.1.1940, KZ Buchenwald
poln. Staatsangeh.
Händler
Friedrichstr 11; Kurprinzstr. 22
geschieden, Töchter emigr.

Steindorff, Lucie
1.4.1879, Dessau, Anhalt – 10.5.1942, KZ Ravensbrück
dt. Staatsangeh.
Klavierlehrerin
Richterstr. 2; Grassistr. 20
Geschwister emigr..
am 14.1.41 wegen Devisenvergehens verhaftet
am 28.3.41 nach Ravensbrück deportiert

Steinert, Meta, geb. Kassel
17.2.1882, Breslau, Schlesien – nach 1943, KZ Auschwitz verschollen
dt. Staatsangeh.
Zwangsarbeiterin
Zschochersche Str. 16; JH Berliner Str. 123 (Alter Israelit. Friedhof)
seit 1938 Witwe, Sohn emigr., Mutter von Walter S.
am 17.2.43 nach Berlin, am 26.2.43 nach Auschwitz deportiert

Steinert, Rosa, geb. Sternlicht
14.1.1909, Leipzig – nach 1943, KZ Auschwitz verschollen
dt. Staatsangeh.
Zwangsarbeiterin
Ehefrau von Walter S.
am 17.2.43 nach Berlin, am 26.2.43 nach Auschwitz deportiert

Steinert, Walter
20.7.1906, Breslau, Schlesien – nach 1943, KZ Auschwitz verschollen
dt. Staatsangeh.
Buchhalter
Sohn von Meta S., Ehemann von Rosa S.
am 17.2.43 nach Berlin, am 26.2.43 nach Auschwitz deportiert

Stern, Denny
25.10.1940, Leipzig – 1944, KZ Auschwitz
staatenlos
Sohn von Leo u. Sabine S.
am 13.7.42 nach Auschwitz deportiert

Stern, Helene Chaja, verw. Prinz geb. Mayer
15.9.1876, Łódź, Russ.-Polen – nach 1943, KZ Auschwitz verschollen
staatenlos (fr. Polen)
Reudnitzer Str. 4; JH Gustav-Adolf-Str. 7
seit 1934 Witwe, Mutter von Leo S.
Abschluss e. Heimeinkaufsvertrages für Theresienstadt
am 19.9.42 nach Theresienstadt, am 18.12.43 nach Auschwitz deportiert

Stern, Leo
2.5.1915, Leipzig – 1944, KZ Auschwitz
staatenlos
Bandagist
Zwangsarbeiter
Reudnitzer Str. 4; JH Humboldtstr. 15
Sohn von Helene S., Ehemann von Sabine S., Vater von Denny S.
am 13.7.42 nach Auschwitz deportiert

Stern, Luise Lisa, geb. Rosenfeld[20]
20.10.1883, Brody, Österr.-Polen – nach 1942 umgekommen
staatenlos
Inh. e. Textilwarengeschäfts
Frankfurter Str. 5; JH Eberhardstr. 11
Bruder emigr., seit 1930 Witwe, Kinder emigr.
am 21.1.42 nach Riga deportiert

Stern, Meier
20.7.1886, Odessa, Russland – 19.1.1940, KZ Sachsenhausen
staatenlos (fr. Polen)
Ingenieur, Kaufmann, Mitinh. e. Strumpfwarengroßh.
Gottschedstr. 30; JH Jacobstr. 7
Geschwister emigr., Schwester 1938 nach Polen abgeschoben, umgekommen
seit 26.10.39 im KZ Sachsenhausen

Stern, Paul Hermann
12.12.1884, Greiz, Reuß, ä. L. – 21.12.1938, Leipzig?
dt. Staatsangeh.?
Kaufmann
aus Chemnitz, Sachsen, seit 1935 in Leipzig
Liviastr. 5
Ehefrau emigr.
am 11.11.38 im Rahmen e. „Sonderaktion" verhaftet

Stern, Paul[21]
10.12.1888, Köln, Rheinprovinz – 1944, KZ Auschwitz
dt. Staatsangeh.
Schriftsteller, Übersetzer
Zwangsarbeit im Gartenbau
Grassistr. 26; JH Humboldtstr. 10
geschieden
1944 verhaftet
am 13.1.44 nach Theresienstadt, am 28.10.44 nach Auschwitz deportiert

Stern, Sabine, geb. Wittmann
17.8.1917, Leipzig – 1944, KZ Auschwitz
staatenlos
kaufm. Angestellte
Berliner Str.15; JH Humboldtstr. 15
Vater nach Bełżyce deportiert, einziger Überlebender d. Transports, Tochter von Tilla Wittmann, Bruder emigr., Schwester von Helene Wittmann, Ehefrau von Leo S., Mutter von Denny S.
am 13.7.42 nach Auschwitz deportiert

Sternlieb, Edgar Ernst
16.8.1920, Leipzig – 4.4.1942, KZ Neuengamme
Arbeiter
am 6.12.39 wegen Fluchtversuchs verhaftet
am 7.12.39 nach Sachsenhausen deportiert

Steuer, Helene Margarete, verw. Hirschberg geb. Schlesinger
21.10.1881, Berlin – nach 1944, KZ Auschwitz verschollen
dt. Staatsangeh.
Bibliothekarin
Zwangsarbeiterin
Körnerstr. 41; JH Auenstr. 14 (Altersheim)
Brüder emigr., Ehefrau von Hugo S., Tochter emigr.
am 19.9.42 nach Theresienstadt, am 18.5.44 nach Auschwitz deportiert

Steuer, Hugo
4.4.1870, Zabrze, Schlesien – 20.12.1942, Ghetto Theresienstadt
dt. Staatsangeh.
Kaufmann (Textilbranche)
Zwangsarbeit in d. Städt. Arbeitsanstalt
JH Auenstr. 14 (Altersheim)
Ehemann von Helene S.
am 19.9.42 nach Theresienstadt deportiert

Stimmler, Aron
5.11.1885, Zborów, Österr.-Polen – 28.5.1942, KZ Sachsenhausen
staatenlos
Arbeiter, Schneider
Goldhahngäßchen 12/14; JH Große Fleischergasse 28
Ehefrau 1938 nach Polen abgeschoben, Kinder emigr.
aktiv im antifaschist. Widerstand
am 7.5.40 verhaftet
seit 18.5.42 im KZ Sachsenhausen

Strauber, Johanna, verw. Freier geb. Hirsekorn
10.3.1895, Schönlanke, Provinz Posen – nach 1944 verschollen
Staatsangeh. ungeklärt
Inh. e. Schreibmaschinenhandlung
Asterstr. 7; JH Humboldtstr. 10
Bruder u. Ehemann emigr., Mutter von Liselotte Freier
am 15.3.40 aus polit. Gründen verhaftet, am 26.3.40 freigelassen
am 21.1.42 nach Riga deportiert

Strauß, Adolf
1.5.1879, Lütter (Kr. Gersfeld), Hessen-Nassau – nach 1942 verschollen
dt. Staatsangeh.
Kaufmann, Schneider
Paulinenstr. 15; JH Nordplatz 7
am 21.1.42 nach Riga deportiert

Strauss, Franziska, geb. Jastrower
26.3.1861, Marienburg, Westpreußen – 26.2.1943, Ghetto Theresienstadt
dt. Staatsangeh.
aus Dresden
JH Auenstr. 14 (Altersheim)
Witwe, Tochter emigr., Mutter von Rosa S.
am 19.9.42 nach Theresienstadt deportiert

Strauss, Johanna, geb. Rosenberg
11.6.1886, Hagen, Westfalen – nach 1942 verschollen
dt. Staatsangeh.
Direktrice für Damenbekleidung
Grassistr. 20; JH Pfaffendorfer Str. 6
seit 1938 Witwe
am 21.1.42 nach Riga deportiert

Strauß, Mathilde
13.5.1887, Göllheim, Bayern – nach 1942 verschollen
dt. Staatsangeh.
Klavierlehrerin
Schirmerstr. 22; JH Auenstr. 14 (Altersheim)
Tochter von Rosalie S.
am 10.5.42 nach Bełżyce deportiert

Strauß, Nathan
25.2.1881, Bad Kreuznach, Rheinprovinz – 7.12.1938, KZ Buchenwald
dt. Staatsangeh.?
Kaufmann, Vertreter
Harzstr. 2
am 11.11.38 im Rahmen e. „Sonderaktion" verhaftet
nach Buchenwald deportiert

Strauss, Rosa
10.7.1893, Leipzig – nach 1942 verschollen
dt. Staatsangeh.
JH Funkenburgstr. 15
Tochter von Franziska S.
am 10.5.42 nach Bełżyce deportiert

Strauß, Rosalie, geb. Wolf
21.6.1862, Eßweiler, Bayern – nach 1943 verschollen
dt. Staatsangeh.
Schirmerstr. 22; JH Färberstr. 11 (Alters- und Pflegeheim)
seit 1931 Witwe, Mutter von Mathilde S.
Abschluss e. Heimeinkaufsvertrages für Theresienstadt
auf d. Transportliste vom 19.9.42 gestrichen
am 17.2.43 nach Auschwitz? deportiert

Strauss, Sophie, geb. Kohn
4.11.1876, Horkheim, Württemberg – nach 1942 verschollen
dt. Staatsangeh.
lebte in Roßwein, Sachsen
Mutter von Thea S.
am 10.5.42 nach Bełżyce deportiert

Strauss, Thea Hedwig
24.10.1911, Roßwein, Sachsen – nach 1942, KZ Majdanek
dt. Staatsangeh.
Kontoristin
Heimarbeiterin
Tochter von Sophie S.
am 10.5.42 nach Bełżyce deportiert

Streißler, Edith Karola
5.8.1900, Leipzig – nach 1943 verschollen
tschechoslowak. Staatsangeh.
Pianistin, Klavierlehrerin
Comeniusstr. 7; JH Leibnizstr. 4
am 30.10.41 wegen Nichtbeachtung d. Ausgehzeit verhaftet, am 20.11.41 freigelassen
am 21.1.42 nach Riga deportiert

Sturm, Paula, geb. Blaustein
14.5.1883, Lissa, Provinz Posen – 1.1.1943, KZ Auschwitz
JH Färberstr. 11 (Alters- und Pflegeheim)
am 3.6.42 wegen Vergehens gegen die Kriegswirtschaftsverordnung verhaftet
am 5.12.42 nach Auschwitz deportiert

Süß, Isidor
14.3.1910, Leipzig – 10.2.1941, KZ Dachau
poln. Staatsangeh.
Angestellter
Löhrstr. 22; Humboldtstr. 26
Eltern 1938 nach Polen abgeschoben

Süssermann (false Kaufmann), Mechli
8.3.1908, Brody, Österr.-Polen – nach 1942, KZ Auschwitz verschollen
Staatsangeh. ungeklärt (fr. Polen)
Kontoristin, Stenotypistin
Löhrstr. 22; JH Funkenburgstr. 16
Tochter von Simche S.
auf d. Transportliste vom 21.1.42 gestrichen
am 29.9.42 aus d. jüd. Lungenheilstätte Nordrach, Baden nach Auschwitz deportiert

Süssermann (-Sandten), Nina Fanny
17.6.1875, Leipzig – 1.8.1944, Ghetto Theresienstadt
dt. Staatsangeh.
Konzertsängerin, Gesangslehrerin
Lessingstr. 20; JH Humboldtstr. 21
Abschluss e. Heimeinkaufsvertrages für Theresienstadt
am 19.9.42 nach Theresienstadt deportiert

Süssermann (false Kaufmann), Simche Simon
3.6.1866, Brody, Österr.-Polen – 3.2.1940, KZ Buchenwald
poln. Staatsangeh.
Borstensortierer, Händler
Pfaffendorfer Str. 14; JH Humboldtstr.13
seit 1932 Witwer, Vater von Mechli S.

Süssmann, Scheindl Charlotte, geb. Schorr
5.8.1876, Lemberg, Österr.-Polen – 25.5.1944, Ghetto Theresienstadt
staatenlos (fr. Österreich)
Inh. e. Kurzwarenhandlung
Zwangsarbeiterin
Eberhardstr. 3; JH Gustav-Adolf-Str. 7
seit 1930 Witwe, Sohn emigr.
am 19.9.42 nach Theresienstadt deportiert

Susemihl, Hedwig, geb. Salomon
25.7.1894, Leipzig – nach 1943, KZ Auschwitz verschollen
dt. Staatsangeh.
Zwangsarbeit in d. Firma W. Mertens & Söhne, Abt. Rauchwaren-Zurichterei u. Färberei, Zwenkau
Martinstr. 6; JH Gustav-Adolf-Str. 7
geschieden
auf d. Transportlisten vom 21.1.42 u. 13.7.42 gestrichen
am 17.2.43 nach Berlin, am 26.2.43 nach Auschwitz deportiert

Sussmann, Dorothea
25.3.1888, Strelno, Provinz Posen – nach 1942 verschollen
dt. Staatsangeh.
Verkäuferin
Lessingstr. 20; JH Leibnizstr. 4
Schwester emigr., Schwester von Hedwig S.
am 21.1.42 nach Riga deportiert

Sussmann, Hedwig
4.9.1889, Strelno, Provinz Posen – nach 1942 verschollen
dt. Staatsangeh.
Schwester von Dorothea S.
am 21.1.42 nach Riga deportiert

Swarsensky, Helmuth, Dr. jur., Amtsgerichtsrat
31.10.1891, Berlin – nach 1942, Ghetto Riga verschollen
dt. Staatsangeh.
JH Humboldtstr. 21
Ehemann von Sophie S., Vater von Wolfgang S.
am 12.11.38 im Rahmen e. „Sonderaktion" verhaftet
nach Sachsenhausen deportiert, freigelassen
am 21.1.42 nach Riga deportiert

Swarsensky, Sophie Meta, geb. Aren
22.4.1901, Stettin, Pommern – nach 1942, Ghetto Riga verschollen
dt. Staatsangeh.
Musiklehrerin
Schwester emigr., Ehefrau von Helmuth S., Mutter von Wolfgang S.
am 21.1.42 nach Riga deportiert

Swarsensky, Wolfgang Paul
18.6.1929, Berlin – nach 1942, Ghetto Riga verschollen
dt. Staatsangeh.
Sohn von Helmuth u. Sophie S.
am 21.1.42 nach Riga deportiert

Switkes, Elias Leib
15.12.1880, Czernowitz, Bukowina – 10.11.1942, KZ Dachau
staatenlos (fr. Rumänien)
Kaufmann, Inh. e. Strumpfwaren- u. Trikotagengroßh.
Nordstr. 64; JH Keilstr. 3
Ehemann von Emilie S.
am 22.4.42 nach Dachau deportiert
auf d. Transportliste vom 10.5.42 gestrichen

Scheindl Süssmann, die Ehefrau von Max Süssmann, wurde am 19. September 1942 nach Theresienstadt deportiert und starb dort am 25. Mai 1944.

Switkes, Emilie, geb. Katz
4.3.1882, Lemberg, Österr.-Polen – 13.10.1942, KZ Auschwitz
staatenlos (fr. Rumänien)
Ehefrau von Elias S.
am 17.4.42 nach Ravensbrück deportiert
auf d. Transportliste vom 10.5.42 gestrichen

Szladkowski, Feige Fanny, geb. Wittelson
15.3.1888, Łódź, Russ.-Polen – nach 1942, KZ Auschwitz verschollen
staatenlos (fr. Polen)
Schneiderin, Inh. e. Firma für Damenmoden
Alexanderstr. 46; JH Humboldtstr. 9
Mutter, Schwester u. Söhne emigr.
auf d. Transportliste vom 21.1.42 gestrichen
am 13.7.42 nach Auschwitz deportiert

Szpilberg (Spielberg), Saul Hersch
12.5.1897, Nowa Wes – 5.8.1940, KZ Sachsenhausen
staatenlos
Kaufmann, Rauchwarenhändler
Norderneyer Weg 3b; JH Walter-Blümel-Str. 11
Bruder emigr., nichtjüd. Ehefrau, Tochter 1945 nach Theresienstadt deportiert, Überlebende
am 12.11.38 im Rahmen e. „Sonderaktion" verhaftet, am 7.12.39 aus polit. Gründen verhaftet
am 8.2.40 nach Sachsenhausen deportiert

Tadeliss, Abraham
30.11.1897, Gombin, Russ.-Polen – 2.2.1941, KZ Dachau
staatenlos (fr. Polen)
Schneider, Inh. e. Herrenschneiderei
Rabet 41; Uferstr. 20
Bruder emigr., Ehemann von Scheindel T.
1940 im KZ Sachsenhausen

Tadeliss, Scheindel Henriette, verw. Bresticker geb. Blum
2.1.1889, Wisnicz, Österr.-Polen – nach 1942 verschollen
staatenlos (fr. Polen)
Rabet 41; JH Michaelisstr. 3
Ehefrau von Abraham T., Sohn emigr.
am 21.1.42 nach Riga deportiert

Tager, Etti Lea
16.3.1890, Kolomea, Österr.-Polen – nach 1942, KZ Auschwitz verschollen
staatenlos (fr. Polen)
Stütze
Zwangsarbeiterin
Kleine Fleischergasse 16; JH Große Fleischergasse 28
auf d. Transportliste vom 21.1.42
am 13.7.42 nach Auschwitz deportiert

Tann, Alfred Heinz
29.1.1887, Berlin – 5.6.1942, KZ Groß-Rosen
dt. Staatsangeh.
Kaufmann, Dekorateur
Fockestr. 19; Czermaks Garten 6
nichtjüd. Ehefrau
am 26.2.40 aus polit. Gründen verhaftet

Tannchen, Johanna, geb. Baer
22.3.1869, Rogowo (b. Żnin), Provinz Posen – 28.9.1942, Ghetto Theresienstadt
dt. Staatsangeh.
Teubnerstr. 16; JH Gustav-Adolf-Str. 7
seit 1928 Witwe, Mutter von Esther Aber
Abschluss e. Heimeinkaufsvertrages für Theresienstadt
am 19.9.42 nach Theresienstadt deportiert

Tannenbaum, Aron Arthur
26.10.1924, Leipzig – nach 1943, KZ Auschwitz verschollen
dt. Staatsangeh. (fr. Österreich)
1943 zur Ausbildung in Neuvorwerk (b. Werneuchen), Brandenburg
Sohn von Chaim u. Chaja T., Bruder von Manfred T.
auf d. Transportliste vom 21.1.42 gestrichen
am 1.3.43 aus Berlin nach Auschwitz deportiert

Tannenbaum, Chaim
29.4.1884, Brzesko, Österr.-Polen – nach 1942 verschollen
dt. Staatsangeh. (fr. Österreich)
Kaufmann, Inh. e. Großh. für Kurz-, Galanterie- u. Lederwaren, gegr. 1907
Zwangsarbeiter
Gottschedstr. 14; JH Gohliser Str. 11
Brüder emigr., Ehemann von Chaja T., Vater von Aron u. Manfred T.
am 5.10.39 im Rahmen e. „Sonderaktion" verhaftet, am 14.10.39 freigelassen
am 21.1.42 nach Riga deportiert

Tannenbaum, Chaja, geb. Spindler
24.12.1888, Tarnów, Österr.-Polen – nach 1942 verschollen
dt. Staatsangeh. (fr. Österreich)
Ehefrau von Chaim T., Mutter v. Aron u. Manfred T.
am 21.1.42 nach Riga deportiert

Tannenbaum, Manfred Moses
26.10.1924, Leipzig – nach 1943, KZ Auschwitz verschollen
dt. Staatsangeh. (fr. Österreich)
1943 zur Ausbildung in Neuvorwerk (b. Werneuchen), Brandenburg
Sohn von Chaim u. Chaja T., Bruder von Aron T.
auf d. Transportliste vom 21.1.42 gestrichen
am 1.3.43 aus Berlin nach Auschwitz deportiert

Tausig, Elisabeth Therese, geb. Bluth
10.8.1886, Leipzig – nach 1942 verschollen
dt. Staatsangeh.
Bürovorsteherin
Sekretärin
Kaiser-Wilhelm-Str. 34; JH Jacobstr. 11
Schwester von Erich Bluth?, seit 1921 Witwe
am 21.1.42 nach Riga deportiert

Tausig, Emmy, geb. Fliess
1.4.1883, Großmühlingen, Anhalt – nach 1942 verschollen
dt. Staatsangeh.
Versicherungsagentin
Waldstr. 50; JH Auenstr. 14 (Altersheim)
Tochter von Rosalie Fliess, seit 1937 Witwe, Sohn emigr.
am 10.5.42 nach Belzyce deportiert

Tebrich, Erna, Dr. med.
13.11.1906, Leisnig, Sachsen – nach 1942, KZ Majdanek
dt. Staatsangeh.
Tochter von Gertrud T.
am 10.5.42 nach Belzyce deportiert

Tebrich, Gertrud
24.8.1885, Wurzen, Sachsen – nach 1942, KZ Majdanek
dt. Staatsangeh.
lebte in Leisnig, Sachsen
seit 1934 Witwe, Kinder emigr., Mutter von Erna T.
am 10.5.42 nach Belzyce deportiert

Teichtner, Margarete
20.12.1890, Leipzig – nach 1942 verschollen
dt. Staatsangeh.
Pfaffendorfer Str. 13; JH Gohliser Str. 11
Schwester aus Frankreich nach Auschwitz deportiert, 1942 umgekommen, Bruder 1945 nach Theresienstadt deportiert, Überlebender
am 21.1.42 nach Riga deportiert

Teitelbaum, Chaje, geb. Teitelbaum
10.3.1867, Otynia, Österr.-Polen – 15.11.1942, Ghetto Theresienstadt
staatenlos (fr. Polen)
Nordstr. 24; JH Nordstr. 15
Witwe, Töchter emigr.
am 19.9.42 nach Theresienstadt deportiert

Thal, Jetty Ida
4.4.1871, Leipzig – 11.2.1943, Ghetto Theresienstadt
dt. Staatsangeh.
Musiklehrerin
Zwangsarbeiterin
Gohliser Str. 34; JH Auenstr. 14 (Altersheim)
am 19.9.42 nach Theresienstadt deportiert

Thieberg, Elfriede
25.4.1931, Leipzig – 16.8.1941, Leipzig
poln. Staatsangeh.
Eltern emigr., 1942 aus Frankreich nach Auschwitz deportiert, verschollen
Heil- u. Pflegeanstalt Dösen
vermutl. Opfer d. „Euthanasie"

Thiele, Anna, geb. Kiesel
14.2.1906, Apolda, Fürstentum Weimar – nach 1944 verschollen
dt. Staatsangeh.
kaufm. Angestellte
Barfußgäßchen 11
Bruder emigr., nichtjüd. Ehemann, geschieden, Verlobte von Hugo Silberstein
am 13.1.44 nach Auschwitz? deportiert

Torda, Hilde
1.10.1881, Wien – nach 1942 verschollen
Staatsangeh. ungeklärt
Buchhalterin, Sekretärin
Grassistr. 30; JH Färberstr. 11 (Alters- und Pflegeheim)
am 21.1.42 nach Riga deportiert

Torda, Irene
14.4.1871, Budapest – 29.9.1942, Ghetto Theresienstadt
staatenlos (fr. Ungarn)
Pensionsinh.
Grassistr. 30; JH Auenstr. 14 (Altersheim)
am 19.9.42 nach Theresienstadt deportiert

Triebwasser, Hermann David
25.1.1911, Leipzig – 30.1.1943, KZ Auschwitz
Staatsangeh. ungeklärt
Kellner
Brühl 23
am 3.6.38 verhaftet

Triebwasser, Ruth
13.5.1923, Leipzig – 1942 Ghetto Riga
staatenlos
Zwangsarbeit als Dämpferin
Richard-Wagner-Str. 15; JH Humboldtstr. 6
Mutter u. Geschwister? 1938 nach Polen abgeschoben
am 21.1.42 nach Riga deportiert

Troplowitz, Henny, geb. Rosenbaum
30.6.1865, Harburg (Elbe), Provinz Hannover – 7.2.1943, Ghetto Theresienstadt
dt. Staatsangeh.
Dresdner Str. 31; JH Auenstr. 14 (Altersheim)
seit 1937 Witwe
auf d. Transportliste vom 19.9.42 gestrichen, doch nach Theresienstadt deportiert

Tützer, Rosa
2.9.1891, Arnswalde, Brandenburg – 9.3.1941, Tötungsanstalt Sonnenstein/Pirna, Sachsen
aus Leipzig?
nach Sonnenstein deportiert

Ucko, Ernst
11.9.1883, Breslau, Schlesien – nach 1942 verschollen
dt. Staatsangeh.
Kaufmann, Handelsvertreter
Angestellter d. Israelit. Religionsgemeinde (Wohlfahrtsamt)
Gneisenaustr. 2; JH Gohliser Str. 11
Ehemann von Toiba U.
am 13.11.38 im Rahmen e. „Sonderaktion" verhaftet
am 21.1.42 nach Riga deportiert

Ucko, Toiba Therese, geb. Gerschenowitz
12.5.1882, Stoibzy, Russland – nach 1942 verschollen
dt. Staatsangeh.
Ehefrau von Ernst U., Söhne emigr.
am 21.1.42 nach Riga deportiert

Uhrmacher (Freud), Chawa Eva, geb. Frank
20.8.1859, Brody, Österr.-Polen – 1.10.1942, Ghetto Theresienstadt
staatenlos (fr. Polen)
Nordstr. 53; JH Nordstr. 15
seit 1932 Witwe, Tochter 1938 n. Polen abgeschoben
am 19.9.42 nach Theresienstadt deportiert

Uhrmacher, Dora, geb. Schechter
22.9.1892, Tarnów, Österr.-Polen – nach 1942 verschollen
staatenlos (fr. Polen)
Heimarbeiterin
Ehefrau von Salomon U., Söhne emigr.
am 10.5.42 nach Bełżyce deportiert

Uhrmacher, Salomon
16.6.1881, Brody, Österr.-Polen – 31.3.1942, KZ Buchenwald
staatenlos (fr. Polen)
Kaufmann, Händler
Eisenbahnstr. 6; JH Keilstr. 5
Ehemann von Dora U.
1940 im KZ Buchenwald

Ullmann, Aron Wolf
18.12.1872, Tarnów, Österr.-Polen – 10.12.1939, im KZ umgekommen?
staatenlos (fr. Polen)
Angestellter, Markthelfer
Ritterstr. 17
Ehemann von Regina U., Vater von Minna U.

Ullmann, Minna
20.1.1901, Leipzig – nach 1943, KZ Auschwitz verschollen
staatenlos (fr. Polen)
Handschuhnäherin
Zwangsarbeit als Pelznäherin
Ritterstr. 17; JH Gustav-Adolf-Str. 7
Tochter von Aron u. Regina U.
am 17.2.43 nach Berlin, am 26.2.43 nach Auschwitz deportiert

Ullmann, Regina, geb. Sgaller
13.6.1866, Xions, Provinz Posen – 12.10.1942, Ghetto Theresienstadt
staatenlos (fr. Polen)
Ritterstr. 17; JH Packhofstr. 1
Ehefrau von Aron U., Kinder emigr., Tochter 1945 nach Theresienstadt deportiert, Überlebende, Mutter von Minna U.
am 19.9.42 nach Theresienstadt deportiert

Ullrich, Gertrud, geb. Rothschild
29.6.1896, Leipzig – nach 1942 verschollen
dt. Staatsangeh.
Büroangestellte
seit 1935 wieder in Leipzig
JH Funkenburgstr. 16
Bruder emigr., Schwester von Dora Rothschild, geschieden
am 21.1.42 nach Riga deportiert

Unger, Isidor
14.4.1901, Leipzig – nach 1942 verschollen
dt. Staatsangeh. (fr. Österreich)
Handlungsgehilfe, Kontorist
Zwangsarbeiter
Eberhardstr. 3; JH Humboldtstr. 4
Sohn von Rifka U., Bruder von Toni u. Josef U., Ehemann von Zibora U.
am 11.11.38 im Rahmen e. „Sonderaktion" verhaftet
nach Buchenwald deportiert, am 14.12.38 freigelassen
am 21.1.42 nach Riga deportiert

Unger, Josef
29.11.1914, Leipzig – 17.11.1941, KZ Groß-Rosen
dt. Staatsangeh.
Kürschner, Bauarbeiter
JH Packhofstr. 1
Sohn von Rifka U., Bruder von Isidor u. Toni U.
am 9.3.40 aus polit. Gründen verhaftet
am 14.2.41 nach Sachsenhausen deportiert

Unger, Rifka, geb. Neumann
3.6.1876, Barwinek, Schlesien – nach 1942 verschollen
dt. Staatsangeh. (fr. Österreich)
Eberhardstr. 3; JH Packhofstr. 1
seit 1936 Witwe, Töchter emigr., Mutter von Isidor, Toni u. Josef U.
am 10.5.42 nach Bełżyce deportiert

Unger, Toni
10.8.1909, Leipzig – nach 1942 verschollen
dt. Staatsangeh. (fr. Österreich)
Kontoristin
Zwangsarbeiterin
Tochter von Rifka U., Schwester von Isidor und Josef U.
am 10.5.42 nach Bełżyce deportiert

Unger, Zibora, geb. Gewürzmann
16.6.1906, Warschau – nach 1942 verschollen
dt. Staatsangeh.
Schneiderin
Ehefrau von Isidor U.
am 21.1.42 nach Riga deportiert

Urbach, Cilli Doris
28.8.1937, Leisnig, Sachsen – nach 1942, KZ Auschwitz verschollen
staatenlos
Tochter von Lipmann u. Sisel U., Schwester von Erhard U.
am 13.7.42 nach Auschwitz deportiert

Urbach, Erhard
28.9.1930, Grimma, Sachsen – nach 1942, KZ Auschwitz verschollen
staatenlos
Sohn von Lipmann u. Sisel U., Bruder von Cilli U.
am 13.7.42 nach Auschwitz deportiert

Urbach, Isaak
10.2.1873, Chrzanów, Österr.-Polen – 22.1.1940, KZ Buchenwald
poln. Staatsangeh.
Kaufmann
Nordstr. 41; Walter-Blümel-Str. 15

Urbach, Itka, geb. Altmann
23.12.1907, Łódź, Russ.-Polen – nach 1942 verschollen
staatenlos (fr. Polen)
aus Leisnig, Sachsen
JH Humboldtstr. 31
Schwester ebenfalls nach Riga deportiert, Überlebende, Schwester von Zella Altmann, seit 1939 Witwe, Mutter von Ruth u. Max U.
am 21.1.42 nach Riga deportiert

Urbach, Lipmann
15.3.1900, Łódź, Russ.-Polen – 9.1.1943, KZ Auschwitz
staatenlos
Kaufmann, Inh. e. Textilwarengeschäfts
lebte in Grimma, Sachsen
Ehemann von Sisel U., Vater von Erhard u. Cilli U.
am 12.11.38 im Rahmen e. „Sonderaktion" verhaftet
1940 im KZ Sachsenhausen

Urbach, Max Hermann
7.10.1936, Leisnig, Sachsen – nach 1942 verschollen
staatenlos
Sohn von Itka U., Bruder von Ruth U.
am 21.1.42 nach Riga deportiert

Urbach, Ruth Paula
23.3.1931, Leisnig, Sachsen – nach 1942 verschollen
staatenlos
Schülerin
Tochter von Itka U., Schwester von Max U.
am 21.1.42 nach Riga deportiert

Urbach, Sisel, geb. Besser
13.6.1892, Łódź, Russ.-Polen – nach 1942, KZ Auschwitz verschollen
staatenlos
Zwangsarbeiterin
aus Grimma, Sachsen
JH Packhofstr. 1
Ehefrau von Lipmann U., Mutter von Erhard und Cilli U.
am 13.7.42 nach Auschwitz deportiert

Verderber, Clara Nelly
12.4.1927, Leipzig – nach 1942 verschollen
dt. Staatsangeh. (fr. Österreich)
Schülerin
Tochter von Josef und Lea V., Schwester von Ruth V.
am 10.5.42 nach Bełżyce deportiert

Verderber, Josef
27.10.1890, Brzesko, Österr.-Polen – nach 1942 verschollen
dt. Staatsangeh. (fr. Österreich)
Kaufmann, Vertreter für Weine
Zwangsarbeit im Tiefbau
Wilhelmshavener Str. 2c; JH Gustav-Adolf-Str. 7
Ehemann von Lea V., Vater von Ruth u. Clara V.
am 10.5.42 nach Bełżyce deportiert

Verderber, Lea, geb. Brand
20.8.1886, Bochnia, Österr.-Polen – nach 1942 verschollen
dt. Staatsangeh. (fr. Österreich)
Ehefrau von Josef V., Kinder emigr., Mutter von Ruth u. Clara V.
am 10.5.42 nach Bełżyce deportiert

Verderber, Ruth
11.9.1922, Leipzig – nach 1942 verschollen
dt. Staatsangeh. (fr. Österreich)
Küchenhilfe
Tochter von Josef u. Lea V., Schwester von Clara V.
am 10.5.42 nach Bełżyce deportiert

Vetter, Fanny Caroline, geb. Leibkind
18.6.1869, Tarnopol, Österr.-Polen – 29.4.1945, Ghetto Theresienstadt
dt. Staatsangeh.
Mozartstr. 4
nichtjüd. Ehemann, geschieden
am 13.1.44 nach Theresienstadt deportiert

Vogel, Getzel Georg
12.4.1871, Kałusz, Österr.-Polen – 17.6.1944, Ghetto Theresienstadt
staatenlos (fr. Polen)
Kaufmann (Lebensmittelbranche)
Gustav-Adolf-Str. 8; JH Packhofstr. 1
Ehefrau ebenfalls nach Theresienstadt deportiert, Überlebende, Töchter emigr.
am 19.9.42 nach Theresienstadt deportiert

Vogel, Lea, geb. Lansberg
30.4.1894, Bursztyn, Österr.-Polen – nach 1942 verschollen
Staatsangeh. ungeklärt
Ehefrau von Pinkas V., Sohn emigr., Mutter von Sara V.
am 21.1.42 nach Riga deportiert

Vogel, Pinkas
4.5.1894, Kalisch, Russ.-Polen – 19.7.1940, KZ Sachsenhausen
Staatsangeh. ungeklärt
Kaufmann, Inh. e. Wäschefirma
Gerberstr. 41; JH Nordstr. 11
Ehemann von Lea V., Vater von Sara V.

Vogel, Sara
16.9.1922, Leipzig – nach 1942 verschollen
Staatsangeh. ungeklärt
Tochter von Pinkas u. Lea V.
am 21.1.42 nach Riga deportiert

Vogelhut, Chaim
21.12.1894, Borek, Österr.-Polen – 8.1.1940, KZ Sachsenhausen
staatenlos (fr. Polen)
Dekorationsmaler, Inh. e. Werkstatt
Humboldtstr. 24; JH Packhofstr. 1
Bruder von Sali V., Ehemann von Marie V.
seit 26.10.39 im KZ Sachsenhausen

Vogelhut, Marie Reisel, geb. Reiss
7.8.1896, Rożniatów, Österr.-Polen – nach 1942 verschollen
staatenlos (fr. Polen)
Schwester emigr., Ehefrau von Chaim V., Sohn emigr.
am 21.1.42 nach Riga deportiert

Vogelhut (recte Ferber), Sali
2.1.1893, Borek, Österr.-Polen – nach 1942 verschollen
staatenlos (fr. Polen)
Köchin
Poniatowskistr. 12; JH Packhofstr. 1
Schwester von Chaim V.
am 21.1.42 nach Riga deportiert

Vogelsang, Helene, geb. Altgenug
3.9.1890, Norden, Provinz Hannover – nach 1942 verschollen
dt. Staatsangeh.
JH Humboldtstr. 15
Witwe, Kinder emigr.
am 21.1.42 nach Riga deportiert

Volkmann (-Baldinger), Nathan
14.5.1908, Leipzig – 4.3.1943, KZ Auschwitz
poln. Staatsangeh.
Kaufmann
Humboldtstr. 26; Große Fleischergasse 9
Geschwister emigr., Verlobter von Hermine Winkler
1940 im KZ Sachsenhausen

Voos, Doris
4.2.1938, Leipzig – nach 1944, KZ Auschwitz verschollen
dt. Staatsangeh.
Tochter von Heinrich u. Flora V., Schwester von Walter V.
am 19.9.42 nach Theresienstadt, am 4.10.44 nach Auschwitz deportiert

Voos, Flora, geb. Rothschild
9.5.1899, Kirchhain (Bz. Kassel), Hessen-Nassau – nach 1944, KZ Auschwitz verschollen
dt. Staatsangeh.
Verkäuferin
Kindergartenhelferin
Bruder emigr., Ehefrau von Heinrich V., Mutter von Walter u. Doris V.
Abschluss e. Heimeinkaufsvertrages für Theresienstadt
am 19.9.42 nach Theresienstadt, am 4.10.44 nach Auschwitz deportiert

Voos, Heinrich Heinz
9.1.1899, Frechen, Rheinprovinz – nach 1944, KZ Auschwitz verschollen
dt. Staatsangeh.
kaufm. Angestellter
Zwangsarbeiter
JH Humboldtstr. 15
Geschwister emigr., Ehemann von Flora V., Vater von Walter u. Doris V.
Abschluss e. Heimeinkaufsvertrages für Theresienstadt
am 19.9.42 nach Theresienstadt, am 28.9.44 nach Auschwitz deportiert

Voos, Walter
9.11.1934, Leipzig – nach 1944, KZ Auschwitz verschollen
dt. Staatsangeh.
Sohn von Heinrich u. Flora V., Bruder von Doris V.
am 19.9.42 nach Theresienstadt, am 4.10.44 nach Auschwitz deportiert

Voremberg, Hertha Johanna, geb. Pincus
31.12.1891, Leipzig – nach 1942 verschollen
dt. Staatsangeh.
Prokuristin, Vertreterin
Kreuzstr. 1; JH Walter-Blümel-Str. 21
seit 1930 Witwe, Sohn emigr.
am 10.5.42 nach Bełżyce deportiert

Wachenheimer, Manfred
26.12.1886, Karlsruhe, Baden – 4.7.1942, KZ Buchenwald
Kaufmann
Humboldtstr. 15
am 4.2.39 aus polit. Gründen verhaftet, am 21.3.42 wegen „Verkehrs mit Deutschblütigen u. Nichttragens d. Judensterns" verhaftet
am 3.6.42 nach Buchenwald deportiert

Wachsberg, Freide Frieda, geb. Hillinger
25.1.1874, Głogów, Österr.-Polen – 29.4.1943, Ghetto Theresienstadt
dt. Staatsangeh.
Gerberstr. 55; JH Humboldtstr. 13
seit 1936 Witwe
am 19.9.42 nach Theresienstadt deportiert

Wachsmann, Else, geb. Bodenstein
4.6.1872, Preußisch-Stargard, Westpreußen – nach 1942 verschollen
dt. Staatsangeh.
JH Pfaffendorfer Str. 6
seit 1908 Witwe, Kinder emigr., Mutter von Charlotte Bleistein
am 21.1.42 nach Riga deportiert

Wachtel, Anna Albreta, geb. Stern
27.9.1874, Leipzig – 2.11.1943, Ghetto Theresienstadt
dt. Staatsangeh.
Mozartstr. 7; JH Auenstr. 14 (Altersheim)
seit 1937 Witwe
Abschluss e. Heimeinkaufsvertrages für Theresienstadt
am 19.9.42 nach Theresienstadt deportiert

Wachtel, Samuel
7.11.1854, Lemberg, Österr.-Polen – 7.12.1942, Ghetto Theresienstadt
dt. Staatsangeh.
Kaufmann, Inh. e. Rauchwarengroßh., gegr. 1925
Hugo-Licht-Str. 1; JH Färberstr. 11 (Alters- und Pflegeheim)
Witwer
Abschluss e. Heimeinkaufsvertrages für Theresienstadt
am 19.9.42 nach Theresienstadt deportiert

Wagner, Alma, geb. Freibusch
27.7.1898, Riga, Russland – 14.10.1942, KZ Auschwitz
Arbeiterin
aus Markranstädt, Sachsen
JH Humboldtstr. 6
am 23.10.41 wegen „Betrugs" verhaftet
am 10.4.42 nach Ravensbrück deportiert

Wagner, Franziska, geb. Seydler
3.2.1871, Drengfurt, Ostpreußen – 28.12.1942, Ghetto Theresienstadt
dt. Staatsangeh.
Berliner Str. 2; JH Gustav-Adolf-Str. 7
seit 1924 Witwe
am 19.9.42 nach Theresienstadt deportiert

Wahlburg, Jacques
20.9.1874, Bromberg, Provinz Posen – 27.5.1943, Ghetto Theresienstadt
dt. Staatsangeh.
Kaufmann, Inh. e. Zigarrengroßh., gegr. 1908
Salomonstr. 20; JH Auenstr. 14 (Altersheim)
seit 1941 Witwer, Sohn 1945 nach Theresienstadt deportiert, Überlebender, Vater von Ilse Lüder
Abschluss e. Heimeinkaufsvertrages für Theresienstadt
am 19.9.42 nach Theresienstadt deportiert

Wald, Meyer Michel
5.6.1887, Łukowica, Österr.-Polen – nach 1942, KZ Auschwitz verschollen
staatenlos (fr. Österreich)
Kaufmann, Inh. e. Rauchwarenfirma, gegr. 1925
Zwangsarbeit als Rauchwarenzurichter
Frickestr. 1; JH Packhofstr. 1
Ehemann von Sura W.
auf d. Transportliste vom 21.1.42 gestrichen
am 13.7.42 nach Auschwitz deportiert

Wald, Sura Sophie, geb. Priesel
15.1.1887, Wierzbowiec, Russ.-Polen – nach 1942, KZ Auschwitz verschollen
staatenlos (fr. Österreich)
Ehefrau von Meyer W., Kinder emigr.
auf d. Transportliste vom 21.1.42 gestrichen
am 13.7.42 nach Auschwitz deportiert

Waldheim, Leopold, Justizrat
19.9.1864, Sternberg, Mecklenburg-Schwerin – 6.12.1942, Ghetto Theresienstadt
dt. Staatsangeh.
Rechtsanwalt u. Notar
Lortzingstr. 14; JH Humboldtstr. 15
Ehemann von Margarete W.
am 19.9.42 nach Theresienstadt deportiert

Waldheim, Margarete Ottilie, geb. Michael
26.5.1873, Leipzig – 20.5.1943, Ghetto Theresienstadt
dt. Staatsangeh.
Bruder ebenfalls nach Theresienstadt deportiert, Überlebender, Schwester von Antonie u. Otto Michael, Ehefrau von Leopold W.
am 19.9.42 nach Theresienstadt deportiert

Wall, Erika von der
19.3.1915, Norden, Provinz Hannover – nach 1944, KZ Stutthof verschollen
dt. Staatsangeh.
Kontoristin
Hausgehilfin
aus Köln, Rheinprovinz
Schwester von Herta W.
am 21.1.42 nach Riga deportiert

Wall, Herta von der
24.5.1912, Norden, Provinz Hannover – nach 1942 verschollen
dt. Staatsangeh.
Hauswirtschafterin
aus Norden
JH Auenstr. 14 (Altersheim)
Brüder emigr., Schwester von Erika W.
am 21.1.42 nach Riga deportiert

Wallach, Jenny, geb. Katzenstein
26.7.1883, Eisleben, Provinz Sachsen – nach 1942 verschollen
dt. Staatsangeh.
Prokuristin
Lortzingstr. 6; JH Humboldtstr. 15
Schwester emigr., seit 1921 Witwe, Sohn emigr.
am 21.1.42 nach Riga deportiert

Walltuch, Aron
13.7.1941, Leipzig – nach 1942 verschollen
dt. Staatsangeh.
Sohn von Michel und Chaje W., Bruder von Nathan W.
auf d. Transportliste vom 21.1.42 gestrichen
am 10.5.42 nach Bełżyce deportiert

Walltuch, Chaje Lea, geb. Schapira
22.3.1912, Przeworsk, Österr.-Polen – nach 1942 verschollen
dt. Staatsangeh.
Kontoristin
Pfaffendorfer Str. 16; JH Gustav-Adolf-Str. 7
Eltern 1938 nach Polen abgeschoben, Ehefrau von Michel W., Mutter von Nathan u. Aron W.
auf d. Transportliste vom 21.1.42 gestrichen
am 10.5.42 nach Bełżyce deportiert

Walltuch, Michel Moses, Dr. med.
3.10.1899, Busk, Österr.-Polen – nach 1942 verschollen
dt. Staatsangeh.
Kinderarzt
Krankenbehandler
Eutritzscher Str. 2; JH Gustav-Adolf-Str. 7
Brüder emigr., Ehemann von Chaje W., Vater von Nathan u. Aron W.
auf d. Transportliste vom 21.1.42 gestrichen
am 10.5.42 nach Bełżyce deportiert

Walltuch, Nathan
20.5.1938, Leipzig – nach 1942 verschollen
dt. Staatsangeh.
Sohn von Michel und Chaje W., Bruder von Aron W.
auf d. Transportliste vom 21.1.42 gestrichen
am 10.5.42 nach Bełżyce deportiert

Wand (recte Tellermann), Josef
15.5.1880, Wielkowice – nach 1942 verschollen
Staatsangeh. ungeklärt
Ledergerber, Händler
Zwangsarbeiter
Berliner Str. 48; JH Leibnizstr. 4
Ehefrau u. Sohn emigr., Sohn ebenfalls nach Riga deportiert, Überlebender
am 21.1.42 nach Riga deportiert

Wangenheim, Alice, geb. Lekisch
10.9.1880, Mainz, Hessen-Darmstadt – nach 1942 verschollen
dt. Staatsangeh.
Hausdame
JH Funkenburgstr. 16
Bruder emigr., Witwe
am 21.1.42 nach Riga deportiert

Warmberg, Ester Laja, geb. Hellmann
15.11.1898, Uhnów, Österr.-Polen – nach 1942, KZ Auschwitz verschollen
staatenlos
Zwangsarbeiterin
JH Keilstr. 3
Kinder emigr.
am 13.7.42 nach Auschwitz deportiert

Warschauer, Irma, geb. Goldschmidt
12.2.1890, Leipzig – nach 1942, KZ Auschwitz verschollen
dt. Staatsangeh.
Prokuristin
Tochter von Therese Goldschmidt, Ehefrau von Siegmund W.
auf d. Transportliste vom 21.1.42, zurückgestellt
am 13.7.42 nach Auschwitz deportiert

Warschauer, Siegmund
5.5.1888, Berlin – nach 1942, KZ Auschwitz verschollen
dt. Staatsangeh.
Kaufmann, Inh. e. Handelsvertretung für Kleider
Zwangsarbeiter (Rauchwarenbranche)
Haydnstr. 7; JH Pfaffendorfer Str. 6
Ehemann von Irma W.
auf d. Transportliste vom 21.1.42, zurückgestellt
am 13.7.42 nach Auschwitz deportiert

Waschitz, Rachel Chane
24.5.1894, Leipzig – nach 1942 verschollen
staatenlos (fr. Österreich)
Kontoristin
Gustav-Adolf-Str. 25; JH Keilstr. 3
Geschwister emigr., Bruder 1938 nach Polen abgeschoben
auf d. Transportliste vom 21.1.42 gestrichen
am 10.5.42 nach Bełżyce deportiert

Wasserstrom, Paul Emil
12.6.1881, Berlin – 6.4.1940, KZ Sachsenhausen?
dt. Staatsangeh.?
Kaufmann, Mitinh. e. Rauchwarenfirma, gegr. 1907
Kaiser-Friedrich-Str. 33; Steffenstr. 32
nichtjüd. Ehefrau
am 10.11.38 im Rahmen e. „Sonderaktion" verhaftet, am 5.10.39 verhaftet
am 21.11.39 nach Sachsenhausen deportiert

Wattmann, Hasia Sophia
11.8.1888, Moskau – nach 1943, KZ Auschwitz verschollen
staatenlos (fr. Russland)
Schneiderin, Pelznäherin
JH Jacobstr. 7
Geschwister emigr.
auf d. Transportliste vom 21.1.42 gestrichen
am 19.9.42 nach Theresienstadt, am 23.1.43 nach Auschwitz deportiert

Weber, Manfred Ralf
18.2.1933, Leipzig – nach 1942 verschollen
staatenlos (fr. Polen)
Sohn von Regina W., Bruder von Norbert W.
am 21.1.42 nach Riga deportiert

Weber (gen. Wiesner), Mirel, geb. Lakritz
4.8.1874, Sołotwina, Österr.-Polen – nach 1943, KZ Auschwitz verschollen
staatenlos (fr. Polen)
aus Kiel, Schleswig-Holstein, seit 1939 in Leipzig
JH Gustav-Adolf-Str. 7
Ehemann 1939 in Kiel verhaftet, 1941 nach Riga deportiert, Söhne emigr., umgekommen, Kinder aus anderen Städten deportiert, Mutter von Necha Weidmann, Schwiegermutter von Cirel Wiesner
am 19.9.42 nach Theresienstadt, am 18.12.43 nach Auschwitz deportiert

Weber, Norbert
23.10.1934, Leipzig – nach 1942 verschollen
staatenlos (fr. Polen)
Sohn von Regina W., Bruder von Manfred W.
am 21.1.42 nach Riga deportiert

Weber, Regina, geb. Friedmann
3.7.1908, Leipzig – nach 1942 verschollen
staatenlos (fr. Polen)
Auenstr. 16; JH Leibnizstr. 30
Vater u. Geschwister emigr., seit 1938 Witwe, Mutter von Manfred u. Norbert W.
am 21.1.42 nach Riga deportiert

Weg, Emma, geb. Brann
17.5.1869, Breslau, Schlesien – 15.9.1942, Leipzig
dt. Staatsangeh.?
Mitinh. e. Buchhandlung, gegr. 1890
Löhrstr. 21; JH Färberstr. 11 (Alters- und Pflegeheim)
seit 1917 Witwe, Söhne emigr., Mutter von Franz W.

Weg, Franz Georg
2.4.1891, Leipzig – 11.12.1938, KZ Buchenwald
dt. Staatsangeh.?
Buchhändler, Mitinh. e. Buchhandlung, gegr. 1890
Löhrstr. 21; Kaiserin-Augusta-Str. 21
Sohn von Emma W.
am 10.11.38 im Rahmen e. „Sonderaktion" verhaftet
nach Buchenwald deportiert

Weidmann, Arnold
7.4.1929, Kiel, Schleswig-Holstein – nach 1942 umgekommen
staatenlos (fr. Polen)
Sohn von Necha W., Bruder von Leo u. Ruth W.
am 10.5.42 nach Bełżyce deportiert

Weidmann, Leo
9.1.1927, Kiel, Schleswig-Holstein – nach 1942 umgekommen
staatenlos (fr. Polen)
Zwangsarbeiter
Sohn von Necha W., Bruder von Arnold und Ruth W.
am 10.5.42 nach Bełżyce deportiert

Weidmann (Wiesner), Necha Erna, geb. Lakritz
14.4.1900, Monasterzyska, Österr.-Polen – nach 1942 umgekommen
staatenlos (fr. Polen)
Aufwartung
aus Kiel, Schleswig-Holstein, seit 1939 in Leipzig

JH Gustav-Adolf-Str. 7
Tochter von Mirel Weber, Ehemann 1939 aus Kiel nach Sachsenhausen deportiert, 1941 umgekommen, Sohn emigr., Mutter von Leo, Arnold und Ruth W.
am 10.5.42 nach Bełżyce deportiert

Weidmann, Ruth
26.3.1932, Kiel, Schleswig-Holstein – nach 1942 umgekommen
staatenlos (fr. Polen)
Tochter von Necha W., Schwester von Leo u. Arnold W.
am 10.5.42 nach Bełżyce deportiert

Weigler, Evelyn
28.10.1928, Leipzig – nach 1942 verschollen
staatenlos
Schülerin
Tochter von Josef u. Vera W., Schwester von Jürgen W.
am 21.1.42 nach Riga deportiert

Weigler, Josef
11.1.1900, Leipzig – nach 1942 verschollen
staatenlos
Kaufmann, Prokurist, Mitinh. e. Firma für Gummiabsätze, gegr. 1924
Zwangsarbeit im Gartenbau
Werderstr. 26; JH Nordplatz 7
Sohn von Regina W., Ehemann von Vera W., Vater von Evelyn u. Jürgen W.
am 12.11.38 i. Rahmen e. „Sonderaktion" verhaftet
am 21.1.42 nach Riga deportiert

Weigler, Jürgen Bernd
22.7.1931, Leipzig – nach 1942 verschollen
staatenlos
Schüler
Sohn von Josef u. Vera W., Bruder von Evelyn W.
am 21.1.42 nach Riga deportiert

Weigler, Regina Ryfka, geb. Schüssel
12.4.1868, Pilzno, Österr.-Polen – nach 1942, Vernichtungslager Treblinka
staatenlos (fr. Polen)
Mitinh. e. Mineralwasser-Fabrik, gegr. 1909
Tauchaer Str. 22; JH Nordstr. 15
seit 1937 Witwe, Mutter von Josef W.
Abschluss e. Heimeinkaufsvertrages für Theresienstadt
am 19.9.42 nach Theresienstadt, am 19.10.42 nach Treblinka deportiert

Weigler, Vera Johanna, geb. Starer
28.12.1908, Dresden – nach 1944 verschollen
staatenlos
Inh. e. Mineralwasserfabrik, gegr. 1909
Vater u. Brüder emigr., Ehefrau von Josef W., Mutter von Evelyn u. Jürgen W.
am 21.1.42 nach Riga deportiert

Weil, Adolf Abraham
3.3.1884, Gailingen, Baden – 26.2.1940, im KZ umgekommen?
dt. Staatsangeh.
Maler
Yorkplatz 7
Ehefrau u. Kinder emigr.

Weil, Conrad
6.5.1872, Lissa, Provinz Posen – 28.12.1942, Ghetto Theresienstadt
dt. Staatsangeh.
Kaufmann, Reisender (Besatz- u. Textilwaren)
Zwangsarbeit in d. Städt. Arbeitsanstalt
Funkenburgstr. 10; JH Auenstr. 14 (Altersheim)
Ehemann von Hilda W., Söhne aus erster Ehe emigr., Sohn 1942 in Auschwitz umgekommen
am 19.9.42 nach Theresienstadt deportiert

Weil, Doris
27.10.1856, Leipzig – 4.10.1942, Ghetto Theresienstadt
dt. Staatsangeh.
Gesangslehrerin
Frankfurter Str. 2; JH Färberstr. 11 (Alters- und Pflegeheim)
Abschluss e. Heimeinkaufsvertrages für Theresienstadt
am 19.9.42 nach Theresienstadt deportiert

Weil, Hedwig, geb. Mars
20.9.1878, Schweinfurt, Bayern – 9.4.1941, Leipzig, Freitod
dt. Staatsangeh.
Händlerin
Brockhausstr. 4; JH Humboldtstr. 4
Sohn emigr.

Weil, Hilda, geb. Wittner
10.1.1891, Leipzig – nach 1944, KZ Auschwitz verschollen
dt. Staatsangeh.
Pölitzstr. 25; JH Auenstr. 14 (Altersheim)
Schwester v. Alfred Wittner, Ehefrau v. Conrad W.
am 19.9.42 nach Theresienstadt, am 18.5.44 nach Auschwitz deportiert

Weil, Ida, geb. Wachtel
24.8.1890, Kaltennordheim (Rhön), Sachsen-Weimar-Eisenach – 3.7.1943, Ghetto Theresienstadt
dt. Staatsangeh.
Inh. e. Dauerwäschehandlung, gegr. 1919
Gustav-Freytag-Str. 28; JH Färberstr. 11 (Alters- und Pflegeheim)
seit 1923 Witwe, Sohn emigr.
auf d. Transportliste vom 21.1.42
am 17.2.43 nach Berlin, am 28.5.43 nach Theresienstadt deportiert

Weil, Karl Kurt
4.6.1902, Frankfurt a.M. – 17.2.1943, Leipzig, Freitod
dt. Staatsangeh.
Kaufmann
Zwangsarbeit im Tiefbau
Zeitzer Str. 2; JH Nordstr. 11
nichtjüd. Ehefrau, 1943 geschieden

Weil, Kurt Gustav
11.4.1918, Sulzburg, Baden – nach 1942 verschollen
dt. Staatsangeh.
Lehrer
Zwangsarbeiter
JH Humboldtstr. 9
am 10.5.42 nach Bełżyce deportiert

Weill, Ernst
22.7.1883, Straßburg, Elsass-Lothringen – nach 1943, KZ Auschwitz verschollen
dt. Staatsangeh.
Dentist, Inh. e. Praxis für Zahnheilkunde
Zwangsarbeit im Gartenbau
Alexanderstr. 46; JH Nordstr.15
seit 1936 Witwer, Sohn emigr.
am 12.11.38 i. Rahmen e. „Sonderaktion" verhaftet
auf d. Transportliste vom 21.1.42
am 17.2.43 nach Berlin, am 26.2.43 nach Auschwitz deportiert

Weinberg, Chana Anna, geb. Goldstein
30.10.1893, Tomaszów – nach 1942 verschollen
staatenlos (fr. Polen)
Konfektionsnäherin
Zwangsarbeit als Büglerin, Bestattungsgehilfin
Gerberstr. 46; JH Packhofstr. 1
getrennt lebend, Mutter von David Goldstein
am 21.1.42 nach Riga deportiert

Weinberg, Friederike
13.3.1892, Neustadtgödens, Provinz Hannover – nach 1942 verschollen
dt. Staatsangeh.
Hausangestellte
aus Wilhelmshaven, Provinz Hannover
JH Keilstr. 3
am 21.1.42 nach Riga deportiert

Weinberger, Margarete, geb. Landsberger
15.5.1887, Berlin – nach 1942 umgekommen
dt. Staatsangeh.
Springerstr. 21; JH König-Johann-Str. 30
seit 1939 Witwe, Sohn emigr.
am 21.1.42 nach Riga deportiert

Weininger, David
12.8.1928, Leipzig – nach 1942 verschollen
poln. Staatsangeh.
Sohn von Salomo u. Rahel W.
am 21.1.42 nach Riga deportiert

Weininger, Rahel Relly, geb. Ueker
18.8.1896, Wołczkowce, Österr.-Polen – nach 1942 verschollen
poln. Staatsangeh.
Gneisenaustr. 7; JH Gustav-Adolf-Str. 7
Ehefrau von Salomo W., Sohn emigr., Mutter von David W.
am 21.1.42 nach Riga deportiert

Weininger, Salomo
10.4.1887, Śniatyn, Österr.-Polen – 2.6.1940, KZ Sachsenhausen
poln. Staatsangeh.
Kaufmann, Inh. e. Rauchwarenfirma
Gneisenaustr. 7
Ehemann von Rahel W., Vater von David W.
am 28.10.38 nach Polen abgeschoben, Rückkehr nach Leipzig
1939 verhaftet
nach Sachsenhausen deportiert

Weinstein, Alice, geb. Erlbacher
19.10.1886, Nürnberg, Bayern – nach 1943, KZ Auschwitz verschollen
dt. Staatsangeh.
Zwangsarbeiterin
Ehefrau von Arno W.
auf d. Transportliste vom 21.1.42 gestrichen
am 17.2.43 nach Berlin, am 26.2.43 nach Auschwitz deportiert

Weinstein, Arno
8.8.1884, Eisenach, Großherzogtum Sachsen – nach 1943, KZ Auschwitz verschollen
dt. Staatsangeh.
Kaufmann, Inh. e. Rauchwarenfirma, gegr. 1911
Zwangsarbeit im Gartenbau u. als Rauchwarensortierer
Karl-Rothe-Str. 2; JH Gustav-Adolf-Str. 7
Ehemann von Alice W.
auf d. Transportliste vom 21.1.42 gestrichen
am 17.2.43 nach Berlin, am 26.2.43 nach Auschwitz deportiert

Weinstein, Ida, geb. Pfifferling
15.1.1885, Hamburg – nach 1942 verschollen
dt. Staatsangeh.
Albertstr. 27; JH Humboldtstr. 10
Schwester emigr., seit 1938 Witwe, Kinder emigr.
am 21.1.42 nach Riga deportiert

Weinstein, Ida
17.11.1910, Felsberg (Bz.Kassel), Hessen-Nassau – nach 1942 verschollen
dt. Staatsangeh.
Hausangestellte
aus Kassel, seit 1933 in Leipzig
JH Funkenburgstr. 23
Mutter, Bruder u. Verlobter emigr.
am 21.1.42 nach Riga deportiert

Weintraub, Arthur Balfour
4.6.1921, Leipzig – 8.4.1941, KZ Dachau
staatenlos (fr. Polen)
Hartzstr. 20; Reudnitzer Str. 21
Sohn von Salomon u. Rachel W.
1940 im KZ Sachsenhausen

Weintraub, Rachel Rosa, geb. Mühlstein
20.5.1888, Zawierzie, Russ.-Polen – nach 1943 verschollen
staatenlos (fr. Polen)
Inh. e. Damenschneiderei
Zwangsarbeiterin
Hartzstr. 20; JH Humboldtstr. 31
Ehefrau von Salomon W., Töchter emigr., Mutter von Arthur W.
am 21.1.42 nach Riga deportiert

Weintraub, Salomon Schlama
24.2.1882, Petrikau, Russ.-Polen – 28.2.1940, KZ Sachsenhausen
staatenlos (fr. Polen)
Bürstenbinder, Inh. e. Bürsten- u. Pinselfabrik
Hartzstr. 20; JH Packhofstr. 1
Ehemann von Rachel W., Vater von Arthur W.
seit 9.11.39 im KZ Sachsenhausen

Weiser, Süßmann
15.1.1863, Niedonice – 21.5.1940, KZ Sachsenhausen
poln. Staatsangeh.
Rohproduktenhändler
Nordstr. 29; JH Humboldtstr. 6
Witwer

Weiskirch, Ignaz Isaak
15.3.1884, Słotwina, Österr.-Polen – 29.5.1942, KZ Sachsenhausen
poln. Staatsangeh.
Kaufmann, Mitinh. e. Wäscheversands, gegr. 1930, Inh. e. Altwarenhandlung
Yorkstr. 13
Ehefrau 1942 in Leipzig verstorben, Tochter emigr., Sohn im KZ, Überlebender?
1940 im KZ Sachsenhausen

Weiss, Adele
24.9.1926, Leipzig – nach 1942 verschollen
staatenlos
Tochter von Elisa W., Schwester von Ruth und Joseph W.
am 21.1.42 nach Riga deportiert

Weiss (Nachbar), Beate
8.2.1935, Leipzig – nach 1943, KZ Auschwitz verschollen
staatenlos
Tochter von Salo u. Edzia W.
am 17.2.43 nach Berlin, am 26.2.43 nach Auschwitz deportiert

Weiss (Nachbar), Edzia, geb. Sandek
23.12.1906, Kolomea, Österr.-Polen – nach 1943, KZ Auschwitz verschollen
staatenlos (fr. Polen)
Zwangsarbeit in d. Firma Alfred Kielert & Co., Rauchwaren GmbH, Nikolaistr. 47/51
JH Gustav-Adolf-Str. 7
Ehefrau von Salo W., Mutter von Beate W.
auf d. Transportliste vom 21.1.42 gestrichen
am 17.2.43 nach Berlin, am 26.2.43 nach Auschwitz deportiert

Weiss, Elisa, geb. Henik
5.8.1902, München – nach 1942 verschollen
staatenlos
Friedrich-List-Str. 12; JH Packhofstr. 1
Ehemann u. Tochter emigr., Mutter von Adele, Ruth u. Joseph W.
am 21.1.42 nach Riga deportiert

Weiss, Isaak
31.10.1861, Királyhelmec, Slowakei – 13.8.1943, Ghetto Theresienstadt
Protektoratsangeh. (fr. Tschechoslowakei)
Chemnitzer Str. 50 (Israelit. Krankenhaus)
auf d. Transportliste vom 17.2.43 gestrichen, doch nach Berlin, am 28.5.43 nach Theresienstadt deportiert

Weiss, Joseph
30.12.1936, Leipzig – nach 1942 verschollen
staatenlos
Sohn von Elisa W., Bruder von Adele u. Ruth W.
am 21.1.42 nach Riga deportiert

Weiss, Mathilde, geb. Singer
12.8.1875, Eger, Böhmen – 4.2.1943, Ghetto Theresienstadt
staatenlos (fr. Tschechoslowakei)
Händlerin, Fremdsprachenkorrespondentin, Vermieterin
Lessingstr. 21; JH Gustav-Adolf-Str. 7
geschieden
Abschluss e. Heimeinkaufsvertrages für Theresienstadt
am 19.9.42 nach Theresienstadt deportiert

Weiss, Meta Anna, geb. Salomon
12.6.1872, Hirschberg – 15.1.1943, Ghetto Theresienstadt
staatenlos
Verkäuferin
Karl-Heine-Str. 56b; JH Gustav-Adolf-Str. 7
seit 1935 Witwe
am 19.9.42 nach Theresienstadt deportiert

Weiss, Ruth
13.9.1930, Leipzig – nach 1942 verschollen
staatenlos
Tochter von Elisa W., Schwester von Adele u. Joseph W.
am 21.1.42 nach Riga deportiert

Weiss (Nachbar), Salo
14.3.1905, Kolomea, Österr.-Polen – 17.7.1942, KZ Groß-Rosen
staatenlos (fr. Polen)
Schneider, Inh. e. Herrenmaßschneiderei
aus Wiederitzsch (b. Leipzig)
Blücherstr. 21
Ehemann von Edzia W., Vater von Beate W.
1940 im KZ Sachsenhausen

Weiss, Salomon Isaak
20.5.1891, Petrikau, Russ.-Polen – 14.2.1940, KZ Sachsenhausen
poln. Staatsangeh.
Kellner
Stiftsstr. 5; JH Humboldtstr. 31
nichtjüd. Ehefrau
seit 9.11.39 im KZ Sachsenhausen

Weissmann, Bernhard
26.11.1867, Kempen, Provinz Posen – 21.11.1942, Ghetto Theresienstadt
dt. Staatsangeh.
Kaufmann, Inh. e. Großh. mit Glas, Porzellan u. Steingut, gegr. 1893
Vorstandsmitgl. d. Israelit. Religionsgemeinde, Synagogenkommissar
Löhrstr. 21; JH Humboldtstr. 9
Ehefrau ebenfalls nach Theresienstadt deportiert, Überlebende, Töchter emigr.
Abschluss e. Heimeinkaufsvertrages f. Theresienstadt
am 19.9.42 nach Theresienstadt deportiert

Weissmann, Channa Anna, gesch. Reiter geb. Spielmann
23.9.1890, Kolbuszowa, Österr.-Polen – nach 1944 umgekommen
staatenlos (fr. Polen)
Händlerin
Zwangsarbeiterin
aus Karlsruhe, Baden
JH Gustav-Adolf-Str. 7
seit 1934 Witwe, Kinde emigr., zwei Söhne nach Sobibór deportiert, umgekommen, Mutter v. Sara W.
am 21.1.42 n. Riga, 1944 n. Stutthof deportiert

Weißmann, Josef Efraim
24.9.1886, Bojan, Bukowina – nach 1943, KZ Auschwitz verschollen
staatenlos
Oberingenieur
Bamberger Str. 18
am 11.11.38 im Rahmen e. „Sonderaktion" verhaftet, am 30.1.43 wegen Vergehens gegen die Kriegswirtschaftsverordnung verhaftet
am 1.5.43 nach Auschwitz deportiert

Weissmann (Reiter), Sara
1.1.1923, Karlsruhe, Baden – nach 1942 verschollen
staatenlos (fr. Polen)
Schneiderin
Zwangsarbeiterin
Tochter von Channa W.
am 21.1.42 nach Riga deportiert

Weitz, Golda Chaja, geb. Stempel
10.12.1869, Żołynia, Österr.-Polen – 26.11.1942, Ghetto Theresienstadt
staatenlos (fr. Polen)
Händlerin
aus Kiel, Schleswig-Holstein, seit 1939 in Leipzig
JH Gustav-Adolf-Str. 7
Tochter emigr., Sohn nach Polen abgeschoben, umgekommen, Sohn umgekommen, Mutter von Minna Weitz
am 19.9.42 nach Theresienstadt deportiert

Weitz, Minna
22.7.1910, Żołynia, Österr.-Polen – 12.9.1940, Tötungsanstalt Hartheim, Ostmark
staatenlos (fr. Polen)
aus Kiel, Schleswig-Holstein
Heilanstalt Colditz
Tochter von Golda W.
nach Hartheim deportiert

Wenzel, Clara, geb. Schall
13.1.1884, Leipzig – nach 1942 verschollen
dt. Staatsangeh.
JH Humboldtstr. 10
Schwester von Amalie Schall?, nichtjüd. Ehemann, seit 1940 Witwe
am 21.1.42 nach Riga deportiert

Werblowski, Charlotte
28.4.1900, Leipzig – nach 1942 verschollen
dt. Staatsangeh.
Kontoristin
Löhrstr. 23; JH Nordstr. 11
Bruder? 1942 aus Berlin nach Riga deportiert, verschollen
am 21.1.42 nach Riga deportiert

Wesly, Bertha, geb. Rosenberg
5.2.1888, Halle (Saale), Provinz Sachsen – nach 1944, KZ Auschwitz verschollen
dt. Staatsangeh.
Zwangsarbeiterin
Ehefrau von Hermann W.
am 5.10.39 im Rahmen e. „Sonderaktion" verhaftet, am 14.10.39 freigelassen
am 19.9.42 nach Theresienstadt, am 18.5.44 nach Auschwitz deportiert

Wesly, Hermann
31.10.1871, Aachen, Rheinprovinz – nach 1944, KZ Auschwitz verschollen
dt. Staatsangeh.
Kaufmann, Mitinh. e. Verlages, gegr. 1906
Ferdinand-Rhode-Str. 19; JH Jacobstr. 7
Ehemann von Bertha W.
am 5.10.39 im Rahmen e. „Sonderaktion" verhaftet, am 14.10.39 freigelassen, am 9.11.39 im Rahmen einer „Sonderaktion" verhaftet, am 16.12.39 freigelassen
am 19.9.42 nach Theresienstadt, am 18.5.44 nach Auschwitz deportiert

Wetzler, Bertha, geb. Nebel
6.5.1883, Harburg (Schwaben), Bayern – nach 1944, KZ Auschwitz verschollen
dt. Staatsangeh.
Heimleiterin
Ehefrau von Samuel W., Kinder emigr.
Abschluss e. Heimeinkaufsvertrages f. Theresienstadt
am 19.9.42 nach Theresienstadt, am 9.10.44 nach Auschwitz deportiert

Wetzler, Samuel
9.3.1876, Kleinheubach, Bayern – 21.5.1944, Ghetto Theresienstadt
dt. Staatsangeh.
Fabrikant
Heimleiter
aus Miltenberg, Bayern
JH Färberstr. 11 (Alters- und Pflegeheim)
Ehemann von Bertha W.
Abschluss e. Heimeinkaufsvertrages f. Theresienstadt
am 19.9.42 nach Theresienstadt deportiert

Wiesner, Cirel Cilly, geb. Heller
28.3.1900, Wygoda, Österr.-Polen – nach 1942 verschollen
staatenlos (fr. Polen)
Zwangsarbeiterin
aus Kiel, Schleswig-Holstein, seit 1939 in Leipzig
JH Gustav-Adolf-Str. 7
Schwiegertochter von Mirel Weber, Bruder emigr., Ehemann emigr., 1945 im KZ Neuengamme umgekommen, Kinder emigr., zwei Töchter umgekommen, Mutter von Selma W.
am 21.1.42 nach Riga deportiert

Wiesner, Selma Ruth
25.1.1937, Kiel, Schleswig-Holstein – nach 1942 verschollen
staatenlos (fr. Polen)
Tochter von Cirel W.
am 21.1.42 nach Riga deportiert

Wietepsky, Johanna, geb. Windmüller
19.11.1903, Königsberg, Ostpreußen – nach 1942, KZ Auschwitz verschollen
dt. Staatsangeh.
Zwangsarbeiterin
Sophienstr. 37a; JH Packhofstr. 1
Ehemann emigr., Mutter von Ruben W.
auf d. Transportliste vom 21.1.42 gestrichen
am 13.7.42 nach Auschwitz deportiert

Wietepsky, Ruben Gideon
1.10.1938, Leipzig – nach 1942, KZ Auschwitz verschollen
dt. Staatsangeh.
Sohn von Johanna W.
auf d. Transportliste vom 21.1.42 gestrichen
am 13.7.42 nach Auschwitz deportiert

Wildau, Arthur
1.9.1872 – 23.5.1936, Leipzig, Freitod
dt. Staatsangeh.?
Kaufmann, Mitinh. e. Wäschefabrik, gegr. 1880
König-Johann-Str. 22
Schwester u. Ehefrau emigr.
„Arisierung" d. Fabrik

Wind, Harri
2.12.1935, Leipzig – nach 1942, KZ Auschwitz verschollen
dt. Staatsangeh. (fr. Österreich)
Schüler
Sohn von Markus u. Rosa W., Bruder von Isaak W.
auf d. Transportliste vom 21.1.42 gestrichen
am 13.7.42 nach Auschwitz deportiert

Wind, Isaak
5.8.1926, Leipzig – nach 1942, KZ Auschwitz verschollen
dt. Staatsangeh. (fr. Österreich)
Zwangsarbeiter
Sohn von Markus u. Rosa W., Bruder von Harri W.
auf d. Transportliste vom 21.1.42 gestrichen
am 13.7.42 nach Auschwitz deportiert

Wind, Markus Martens
4.1.1900, Leipzig – nach 1942, KZ Auschwitz verschollen
dt. Staatsangeh. (fr. Österreich)
Kaufmann (Fahrradbranche)
Zwangsarbeiter
Berliner Str. 24; JH Walter-Blümel-Str. 10
Mutter 1938 nach Polen abgeschoben, Ehemann von Rosa W., Vater von Isaak u. Harri W.
auf d. Transportliste vom 21.1.42 gestrichen
am 13.7.42 nach Auschwitz deportiert

Wind, Rosa Viola, geb. Spiro
27.4.1903, Stopnica, Österr.-Polen – nach 1942, KZ Auschwitz verschollen
dt. Staatsangeh. (fr. Österreich)
Inh. e. Fahrradhandlung
Ehefrau v. Markus W., Mutter v. Isaak u. Harri W.
auf d. Transportliste vom 21.1.42 gestrichen
am 13.7.42 nach Auschwitz deportiert

Winkler, Hermine Hunja, geb. Storch
5.8.1908, Kežmarok, Ungarn – nach 1943, KZ Auschwitz verschollen
slowak. Staatsangeh.
Schneiderin
Frankfurter Str. 6; Brühl 41/43
Eltern u. Brüder emigr., geschieden, Verlobte von Nathan Volkmann
am 18.6.43 nach Auschwitz deportiert

Winter (false Kollender), Berta, geb. Weinschenk
14.11.1894, Windsbach, Bayern – nach 1942 verschollen
staatenlos (fr. Polen)
Verkäuferin
Josephinenstr. 16; JH Packhofstr. 1
Ehemann emigr., Mutter von Steffi W.
am 21.1.42 nach Riga deportiert

Winter, Curt
5.8.1909, Leipzig – nach 1942 verschollen
dt. Staatsangeh.
Lagerist
Zwangsarbeiter
JH Alexanderstr. 46
am 21.1.42 nach Riga deportiert

Winter, Steffi Jurene
8.5.1929, Leipzig – nach 1942 verschollen
staatenlos
Tochter von Berta W.
am 21.1.42 nach Riga deportiert

Winzelberg, Chana Anna, geb. Otter
3.11.1893, Trzebinia, Österr.-Polen – 1943 in Riga umgekommen
staatenlos
Verkäuferin
aus Kiel, Schleswig-Holstein, seit 1939 in Leipzig
JH Gustav-Adolf-Str. 7
Ehemann 1938 aus Kiel nach Polen abgeschoben, umgekommen, Sohn emigr., Mutter von Rosa u. Friedel W.
am 21.1.42 nach Riga deportiert

Winzelberg, Friedel
2.2.1932, Kiel, Schleswig-Holstein – nach 1942 verschollen
staatenlos
Tochter von Chana W., Schwester von Rosa W.
am 21.1.42 nach Riga deportiert

Winzelberg, Mila Malka
2.10.1927, Kiel, Schleswig-Holstein – nach 1942, KZ Auschwitz verschollen
staatenlos (fr. Polen)
Zwangsarbeiterin
Tochter von Sara W.
am 13.7.42 nach Auschwitz deportiert

Winzelberg, Rosa
12.4.1927, Trzebinia, Österr.-Polen – nach 1942, Riga verschollen
staatenlos
Zwangsarbeiterin
Tochter von Chana W., Schwester von Friedel W.
am 21.1.42 nach Riga deportiert

Winzelberg, Sara, geb. Münz
17.1.1893, Dąbrowa, Österr.-Polen – nach 1942, KZ Auschwitz verschollen
staatenlos (fr. Polen)
aus Kiel, Schleswig-Holstein, seit 1939 in Leipzig
JH Gustav-Adolf-Str. 7
Ehemann u. Sohn emigr., 1942 aus Frankreich nach Auschwitz deportiert, umgekommen, Töchter emigr., Mutter von Mila W.
am 11.8.41 wegen „Nachrichtenübermittlung ins feindl. Ausland" verhaftet
am 13.7.42 nach Auschwitz deportiert

Witiwker, Malke Abramowa, geb. Kurjewski
30.3.1872, Okra (b. Podolsk), Russland – nach 1942 verschollen
staatenlos (fr. Russland)
JH Große Fleischergasse 28
Witwe, Söhne emigr., Mutter von Sara W.
auf d. Transportliste vom 10.5.42 gestrichen, doch nach Bełżyce deportiert

Witiwker, Sara
22.6.1908, Offenbach a.M., Hessen-Darmstadt – nach 1942 verschollen
staatenlos (fr. Russland)
Hausangestellte
Tochter von Malke W.
am 10.5.42 nach Bełżyce deportiert

Wittmann, Helene
17.8.1917, Leipzig – 1944, KZ Auschwitz
staatenlos (fr. Ungarn)
Verkäuferin
Zwangsarbeit als Pelznäherin
Tochter von Tilla W., Schwester von Sabine Stern
auf d. Transportliste vom 21.1.42 gestrichen
am 20.2.42 wegen „Verkehrs mit Chinesen" verhaftet, am 8.5.42 freigelassen
am 10.5.42 nach Bełżyce deportiert

Wittmann, Tilla, geb. Vogelhut
5.5.1892, Borek, Provinz Posen – 1944, KZ Auschwitz
staatenlos (fr. Ungarn)
Köchin
Berliner Str. 15; JH Leibnizstr. 30
Ehemann ebenfalls nach Bełżyce deportiert, einziger Überlebender d. Transports, Sohn emigr., Mutter von Helene W. u. Sabine Stern
auf d. Transportliste vom 21.1.42 gestrichen
am 10.5.42 nach Bełżyce deportiert

Wittner, Alfred Bernhard
21.7.1884, Leipzig – 28.11.1938, KZ Buchenwald
dt. Staatsangeh.?
Kaufmann, Inh. e. Rauchwarengroßh., gegr. 1916
Kaiser-Wilhelm-Str. 84; Schreckstr. 1
Bruder von Hilda Weil, Ehefrau u. Sohn emigr., Sohn KZ-Überlebender
am 11.11.38 i. Rahmen e. „Sonderaktion" verhaftet
nach Buchenwald deportiert

Wohlgemuth, Klara, geb. Seckel
26.8.1893, Themar, Sachsen-Meiningen – nach 1943, KZ Auschwitz verschollen
dt. Staatsangeh.
Vertreterin
Zwangsarbeit als Pelznäherin
Leplaystr. 10; JH Gustav-Adolf-Str. 7
Ehemann emigr.
am 17.2.43 nach Berlin, am 26.2.43 nach Auschwitz deportiert

Wohrizek, Herbert Daniel
5.3.1888, Leipzig – 25.7.1942, im KZ umgekommen?
dt. Staatsangeh.
Kaufmann, Geschäftsführer e. Ges. für d. Vertrieb von Hausrat
Zwangsarbeit im Gartenbau
Inselstr. 11; JH Humboldtstr. 9
Schwestern emigr., Bruder 1942 aus Berlin deportiert, in Trawniki verschollen, Bruder 1942 aus Berlin nach Theresienstadt deportiert, 1942 umgekommen
am 13.11.38 im Rahmen e. „Sonderaktion" verhaftet, am 5.10.39 im Rahmen e. „Sonderaktion" verhaftet, am 14.10.39 freigelassen
auf d. Transportliste vom 21.1.42

Wolf, Frieda, geb. Sommer
7.12.1877, Rotenburg, Hessen-Nassau – nach 1942 verschollen
dt. Staatsangeh.
Auenstr. 17; JH Pfaffendorfer Str. 6
Witwe, Tochter emigr., Mutter von Margot Heilbrunn
am 21.1.42 nach Riga deportiert

Wolf, Helene
21.9.1900, Klein-Tromnau, Westpreußen – nach 1942 verschollen
dt. Staatsangeh.
Hausangestellte
JH Färberstr. 11 (Alters- und Pflegeheim)
am 10.5.42 nach Bełżyce deportiert

Wolf, Margot
29.3.1920, Leipzig – nach 1942 verschollen
Staatsangeh. ungeklärt (fr. Polen)
Zwangsarbeiterin
Tochter von Mendel u. Rechel W., Schwester von Sophie u. Ruth W.
am 21.1.42 nach Riga deportiert

Wolf, Mendel Max
10.5.1890, Wisnicz, Österr.-Polen – 3.5.1940, KZ Sachsenhausen
Staatsangeh. ungeklärt (fr. Polen)
Kaufmann, Rauchwarenkommissionär, Inh. e. Versicherungsbüros
Löhrstr. 14; Hindenburgstr. 64
Ehemann von Rechel W., Vater von Margot, Sophie u. Ruth W.
seit 26.10.39 im KZ Sachsenhausen

Wolf, Rechel Regina, geb. Perel
26.10.1897, Ułanow, Russ.-Polen – nach 1942 verschollen
Staatsangeh. ungeklärt (fr. Polen)
Löhrstr. 14; JH Funkenburgstr. 16
Ehefrau von Mendel W., Mutter von Margot, Sophie u. Ruth W.
am 21.1.42 nach Riga deportiert

Wolf, Rosa Sali
8.8.1868 – nach 1943, KZ Auschwitz verschollen
aus Saarbrücken
JH Packhofstr. 1
am 18.6.43 nach Theresienstadt, am 18.12.43 nach Auschwitz deportiert

Wolf, Ruth
25.1.1933, Leipzig – nach 1942 verschollen
Staatsangeh. ungeklärt (fr. Polen)
Schülerin
Tochter von Mendel u. Rechel W., Schwester von Margot u. Sophie W.
am 21.1.42 nach Riga deportiert

Wolf, Sophie
27.12.1921, Leipzig – nach 1942 verschollen
Staatsangeh. ungeklärt (fr. Polen)
Zwangsarbeiterin
Tochter von Mendel u. Rechel W., Schwester von Margot u. Ruth W.
am 21.1.42 nach Riga deportiert

Wolff, Dina Schewa, geb. Frocht
27.10.1885, Wengrowo – nach 1942 verschollen
dt. Staatsangeh.
Händlerin, Geschäftsinh.
Zwangsarbeiterin
Arndtstr. 28; JH Keilstr. 3
geschieden, Sohn emigr.
am 21.1.42 nach Riga deportiert

Wolff, Else, Dr. med.
7.11.1892, Breslau, Schlesien – nach 1942 verschollen
dt. Staatsangeh.
Kinderärztin
Hausgehilfin
aus Chemnitz, Sachsen
JH Humboldtstr. 21
Bruder emigr.
am 10.5.42 nach Bełżyce deportiert

Wolff, Rosa, geb. Schaul
14.3.1873, Przybyslaw, Provinz Posen – 28.2.1943, Ghetto Theresienstadt
dt. Staatsangeh.
Händlerin, Inh. e. Geschäfts für Küchengeräte
König-Johann-Str. 2; JH Färberstr. 11 (Alters- und Pflegeheim)
Witwe, Tochter emigr.
Abschluss e. Heimeinkaufsvertrages für Theresienstadt
am 19.9.42 nach Theresienstadt deportiert

Wolff, Sami
6.7.1939, Leipzig – nach 1942, KZ Auschwitz verschollen
dt. Staatsangeh.
Berlin, Schönhauser Allee 162 (Kinderheim)
Sohn von Theodora W.
am 29.11.42 aus Berlin nach Auschwitz deportiert

Wolff, Theodora
22.8.1907, Bitterfeld, Provinz Sachsen – nach 1942 verschollen
dt. Staatsangeh.
Hausangestellte
JH Humboldtstr. 13
Mutter von Sami W.
am 21.1.42 nach Riga deportiert

Wolffberg, Wilhelm
23.6.1877, Stolp, Pommern – 17.3.1942, Leipzig, Freitod
dt. Staatsangeh.?
Direktor
Wilhelmstr. 15
nichtjüd. Ehefrau
Angst vor d. Gestapo

Wolfram, Anna, geb. Silberberg
23.1.1894, Warschau – nach 1942 verschollen
dt. Staatsangeh.
Hilfsschwester
JH Gneisenaustr. 7
nichtjüd.Ehemann?, geschieden
am 21.1.42 nach Riga deportiert

Wolfsohn, Franziska, geb. Schwarz
13.3.1879, Posen – 1944 (Sept.), KZ Stutthof
dt. Staatsangeh.
Händlerin
Lortzingstr. 12 (seit 1939 JH)
Schwester von Felix Schwartz, seit 1941 Witwe, Kinder emigr.
am 21.1.42 nach Riga deportiert

Wolfson, Franz Alfred, Dr. phil.
1.1.1872, Oldenburg – 19.12.1938, Leipzig, Freitod
dt. Staatsangeh.?
Chemiker, Inh. e. Verlages
Funkenburgstr. 9
Ehemann von Hedwig W.

Wolfson, Hedwig, geb. Bielefeld
30.12.1880, Leipzig – 19.12.1938, Leipzig, Freitod
dt. Staatsangeh.?
Ehefrau von Franz W.

Wolle, Lotti
11.5.1903, Leipzig – nach 1942 verschollen
staatenlos
Verkäuferin
Zwangsarbeiterin
JH Keilstr. 3
Schwestern emigr., Schwester von Hudes Kotek
am 21.1.42 nach Riga deportiert

Würzburger, Irene Agate
10.3.1913, Gießen, Hessen-Darmstadt – nach 1942 verschollen
dt. Staatsangeh.
Kindergärtnerin
Zwangsarbeiterin
aus Gießen, Hessen, seit 1939 in Leipzig
JH Jacobstr. 7
Schwester emigr.
am 21.1.42 nach Riga deportiert

Wüstneck, Herta, geb. Scherbel
6.11.1893, Berlin – 15.10.1942, KZ Auschwitz
Menzelstr. 34
nichtjüd. Ehemann
am 17.4.42 wegen „Verheimlichung d. jüd. Abstammung" verhaftet
am 24.7.42 nach Ravensbrück deportiert

Wuhl, Minna, geb. Zimit
27.7.1898, Hliboka, Bukowina – 28.5.1942, KZ Ravensbrück
dt. Staatsangeh. (fr. Österreich)
Albertstr. 33; JH Humboldtstr. 9
Ehemann emigr.
am 26.2.41 wegen Beherbergung e. nicht angemeldeten Juden verhaftet
am 25.4.41 nach Ravensbrück deportiert

Wydra, Wolf
21.1.1883, Sasslaw, Russland – nach 1943, KZ Auschwitz verschollen
staatenlos (fr. Russland)
Kaufmann
Zwangsarbeiter
Friedrich-List-Str. 1; JH Humboldtstr. 21
Bruder emigr., 1943 umgekommen
auf d. Transportliste vom 21.1.42 gestrichen
am 17.2.43 nach Berlin, am 26.2.43 nach Auschwitz deportiert

Zbar (Sbar), Babette, geb. Lübschütz
1.9.1888, Stargard, Pommern – nach 1942 verschollen
dt. Staatsangeh.
Zwangsarbeiterin
Windmühlenstr. 14/16; JH Michaelisstr. 3
seit 1931 Witwe, Kinder emigr.
am 21.1.42 nach Riga deportiert

Zeidler, Georg
19.1.1893, Leipzig – nach 1942 verschollen
dt. Staatsangeh.
Inh. e. Buchdruckerei
Zwangsarbeiter
Hohenzollernstr. 6b; JH Humboldtstr. 11
Ehemann von Irma Z., Vater von Werner u. Helga Z.
am 10.11.38 i. Rahmen e. „Sonderaktion" verhaftet
am 21.1.42 nach Riga deportiert

Zeidler, Helga Berta
2.2.1934, Leipzig – nach 1942 verschollen
dt. Staatsangeh.
Tochter von Georg u. Irma Z., Schwester von Werner Z.
am 21.1.42 nach Riga deportiert

Zeidler, Irma, geb. Boldes
13.2.1905, Glogau, Schlesien – nach 1942 verschollen
dt. Staatsangeh.
Schwester emigr., Ehefrau von Georg Z., Mutter von Werner u. Helga Z.
am 21.1.42 nach Riga deportiert

Zeidler, Werner Martin
20.9.1932, Leipzig – nach 1942 verschollen
dt. Staatsangeh.
Sohn von Georg u. Irma Z., Bruder von Helga Z.
am 21.1.42 nach Riga deportiert

Zellner, Cilla
16.1.1940, Leipzig – nach 1942, KZ Auschwitz verschollen
dt. Staatsangeh.
Tochter von Rudolf u. Ester Z., Schwester von Edith, Heinz u. Ruth Z.
am 13.7.42 nach Auschwitz deportiert

Zellner, Edith Emma
27.1.1933, Leipzig – nach 1942, KZ Auschwitz verschollen
staatenlos (fr. Dt. Reich)
Schülerin
Tochter von Rudolf u. Ester Z., Schwester von Heinz, Ruth u. Cilla Z.
am 13.7.42 nach Auschwitz deportiert

Zellner, Ester, geb. Raschfall
4.11.1898, Priluki, Russland – nach 1942, KZ Auschwitz verschollen
staatenlos (fr. Dt. Reich)
Verkäuferin
Nürnberger Str. 6; JH Humboldtstr. 6
Schwester von Brajna Raschfall, Ehefrau von Rudolf Z., Mutter von Edith, Heinz, Ruth u. Cilla Z.
am 13.7.42 nach Auschwitz deportiert

Zellner, Heinz Adolf
28.6.1934, Leipzig – nach 1942, KZ Auschwitz verschollen
staatenlos (fr. Dt. Reich)
Schüler
Sohn von Rudolf u. Ester Z., Bruder von Edith, Ruth u. Cilla Z.
am 13.7.42 nach Auschwitz deportiert

Zellner, Rudolf Samuel
10.11.1901, Leipzig – nach 1942, KZ Auschwitz verschollen
dt. Staatsangeh.
Kaufmann, Inh. e. Fleischerei
Bote d. Israelit. Religionsgemeinde
Gerberstr. 5c; JH Humboldtstr. 6
Bruder 1945 nach Theresienstadt deportiert, Überlebender, Ehemann von Ester Z., Vater von Edith, Heinz, Ruth u. Cilla Z.
am 5.10.39 im Rahmen e. „Sonderaktion" verhaftet, am 14.10.39 freigelassen
am 13.7.42 nach Auschwitz deportiert

Wilhelm Zellner, der Ehemann von Emma Zellner, wurde am 19. September 1942 nach Theresienstadt deportiert und starb dort am 11. Oktober 1942.

Zellner, Ruth Lea
8.3.1936, Leipzig – nach 1942, KZ Auschwitz verschollen
dt. Staatsangeh.
Schülerin
Tochter von Rudolf u. Ester Z., Schwester von Edith, Heinz u. Cilla Z.
am 13.7.42 nach Auschwitz deportiert

Zellner, Wilhelm
6.5.1870, Ostrowo, Provinz Posen – 11.10.1942, Ghetto Theresienstadt
dt. Staatsangeh.
Fleischermeister, Inh. e. Fleischerei u. Wurstfabrik u. e. rituellen Restaurants
Nordstr. 13; JH Humboldtstr. 13
Bruder von Rosalie Rosenthal, seit 1935 Witwer, Sohn emigr.
Abschluss e. Heimeinkaufsvertrages für Theresienstadt
am 19.9.42 nach Theresienstadt deportiert

Zernik, Feodor Fritz, Dr. jur.
5.11.1883, Breslau, Schlesien – nach 1942 verschollen
dt. Staatsangeh.
Rechtsanwalt u. Notar
Konsulent
Elisenstr. 114; JH Humboldtstr. 15
nichtjüd. Ehefrau
am 10.11.38 im Rahmen e. „Sonderaktion" verhaftet
nach Buchenwald deportiert, am 17.12.38 freigelassen
am 9.11.39 im Rahmen e. „Sonderaktion" verhaftet, am 19.12.39 freigelassen
am 21.1.42 nach Riga deportiert

Zernik, Josi
26.12.1941, Berlin – nach 1942, KZ Auschwitz verschollen
dt. Staatsangeh.
Sohn von Meta Z.
auf d. Transportliste vom 10.5.42 gestrichen
am 13.7.42 nach Auschwitz deportiert

Zernik, Meta, geb. Braun
26.7.1900, Karlsbad, Böhmen – nach 1942, KZ Auschwitz verschollen
dt. Staatsangeh.
Hausangestellte
Fichtestr. 40; JH Humboldtstr. 15
Ehemann emigr., Mutter von Josi Z.
auf d. Transportliste vom 10.5.42 gestrichen
am 13.7.42 nach Auschwitz deportiert

Zewin, Marie Rosa, geb. Kanner
23.9.1890, Leipzig – nach 1942 verschollen
staatenlos
Handelsvertreterin
Zwangsarbeiterin
JH Funkenburgstr. 16
getrennt lebend, Tochter emigr.
am 10.5.42 nach Bełżyce deportiert

Ziege, Marie Mascha, geb. Gerson
10.6.1877, Kalisch, Russ.-Polen – nach 1942 verschollen
poln. Staatsangeh.
Inh. e. Geschäfts für Hüte u. Pelzwaren, gegr. 1900
Gustav-Adolf-Str. 34; JH Funkenburgstr. 16
seit 1933 Witwe, Sohn emigr., Mutter von Michael Z.
am 21.1.42 nach Riga deportiert

Ziege, Michael
29.6.1897, Leipzig – 9.4.1940, im KZ umgekommen?
poln. Staatsangeh.
Kaufmann, Prokurist
Sohn von Marie Z.

Ziegler, Lazar
17.2.1885, Putna, Bukowina – nach 1943 verschollen
staatenlos
Schuhmacher
Zwangsarbeiter
Gerberstr. 53; JH Große Fleischergasse 28
am 21.1.42 nach Riga deportiert

Ziegler, Rosa, geb. Kummer
18.11.1897, Leipzig – nach 1942 verschollen
staatenlos (fr. Polen)
Fellspitzerin
Zwangsarbeiterin
Reichsstr. 14; JH Keilstr. 5
geschieden
am 21.1.42 nach Riga deportiert

Zielke, Johanna, geb. Perls
11.5.1884, Glauchau, Sachsen – nach 1943 verschollen
dt. Staatsangeh.
Zwangsarbeiterin

Bülowstr. 2; JH Walter-Blümel-Str. 21
Schwester von Kurt Perls, geschieden, Kinder emigr., Sohn 1943 aus Berlin nach Auschwitz deportiert, verschollen
am 21.1.42 nach Riga deportiert

Zilversmit, Alex
28.6.1883, Drensteinfurt, Westfalen – nach 1942 verschollen
dt. Staatsangeh.
Schneidermeister
Arndtstr. 42; JH Humboldtstr. 9
seit 1942 Witwer
am 12.11.38 i. Rahmen e. „Sonderaktion" verhaftet
auf d. Transportlisten vom 21.1.42 u. 10.5.42 gestrichen, doch nach Bełżyce deportiert

Zilversmit, Ernestine, geb. Moschkiewitz
4.4.1896, Raschkow, Provinz Posen – nach 1942 verschollen
dt. Staatsangeh.
Hausangestellte
JH Humboldtstr. 9
am 10.5.42 nach Bełżyce deportiert

Zimmermann, Fanny, geb. Stein
13.11.1890, Lemberg, Österr.-Polen – nach 1942 verschollen
staatenlos (fr. Polen)
Heimarbeiterin
JH Gustav-Adolf-Str. 7
Ehefrau von Wilhelm Z., Mutter von Hildegard Z.
am 6.7.39 in Abschiebehaft, am 12.1.42 wegen „Verdeckens d. Judensterns u. Handelns" verhaftet, am 7.5.42 freigelassen
am 10.5.42 nach Bełżyce deportiert

Zimmermann, Hildegard
21.8.1913, München – nach 1942, KZ Majdanek
staatenlos (fr. Polen)
Hausangestellte
Tochter von Wilhelm u. Fanny Z.
am 13.1.42 wegen „Verdeckens d. Judensterns" verhaftet, am 3.2.42 freigelassen
am 10.5.42 nach Bełżyce deportiert

Zimmermann, Liba Nacha, geb. Amklik
28.5.1880, Ostrowiec, Russ.-Polen – nach 1942 verschollen
poln. Staatsangeh.
aus Karlsruhe, Baden
JH Gustav-Adolf-Str. 7
Ehemann aus Karlsruhe nach Polen abgeschoben, 1941 im KZ Buchenwald umgekommen
am 21.1.42 nach Riga deportiert

Zimmermann, Ottilie, geb. Stein
3.4.1866, Lemberg, Österr.-Polen – 27.12.1943, Ghetto Theresienstadt
staatenlos (fr. Polen)
Lüderitzstr. 31; JH Humboldtstr. 13
Witwe, Tochter emigr., Mutter von Wilhelm Z.
am 19.9.42 nach Theresienstadt deportiert

Zimmermann, Wilhelm
17.3.1891, Lemberg, Österr.-Polen – 5.2.1941, KZ Dachau
staatenlos (fr. Polen)
Maschinenkonstrukteur
JH Pfaffendorfer Str. 6
Sohn von Ottilie Z., Ehemann von Fanny Z., Vater von Hildegard Z.

Zoltek, Erika
26.8.1921, Leipzig – nach 1942, KZ Auschwitz verschollen
staatenlos
Kontoristin
Zwangsarbeit als Pelznäherin
Tochter von Rosa Z.
am 13.7.42 nach Auschwitz deportiert

Zoltek, Rosa, geb. Faibis
10.7.1887, Leipzig – nach 1942, KZ Auschwitz verschollen
staatenlos
Pelznäherin
Zwangsarbeiterin
Sternwartenstr. 23; JH Gustav-Adolf-Str. 7
Tochter von Marie Faibis, Brüder emigr., Bruder 1942 in Auschwitz umgekommen, Schwester von Jeanette Klapproth u. Anna Reicher, geschieden, Sohn emigr., Mutter von Erika Z.
am 13.7.42 nach Auschwitz deportiert

Zuckerberg, Gertrud
20.9.1893, Frankfurt (Oder), Brandenburg – nach 1942 verschollen
staatenlos
Stütze
Zwangsarbeiterin
Eisenbahnstr. 2; JH Keilstr. 5
Schwestern emigr.
am 21.1.42 nach Riga deportiert

Zülzer, Else, geb. Loewenthal
14.8.1899, Gießen, Hessen-Darmstadt – nach 1943, KZ Auschwitz verschollen
dt. Staatsangeh.
Zwangsarbeiterin
Scharnhorststr. 36; JH Gustav-Adolf-Str. 7
Ehemann ebenfalls nach Auschwitz deportiert, Überlebender, Schwägerin von Max Z.
am 17.2.43 nach Berlin, am 26.2.43 nach Auschwitz deportiert

Zülzer, Max Dan, Dr. jur.
30.12.1885, Leipzig – 23.5.1944, Ghetto Theresienstadt
dt. Staatsangeh.
Rechtsanwalt u. Notar
Konsulent
Lößniger Str. 67; JH Walter-Blümel-Str. 10
Bruder emigr., Bruder nach Auschwitz deportiert, Überlebender, Schwager von Else Z., Ehemann von Zilla Z., Tochter aus erster Ehe emigr.
am 18.6.43 nach Theresienstadt deportiert

Zülzer, Zilla Helene, gesch. Witte geb. Ollendorf
15.5.1883, Breslau, Schlesien – nach 1944, KZ Auschwitz verschollen
dt. Staatsangeh.
JH Walter-Blümel-Str. 10
Ehefrau von Max Z.
am 18.6.43 nach Theresienstadt, am 16.10.44 nach Auschwitz deportiert

Zummer, Scheindl, geb. Goldberg
5.1.1883, Konin, Provinz Posen – 24.1.1943, Ghetto Theresienstadt
staatenlos (fr. Polen)
Blücherstr. 39; JH Nordstr. 15
seit 1933 Witwe
am 19.9.42 nach Theresienstadt deportiert

Zwergel, Sonja Elsa
20.12.1928, Leipzig – nach 1942, KZ Auschwitz verschollen
staatenlos (fr. Polen)
Schülerin
Tiefe Str. 3; JH Humboldtstr. 15
Tochter von Elsa Schild
auf d. Transportliste vom 21.1.42 gestrichen
am 13.7.42 nach Auschwitz deportiert

Zwick, Fanny Gitel, geb. Blumenkranz
6.9.1894, Leipzig – nach 1943, KZ Auschwitz verschollen
staatenlos (fr. Polen)
Buchhalterin
Zwangsarbeit als Pelznäherin
Pfaffendorfer Str. 3; JH Packhofstr. 1
Brüder emigr., Ehefrau von Jakob Z., Kinder emigr., Tochter aus Berlin nach Auschwitz deportiert, verschollen
am 28.10.38 nach Polen abgeschoben, Rückkehr nach Leipzig
auf d. Transportlisten vom 10.5.42 u. 17.2.43 gestrichen
am 27.2.43 in d. Polizeihaftlager Dresden-Hellerberg, am 1.3.43 nach Auschwitz deportiert

Zwick, Jakob
19.11.1889, Biszcza, Russ.-Polen – 11.7.1940, KZ Sachsenhausen
staatenlos (fr. Polen)
Kaufmann, Inh. e. Rauchwarenfirma
Pfaffendorfer Str. 3; JH Funkenburgstr. 16
Ehemann von Fanny Z.
am 28.10.38 nach Polen abgeschoben, Rückkehr nach Leipzig
1939 Flucht nach d. Niederlanden, ausgeliefert nach Sachsenhausen deportiert

Zykmann, Styra Cilly
27.3.1912, Dünaburg, Russ.-Polen – nach 1942 verschollen
staatenlos
Hausmädchen
Zwangsarbeiterin
Nordstr. 27; JH Walter-Blümel-Str. 11
Bruder emigr.
am 21.1.42 nach Riga deportiert

Anmerkungen

1 „Der freundliche Herr" lädt ein zum Kauf. In: Lorz, Andrea: Suchet der Stadt Bestes. Leipzig, 1996.
Lorz, Andrea: Die Leipziger Familie Bamberger und ihr Konfektionshaus Bamberger & Hertz. In: Leipziger Blätter. Leipzig. 31.1997, S. 36–39.

2 Kralovitz, Rolf u. Brigitte: Hedwig Burgheim oder die Reise nach Gießen. Gießen, 1981.

3 25 Jahre Konzertdirektion Arthur Ehrlich in Leipzig. In: Gemeindeblatt d. Israelit. Religionsgemeinde. Leipzig. 9.1933, 18, S. 4.

4 Höppner, Solvejg: Die Familie Gerst. In: Judaica Lipsiensia. Leipzig, 1994. S. 283–285.

5 Karten aus Theresienstadt: Marianne Gottlieb erzählt. In: Lange, Bernd-Lutz: Davidstern und Weihnachtsbaum. Leipzig, 1992, S. 213–224.

6 „Ihr Judenschweine! Ihr müsst den Rosentalteich aussaufen!": Sascha Hammerstein erzählt. In: Lange, Bernd-Lutz: Davidstern und Weihnachtsbaum. Leipzig, 1992, S. 157 bis 161.

7 Aus dem Tagebuch von Dora Hansen. In: Gottschalk, Gerda: Der letzte Weg. Konstanz, 1991, S. 128–139.

8 Kowalzik, Barbara: Biographische Skizze der 1. jüdischen Studienrätin Sachsens Gertrud Herrmann (1896–1942). In: Zeitschrift des Vereins „Frauen in der Geschichte". Leipzig, 1994, 1, S. 72–77.

9 60jähriges Geschäftsjubiläum. In: Gemeindeblatt d. Israelit. Religionsgemeinde. Leipzig. 13.1937, 7, S. 4.

10 50. Geburtstag des Herrn Lehrer und Kantor Jaffé. In: Gemeindeblatt d. Israelit. Religionsgemeinde. Leipzig. 11.1935, 42, S. 3–4.

11 Antisemitische Angriffe im Stadtparlament gegen Stadtrat Krause. In: Gemeindeblatt der Israelitischen Religionsgemeinde. Leipzig. 8.1932, 30, S. 2.

12 50. Geburtstag des Herrn Oberkantor Lampel. In: Gemeindeblatt d. Israelit. Religionsgemeinde. Leipzig. 10.1934, 5, S. 3.
Jubiläum des Oberkantors Samuel Lampel. In: Jüdisches Nachrichtenblatt. Berlin. 1939, 65, S. 4.

13 Als Kind im Lunapark: Ehud Lador erzählt. In: Lange, Bernd-Lutz: Davidstern und Weihnachtsbaum. Leipzig, 1992, S. 211–212.

14 Ein „Fall" für den „Stürmer" – Familie Leopold. In: Müller, Erika: Jüdische Familien in Weimar. Weimar, 1998. S. 115 bis 121.

15 Dokumente eines Lebens: Heinz Zaspel erzählt. In: Lange, Bernd-Lutz: Davidstern und Weihnachtsbaum. Leipzig, 1992. S. 114–130.

16 Pogrom in Borna: aus e. Brief von Frederick Rose. In: Lange, Bernd–Lutz: Davidstern und Weihnachtsbaum. Leipzig, 1992. S.131–132.

17 Schott, Clara. In: Deutsches Literatur-Lexikon / begr. von Wilhelm Kosch. 3., völlig neu bearb. Aufl., Bd. 16. 1996, Sp. 207–208.

18 E., Ch.: Ein „Humanist" gegen die Humanität: 15 Jahre Zuchthaus für den Denunzianten eines Juden. In: Leipziger Zeitung. Leipzig. 1.1946, 8.10., S. 3.

19 Die alte Frau aus meiner Kirche: Lydia Schapira erzählt. In: Lange, Bernd-Lutz: Davidstern und Weihnachtsbaum. Leipzig, 1992, S. 182–184.

20 Briefe einer Mutter 1939–1942 / hrsg. von Heinz Stern. 1990 (Privatdruck). Auszugsweise veröffentlicht in: Judaica Lipsiensia. Leipzig, 1994, S. 261–263.

21 Newman, John Henry: Der Traum des Gerontius / dt. von Hans Nachod u. Paul Stern. Leipzig, 1959 (mit e. Widmung für Paul Stern u. e. Nachwort von Werner Becker). Gülden, Josef: Paul Sterns „Sonette". In: Das Jahr des Herrn. Leipzig. 12.1963, S. 14–15, 108–111.

Archivalische Quellen

Gedenkstätte Buchenwald, Weimar
- Dokumente d. KZ Buchenwald, National Archives, Washington, DC
- Nummernkartei d. KZ Buchenwald

Gedenkstätte und Museum Sachsenhausen, Oranienburg
- Elektronische Häftlingsnamenkartei

Israelitische Religionsgemeinde Leipzig (IRGL)
- Akte 2/39-50: Auswanderung (1940)
- Akte 2/67: Zwangsarbeit (1942)
- Akte 2/76: KZ-Opfer
- Akte 2/81: Todesfälle (1942)
- Akte 2/82–89: Transportlisten (1942–1945)
- Akte 2/H, 1–30: Heimeinkaufsverträge (1942/43)
- Akte 3/1: Überlebende (1945)
- Mitgliederkartei der IRGL (1935ff.)
- Sterbebuch (1938 ff.)

Panstwowe Muzeum na Majdanku, Archiw, Lublin (APMM)

Sächsisches Staatsarchiv Leipzig (SStAL)
- Heil- und Pflegeanstalt Leipzig-Dösen. Nr. 503: Patientenverzeichnisse (1939–1943)
- OFP, Nr. 601/3, Bl. 117: Lohnliste für die jüdischen Pflichtarbeiter vom 11.5.–16.5.42
- PP-S 8513-8519: Gefangenenregister des Leipziger Polizeigefängnisses (1938–1941)
- PP-S 8860-8861: Leichenbuch der Kriminalpolizei: Register der Befunde bei Selbstmord... Bd. 1.2. (1939–1945)

Literaturverzeichnis

Allgemeines jüdisches Familienblatt. Berlin, Leipzig, 7.1926 bis 13.1932 (hervorgegangen aus Leipziger jüdisches Familienblatt und Leipziger jüdische Zeitung)

Die Ausbürgerung deutscher Staatsangehöriger 1933–1945. Bd. 1–3. München 1985 - 1988

Diamant, Adolf: Deportationsbuch der in den Jahren 1942 bis 1945 von Leipzig aus gewaltsam verschickten Juden. Frankfurt a. M., 1991

Gedenkbuch: Opfer der Verfolgung der Juden unter der nationalsozialistischen Gewaltherrschaft in Deutschland 1933 bis 1945. Bd. 1. 2. Koblenz, 1986

Gedenkbuch Berlins der jüdischen Opfer des Nationalsozialismus. Berlin, 1995

Gemeindeblatt der Israelitischen Religionsgemeinde zu Leipzig, (13.1937, 32 ff.) Jüdisches Gemeindeblatt und Nachrichtenblatt der Gemeindeverwaltung... Leipzig, 1.1925–14.1938 (Ersch. eingest.)

Hamburger jüdische Opfer des Nationalsozialismus: Gedenkbuch. Hamburg, 1995

Jüdisches Nachrichtenblatt. Ausgabe Berlin. Berlin, 1938–1943 (Ersch. eingest.)

Klarsfeld, Serge: Memorial to the Jews Deported from France: 1942–1944. New York, 1983

Leipziger Adressbuch. Leipzig, 1913–1943 (Ersch. eingest.)

Leipziger jüdische Zeitung. Leipzig, 1.1922–5.1926 (Forts. u.d.T.: Allgemeines jüdisches Familienblatt)

Leipziger jüdisches Familienblatt. Leipzig, 6.1924/25–7.1926 (aufgeg. in: Allg. jüdisches Familienblatt)

Leipziger jüdisches Jahr- und Adreßbuch. Leipzig, 1933 (Nachdr. 1994)

Leipziger Wirtschafts-Handbuch. Bd. 1–3. Leipzig, 1927–1930

Sterbebücher von Auschwitz. Bd. 1–3. München, 1995

Theresienstädter Gedenkbuch: die Opfer der Judentransporte aus Deutschland nach Theresienstadt 1942–1945. Prag, 2000

Die Toten von Dachau: ein Gedenk- und Nachschlagewerk. 2. Aufl. München, 1948

Werner, Josef: Hakenkreuz und Judenstern: das Schicksal der Karlsruher Juden im Dritten Reich. Karlsruhe, 1990

Zeitschrift des Hilfsvereins israelitischer Gewerbetreibender. Leipzig, 8.1920–19.1931 (Ersch. eingest.)

- Krefeld integrative Mal- und Geschichtsspiele
- Sog vom Umland
- Jubiläum Düsseldorf, 14
- Verborgen in Düsseldorf